단국대학교 한중관계연구소 학술총서

편지로 본 조선 선비의 일상 Ⅰ

- 경주 이중구家 5代 고문서 -

단국대학교 한중관계연구소 편저

도서출판
다운샘

책을 펴내며

19세기 중후반, 동아시아의 오랜 사유체계에 기반하여 축적된 전통 사상과 제도들은 새롭게 유입된 서양의 사조와 문명에 의해 곳곳에서 균열을 일으켰다. 이때로부터 자운(紫雲) 이중구(李中久, 1851~1925)가의 고문서는 축적되기 시작하여 일제에 의해 조선이 강제 병합된 시기까지 총 1만여 건에 이른다. 이 자료는 이중구를 중심으로 조부 이재립(李在立, 1798~1853), 부친 이능덕(李能德, 1826~1861), 아들 이석일(李錫日, 1886~1950), 손자 이인원(李寅源, 1923~?)까지 여주 이씨 경주파의 5대에 걸쳐있다.

회재(晦齋) 이언적(李彦迪, 1491~1553)의 12대손 자운 이중구는 정제(定齋) 유치명(柳致明)의 문인으로 수학하며 학행과 덕망으로 사림의 중망(重望)을 받았던 이능덕과 학봉(鶴峯) 김성일(金誠一)의 후손인 동부승지 김진형(金鎭衡)의 딸에게서 태어났다. 그의 조부 이재립도 1840년(헌종 6) 문과에 급제하여 초계문신(抄啟文臣)을 거쳐 선전관, 사간원(司諫院) 정언(正言)을 역임하기도 했던 학식이 풍부한 인물이었다. 1851년(철종 2) 9월 22일 광암리(匡巖里)에서 태어난 이중구는 1888년(고종 25) 식년시에 급제한 후 승문원 부정자(副正字)를 거쳐 1894년(고종 31)에 홍문관부교리 겸 서학교수(弘文館副校理兼西學教授)에 제수되었다. 그는 세상이 혼란해지자 귀향한 후 학문에 매진하며, 선고(先考)의 유집을 정리하고 친족들의 일을 돌보다가 1925년 3월 향년 75세로 사망하였다.

1백여 년 동안 한 가문이 집안의 모든 문서를 소장하고 있었다는 것은 매우 희귀한 일이다. 특히 간찰(簡札)의 비중이 높은데 발신자와 수신자가 서로의 소식과 안부 등을 주고받는 것으로 생활 제반 사항에 대해 다양한 내용을 담고 있다. 이 때문에 간찰은 당시의 사회와 문화뿐만 아니라, 선비들의 일상을 알 수 있는 일차 자료이다. 그러나 사료적 가치가 높으나 간찰의 경우, 흘려 쓰는 초서(草書)로 이루어져 이를 탈초(脫草), 해제(解題)한 후 연구단계에 이르기까지 많은 전문 인력과 시간이 소모된다는 점에서 접근이 용이(容易)하지 않았다. 다행스럽게도 2017년부터 단국대학교 한중관계연구소(소장 이재령)가 《이중구가 5대 고문서》를 대상으로 한국학중앙연구원의 한국학분야 토대연구지원사업에 선정되어 5년간 탈초·해제작업을 수행하였다. "서간문에 기초한 조선후기부터 구한말까지 민간 생활사 자료 DB 구축 -경주지역 李中久家 五代 古文書 資料를 중심으로-"란 과제명으로 축적된 이 연구결과물들 가운데 조선 후기 선비들의 일상과 민낯을 그대로 보여주는 글들을 뽑아 두 권의 책으로 국역하였다.

첫 번째는 왕가·관리·독립운동가·사림의 편지로 분류하였고, 두 번째는 시사 문제와 적서(嫡庶) 시비 및 과거·혼사 등으로 나누어 그 시대상과 선비들의 인식에 접근하였다. 이 책에는 이중구가의 고문서를 기반으로 19세기 중반이후 급변하던 국내외 상황과 향촌 지식인들의 현실 인식 및 대응, 전통과 근대의 갈등, 수용, 변용 등 주요 내용이 오롯이 담겨있다.

이중구가의 고문서가 지닌 학술 가치와 역사적 함의는 다양성에 있다. 내용과 형식, 그리고 관련 인물의 다양성은 전근대사회에서 근대사회로의 이행기를 살아가는 향촌 사회의 진면목(眞面目)을 여실히 보여준다.

첫째, 다양한 문건으로, 본 연구팀이 지난 5년 동안 수행한 《이중구가 5대 고문서》의 탈초·해제 및 DB자료화 작업은 바로 조선 후기 민간생활사의 진가를 잘 보여준다. 8천여 건의 고문서에는 그동안 알고 있던 선비사회의 겉모양을 뛰어넘어 감추어진 이면의 세계, 음지의 세상사, 향촌 지식인들의 속살이 그대로 드러난다. 이 문건은 이중구 집안이 살았던 경주와 옥산서원(玉山書院)이라는 지역을 떼어 놓고는 성립하지 않는다. 또 조선의 향촌 지식인인 선비들이 가졌던 사회적 관심사와 범주를 벗어난 것도 아니다. 여기에는 천하를 울린 명문, 선비사회가 이룩한 서원(書院)의 소통 방식인 통문(通文), 시대의 병폐를 거론한 상소문(上疏文), 교지(教旨), 시회(詩會)에서 지어진 시(詩), 잔치의 초청장, 장례 동안 오행(五行)에 근거한 금기(禁忌)를 적은 문서,

훌륭한 선생의 덕을 추숭하기 위해 형성된 유계(儒契) 기록, 조상의 덕행을 빛내려 명문장가의 솜씨를 빌어 지어진 글, 호적(戶籍), 혼인이나 손자가 태어났을 때 미래를 살펴보는 사주팔자(四柱八字) 풀이 등이 모두 망라되어 있다. 그뿐만 아니라 일제 강점기에 새로운 제도가 정착되며 나타나는 여러 형태의 공문서, 일왕 생일에 행해진 지역민의 축하연, 개성 인삼상회에서 보낸 광고지, 당시 판매된 담뱃갑, 산의 지번에 따른 도형 등등의 것들도 있다.

또 사람이 태어날 때 겪는 산모의 진통, 관혼상제의 절차가 성현이 세운 씨줄을 바탕삼아 변화된 현실에서 조화하는 날줄을 만나볼 수도 있다. 열 살이 넘어서면 혼맥(婚脈)을 만들기 위해 기울이는 양쪽 집안의 정성이 맞닥뜨려 어느 때는 거절하는 핑계, 어느 때는 성사에 필요한 주변 인맥의 동원을 위한 편지들에서 미사여구가 동원되고 있는데 이런 문서들에는 해학적 요소가 깃들어 있다. 기존의 전적(典籍)에서 전해진 것이 아닌 일상에서 생성된 우리말이 한문의 외피를 입은 것도 있다. "종무적병(終無適餠)"이란 '끝내 적병(適餠)이 없다.'라는 뜻인데 우리말의 "입에 맞은 떡이 없다.[無適口之餠]"는 것을 줄여 사용한 것이다. 이처럼 다양한 문건에 다양한 문장이 어우러진 것이 이중구가 5대 고문서의 가치이다.

둘째, 다양한 형식으로, 이중구가의 간찰은 조선조 서간문 형식이 어떻게 변화해 왔는지를 보여주는, 말 그대로 간찰 박물관이다. 한지에 모필로 오른쪽에서 왼쪽으로 정갈하게 써진 한 장의 간찰은 어느 시점부터 변화가 더해지며 켜켜이 쌓였다. 이중구가의 간찰 형식을 분류해 보면 거의 삼십여 가지에 이른다. 이런 다양성은 어느 곳에서도 찾아볼 수 없으며, 한자문화권인 중국과 일본에서도 쉽게 찾아볼 수 없는 독창적 형태로 이번 연구에서 얻어진 최고의 성과라고 할 수 있겠다.

그뿐 아니라 간찰에 곁들여지는 피봉(皮封)을 고종 21년(1884년) 우정총국(郵政總局)이 문을 열기까지, 그리고 그 이후의 변화들도 한 눈에 살펴볼 수 있다. 근대 우편제도 이전의 피봉에서 보이는 겹으로 싼 정중함, 발신인과 수신인을 적는 위치, 발신인과 수신인을 쓰지 않은 경우 피봉을 만들지 않고 편지의 여백으로 피봉을 만드는 등의 여러 형태들이 있다. 우정총국이 문을 연 뒤까지도 여전히 옛 피봉 형식이 고수되는가 하면 일부 계층에서 새로 제정된 제도를 인용하면서 옛 피봉 형식을 따르는 모습 등에서 오랜 전통과 관습이 새로운 제도에 적응하는 것이 얼마나 어려운지를 가늠할 수 있다.

이중구가 5대 고문서에 쓰인 글자들이 모두 초서라서 읽어내는데 쉽지 않지만 중국이 간체자를 만들어 쓰기의 고통을 덜어내듯이, 우리 선조들의 문자 생활에서도 이런 혁신을 도모한 흔적들이 곳곳에 보인다. 예컨대 자형(字形) 생략형으로 毛(모)는 耗(소식 모), 复(복)은 復(회답할 복), 余(여)는 餘(나머지 여)의 자획을 생략한 글자로 쓰이고 있다. 자음(字音) 통용형의 卜(복)은 鰒(전복 복), 宜(의)는 醫(의원 의)의 음을 차용해 쓴 글자들이다. 자훈(字訓) 차용형의 薪(섶 신)은 국어의 훈독(訓讀)에서 '섶'을 '섭'으로 적용한 예이다.

셋째, 다양한 사람이다. 이중구를 전후로 5대가 경주에서 회재 이언적을 받드는 옥산서원의 주인으로 인식되었기에 이 집에 오가는 편지는 당연히 이에 걸맞은 인물들일 수밖에 없다. 조부 이재립은 사간원 정언을 지냈고, 아버지 이능덕은 영남 일대에서 이름을 떨친 유치명의 제자였으며, 이중구는 교리라는 정5품(正五品) 벼슬을 지냈다. 그렇기에 교류의 폭이 넓다고 할 수 있다.

먼저 경화(京華)의 왕족(王族)과 사족(士族)들이 있다. 왕족으로는 대원군의 맏아들 완흥군(完興君) 이재면(李載冕)의 장자이자 고종의 조카로 태어나, 할아버지 대원군과 민씨의 척족 세력이 타도되며 들어선 친일 정권에 의해 두 차례에 걸쳐 국왕으로 추대되려다 실패한 이준용(李埈鎔)이 대표적이다. 그는 안타깝게 친일로 생을 마감한 불운한 왕족이다.

사족으로는 재상 세 사람과 대제학 네 사람을 배출한 대구서씨(大丘徐氏)의 명문거벌(名門巨閥)에서 대제학 서영보(徐榮輔)의 아들로 태어나 대사성, 예조·병조·이조 판서를 지내면서도 집은 비바람에 시달릴 정도여서 청백리에 선정된 서기순(徐箕淳), 명성황후가 임오군란으로 몸을 피신할 때 자신의 충주 장호원 집을 제공하며 병조판서에 오르고 위안스카이(袁世凱)와 개화파 타도에 앞장서다 갑오경장으로 김홍집 내각이 들어서며 전라도 고금도로 유배된 민응식(閔應植), 다산 정약용(丁若鏞)의 맏아들 정학연(丁學淵), 철종 연간에 대사간과 고종 연간에 대사헌, 한성부 판윤, 황해감사, 형조판서를 지내고 고종 12년(1875년) 청의 목종(穆宗)이 죽자 진위 겸 진향 정사(陳慰兼進香正使)가 되어 청나라에 다녀온 강난형(姜蘭馨) 등이 이중구와 편지를 주고받았다.

독립운동에 한 몸을 바친 임시정부의 국무령(國務領)을 지낸 이상룡(李相龍)이 십대 시절 이상희(李象羲)라는 이름으로 보내온 편지, 국파군망(國破君亡)의 시대에 선비란 어떤 길을 걸어야 하는가를 서릿발처럼 논하다 요동의 안동현(安東縣)에서 생을 마감한 지사 안효제(安孝濟), 광무 9년(1905) 을사늑약이 체결되자 을사오적(乙巳五賊) 암살에 가담했다가 투옥된 뒤 풀려나 형제들과 집안사람들을 데리고 만주로 망명하여 통화현(通化縣)에서 김동삼(金東三)·유인식(柳寅植)과 활동하다 주하현(珠河縣) 하동(河東)에서 서거할 때까지 독립운동 일념으로 살았던 허환(許煥), 일본군과 싸움에 패전한 장군을 숨겨주다가 일제에 미움을 사 아들과 함께 온양의 냇가에서 피살당한 예산(禮山)의 이남규(李南珪) 편지가 있다. 그뿐만 아니라 대종교의 2대 교주 김교헌(金教獻)이 자신의 아버지 상사(喪事)에 조문해 준 것에 감사하여 이중구에게 보낸 편지도 있다. 김교헌은 1916년 나철(羅喆)의 뒤를 이어 대종교의 도사교(都司教)에 취임한 뒤 일본의 탄압을 피해 총본사를 동만주 화룡현(和龍縣)으로 옮기고 독립운동과 동포들에 대한 독립정신 교육에 전념하며 청산리 전투에 힘을 보탰다. 김교헌의 편지는 초상을 당한 아들의 마음가짐이 어떠해야 하는지를 밝혀주는 전형적인 편지로서 그 가치가 높다. 그리고 이중구가 고문서에는 우국(憂國) 시인 이육사(李陸史)의 조부 이중직(李中稙)의 편지도 있다.

지난 5년간의 연구가 이중구가 고문서의 정리와 자료정보 수집에 치중했다면, 이제 한 걸음 더 나아가 19세기 중반 이후 영남 일부 지역의 선비들이 그 시대를 어떻게 이해하고, 생활했는지 확인할 필요가 있다. 근대이행기 서양 사상과 문명이 유입되는 과정에서 중앙의 정책 및 통치가 민간사회의 일상과 어떤 조화를 이루었는지 심도 있게 파악할 수 있기 때문이다. 낯선 시대 담론이 향촌 사회에 어떻게 녹아들고 변화를 일으켰는지 이해한다면 한국은 물론 동아시아의 근대성 연구에 한 걸음 더 나아가는 노둣돌 역할을 해낼 수 있을 것이다.

5년이란 짧지 않은 연구기간 동안 많은 분들이 함께 수고하였다. 방대한 양과 난해한 내용에도 불구하고 합심하여 탈초·해제 작업을 수행한 권기갑·이충구·김재열·한재기·임재완·김명환 선생님, 교열·윤문을 맡아준 박성학·김현영·조동영·김철웅·김홍구 선생님께 감사를 드린다. 고문서의 정리와 이미지화를 도와준 대학원 학생들에게도 고마움을 전한다. 아울러 척박한 인문학 연구 환경 속에서 한국학의 발전을 위해 애쓰는 교육부(한국학중앙연구원)의 재정적 지원과 고문서의 대중화와 동양학의 가치 제고를 위해 흔쾌히 출판을 지원해준 단국대학교(산학협력단)에 고마움을 드린다.

과제를 마무리하며 세상에 나온 두 권의 국역본은 김재열, 이충구, 한재기 세 분의 노고가 크셨기에 특별히 감사드린다.

2023년 8월

단국대학교 한중관계연구소장 이 재 령

목 차

◆ 책을 펴내며 ······ 3

1. 왕가의 편지 / 17

01. 고종(高宗, 1852~1919) 1912년 음력 5월 3일
조선 마지막 황제의 복국(復國)을 위한 몸부림 ······ 19
02. 김세동(金世東, 1870~1942) 1912년 음 6월 15일
망국의 그늘 속에 고종의 고굉지신을 자처한 자의 고난 ··· 25
03. 고종(高宗, 1852~1919) 1912년 음력 6월 18일
고종이 자신의 죽음자리를 마련해줄 일본담판사
(日本談辦使)를 구하다 ······ 31
04. 이중구(李中久, 1851~1925) 1913년
고종에게 흔쾌히 죽음을 허락한 62세의 신하 ······ 37
05. 이준용(李埈鎔, 1870~1917) 작성일 불명
국왕 자리를 넘보다 친일로 끝맺은 대원군의 맏손자 ··· 43

2. 독립운동가의 편지 / 47

06. 이상룡(李相龍, 1858~1932) 1875년 1월 23일
한겨울 삼백 리 여정의 조문 길은 선비들의 숙명적인 일 ··· 49

07. 김진의(金鎭懿, 1855~1930) 1882년 6월 27일
오랜 정분에서 느끼는 감격을 재물에 비기랴 ……………… 55
08. 강원형(姜遠馨, 1862~1914) 1890년 8월 15일
과거 급제 이후 사은숙배할 복장(服裝)은 빌려서라도
갖추어야할 필수품 …………………………………………… 60
09. 김윤모(金潤模, 1847~1897) 1891년 7월 22일
가난한 선비의 과거시험 비용은 준비하기 버거운 과제 …… 64
10. 허환(許煥, 1851~1939) 1898년 9월 15일
독립협회의 날선 기세(氣勢)를 저지하려는 움직임 ……… 69
11. 안효제(安孝濟, 1850~1912) 1904년 4월 10일
국가의 명운이 소용돌이치는 시절 선비가 택할 길을
고뇌하다 ……………………………………………………… 73
12. 김대락(金大洛, 1845~1914) 작성일 불명
서원(書院)의 임원 직함은 연로한 나이에 감당하기
부담스러운 업무 ……………………………………………… 78

3. 시세에 부침하는 관료의 편지 Ⅰ /81

13. 이재립(李在立, 1798~1853) 1830년 10월 13일
구일제(九日製)가 10월 13일에 시행되다 ……………………… 83
14. 이원조(李源祚, 1792~1871) 1833년 1월 6일
범죄 수사에 손님 만나는 일은 장애일 수 있습니다 ….. 89
15. 김진하(金鎭河, 1801~1865) 1840년 4월 18일
과채(科債)를 절약과 검소로 적게 하여 원대한
도(道)를 꾀하기 바람 ………………………………………… 93

16. 정학연(丁學淵, 1783~1859) 1842년 3월 24일
관원의 고달픈 박봉 ········· 99
17. 김진화(金鎭華, 1793~1850) 1842년 12월 24일
학문은 명철한 선생과 훌륭한 친구의 인도로
협소함을 벗어나야 한다 ········· 104
18. 이재한(李在瀚, 1807~ ?) 1843년 1월 30일
벼슬이 낮아도 사양하지 말고 근무해야 한다 ········· 110
19. 이종상(李種祥, 1799~1870) 1847년 6월 12일
서울과 지방 사이에 오간 편지에 담긴 궁금한 내용들 ···· 116
20. 서기순(徐箕淳, 1791~1854) 1850년 4월 26일
명문거족으로 대제학과 판서를 지낸 인물의 편지 ······ 123
21. 강난형(姜蘭馨, 1813~ ?) 1879년 5월 16일
수많은 사냥꾼이 사슴[벼슬자리] 한 마리를 노리다 ····· 126
22. 이돈행(李敦行, 1830~ ?) 1888년 미상
옥산(玉山)의 갑족문벌이자 명현(名賢)의 후손 이중구 ····· 130
23. 이남규(李南珪, 1855~1907) 1888년 4월 8일
과거 합격자는 임금의 은혜에 보답하고 조상의
공덕을 계승해야 한다 ········· 132
24. 조강하(趙康夏, 1841~ ?) 1889년 3월 23일
조 대비(趙大妃) 친정세력의 희망적인 다짐 ········· 137
25. 노영경(盧泳敬, 1845~1929) 1890년 5월 그믐
모든 부탁을 부탁대로 처리하겠다는 약속 ········· 141
26. 안종덕(安鍾悳, ?) 1892년 10월 9일
선선생(先先生)의 묘사(墓祀)에 어포(魚脯)를 보내다 ····· 145
27. 민응식(閔應植, 1844~ ?) 1892년 10월 29일
명성황후 친정 집안 대신의 편지 ········· 149

28. 안창렬(安昌烈, 1847~1925) 1893년 11월 27일
시종 변하지 않으면 절로 운이 통하는 시절이 있다 … 153
29. 박헌동(朴憲東, 1840~ ?) 1893년 12월 22일
제사에 불참하는 일은 이승과 저승에 죄를 짓는 일이다 ····· 158
30. 이매구(李邁久, 1841~ ?) 1895년 2월 10일
수령의 업무와 수령이 물러나야 할 기준 ···················· 162
31. 이현주(李玄澍, 1845~1910) 1896년 1월 7일
경주(慶州) 수령이 경주의 향회(鄕會)를 독촉하다 ········ 167
32. 김희국(金熙國, 1824~1901) 1896년 10월 5일
제사를 받들 양자(養子) 들임을 축하하다 ···················· 170
33. 박시룡(朴時龍, 1851~1930), 박시규(朴時奎, 1861~1928)
형제 1897년 1월 12일
아버지 상례에 만장(挽章)을 보내준 것에 감사하다 ····· 174
34. 이병휘(李秉煇, 1851~ ?) 1897년 9월 18일
빗[梳]에 담긴 우의(寓意) ·· 178
35. 정면석(鄭冕錫, 1850~1905) 1898년 2월 2일
숙조(叔祖) 허암(虛菴, 정희량(鄭希良))의 유집(遺集)을
4백년 뒤에 간행하다 ·· 187
36. 조의현(趙儀顯, ?) 1899년 5월 4일
향촌사회의 공론 수렴장인 향회(鄕會)를 앞둔 의견 조정 ···· 192
37. 강태형(姜台馨, 1843~1911) 1899년 8월 23일
세 고을의 민정을 맡은 수령(守令)의 고민과 옥사(獄事)
청탁 거절 ·· 196

4. 시세에 부침하는 관료의 편지 II / 201

38. 권상문(權相文, 1850~1931) 1900년 11월 19일
군수로 부임하는 길의 감회 ······ 203
39. 박병익(朴炳翌, ?) 1901년 2월 18일
하인을 믿었던 조선 사회의 금전거래 ······ 208
40. 황석(黃淅, 1856~ ?) 1902년 12월 20일
사적 인사를 차릴 여유가 없는 무관의 바쁜 나날 ······ 212
41. 장화식(張華植, 1853~1938) 1904년 4월 18일
지역 사회에서 올리는 호소문의 진실은? ······ 216
42. 송병학(宋秉學, 1853~1928) 1906년 10월 25일
굳게 궁함을 참고 글을 읽어 후일을 대비하라 ······ 220
43. 최현필(崔鉉弼, 1860~1937) 1909년 윤2월 14일
서울에 유학시킨 아들이 상투를 깎다 ······ 224
44. 조종필(趙鍾弼, 1840~ ?) 1909년 3월 6일
문원공(文元公) 이언적(李彦迪)에게 하사하는 은유(恩侑) ······ 232
45. 오인섭(吳麟燮, 1844~1918) 1910년 6월 14일
은사금(恩賜金)이 뿌려지던 시절 일본인의 경주 관광 ······ 236
46. 김화식(金華埴, 1847~1912) 1911년 10월 5일
고향 고을의 수령이 되다 ······ 241
47. 정대직(丁大稙, 1847~1933) 1917년 2월 10일
중국 곡부(曲阜)의 향사(享祀)에 참여한 소식을 전하다 ······ 245
48. 안홍원(安弘遠, 1867~1939) 1919년 윤7월 19일
상중(喪中)에 자식과 형과 조카를 잃는 재난을 겪다 ······ 250
49. 이중구(李中久, 1851~1925) 1921년 7월 20일
손자의 젖 부족에 애타는 할아버지 ······ 254
50. 류영우(柳永佑, 1850~1934) 1924년 10월 5일
자식 잃은 아버지의 애절한 마음 ······ 259

51. 박해철(朴海徹, 1868~1934) 1925년 2월 13일
특별히 말씀드릴 일이 없을 때 쓰는 편지 형식 ………… 263
52. 박선빈(朴善斌, ?) 작성일 불명
문집에서 찾기 어려운 세속의 이면사 ………… 267
53. 이만운(李晩運, 1815~1886) 작성일 불명
경주 부윤이 동문생의 아들에게 보낸 편지 ………… 272
54. 민병승(閔丙承, 1866~ ?) 작성일 불명
부탁하신 말씀은 진퇴양난(進退兩難)입니다 ………… 276
55. 민영달(閔泳達, 1859~1925) 작성일 불명
말씀하신 뜻은 특별히 애써보겠다 ………… 279
56. 이진상(李晉祥, 1792~ ?) 작성일 불명
사환가(仕宦家) 집안끼리의 서울과 지방을 오가는 편지 ………… 281
57. 조동면(趙東冕, 1867~1904) 작성일 불명
부탁 받은 사건에 대한 처리 ………… 287
58. 장봉환(張鳳煥, 1869~1929) 작성일 불명
경주 군민이 경주 군수에게 행패를 부리다 ………… 289
59. 김진형(金鎭衡, 1801~1865) 작성일 불명
사위의 앞길을 살뜰히 챙기는 장인의 사위 사랑 ………… 293

5. 사림(士林)의 편지 / 297

60. 한운성(韓運聖, ?) 1845년 2월 6일
노론 집안과 남인 집안의 교류 ………… 299
61. 이종병(李宗秉, 1795~ ?) 1854년 8월 26일
조문, 죽은 자에 대한 산자의 도리 ………… 304

62. 김흥락(金興洛, 1827~1899) 1854년 11월 24일
사촌 처남이 매형에게 권유하는 학문 방법 ················ 309
63. 류치명(柳致明, 1777~1861) 1855년 7월 28일
귀양지에서 제자에게 보내는 스승의 사랑 ················ 315
64. 이재간(李在榦, 1816~ ?) 1881년 2월 16일
소식을 전하기도 어렵고 침묵하기도 어려운
사정을 토로하다 ··· 321
65. 조병희(趙秉禧, 1855~1917) 1885년 1월 3일
3년 만에 만난 친구와 하룻밤 지내고 헤어져야
하는 아쉬운 마음 ··· 325
66. 안찬(安鑽, 1829~1888) 1887년 12월 21일
서책에 흥미 잃은 손자를 안타까워하는 할아버지의 마음 ····· 329
67. 김교헌(金敎獻, 1868~1923)과 김교원(金敎援, ?)
1890년 3월 26일 어버이를 여읜 아들의 마음 ·········· 333
68. 이중직(李中稙, ? ~1916) 1897년 7월 13일
국권이 요동치는 시기의 옥사(獄事)와 유배(流配) ······ 338
69. 김규병(金奎昞, 1856~ ?) 1899년 4월 3일
관직활동을 마치고 전원생활 하는 동료를 부러워하다 ···· 343
70. 신규섭(辛奎燮, 1843~ ?) 1899년 4월 20일
까치 울음에도 붕우를 그리워하는 애틋한 마음 ·········· 347
71. 김규형(金奎衡, ? ~1922) 1899년 8월 4일
선비의 거취(去就)는 자신이 판단할 일이다 ················ 351
72. 최만선(崔晩善, 1841~1899) 작성일 불명
경주 만석군(萬石君)의 편지 ································· 356

◆ **찾아보기** ··· **361**

1

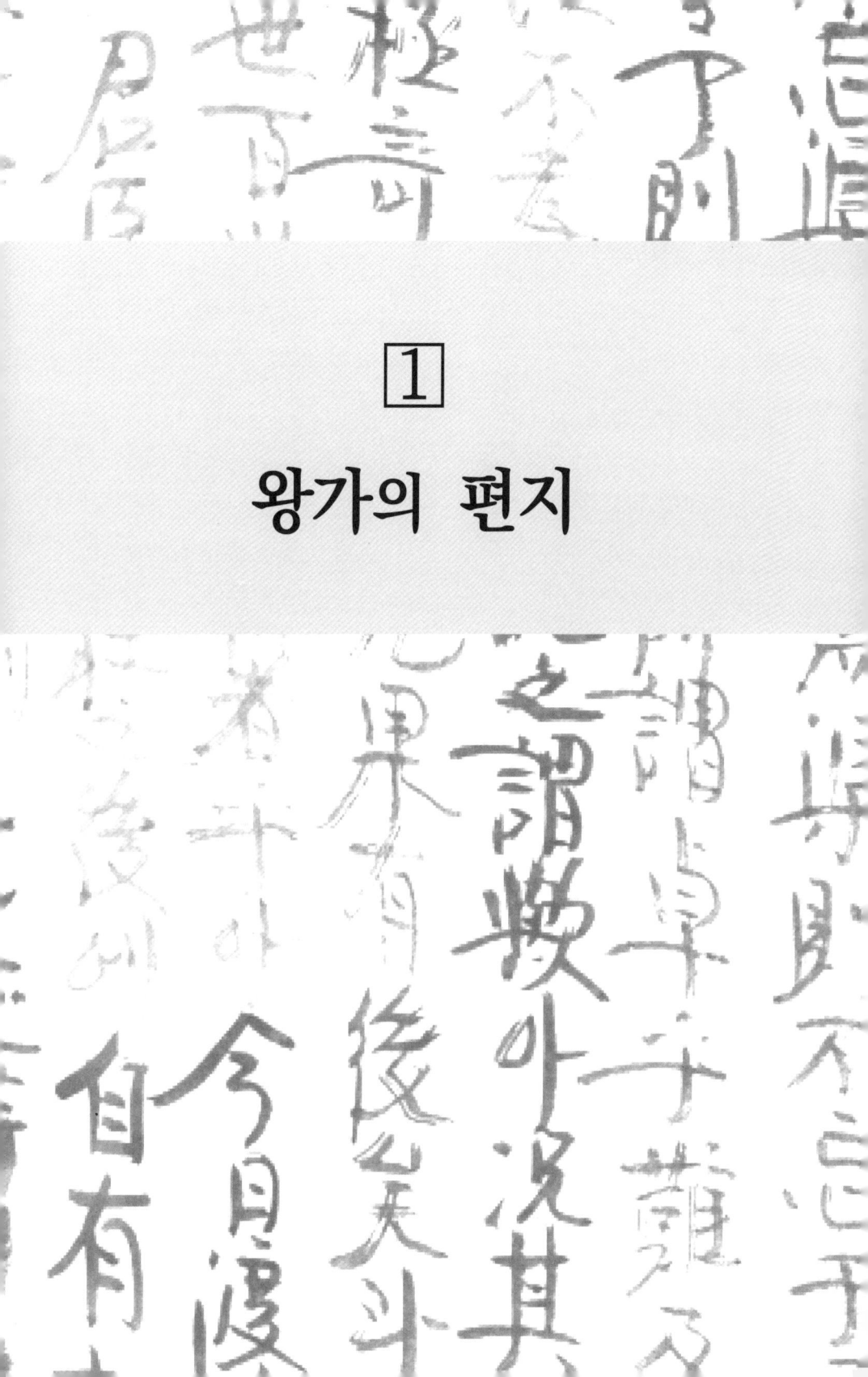

왕가의 편지

01 고종(高宗, 1852~1919) 1912년 음력 5월 3일 조선 마지막 황제의 복국(復國)을 위한 몸부림

嗚呼痛哭. 五百年保有之宗社, 一朝傾覆於予躬, 儼然不死, 而寄命於蒼天白日之下, 回首向說于臣民之前者, 沒廉恥之甚者. 然但庚戌年合邦以前事言之, 則五十九年安排之餘也, 難耐霎時之死, 而不自能以身殉國. 至於今日, 則乙巳後八年幽囚中悔悟也. 一死效殉之外, 更無他策, 而無一依據卒然自盡, 則一無立証於春秋, 一無功效於宗社, 一無顯迹於臣民, 一無辨白於天下, 其不冤痛乎. 由是, 頑忍于今日者, 而幸賴幾個忠良之士烈血報國, 宗親李承甲糾合文武多少志士, 送至西北方, 今鳴寃於天下. 故文忠公金誠一後孫金世東, 則委任日本之談辦, 而此不可一二人能行之事也. 其於三南專擔, 而三南之冷斥, 果至於此哉. 莫非予自取之受侮, 則有不敢怨慨於其間, 而其在臣民之道, 不足爲憐於亡國之予父子. 然
康獻太祖以下, 二十八君之宗廟社稷, 亦冷視乎. 三南物情與全嶠之狀態, 已於六朔之到底詳知矣. 予欲無言, 而至若文元故家, 則已有先朝已行之前轍矣, 庶或今古之不異耶. 惟爾之生長是家, 身在侍從之臣, 有異於凡民之念國. 故爲此傳諭者, 則特許一死而驅馳, 借予一殉之階梯, 則幸且感矣. 若或老且病焉, 而不堪其任, 一族與知愛中, 擇選高等人物, 勸諭起送了刷, 興亡間結果, 則泉坮他日, 予乃握手一謝矣, 爾勿厭聽而遂望焉. 臨紙下淚, 而塞臆不能多言, 渡海目的, 都付金世東口悉.
德壽宮御押, 文元奉祀孫竝布.
開國五百二十一年陰五月三日, 親製.

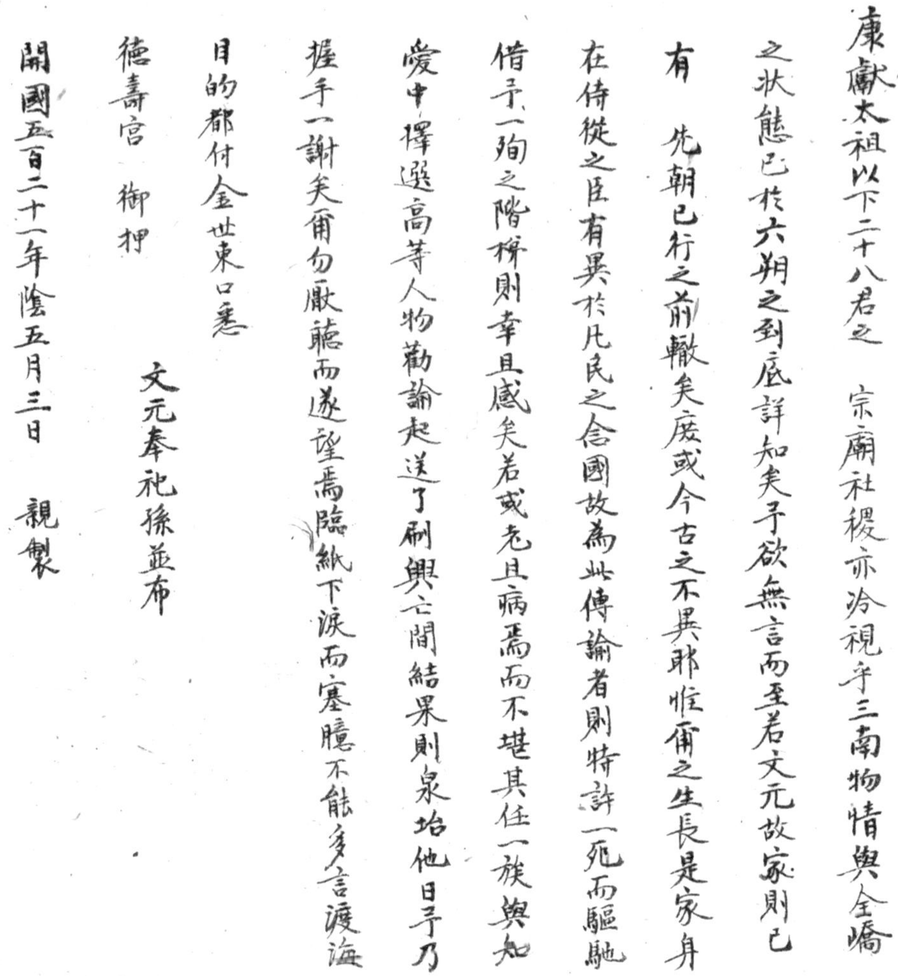
康獻太祖以下二十八君之 宗廟社稷亦冷視乎三南物情與全嶠
之狀態已於六朔之到底詳知矣予欲無言而至若文元故家則已
有 先朝已行之前轍矣應或今古之不異耶惟爾之生長是家身
在侍從之臣有異於凡民之合國故為此傳諭者則特許一死而驅馳
借予一殉之階梯則幸且感矣若或老且病焉而不堪其任一族與知
愛中擇選高等人物勸諭起送了刷興亡間結果則泉台他日予乃
握手一謝矣爾勿厭聽而遂望焉臨紙下淚而塞臆不能多言渡海
目的郡付金世東口悉
德壽宮 御押
文元奉祀孫並布
開國五百二十一年陰五月三日 親製

58.5×26.3

아 통곡하노라. 오백 년 지켜온 종묘사직이 하루아침에 내게서 전복되었는데도 어엿이 죽지 않고 푸른 하늘의 태양 아래서 목숨을 붙이고 머리를 돌려 백성들을 향해 말하는 것은 너무도 몰염치하구나. 그러나 다만 경술년(1910) 합방(合邦) 이전의 일을 말하자면, 59세의 나이[1]로 이리저리 생각

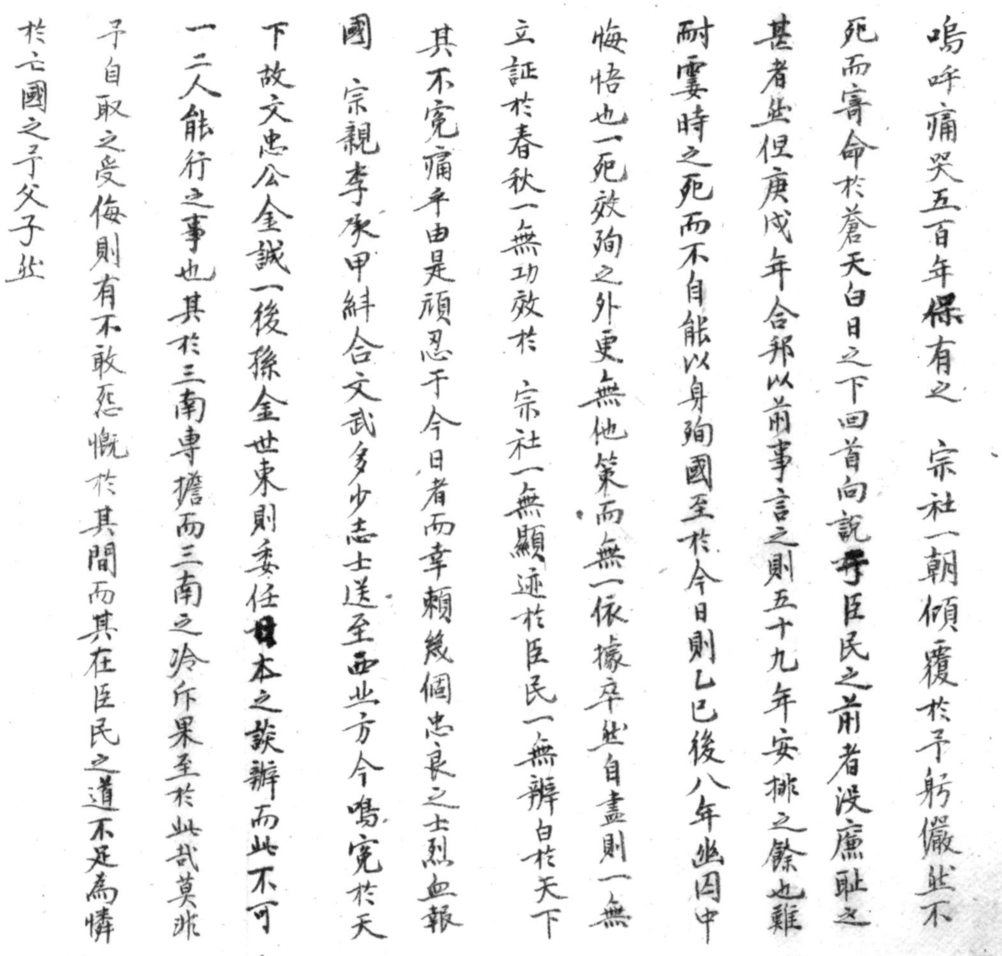

嗚呼痛哭五百年保有之 宗社一朝傾覆於予躬儼然不
死而寄命於蒼天白日之下回首向說予臣民之前者沒廉恥之
甚者然但庚戌年合邦以前事言之則五十九年安排之餘也難
耐霎時之死而不自能以身殉國至於今日則乙巳後八年幽囚中
悔悟也一死效殉之外更無他策而無一依據卒然自盡則一無
立證於春秋一無功效於 宗社一無顯迹於臣民一無辨白於天下
其不寃痛乎由是頑忍于今日者而幸賴幾個忠良之士烈血報
國 宗親李承甲糾合文武多少志士送至西些方今鳴寃於天
下故文忠公金誠一後孫金世東則委任日本之談辨而此不可
一二人能行之事也其於三南專擔而三南之冷斥果至於此哉莫非
予自取之受悔則有不敢怨慨於其間而其在臣民之道不足爲情
於亡國之予父子然

끝에 삽시에 죽음을 택하는 것은 견디기 어려워 한목숨 나라를 위해 스스로 죽을 수 없었다. 오늘날에 이르러 을사년(1905년, 을사늑약이 맺어진 해) 이후 8년 동안의 감금 생활 속에 뉘우치며 깨달았노라. 그것은 한번 죽어 국가

1) 59세의 나이 : 고종은 1852년생이다. 따라서 경술국치의 해인 1910년은 고종의 나이가 59세이다.

를 위해 생명을 버리는 것 이외에는 다시 다른 계책이 없다는 것을. 그러나 아무런 죽어야 할 까닭 없이 갑자기 혼자서 목숨을 끊는다면, 역사에 무엇 하나 내세워 증명할 것도 없게 되고, 종묘사직에 무엇 하나 효험도 없게 되고, 신민(臣民)에게 무엇 하나 자취를 드러냄도 없게 되고, 천하에 무엇 하나 변별하여 밝힐 것도 없게 될 것이다. 그것은 원통한 일이 아니겠느냐.

이런 까닭으로 오늘까지 바보처럼 참고 살아온 것이다. 다행히 몇 사람의 충성스럽고 선량한 신하들의 뜨거운 피로 나라에 보답하겠다는 마음에 힘입어 종친 이승갑(李承甲)이 문재(文才)와 무략(武略)을 두루 갖춘 다소간의 지사(志士)를 규합하여 서북(西北) 지역으로 보내 지금 천하에 억울함을 호소하고 있다.

고 문충공(故文忠公) 김성일(金誠一)의 후손 김세동(金世東)에게 일본과의 담판을 위임하였으나 이 일이 한두 사람이 해낼 수 있는 일이 아니다. 그에게 삼남(三南 충청 전라 경상도를 아우르는 말)을 전담시켰는데 삼남의 차갑게 내침이 과연 대로 이 지경에 이르렀다. 모두 내가 스스로 벌어들인 수모이니 감히 그것들을 원망하고 탄식할 수 없음이 있다. 그러나 신민의 도리에 나라를 망친 우리 부자에게야 족히 불쌍해 할 것이 없을 것이다. 그러나 강헌태조(康獻太祖) 이후 28군주의 종묘사직마저도 또한 차갑게 보아야겠느냐.

삼남의 인심과 온 영남의 상황은 이미 여섯 달 동안 철저하게 알았다. 내가 입을 닫고 말하고자 아니 한다. 그러나 문원(文元, 이언적의 시호)의 고가세족(故家世族)에 이른다면 이미 선대왕의 조정에서 이왕 행했던 전철(前轍)이 있으니 혹여 세월이 지났다고 달라지지 않았겠지. 그대가 이런 가정에서 생장하였고 자신도 시종신(侍從臣)의 직책에 있었으니 보통 신민(臣民)의 나라 생각과는 다름이 있을 것이다. 그래서 이 전유문을 전하는 것이니 특별히 한번 목숨을 걸고 힘을 다해주기를 허락해서, 가령 나의 순국의 사다리가 되게 해주면 다행이고 또 감격스러울 것이다.

혹여 늙고 병들어 이 책임을 감내할 수 없다면 한 집안이나 재능을 인정한 사람 중 정도가 뛰어난 인물을 선택하여 권유해 일에 나서도록 선발해 보도록 하라. 결과야 저승에서 내가 손을 잡고 한 차례 감사할 것이다. 그대는 듣기 싫다하지 말고 바람을 이루어다오.

이 글을 써가는 중 눈물이 흘러내리며 가슴이 막혀 많은 말을 할 수 없구나. 일본에 가는 목적은 모두 김세동의 말에 맡긴다.

덕수궁(德壽宮)[2] 어압(御押, 임금의 수결). 문원의 봉사손(奉祀孫, 제사를 모시는 종손)에게도 아울러 포고(布告)한다.

조선 개국 521년(1912) 음력 5월 3일에 친히 지었다.

조선 개국 521년(1912) 음력 5월 3일에 고종이 이중구(李中久)와 문원선생(文元先生) 이언적(李彦迪)의 봉사손(奉祀孫)에게 내린 문건을 이중구가 필사한 것이다.

고종은 새삼 거론하여 말할 것도 없이 조선의 마지막 군주다. 그 군주가 국권을 상실하고 그것을 되찾고자 하는 몸부림의 흔적이 이 문건에 나타난다.

1894년 청일전쟁이 도화선이 되어 조선왕조의 상징인 경복궁이 일본에게 침탈되었고, 1895년에는 명성황후(明成皇后)가 일본군에게 시해당하는 치욕이 있었다. 다음 해 1896년 고종은 아관파천(俄館播遷)을 단행하고, 1897년 대한제국(大韓帝國)을 선포하였다. 이어지는 역사는 곧 국가가 아닌 세상이었다. 을사늑약(乙巳勒約, 1905년 일본과의 억지 조약) 이후 고종은 자신의 말대로 감금 생활이지 국가의 원수가 아니었다. 이에 마지막 수단으로 일본왕과의 담판으로 국권을 회복하고자 하였다. 그 일을 수행할 사람을 6품직에 있는 학봉(鶴峯) 김성일(金誠一)의 후손 김세동(金世東)에게 맡겨 삼남에서 찾아보게 하였다. 김세동은 삼남에서 그 인재를 찾았다. 그사이 6개월이 지났음에도 이 일을 하겠다고 선뜻 나서는 자가 아무도 없었다. 고종은 자신의 구상에 냉담함 세상인심을 경험하여야 했다. 군주의 화려한 권력이 사라진 뒤의 현실이었다. 그러나 그는 그것을 달게 받으며 다시 경주 문원공(文元公)

---

2) 덕수궁(德壽宮) : 1907년 황제 자리를 일본의 강압에 의해 아들 순종에게 양위하고 고종은 태황제(太皇帝)에 올라 태상황(太上皇)이라 불렸다. 그런데 여기 이중구에게 내린 전유문에 자신을 당시 거처하고 있던 '덕수궁'으로 자칭하고 있음을 볼 수 있다. 태상황이니, 태황제가 자신의 선택이 아니었기에 자신의 거처하던 궁전으로 자신을 나타낸 것이다.

의 후손 이중구를 점찍고 아울러 문원선생의 종손에게도 이 일에 나서주기를 부탁하였다. 그러나 이 일의 비밀성 때문에 고종은 구체적인 목적을 언급함이 없이 다만 일본담판사(日本談辦使)라는 직함을 통해서 상대가 그 일의 목적을 가늠할 수 있게 하고 자세한 것은 김세동의 입을 통해 듣게 하였다.

마지막의 나의 죽음의 사다리가 되어 달라는 처절한 호소에서 신민으로 감동하지 않을 수 있을까. 또 늙고 병들어 나설 수 없으면 아는 사람을 추천하라. 내가 저승에서 그의 손을 잡고 감사해 할 것이라는 말은 고종이 이 일에 생명을 걸었음을 알 수 있다. 일본에서 벗어나기 위한 안타까운 몸부림이었다.

02 김세동(金世東, 1870~1942) 1912년 음 6월 15일 망국의 그늘 속에 고종의 고굉지신을 자처한 자의 고난

回啓謄本

六品臣金世東謹百拜頓首言. 前月二十二日에 前校理臣李中久 · 前特進官臣盧泳敬許宣諭一事를 小臣處委任이신바 趁時往慶州ᄒᆞ와 先見李中久ᄒᆞ옵고 始爲傳命ᄒᆞ온즉 扶諭書仰天叫呼에 慟哭半餉ᄒᆞ다가 乃言之曰以吾君之臣으로 吾君之命을 焉敢違易가ᄒᆞ옵고 無二言許身驅馳ᄒᆞ와 渡海日字만 指定이면 卽爲發行이라ᄒᆞ옵고 文元公臣李彦迪奉祀孫以下老少諸縉紳章甫도 議論이 咸曰至當이라ᄒᆞ오며 且李中久로言之 則今年七月寶甲重回之時에 何以處理之意로 質問于前判書臣趙鍾弼ᄒᆞ야 往復ᄒᆞᆫ 書札을 小臣이目見이온즉 盖其卓乎難及之忠赤을 於此可見이오되 噫彼盧泳敬ᄒᆞ야ᄂᆞᆫ前日에 有何可取ᄒᆞ야 位加亞卿이오며 今日에 有何信用ᄒᆞ야 下此特諭이신지 小臣이居在同道ᄒᆞ여도 面目을 不知이다가 今始往見ᄒᆞ온즉 偃然高臥於廣厦深簷之中ᄒᆞ야 安逸之狀과 驕傲之態가 宛然昇平世洗塗宰相이라 以身殉國을 不須擧論 而語到國事ᄒᆞ야 辱及殿下之言이 非一非再이되 是言은 以臣子之筆로 果不敢謄諸奏文. 故로使申海碩으로 口達이옵고, 盧泳敬許密諭ᄂᆞᆫ不傳以來이옵기로 玆今還納ᄒᆞ오니 盧泳敬段은 何以處理이시며 李中久ᄂᆞᆫ 何以褒獎이실지 據實謹回奏.

開國五百二十一年陰六月十五日

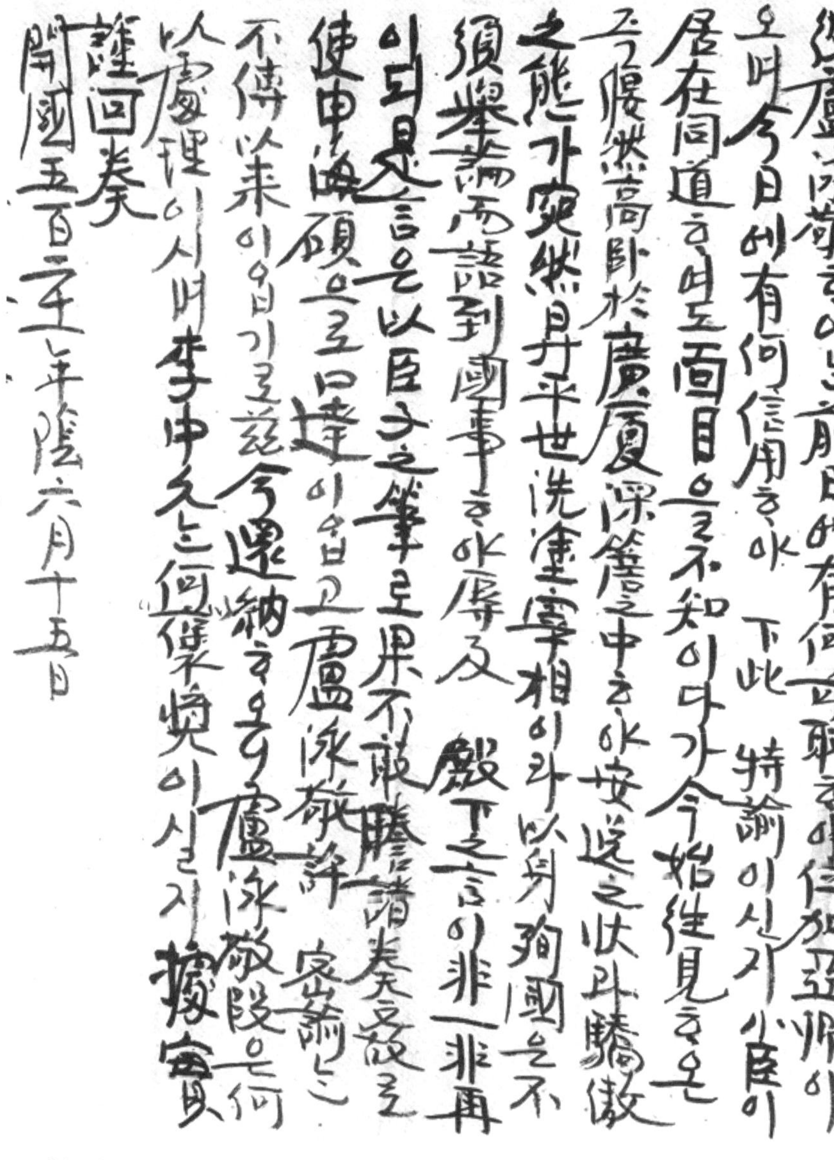
彼盧泳敬ᄒᆞ야ᄂᆞᆫ 前日에 有何所取ᄒᆞ야 信加亞卿이
오며 今日에 有何信用ᄒᆞ야 下此 特諭이신지 小臣이
居在同道ᄒᆞ며도 面目을 不知이다가 今始往見ᄒᆞ온
즉 偃然高臥於 廣厦深簷之中ᄒᆞ야 安逸之狀과 驕傲
之態가 突然 昇平世 洗塵宰相이라 以身殉國은 不
須擧論而語 到國事ᄒᆞ야 廢及 殿下之言이 非一非再
이되 是言은 以臣子之筆로 果不敢謄 請奏矣로
使中海頑으로 日違이ᄋᆸ고 盧泳敬許 密諭ᄂᆞᆫ
不傳以來이ᄋᆸ기로 玆今 還納ᄒᆞ오니 盧泳敬段은 何
以處理이시며 李中久ᄂᆞᆫ 何以懲悛이실지 據實
謹回奏
開國五百三年 陰六月十五日

39×24.8

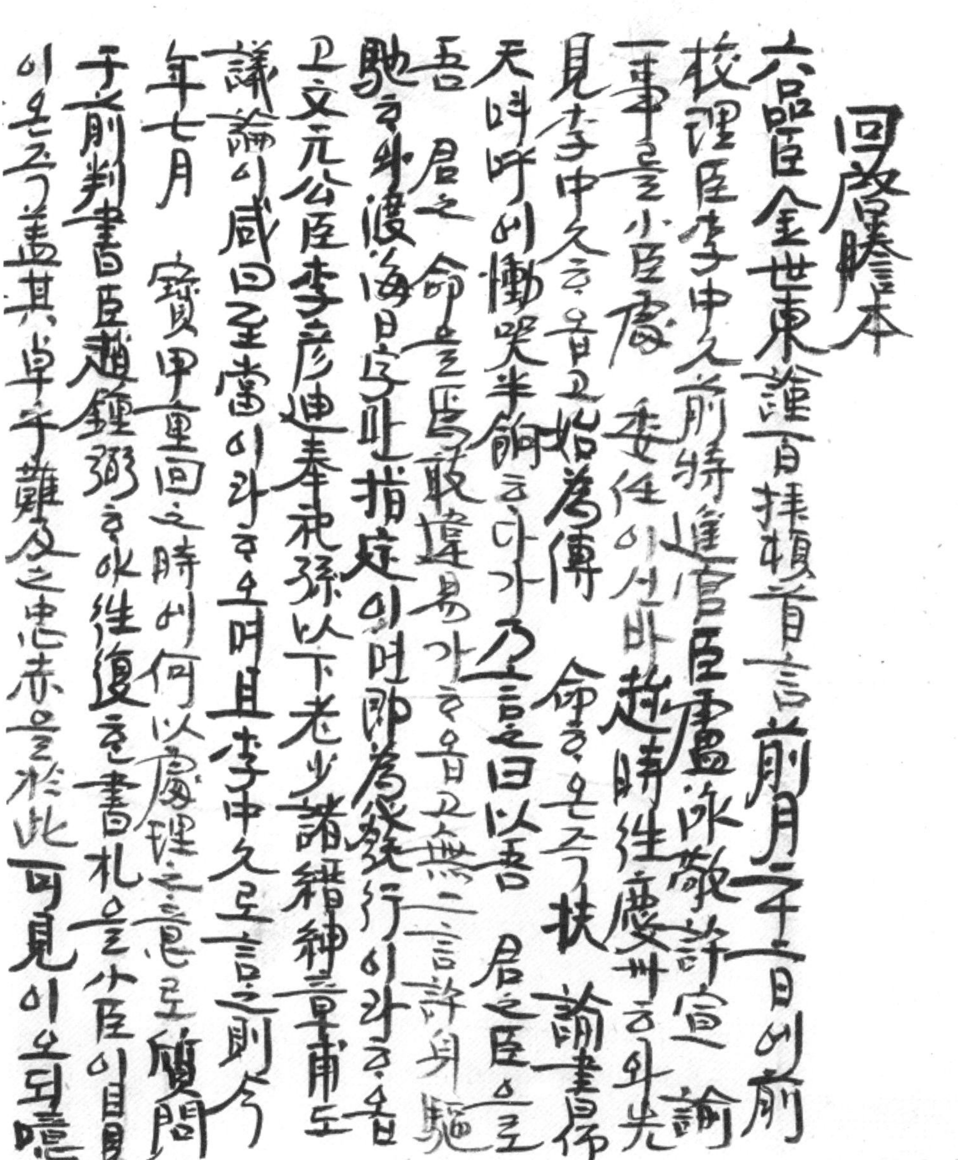

回啓謄本

六品臣金世東謹百拜頓首言前月二十五日에前
校理臣李中久前特進官臣盧泳敬許宣諭
一事를小臣處委任이신바趂時往慶州ᄒᆞ와先
見李中久ᄒᆞ읍고始爲傳 命ᄒᆞ온즉扶 諭書俯
天呼呼에慟哭半餉ᄒᆞ다가乃言曰以吾 居之臣으로
吾 居之 命을臣焉敢違易가ᄒᆞ읍고無二言許身驅
馳ᄒᆞ와渡海日字비指定이오며即爲發行이라ᄒᆞ옵
고文元公臣李彦迪奉祀孫以下老少諸縉紳들도
議論이咸曰至當이라ᄒᆞ오며且李中久로言之則今
年七月 寶甲重回之時에何以處理之意로質問
于前判書臣趙鍾弼ᄒᆞ와往復ᄒᆞᆫ書札을小臣이目見
이온즉蓋其卑于難及之忠赤을於此可見이오되噫

회계 문건의 등본

6품직의 신하 김세동(金世東)은 삼가 백 번 절하고 머리를 조아려 아뢰옵니다. 지난달 스무이튿날 전 교리(前校理) 신(臣) 이중구(李中久)와 전 특진관(前特進官) 신(臣) 노영경(盧泳敬)에게 선유(宣諭)하는 일 하나를 소신에게 위임하셨습니다. 바로 경주로 찾아가 먼저 이중구를 만나 처음 명령을 전하였습니다. 그랬더니 선유문(宣諭文)을 붙잡고 하늘을 우러러 울부짖어 반나절을 통곡하고서는 그제야 "우리 군주의 신하로 우리 군주의 명령을 어찌 감히 어기겠습니까?"라고 말하고서, 두말없이 몸 바쳐 노력하기를 허락하며 바다를 건너갈 날짜만 정해지면 바로 길을 나설 것이라 하였습니다. 그리고 문원공(文元公) 신(臣) 이언적(李彦迪)의 봉사손(奉祀孫) 이하 늙고 젊은 선비들도 하는 말들이 모두가 "지당한 일"이라 하였습니다.

또 이중구로 말씀드리면 올 7월 그의 환갑이 돌아오는 시기에 어떻게 처리해야 할지를 전 판서 신 조종필(趙鍾弼)에게 질문하며 왕복한 편지를 소신이 직접 보았습니다. 그의 우뚝한 미칠 수 없는 붉은 충성을 이 편지들에서도 볼 수 있었습니다.

아! 저 노영경은 전일에 어떤 취할만한 점이 있어 지위가 아경(亞卿, 육조의 참판 직위의 관원을 이르는 말)이 주어졌으며, 오늘날 어떤 믿음이 있어 이런 특별 유지를 내렸는지요. 소신이 한 도(道)에 살면서도 얼굴을 몰랐다가 오늘에야 비로소 찾아가 만나보니 거만스레 널찍한 집 높다란 처마 아래 한가롭게 누워 안일한 모양과 오만스러운 태도는 흡사 태평세상의 세도재상이었습니다. 몸을 던져 순국하는 일을 거론할 필요도 없이 말이 국가의 일에 미치자 전하를 욕보이는 말이 한둘이 아니었습니다. 이 말들은 신의 붓으로는 감히 아뢰는 글에 올릴 수 없사옵니다. 그래서 신해석(申海碩)에게 말로 아뢰게 하였습니다. 노영경에게 내린 비밀 유지는 전하지 않고 가지고 나왔기에 지금 되돌려 올립니다.

노영경은 어떻게 처리하시며, 이중구는 어떻게 표창하시렵니까. 실상에 근거하여 삼가 회주(回奏)하옵니다.

조선개국 521년(1912) 음 6월 15일.

고종의 복국을 위한 도해담판사는 6개월이 지나면서도 구해지지 않았다. 이중구에게서 비로소 응답을 얻었고 노영경(盧泳敬)은 냉담히 뿌리치며 그 이유를 고종에게 돌리며 김세동이 아뢰는 글에 차마 담을 수 없는 욕된 말이 이어졌다. 여기서 이때 사림의 여론을 다시 살펴볼 필요가 있다. 당시 조선을 대하는 태도에 두 부류가 있다. 전주이씨의 나라는 망해야 하지만 나라는 독립을 이뤄야 한다는 부류와 조선은 광복하여야 한다는 부류이다. 고종도 다시 군주의 자리를 회복해야 한다는 부류이다. 앞의 여론은 소론과 남인 계열에서 강했고, 뒤의 여론은 노론 계열에서 강했다. 노영경의 태도는 어디에 해당하는지 알 수는 없다. 그러나 다음에 이어지는 문건에서 노영경이 아관파천까지 고종을 수행했다는 것에서 보여주는 것은 그가 어디에 속하는지 알 수 없다. 을사오적들이 모두 고위 관직이었다면 고종이 속은 것이 어디 노영경 뿐이겠는가. 힘없는 고종이 노영경을 어떻게 처리할 수 있겠는가. 여기서 김세동이 묻고 있는 처리란 우리가 모르는 과정을 거쳐 정해진 도해담판사 추천을 어떻게 처리할 것인지를 묻는 말일 것이다. 이중구에 대한 표창이야 고종이 답할 수 있는 말이 있었을까. 그래도 물은 것으로 추측한다면 이중구에게 관직 한 자리 내리는 것 정도는 고종에게 힘이 있었다고 하겠다.

이어지는 다음 등사본도 이중구의 필체가 아니다. 누구의 필체인지 추정할 수 있는 길이 없는 것이 아쉬울 따름이다.

김세동은 고종 7년(1870) 5월 14일 경상북도 안동군 서후면(西後面) 금계리(金溪里)에서 태어났다. 본관은 의성(義城), 자는 성칙(聖則), 호는 심대(心臺)이다. 고종 37년(1900) 12월 20일에 의릉 참봉(懿陵參奉)에 올라, 고종 42년(1905)10월에 승육(陞六 6품으로 승급)되었다. 일본이 경술국치(庚戌國恥 1910년) 이전에 죽은 사람을 신고하는 일에 일본 연호(年號)를 기재하게 하자 선조에 대한 모욕이라고 문중 회의를 열어 묘적반대사건(墓籍反對事件)이라는 문서를 만들어 조선총독부와 의성김씨 문중에 보낸 일로 붙잡혀 8개월의 형을 선고받았고, 1919년 파리강화회의에 참여하여 독립운동을 전개할 목적으로 자금을 마련하여 정관식(鄭寬植)과 나누어 가졌으나 소식이 새어나가 다시 1년 6개월의 옥고를 겪었다. 이것들은 공개된 자료이고 고종의 밀사로 활약한 사실은 아무 곳에서도 확인할 길 없다. 그러나 김세동이 파리강화회의에 함께 가자고 한 사람이 정관식이고, 고종이 김세동에게 내린 회답 선유문에 정관식을 의주에 보냈다는 언급이 우연한 일일까. 이로 미루어 이 일본담판사는 성사되지 못했지만 추진된 저간의 기록이 사실일 수 있음을 증거 한다고 하겠다.

03 고종(高宗, 1852~1919) 1912년 음력 6월 18일
고종이 자신의 죽음자리를 마련해 줄 일본담판사(日本談辦使)를 구하다

回諭謄本

宣諭使金世東回覽.

所奏ᄂᆞᆫ 備悉이라 惟爾之苦心勞骨은 恒庸戀念, 而郭辱을 未洗ᄒᆞ고 盧辱을 又見ᄒᆞ니 莫非予不知人之過失이라 若聽爾言인들, 予得此辱가 追悔無及, 而今乃覺之, 則甲申之侍從과 庚戌之扈駕가 意非死地, 故로 要名而行之者, 則予之見欺가 分明, 而不過駔儈之伎倆, 則不足掛之齒牙, 而自有天討人誅之日이니 不必呶呶長說이오 至於李中久ᄂᆞᆫ 何其烈烈至此哉오 仰天叫呼之時에 日月이 必然添光, 而七月之事로 質問於趙鍾嗣云者ᄂᆞᆫ 聞甚慽慽焉愧赧處也로다 予所忘渠者已久 而渠則不忘于予ᄒᆞ야 有此念及於今日之予, 則爾言所謂卓乎難及, 而父雖不慈나 子不可以不孝者, 非此之謂歟아 況其諸族之一無圭角은 尤極奇壯, 而文元果有後矣과 君子之澤이 不但五世라 十世百世亦不斬者乎아 今日渡海之事가 若無餘望이면 君臣間殉社之後에 自有九泉相賀之日이니 此去李中久許敦諭를 趁時到付이되 敕任官運動이 如是極難乎아 此亦運數也라 不可以抑理行之이나 拔扈之敕任官을 不必强起이라 惟奏任官以下라도 惟在處事之善不善일ᄲᅮᆫ더러 文元文忠之後孫에 知名之人 · 佩號之士가 入去이면 還勝於閑微家一品大臣이니 以此磨鍊ᄒᆞ야 斯速渡海이되 不幸日皇

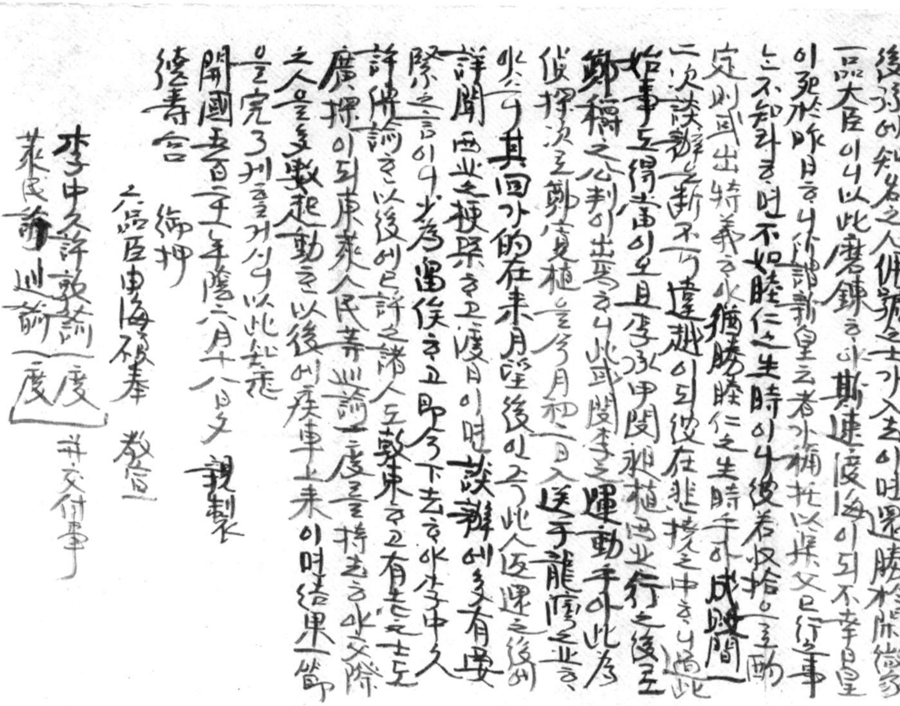

63.5×24.8

이 死於昨日ᄒᆞ니 所謂新皇云者가 稱托以保父已行之事

ᄂᆞᆫ 不知라ᄒᆞ면 不如睦仁之生時이나 彼若收拾으로 酌

定則或出特義ᄒᆞ야 猶勝睦仁之生時乎아 成敗間一

二次談辦은 斷不可違越이되 彼在悲撓之中ᄒᆞ니 過此

始事도 得當이오 且李承甲・閔昶植西北行之後로

鄭穪之公判이 出焉ᄒᆞ니 此或閔李之運動乎아 此爲

偵探次로 鄭寬植을 今月初二日入送于龍灣之北ᄒᆞ

얏스니 其回가 的在來月望後인즉 此入返還之後에

詳聞西北之梗槩ᄒᆞ고 渡日이면 談辦에 多有要

緊之言이니 少爲留俟ᄒᆞ고 卽今下去ᄒᆞ야 李中久

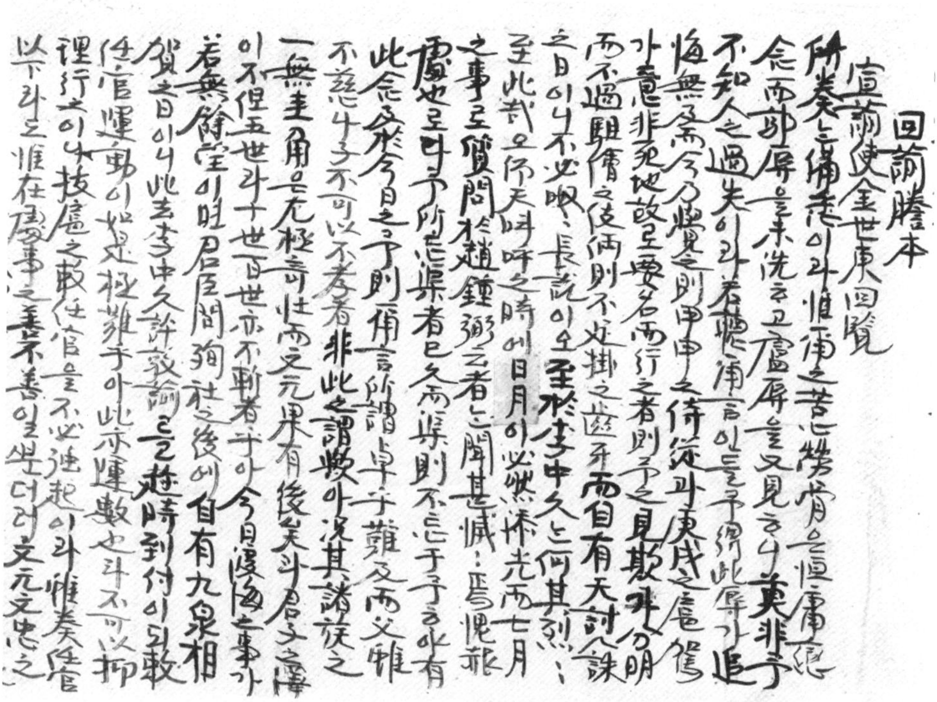
回諭謄本
宣諭使金世東回覽

許傳諭훈以後에 已許之諸人도 敦東ᄒ고 有志之士도 廣探이되 東萊人民等巡諭一度를 持去ᄒ야 交際之人을 多數起動훈 以後에 疾車上來이면 結果一節을 完了케홀거시니 以此知悉.

開國五百二十一年陰六月十八日夕親製

德壽宮御押

六品臣申海碩奉敎宣

李中久許敦諭一度

萊民許巡諭一度

幷交付事

회답 선유문[回諭文] 등본

선유사(宣諭使) 김세동은 회람(回覽)하라.

아뢴 말은 모두 잘 알았다. 너의 애태우는 마음과 뼈에 사무치는 고달픔은 늘 마음속에 애틋해 하고 있다. 곽(郭)에게 당한 치욕을 아직 씻지 못하였는데 노(盧)에게 치욕을 또다시 당하였으니 모두 내가 사람을 알아보지 못한 잘못이다. 만일 그대 말을 들었더라면 그대가 이런 치욕을 당했겠느냐. 일이 지난 뒤의 후회가 무슨 소용이겠는가.

지금에야 깨달은 것은 갑신년(1884년의 갑신정변(甲申政變)에 시종(侍從)한 일과 경술년(1910년 경술국치(庚戌國恥) 때의 호가(扈駕)는 죽을 곳이 아님을 예상한 까닭에 명예를 노리고 했던 일이었으니 내가 속은 것이 분명하나, 저잣거리의 거간꾼 기량에 불과하여 입에 올릴 것조차 못 된다. 저절로 하늘이 토벌하고 백성이 벌주는 날이 올 것이다. 시끄럽게 긴말할 필요가 있겠느냐.

이중구에 이르러는 어찌 그다지 열렬함이 여기에 이를 수 있단 말인가. 하늘을 우러러 울부짖을 때 해와 달에 반드시 빛이 더해졌을 것이다. 7월의 일을 조종필(趙鍾弼)에게 질문하였다는 말[3]은 듣자니 매우 슬프고 부끄러운 말이다. 나는 그를 잊은 지 이미 오래인데 그는 나를 잊지 않아 이토록 오늘의 나를 생각하고 있었으니 그대가 말한 우뚝하여 미치기 어렵다고 함이리라. 아버지가 사랑하지 않아도 자식은 효도하지 않으면 안 된다는 말이 이를 두고 한 말이 아니겠느냐. 더욱이나 그의 여러 집안사람들 중 한 사람도 이의를 단 사람이 없었다니 더없이 기특하고 장한 일이다. 문원(文元, 회재 이언적의 시호)에게 과연 후손이 있음이고 군자의 은택이 5대 뿐 아니라 10대 100대에도 또한 끊어지지 않음이 아니겠느냐.

---

3) 7월의 일을 조종필(趙鍾弼)에게 질문하였다는 말 : 7월의 일은 1907년 7월에 헤이그특사 파견을 빌미로 이등박문이 고종을 협박하여 아들 순종에게 양위하게 한 일이다. 조종필은 한양조씨로 고종 4년(1867)에 진사시에 오르고 고종11년(1874)에 증광문과에 급제하여 성균관 대사성, 이조 참의, 공조 판서 등을 거쳐, 경기도 전라남도 황해도 관찰사를 역임하였다. 이중구에게 보낸 편지 14장이 단국대학교에 소장되어 있다.

오늘날 바다를 건너는 일에 만일 남은 희망마저 없다면 군주와 신하 누구라도 사직을 위해 순사(殉死)한 뒤 구천(九泉)에서 함께 하례할 날이 저절로 있을 것이다. 이번에 이중구에게 보내는 진심을 담은 선유문(宣諭文)을 바로 전달하도록 하라.

칙임관(勅任官 정1품에서 종2품직의 관원) 동원이 이다지 극도로 어렵단 말인가. 이 역시 운수라서 이치를 거슬려 가며 행할 수 없을 것이지만, 발호하는 칙임관에게 억지로 일을 떠맡길 필요는 없다. 주임관(奏任官, 3품에서 6품직까지의 관원) 이하라도 일 처리를 잘할지의 여부일 뿐이다. 문원과 문충(文忠, 김세동의 조상 김성일(金誠一)의 시호)의 후손에서 명예가 알려진 사람이나 어떤 일로 명성이 굳어진 사람이 간다면 도리어 한미한 집안 1품 대신보다 나을 것이다. 이런 생각으로 준비하여 하루 속히 바다를 건너도록 하라.

불행하게 일황이 어제 죽었다. 소위 새 황제란 자가 아버지가 이미 행한 일은 보전한다는 핑계로 모른다고 할 수도 있다. 그렇다면 목인(睦仁, 명치(明治))이 살았을 때만 못하지만, 저 자가 만일 수습하려 작정하면 혹여 특별한 의리를 내세워 오히려 목인이 살았을 때보다 나을 수도 있지 않겠느냐. 성공하던 실패하던 한두 차례의 담판은 결단코 어길 수 없는 일이다. 그러나 저 자가 비통 속에 마음이 산란해 있을 터이니 이 때를 넘기고 일을 시작하는 것이 옳을 수도 있다.

또 이승갑(李承甲)과 민창식(閔昶植)이 서북(西北)으로 떠난 뒤 정착(鄭穱)의 공판이 터져 나왔으니 이는 혹여 이승갑과 민창식의 움직임이 아닐까. 이를 정탐시키려 정관식(鄭寬植)을 이달 초 이튿날 용만(龍彎, 의주)으로 들어가게 하였다. 그가 돌아오는 날은 틀림없이 다음 달 보름 뒤가 될 것이다. 이들이 되돌아온 뒤 서북의 대강 추세를 자상하게 듣고서 일본에 건너가게 되면 담판에 요긴한 말이 많을 수 있을 것이다. 조금 머물러 기다리도록 하라.

바로 지금 내려가 이중구에게 선유문(宣諭文)을 전달하여라. 그 뒤 이미 일본에 가기로 허락한 여러 사람도 단단히 단속하고 뜻을 지닌 사람들을 널리 수소문하도록 하라. 동래(東萊) 백성들에게도 돌려보게 하는 선유문 한 장을 가지고 가서 교섭할 사람을 다수 동원하도록 하라. 이후 빠른 차로 올라오면 한 단계는 마무리 된 것이다. 지금의 말들로 짐작하도록 하라.

조선 개국 521년 음력 6월 18일 저녁에 친히 저술했노라.

덕수궁 어압(德壽宮御押)

6품직의 신하 신해석은 전교(傳教 임금의 명령)를 받들어 선포하노라

이중구에게 권면의 선유문 한 건과

동래 백성들에게 돌려보게 하는 문건 한 건을

아울러 교부(交付)하노라.

고종이 김세동에게 일본담판사 구하는 일을 맡긴 뒤 진행 상황을 보고 받고서 답한 문건이다. 갑신정변과 경술년의 호가에서 고종에게 보여준 노영경에 대한 신심이 야속하게 속았음을 털어놓은 대목에서 사람을 알아보기 어려움은 누구나 겪는 일이라 생각되지만 그것이 고종의 뒤늦은 후회이니 어쩌겠는가.

다만 일본담판사로 정1품에서 종2품의 고위직 칙임관일 것, 다음으로 문원선생 정도의 사림의 추앙을 받는 집안의 자손일 것을 목표하고 있음을 살필 수 있다. 고종의 계책은 결국 일본이 당시 대한제국을 대표할 만한 인물로 인정하고 상대해 주기를 바란 생각일 것이다. 그러나 당시 일본의 세계경략의 야심에 고종의 생각이 먹힐 수 있었을까. 이 어려움 속에 겨우 찾은 이중구가 일본으로 떠나려 할 때 일본의 왕 명치(明治)가 죽고 대정(大正)이 들어섰다.

또 한 가지 서북으로 보낸 사람이 한 달 뒤 돌아올 것이고 그들이 돌아온 뒤 저쪽의 사정을 대강 알게 되면 일본과의 담판에 요긴한 말이 많을 수 있다는 말에서 서북이 가리키는 곳이 어디인지 고종은 왜 그곳에 사람을 보내 사정을 탐지하게 하였는지 우리가 찾아야 할 역사의 한 베일이다. 그러나 이 시도는 결국 아무런 결론이 없이 여기서 종결되고 만다. 그사이에 어떤 일이 있었는지도 역사에서 찾을 길 없다.

04 이중구(李中久, 1851~1925) 1913년 고종에게 흔쾌히 죽음을 허락한 62세의 신하

本年六月初三日, 祗受渡海奉命使. 宣諭內以臣爲日本談辦使,
特許一死驅馳, 渡海密旨, 臣承命震慄, 靡所措躬. 伏念臣以遐土賤
品, 濫叨科第於聖上記憶臣家之日, 而繼隆寵渥, 踐歷清要, 臣感激
恩遇, 雖肝腦塗地, 豈足上報. 往在甲午, 臣悤悤辭闕, 退伏田廬, 息偃在床,
安逸飽飫. 國家之前後慘毒禍亂, 臣一未效涓埃之報, 頑毒殘喘, 尙存視息於
覆載之間, 臣之負吾陛下, 於斯極矣. 宜陛下之棄臣不錄, 而乃反寵權之, 委
臣以今日莫重之任. 聖論丁寧, 哀痛警切, 臣雖至愚, 豈不惶懍感泣, 息黥補刖
[劓],
思贖前日遺忘君父之罪逆哉. 此臣所以行計已決, 而不恤微躬之病老, 不度聖算之
可否也. 密諭左方, 又有文元奉祀孫竝布之命, 故臣承命之日, 祗奉聖旨,
往布于臣十二代祖先正臣奉祀孫前參奉臣錫禧, 則錫禧特在以蔭
補官之地, 向闕之忱, 比臣尤篤. 惟其痛念家國, 沈吟成疾, 臥床不起, 于今
數歲. 奉承隆旨, 終未起身. 門族殘劣, 又乏代表, 臣以白首軟質, 特兼一身兩行.
未及登道, 身
病卒發, 虛煩嘔瀉, 食飮全却, 氣息奄奄, 甦完無期. 伏念密諭在躬, 惶懍憂
懼, 又此再承渡海密旨, 聖諭更懇, 臣一息未泯之前, 豈敢顧戀徇私, 不思陛下申
諭之命哉.
玆乃扶病登道, 東萊地來到, 卽使宣諭使馳啓, 而具奏臣前後負國之罪, 朝暮報
效之狀. 伏乞聖明垂憐焉. 臣拜表涕零, 不知所言. 臣無任憂痛戀闕, 惶恐隕越之
至, 謹昧死以聞.

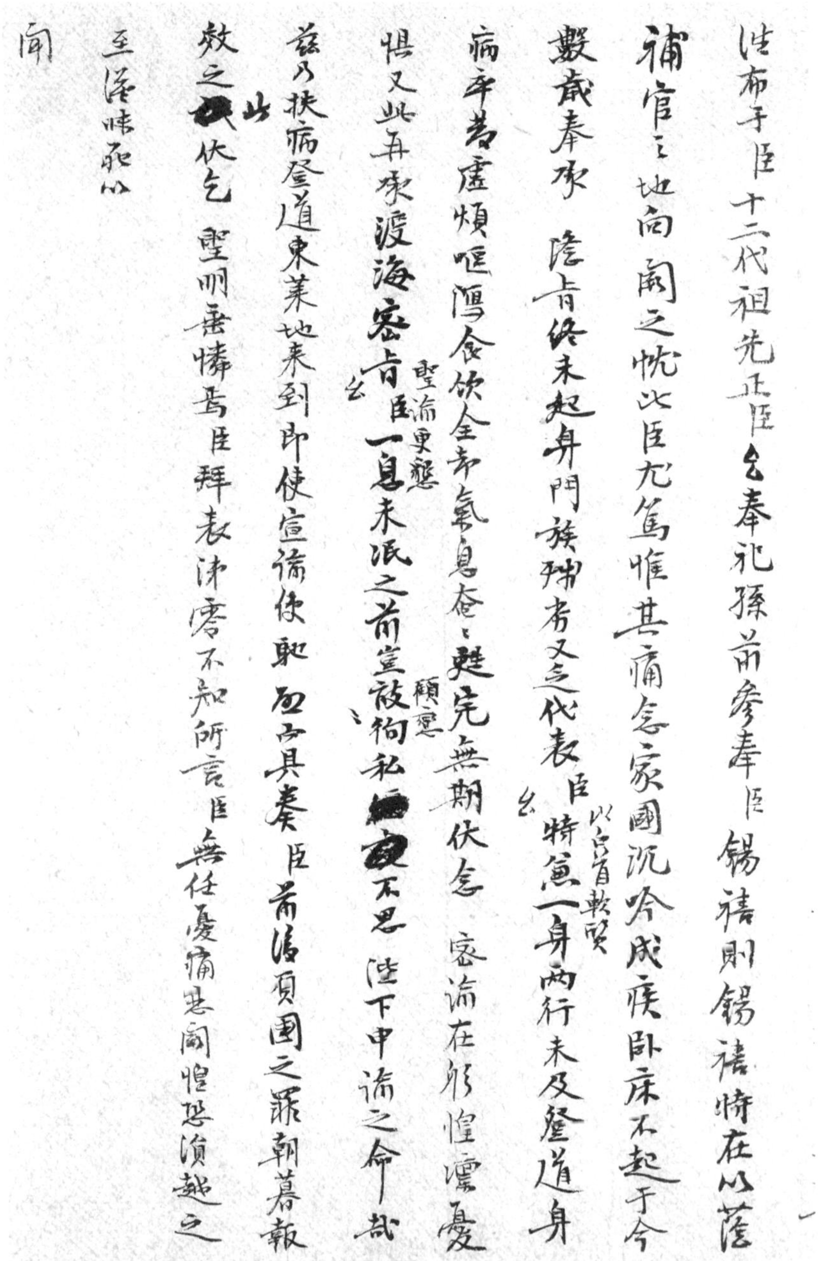
陛布手臣 十二代祖先正臣 之奉祀孫前參奉臣 錫禧則錫禧特在以蔭
補官之地向 闕之忱比臣尤篤惟其痛念家國沉吟成疾卧床不起于今
數歲奉承 隱旨終未起身門族埒者又之代表臣 之 特逌一身兩行未及登道身
病年益虛煩喔嘔食飲全希氣息奄奄難免無期伏念 密諭在躬惶凜憂
惧又此再承渡海密旨 之 臣一息未泯之前宣敌徇私 不思 陛下申諭之命哉
茲乃扶病登道東萊地來到即使宣諭使馳 啓之具奏臣 前負國之罪朝暮報
效之 山伏乞 聖明垂憐焉臣 拜表沐零不知所言臣 無任憂痛甚闕惶恐須越之
至澤昧死以
聞

38.0×24.4

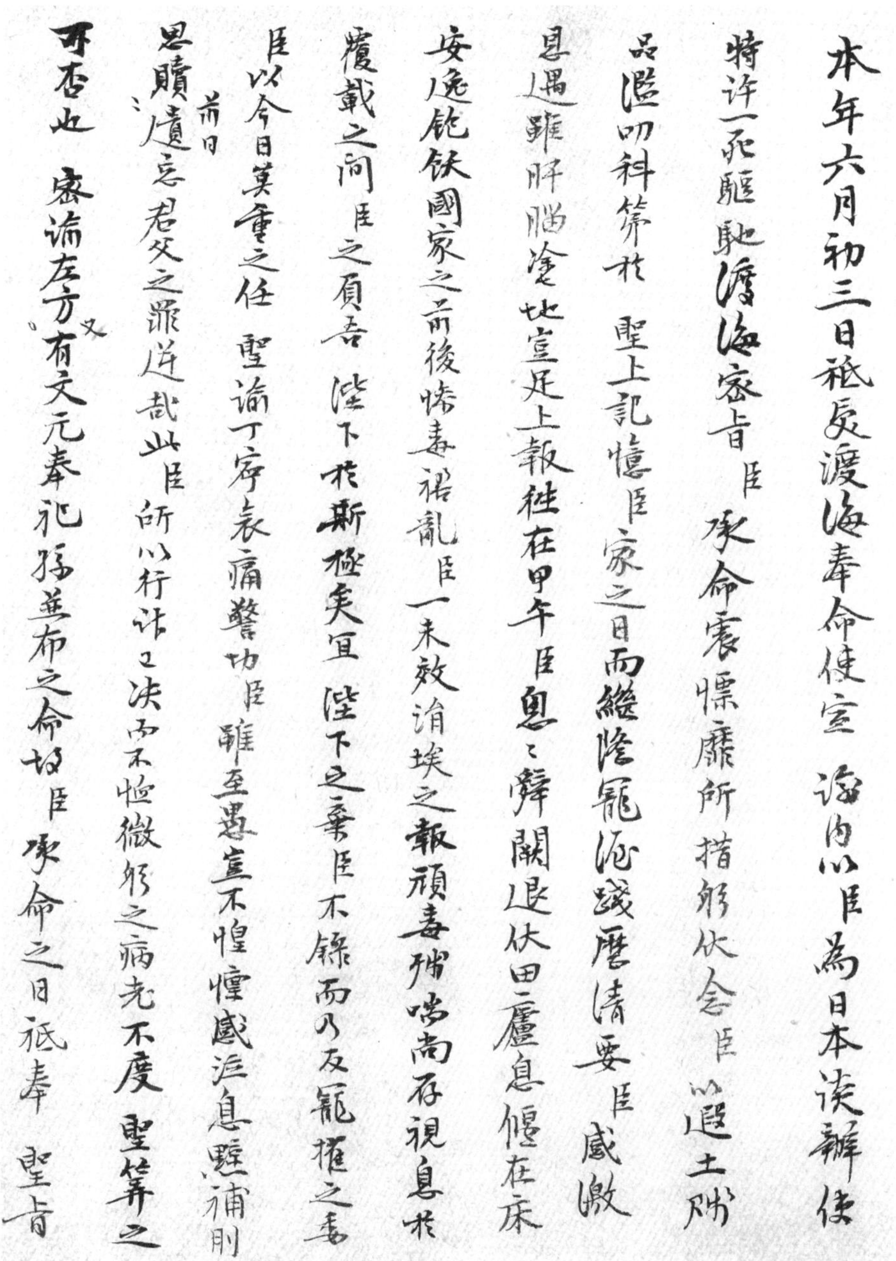
本年六月初三日祗受渡海奉命使臣 諭内以臣爲日本談辦使
特許一死軀馳渡海啓旨臣 承命震慄靡所措躬伏念臣以遐土賤
品濫叨科第於 聖上記憶臣家之日而繼陞寵渥蹤歷清要臣 感激
恩遇雖肝腦塗地豈足上報往在甲午臣 息息辭闕退伏田廬息偃在床
安逸飽飫國家之前後慘毒禍亂臣一未效涓埃之報頑毒殘喘尚存視息於
覆載之間臣之負吾 陛下於斯極矣宜 陛下之棄臣不錄而乃反寵擢之委
臣以今日(前日)莫重之任 聖諭丁寧哀痛警切臣 雖至愚豈不惶懍感泣息黥補劓
恩贖遺忘君父之罪逆哉此臣 所以行訐之決而不恤微躬之病尤不度 聖算之
可否也 處諭左方有文元奉祀孫並布之命故臣 承命之日祗奉 聖旨

올(1912년) 6월 초 3일에 도해봉명사(渡海奉命使)의 직함을 공경히 받았습니다. 선유문(宣諭文)의 '신을 일본담판사(日本談判使)로 삼으시고, 특별히 목숨을 걸고 힘을 다하기를 허락하시며 바다를 건너라는 밀지(密旨)는', 신이 명령을 받잡고 놀람과 두려움에 몸 둘 바를 모르겠습니다. 삼가 생각건대 신이 외떨어진 지역의 한미한 사람인데, 참람하고 욕되게 성상께서 신의 집안을 기억해 주시는 중[4]에 과거에 급제하였습니다. 연이은 총애와 은택의 융성함으로 청요직(淸要職)[5]을 두루 거쳤습니다. 신의 감격스러운 지우(知遇)는 간과 뇌가 땅에 발리는 것으로도 어찌 성상의 은혜 갚음에 충분하겠습니까. 지난 갑오년(甲午 1894)에 신이 총총히 대궐을 떠나와[6] 시골집에 묻혀 침상에서 쉬기도 하고 눕기도 하며 편안히 배불리 지내고 있습니다.

국가의 전후 더없는 참혹한 재앙과 난리에 신이 조금도 갚아드리지 못하고, 완악하기 그지없이 사위어가는 숨을 쉬며 여태껏 천지 사이에 생명을 유지하고 있습니다. 신의 우리 폐하를 저버림은 여기에서 극에 달한 것입니다. 의당 폐하가 신을 버리고 임용하지 않아야 할 터인데 도리어 총애하여 임용해 주시며 신에게 오늘 막중한 책임을 지우셨습니다. 성상의 말씀이 간절하기만 하여 애통과 절박하신 깨우침을 신이 지극히 어리석다 한들, 어찌 황공과 두려움과 감읍(感泣)으로 전날의 잘못을 바꾸어[息黥補刖[劓]][7] 전일 군부(君父)를 저버린 죄악과 패역(悖逆)의 속죄를 생각지 않겠습니까. 이것이 신이 나설 것을 결정하게 한 소이이기에 신의 늙고 병들었음을 생각지 않음

---

4) 신의 집안을 기억해 주시는 중 : 유석우(柳奭佑)가 쓴 이중구의 묘갈명(墓碣銘)에 "상이 '문원(文元 회재의 시호)의 후예이니 특별히 급제의 기회를 하사함이 있어야 한다.'라고 하여 사람들이 영광으로 여겼다.(自上以爲, 文元之後裔, 有所特賜, 人多榮之)"라고 하였다. 고종이 이중구가 문원의 후손임을 감안하여 급제시켰다는 말이다.

5) 청요직(淸要職) : 청환(淸宦)이라 일컫는 요긴한 벼슬자리. 주로 사헌부·사간원·홍문관의 관직을 말한다.

6) 갑오년(甲午 1894)에 신이 총총히 대궐을 떠나와 : 이 해에 일본은 군사를 동원하여 경복궁을 침탈하는 만행을 저질렀다. 그 해 이중구에게 홍문관 부교리 겸 서학교수(弘文館副校理兼西學教授)의 관직이 내려졌으나 이 일을 겪고서 벼슬에서 물러나 고향으로 돌아왔다.

7) 전날의 잘못을 바꾸어(息黥補刖[劓]) : 이는 《장자(莊子), 대종사(大宗師)》의 '나의 자자형에 의한 이마의 먹물을 지우고 나의 베어진 코를 다시 살린다.(息我黥補我劓)'는 말에서 연유한 말이다. 곧 전날의 잘못을 모두 바꾸고 새로워진다는 뜻을 의미한다.

이며 성상 마음의 가부도 헤아리지 않음입니다.

비밀 유지[密諭]의 왼쪽에 또 문원의 봉사손에게 함께 알리라는 명령이 있어, 신이 명령을 받은 날 성상의 명령을 받들고 신의 12대조 선정신(先正臣, 회재 이언적)의 봉사손 전참봉(前參奉) 신(臣) 석희(錫禧)에게 찾아가 알렸습니다. 석희는 특별히 음직(蔭職, 조상의 공덕에 의해 자손에게 내린 벼슬)의 벼슬에 재직했던 사람이라서 궁궐을 향하는 정성이 신에 비해 더더욱 독실하옵니다. 다만 그가 국가를 너무도 염려하다 걱정이 병이 되어 병상에 누워 일어나지 못한지 지금 몇 해째이옵니다. 우악한 유지(諭旨)를 받들어 받자왔으나 끝내 몸을 일으키지 못하였습니다. 집안이 지리멸렬한 데다 또 대표할 만한 자도 없으니 신이 허연 머리와 연약한 기질로 혼자서 한 몸으로 두 가지 일을 하려니 길을 아직 나서기도 전에 신병(身病)이 갑자기 생겨나, 허번증(虛煩症)[8]으로 구토와 설사에 식음을 전폐하여 목숨이 가물가물 완전한 소생을 기약할 수 없습니다.

삼가 생각하건데 비밀 유지가 제 몸에 달려 있어 두렵고 걱정 중인데 또다시 거듭 바다를 건너라는 밀지(密旨)를 받자왔습니다. 성상의 유지가 다시 더욱 간절하니 신이 한 번의 숨결이 아직 끊기기 전이라면 어찌 감히 애틋한 생각이나 사사로운 정에 이끌려 폐하가 거듭 내리신 명령을 생각지 않겠습니까. 이에 병을 붙들고 길에 올라 동래(東萊) 땅에 도착해 곧바로 선유사(宣諭使, 김세동)더러 치계(馳啟, 급히 아룀)하면서, 신의 전후 나라를 저버린 죄와 아침저녁 언제나 보답하고자 하는 정상을 함께 아뢰게 하였습니다. 삼가 바라노니, 밝으신 성상께서는 연민의 마음으로 굽어 살펴주시옵소서.

신이 표문을 절하고 올리자니 눈물이 그렁그렁 떨어져 할 말을 알지 못하겠습니다. 신이 대궐을 연모하는 걱정과 아픔에다 두려움으로 떨려 옴을 가눌 길 없습니다. 삼가 죽음을 무릅쓰고 아뢰나이다.

이중구가 김세동이 전한 고종의 문건을 받고 흔쾌히 받아들이며 그 뜻을

---

8) 허번증(虛煩症) : 몸이 허약한 상태에서 어떤 일로 인해 열이 나면서 발생하는 질병이다. 토하거나 설사 증세를 수반한다.《수진방(袖珍方, 袖珍》

고종에게 올린 문건의 초고본이다.

다음에 이어진 김세동과 고종 사이에 오간 글에 의거하면 김세동은 곽씨(郭氏)로 지칭되는 사람에게 담판사의 역할을 제의했다가 치욕을 겪었고, 노영경(盧泳敬)에게는 말을 꺼내기도 전에 그의 입에서 나오는 욕된 말이 고종에게 미쳤다고 하였다. 그런데 생각잖게 62세의 노인 이중구로부터 흔쾌한 허락을 받았다. 고종으로서야 어찌 반가운 일이 아니겠는가. 그러나 이 문건에서 보듯이 이 일이 어찌 쉬운 일인가. 이중구의 마음은 죽기를 허락하였으나 압박감에서 오는 허번증으로 구토 설사에 식음을 전폐하는 지경에 이르렀음을 살필 수 있다. 62세 노인으로 짓눌러오는 담판의 무게가 어찌 이런 병을 부르지 않겠는가. 그러나 양동을 나서 동래에 도착하여 고종에게 자신이 도착하였음을 알리고 아울러 김세동에게 자신이 바다를 건너는 길에 나섰음을 아뢰도록 하였으나, 일은 여기서 더 진행되지 않았다.

그 이유는 오리무중. 세월에 묻혀 아무도 찾으려 하지 않고 있다.

이중구는 동방 18현의 한 분인 회재(晦齋) 이언적(李彦迪, 1491~1553)의 12대 손자이다. 자는 정보(正甫)이며, 호는 자운(紫雲)이다. 고종 25년(1888)에 문과에 급제하여, 그해 4월 29일에 가주서(假注書)가 되어 1891년 2월 6일에 가주서에서 개차되었다. 1894년 7월 9일에 부사과(副司果)에서 종5품인 홍문관 부교리(弘文館副校理)가 제수되고, 5일 뒤인 7월 14일에 서학교수(西學教授)의 겸직이 내려진 2일 뒤인 7월 16일에 신병을 이유로 체직을 청하여 윤허되었다. 글씨와 문장에 뛰어나 당시 현판이나 비문 글씨를 수없이 쓰고 지었다. 문집 《자운문집(紫雲文集)》이 《광암세고(匡巖世稿)》에 합본되어 전한다.

05 이준용(李埈鎔, 1870~1917) 작성일 불명
국왕 자리를 넘보다 친일로 끝맺은 대원군의 맏손자

伏拜審此寒,
起居萬旺, 慰祝. 記下重省
幸依, 喪耦多月, 尙未續絃,
自不禁踽凉. 惠賜多件
物, 感僕, 不備謝狀.
十二月十七日, 記下李埈鎔再拜.

삼가 이 추위에 하시는 모든 것이 잘 되어 감을 알게 되니 축원하던 마음에 위로가 됩니다. 기하(記下)는 위로 양대(兩代)의 어른들이 다행히 옛날 그대로시고, 저는 아내를 잃은 지 여러 달이 지났으나 여전히 속현(續絃)[9]하지 못해 혼자서 쓸쓸해지는 마음을 금할 길 없습니다. 보내주신 여러 은혜로운 물건은 저를 감격하게 하였습니다. 다 갖추지 못하고 답장을 그칩니다.

12월 17일 기하 이준용 재배합니다.

사진에서 보는 것처럼 화려한 편지지와 겹으로 갖춘 피봉 등 역시 최고 실세의 모습이 한눈에 느껴지는 편지《이중구가 5대 고문서, E508》이다. 선명하게 찍혀진 도장에서 당시의 위세가 금방 튀어나올 것 같다. 그러나 내용은 아무 것도 없다. 아내를 잃고 재취하지 못했고, 보내준 선물이 고맙다는 간단한 편지다. 이준용의 편지이니 피봉의 글자까지 살피면, 속 피봉의 위는 謹謝狀이고, 아래는 李校理宅 觀峴謹謝이다. 謹謝狀은 답장이라는 말이고, 李

9) 속현(續絃) : 재취하는 일을 이르는 말. 부부의 사랑을 악기 금(琴)과 슬(瑟)의 현악기에 비긴 데에서, 아내의 죽음을 현악기의 줄이 끊어졌다는 뜻의 단현(斷絃), 재취하는 일을 속현이라 하였다.

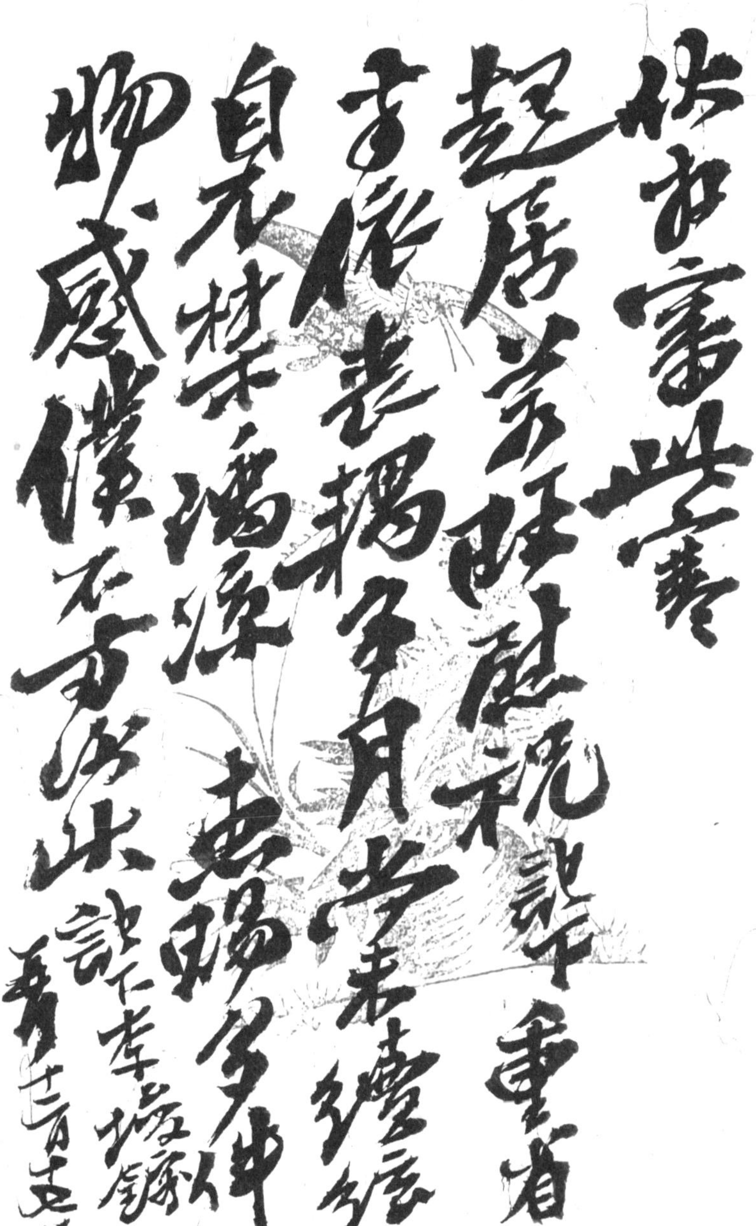

15.6×23.4

校理宅 觀峴謹謝의 이교리댁은 수신자가 경주 이중구의 집이라는 말이며, 觀峴謹謝는 관현에서 보내는 답장이라는 말이다. 관현은 지금의 운현궁(雲峴宮)이다. 운현궁 터는 조선 초기 서운관(書雲觀) 자리여서 운현은 '서운관 앞의 제'라는 뜻이었다. 그 서운관이 세조 연간에 관상감(觀象監)으로 이름이 바뀌었으나 운현이란 이름은 별칭으로 쓰였다. 고종 시대 운현궁의 터가 되고 대원군의 사저로 정해지며 운현을 관현(觀峴)이라 별칭으로 칭한 것이다. 곧 서운관의 관(觀)과 운현의 제[峴]가 합쳐진 이름이다.

이준용은 고종 7년(1870)에 대원군의 맏아들 완흥군 이재면(完興君李載冕)의 장자로 태어나 1917년에 죽었다. 고종의 조카이다. 본관은 전주(全州), 자는 경극(景極), 호는 석정(石庭), 송정(松亭)이다. 1886년 청나라의 주차조선총리교섭통상사의(駐箚朝鮮總理交涉通商事宜) 위안스카이(袁世凱)와 아버지 대원군에 의해 고종을 폐위하고 국왕에 추대되는 계획이 추진되다가 북양대신(北洋大臣) 이홍장(李鴻章)의 제지로 좌절당하였다. 다시 민씨의 척족 세력이 타도되고 친일정권이 들어서면서 다시 국왕으로 추대되려다 일본공사 오토리(大鳥圭介)의 제지로 역시 좌절되었다. 이후에도 수없이 정권을 잡기 위한 계획이 도모되었으나 번번이 실패하였다. 친일파 대신들의 암살을 음모한 죄로 사형 판결을 받았으나 감면되어 교동부(喬桐府)에 유배되었다가 바로 특사로 풀려났다. 1896년 을미사변(乙未事變) 이후 일본에 유학하여 유럽각지를 순찰하고 순종(純宗)이 즉위하며 귀국하였다. 이어 영선군(永宣君)에 봉해지고, 육군 참장(參將)에 임명되었다. 이후 적극적인 친일행위를 펼쳐 일본의 비호를 받았다. 1912년 아버지 이재면이 죽자 공(公)의 작위를 계승하며 이름을 이준(李埈)으로 개명하여 이준공(李埈公)으로 불렸고, 전하(殿下) 호칭을 받았다.

2

독립운동가의 편지

06 이상룡(李相龍, 1858~1932) 1875년 1월 23일
한겨울 삼백 리 여정의 조문 길은 선비들의 숙명적인 일

稽顙. 象羲素性愚騃, 無一可取之長.
且罪伏廬次, 志意荒迷, 自甘見棄
於知舊中君子人矣. 忽蒙
座下克念先契, 又思切戚之分,
遠垂臨枉, 特軫存恤, 許之以
兩宵聯枕, 說盡胸曲, 如平日
知己之爲. 自顧罪蟄, 何以得此.
第緣窮冬遠行, 未可從容拜送
門外, 便三霜落落, 尤爲之瞻望
悵然矣. 荷座下愛人, 逈出尋
常, 歸未幾日, 滿幅情信, 從風遠
墜, 奉讀三回, 感淚交並. 或者
以座下之情雅高明, 自不知過
/情之愛, 而有此眷眷耶. 更不審新政
萱堂氣體候, 迓新連重,
省履豈弟, 幸免有三百里餘憊
/耶. 伏溯區區無任之至. 戚姪斬衰人, 頑傲不死, 忍
見時物之變, 新舊之換, 怨吁蒼蒼, 無所可及,
猶以層候姑免, 是幸耳. 韶寓, 果有還
故之計, 版輿以
到云, 是亦一路
相依之地耳. 餘
客撓不備. 伏惟

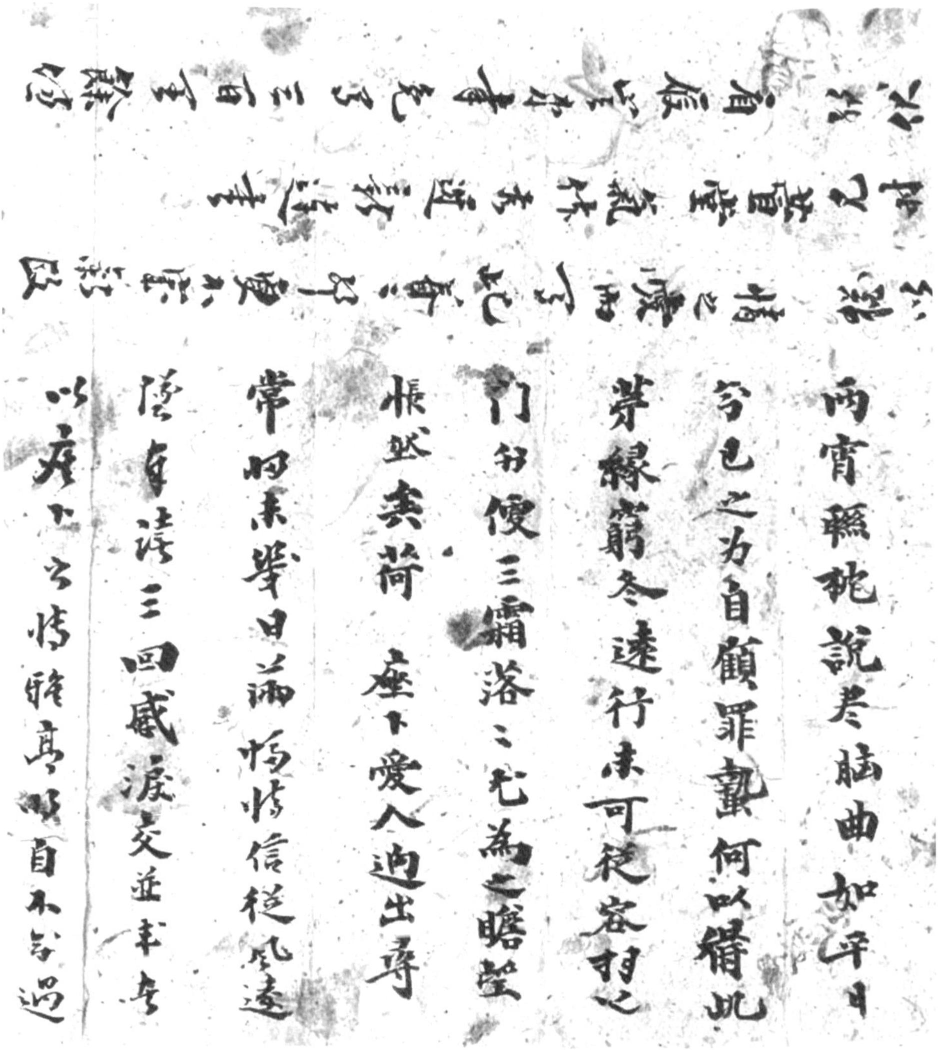

43.0×25.3

下鑑.

乙亥元月念三日,

戚從侄斬衰人, 李象羲拜拜.

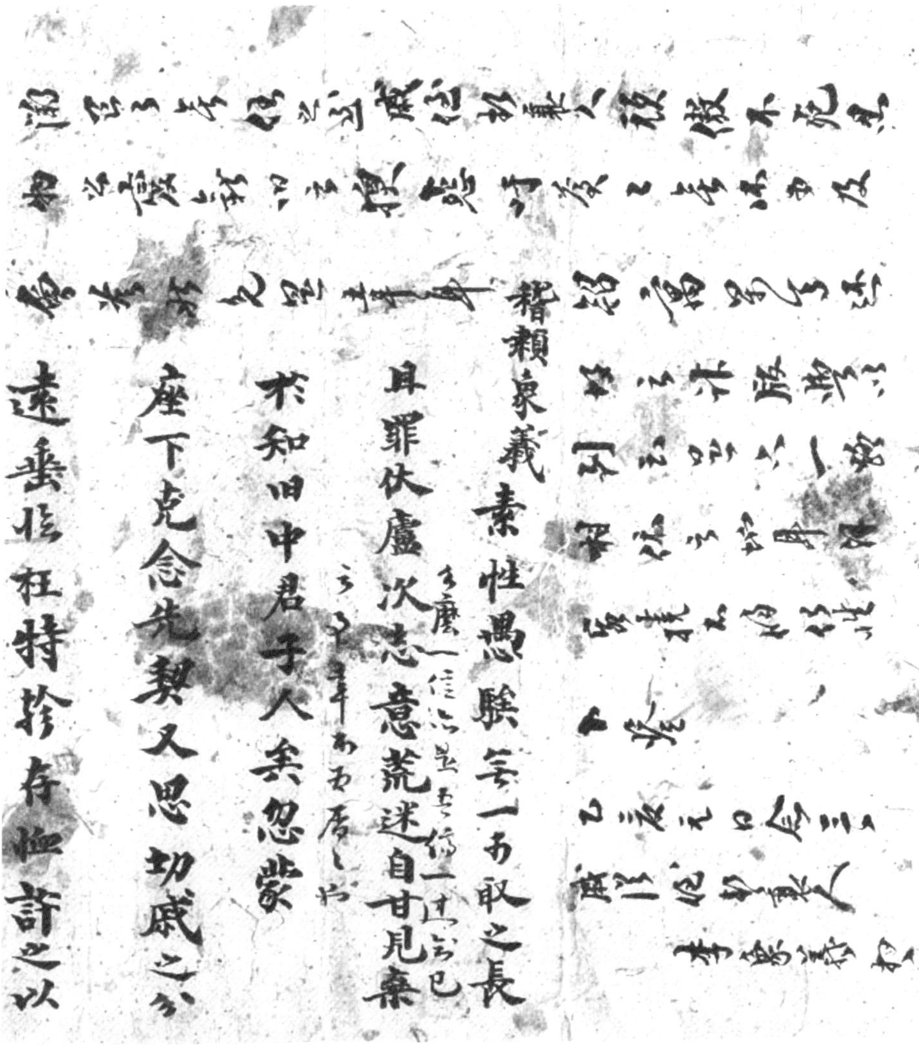

么麼一信，亦是吾儕一邊知己
之事，幸不爲屑屑也.

머리 조아려 인사 올립니다.

저는 타고난 성품이 어리석어 한 가지도 취할만한 장점이 없습니다. 게다가 죄인(罪人)[1]으로 여차(廬次)[2]에 엎드려 있으면서 의식마저 흐릿하고 헷갈려졌으니, 붕우 가운데 군자다운 사람들에게 버림받을 것은 스스로 감수하고 있었습니다.

그런데 뜻밖에 당신께 선대(先代)의 친분을 생각해주심을 받았고, 또 절친한 친척의 분수를 생각하여 멀리서 방문하여 특별한 마음으로 위문을 하시고, 이틀 밤을 함께 자면서 속내를 다 말씀하신 것은 이를테면 평소 나의 속마음을 알아주셨기 때문입니다.

그래서 스스로 돌아보건대 초상을 당해 집안에만 틀어박혀 있는 죄인이 어떻게 이러한 대우를 받겠습니까. 다만 추운 날씨에 먼 길 가시는 길에 문밖에서 조용히 전송하지 못하였고 삼 년 동안 남들과 서로 어울리지도 못하였으니, 이 몸은 더욱더 당신을 그리워하며 서글피 탄식할 뿐입니다.

당신께서는 사람을 사랑하는 마음이 보통 사람보다 월등하여 댁으로 돌아가신 지 며칠이 지나지 않아 편지 가득 정다운 소식이 바람 따라 멀리에서 전해주니, 몇 번 반복해서 읽어보고 감격의 눈물이 교차하였습니다. 아마도 당신은 고상한 정취와 넓은 아량으로 사랑이 실정보다 지나치다는 것을 스스로도 모른 채 이같이 돌봐 주시는 것입니까.

새해 정월에 훤당(萱堂)[3]의 안부는 새해를 맞아 늘 편안하시고, 편모 봉양하는 당신께서도 화목하시며, 지난번 삼백 리 여정(旅程) 끝에 심신의 고달픔은 다행히 면하셨는지요. 그리움을 견딜 수 없어 어찌할 바를 모르겠습니다.

저는 상중(喪中)에 있는 신세로 미련하고 오만한데도 죽지 못하고 차마 계절에 따라 달라지는 사물의 변화를 바라보니, 새것과 헌것이 바뀜에 원망과 탄식을 해봐야 소용이 없지만 그래도 가족들이 건강하니 이것이 다행일 뿐입니다.

1) 죄인(罪人) : 부모의 상중에 있는 사람이 자신을 지칭하는 말이다.
2) 여차(廬次) : 상주(喪主)가 거처하는 곳을 말한다.
3) 훤당(萱堂) : 편지 글에서, 남의 어머니에 대한 경칭이다.

당신께서 문소(聞韶)에 계시다가 과연 고향으로 돌아갈 것을 계획하여 어머니를 모시고 이곳에 왔다고 하니, 이 또한 함께 서로 의지하는 처지가 될 것입니다. 나머지는 손님으로 소란스러워 이만 줄입니다. 살펴주시기를 바랍니다.

을해년(乙亥年, 1875) 1월 23일에 척종질(戚從侄) 참최인(斬衰人) 이상희(李象羲)는 절하고 또 절합니다.

나의 보잘것없는 한 통의 편지는 우리들이 아는 처지에서 하는 것이니, 부디 자질구레한 일로 여기지 않기를 바랍니다.

이 편지는 1875년 1월 23일에 이상희(李象羲)가 아저씨뻘인 이중구(李中久)에게 보낸 《이중구가 5대 고문서, B491》이다.

자운(紫雲, 이중구)가에 소장된 이상희의 편지는 모두 2통이다. 편지 말미에 작성자가 척종질(戚從侄)이라고 한 것은 인척 사이에 조카뻘 되는 자신을 표현한 것이며, 참최인(斬衰人)이라고 한 것은 이때 이상희는 아버지의 초상을 당하여 3년 상 기간에 있었던 것으로 추정이 된다. 그래서 자신을 죄인으로 표현하였는데, 조선의 선비사회에서 부친상을 당한 상주(喪主)는 자신의 죄악이 어버이에게 미쳐 어버이를 돌아가시게 했다는 자책에서 이러한 표현을 한 것으로 보인다. 조선시대에 상제(喪制)가 상복을 입는 제도는 참최(斬衰), 기년(期年), 대공(大功), 소공(小功), 시마(緦麻) 5복(服)으로 나누어진다. 참최는 참최친(斬衰親)인 아버지·남편·맏아들·시아버지의 상사(喪事)에 3년 동안 입는 복이며, 상복은 거친 베로 만들되 아랫단을 꿰매지 않고 접는다. 기년은 조부모와 백·숙부모 등을 위해 1년 동안 입는 복이며, 대공은 종형제·자매 등을 위해 9개월 동안 입는 복을 말한다. 소공은 종조부모·재종형제·종질·종손 등을 위해 5개월 동안 입는 복이며, 시마는 고조부모·팔촌·처부모 등을 위해 3개월 동안 입는 복을 말한다.

이상룡은 철종 9년(1858)에 경상북도 안동시(安東市) 법흥동(法興洞) 임청각(臨淸閣)에서 이승목(李承穆)의 장남으로 태어났다. 본관은 고성(固城)이며, 초명은 이상희(李象羲)이다. 자는 만초(萬初)이며, 호는 석주(石洲)이고, 김흥락(金興洛)의 문인이다. 건양 1년(1896) 박경종(朴慶鍾)과 의병 활동을 시작하였으며, 융희 1년(1907) 협동학교(協東學校)를 설립하였다. 1919년 3·1운동 뒤 한족회(韓族會)를 중심으로 5월 군정부가 구성되자 총재로 추대되었으며, 상해에서 대한민국 임시정부가 수립되자, 해외독립운동 선상에서 한 나라에는 하나의 정부만이 있어야 한다는 이상룡의 주장에 따라, 11월 군정부를 서로군정서(西路軍政署)로 개칭하고 대한민국임시정부를 지지하였다. 1925년 9월 24일부터 1926년 1월까지 제3대 대한민국 임시정부 국무령(國務領)을 역임하였다. 1932년 5월에 길림성(吉林省) 서란(舒蘭) 소성자(小城子)에서 74세에 병으로 서거할 때까지 항일운동에 헌신하였다. 저서로는 《석주유고(石洲遺稿)》가 전한다. 1962년 건국훈장 독립장이 추서되었다.

07 김진의(金鎭懿, 1855~1930) 1882년 6월 27일
오랜 정분에서 느끼는 감격을 재물에 비기랴

謹拜謝書
相在落落之地, 方注懸懸之情, 料外
奉承惠問, 况然如相對傾菌, 不覺
侵痾去體也. 便後有日, 更詢
兄履珍毖, 大村老少候平安耶. 溯
仰更切區區. 弟四朔京城, 憔悴固甘, 而一場所
得, 幸出於老親度灞之日, 榮幸之心, 自然
生肚也. 第平日自牧, 不豫酬事應物之道,
全昧其方, 况川蜀世路, 益覺懍然, 吾
兄滿紙之誠, 疊出故人情曲, 感佩銘心, 不啻
百朋. 方欲因便一登高軒, 以敍疇眼不
盡之懷. 時事一變, 所縶多端, 末由撥手
起躬一晤之慮, 橫在肚裏, 矛盾之勢, 自
多拘掣, 恭竢秋冬間, 以圖計耳. 餘萬適出
外暮歸, 漏掛不備謝禮, 伏惟
/兄照. 謹拜謝書.
壬午六月卄七日, 弟金鎭懿拜謝.

삼가 절하고 답장을 올립니다.

서로 멀리 떨어져 있어 한창 그리움이 밀려오는 중에 뜻밖에도 주신 편지를 받으니 마치 서로 마주하여 쌓였던 정회를 털어 말하는 것 같아 어느 결에 병이 몸에서 떠난 듯합니다. 소식이 있은 뒤 여러 날이 지났기에 다시 여

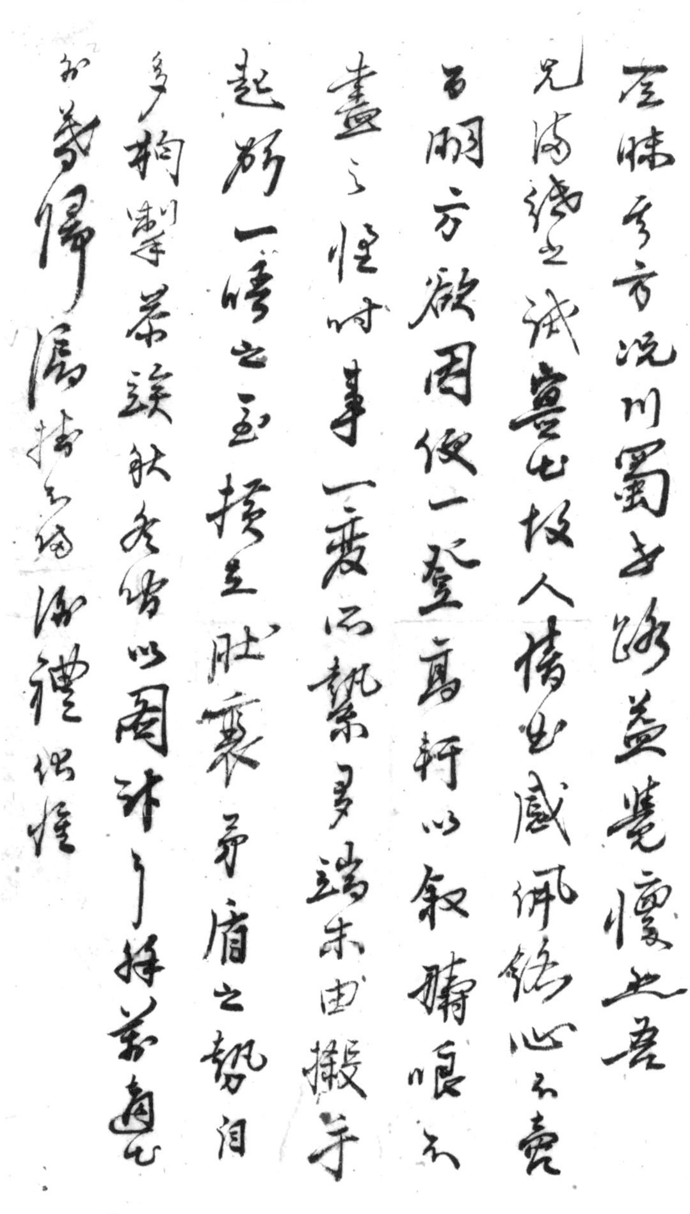

104.8×23.0

謹拜謝書

相去旅地方遠之情料於
奉承 直聞況無此相篤傾蘭之意
侵病未體也 從後有日定約
兄履諒照 大村劉少落子安翊
御安行定東西路系城遠悼因此為
濟年此於親之度 竊有日崇年之志自無
生此也 第子日自收不緣跡事慮物之道

兄 謹拜謝書
壬午六月廿三日
金鎮懿 拜拜

쭙건대 형의 건강 진중하시며 대촌(大村)의 노인과 젊은 사람들의 안부도 평안하신지요. 궁금하고 더욱 그립습니다.

저는 4개월 동안 서울에서 피곤함을 달게 여기며 고생하다가 과거 합격이 다행히 노친(老親)이 패수(灞水)를 건너는 날[4]이어서 영광스럽고 행운이라는 마음이 절로 생겼습니다. 다만 평일 생활이 사물에 응대하는 도리를 미리 익히지 않아 그 방법에 전연 어두운데 더욱이나 천촉(川蜀)[5] 같은 험한 세상이라서 더욱 두려움을 느낍니다. 우리 형의 편지에 가득한 가르침은 오랜 정분의 마음속에서 거듭나온 것이니, 감격이 마음에 새겨짐은 거액의 재물이라도 그만 못 할 것입니다. 한 번 형을 방문하여 예전에 못다 한 이야기를 다 해야 할 텐데, 시대도 완전히 변하고 걸리적거리는 일도 많아 손을 털고 몸을 일으켜 한 번 만날 엄두를 내지 못하겠습니다. 마음에 얽혀있으면서도 모순과 같은 형세에 본래 구애되는 일이 많으니 가을이나 겨울을 기다려 찾아뵐 계획입니다.

나머지 많은 말은 마침 외출했다가 저녁에 돌아오다 보니 여러 말을 빠뜨린 체 편지 격식을 갖추지 못하고 답장을 올리니 형께서 이해하여 주십시오. 삼가 답장을 올립니다.

임오년(壬午年, 1882) 6월 27일에 제(弟) 김진의(金鎭懿) 배사(拜謝).

이 편지는 1882년 6월 27일에 김진의(金鎭懿)가 친지에게 보낸 《이중구가 5대 고문서, J046》이다.

김진의가 28세 때에 문과에 합격한 뒤에 보낸 답장이다. 《승정원일기(承政院日記)》 고종 19년 임오년(1882) 4월 5일에는 희정당(熙政堂)에 나아가 임금께 신은(新恩)의 사은(謝恩)을 친히 받았는데 김진의는 문과 병과(丙科)

4) 패수(灞水)를 건너는 날 : 과거에 급제했으나 벼슬을 얻지 못하고 서울을 떠남을 말한다. 한유(韓愈)가 정원(貞元) 11년(795)에 박학굉사시(博學宏詞試)에 급제했으나 등용되지 못하고 경사(京師)를 떠나 낙양(洛陽)으로 가면서 읊은 〈현재유회(縣齋有懷)〉의 "눈물을 머금고 맑은 파수를 건너네.(銜淚渡淸灞)"에서 나온 말이다. 《韓退之全詩集, 上卷》

5) 천촉(川蜀) : 촉한(蜀漢)의 지명. 사천성(四川省)의 일대로, 험준한 곳을 말한다.

에 들어 그 자리에 참여한 것이 보인다. 4개월 동안 서울에서 고생하다가 과거 합격을 하고 친지에게 답장하게 되자 기쁨에 넘쳐 '상대방의 거듭 경계해 주시는 말씀은 친구의 간곡한 정이라, 마음에 새겨 많은 재물 정도로 좋을 뿐만이 아닙니다.'라고 정다움과 감사의 표시를 극대화한 것이다. 그리고 그 정다움을 더하기 위해 가을이나 겨울에 찾아뵙고 예전에 못다한 이야기를 다 해보겠다고 한 것이다.

김진의는 철종 6년(1855)에 태어나 1930년에 서거한 관료이자 의병장(義兵將)이다. 본관은 의성(義城)으로 경상북도 안동시 서후면 금계리에서 태어났다. 자는 미경(美卿), 호는 학운(鶴雲)이다. 1882년 문과에 급제하여 승정원 승지(承旨)를 역임하였다. 1895년 명성황후(明成皇后) 시해와 단발령 등으로 전국에서 의병 항쟁이 펼쳐지자 안동의진(安東義陳)에 참여하여 활동하였다. 김도화(金道和)를 의병장으로 추대하여 안동의진을 정비할 때 류창식(柳昌植)·권철연(權徹淵) 등과 함께 간부를 선임하는 일을 맡았고, 제2차 안동의진의 척후장을 맡아 적극적으로 활동하다가 북후면 옹천 전투에서 패한 뒤 피신하였다. 그러나 서후면 금계리 의성김씨 학봉(鶴峰) 종택(宗宅)에서 포장(砲將) 김회락(金繪洛)과 함께 일본군과 관군에게 체포되었으며, 1896년 7월 22일 새벽 안동부로 끌려가 옥고를 치렀다. 2004년 건국포장이 추서되었다.

08 강원형(姜遠馨, 1862~1914) 1890년 8월 15일
과거 급제 이후 사은숙배할 복장(服裝)은 빌려서라도 갖추어야할 필수품

夏間
惠覆, 迨今莊誦. 卽伏
詢秋色向高,
旅中仕體萬重, 鄕信數數
承聞耶. 區區無任伏祝. 下生
省狀依安, 此幸. 放榜似在於
歲內, 而凡具沒緖, 伏悶伏悶.
先生曾所經驗者也, 何以則
/就好道理耶, 敎導之切仰. 磨
墨之敎, 近已悔悟耶. 想不是
果厄矣, 惟望盛意之寬恢耳.
南莫小許汗呈耳.
中裨從近爲之云耶.
於貴家亦何難之有
耶, 以爲仰祝. 至若鄙家,
以餘力公誦, 如何如何. 仰
祝仰祝. 餘姑留, 忙不備上候
禮. 庚人八月望日, 下生姜遠馨再拜.

여름에 보내주신 답장은 지금까지 소리 높여 읽고 있습니다.

이제 가을 하늘빛이 높아지는데 객지에서 벼슬 생활하는 안부는 좋으시며, 고향소식은 자주 듣는지요. 삼가 축원해마지않습니다.

저는 부친의 건강이 그럭저럭 편안하니, 이것이 다행입니다. 과거 급제자 발표가 올해 안에 있을 듯한데 준비물들이 두서(頭緖)가 없으니, 답답하고 답답합니다. 선생께서는 일찍이 경험한 일이니, 어떻게 하면 적절한 방도를 이룰지 가르쳐 인도해 주시기를 간절히 바랍니다.

먹을 간다는 말씀[6]은 최근에 이미 뉘우치고 깨달았는지요. 아마도 액운이 되지는 않을 것 같으니, 오직 마음을 너그럽게 지니시기를 바랍니다.

담배를 조금 보냅니다. 중비(中裨)는 최근에 시행한다고 하는지요. 당신 집안이야 무슨 어려움이 있겠습니까. 우러러 축원합니다. 우리 집안으로 말하면 힘닿는 대로 도와준다고 여러 사람이 말을 합니다. 어떻습니까. 어떻습니까. 우러러 빌고 또 빕니다.

나머지는 보류해두고 바빠서 이만 줄이고 문안을 올립니다.

경인년(庚寅年, 1890) 8월 15일에 하생(下生) 강원형은 절하고 또 절합니다.

이 편지는 1890년 8월 15일에 강원형(姜遠馨)이 이중구(李中久)에게 보낸 《이중구가 5대 고문서, H577》이다.

자운(紫雲, 이중구)가에 소장된 강원형의 편지는 모두 2통이다. 위 편지의 내용 가운데 '과거 급제자 발표가 올해 안에 있을 것인데 필요한 물품이 없어서 답답하다'는 말의 의미는 과거시험에 합격할 것을 짐작하고 있었다는 뜻이기도 하다. 그리고 필요한 물품이라는 것은 과거에 급제하게 되면 사은숙배를 위해 입고 갈 관복인 사모관대(紗帽冠帶)와 경상도에서 서울까지 왕복하는 비용과 서울에서 기숙하는 비용을 말하는 듯하다. 이 편지가 작성된 해에 강원형은 《승정원일기》 고종 27년(1890) 윤2월 3일에 춘도기강(春到記講)에서 수석을 차지했다는 기사가 있으며, 같은 해 12월 14일에 가주서(假注書)가 되었다가 탈이 생겨 그날 다른 사람으로 대체되었다는 기사가 보인다.

---

6) 먹을 간다는 말씀 : 먹은 갈고 갈아도 검은 물만 나온 데에서 어떤 희망이 없는 것을 이른 말인 듯하다. 갈면 희어져서 어떤 변화가 있어야 하는데 이런 희망이 보이지 않는 수렁 같은 상황을 이렇게 표현한 듯하다.

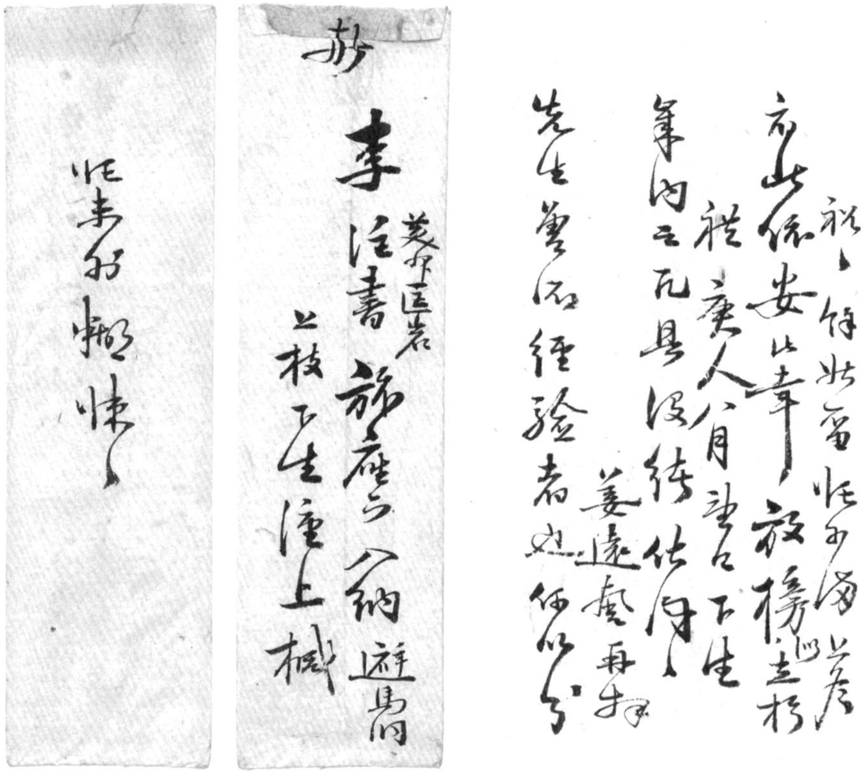

32.3×20.3

강원형은 철종 13년(1862)에 출생하였고, 본관은 진주(晉州)이며, 자는 성윤(聖允)이고, 호는 혜사(蕙社)이다. 고종 27년(1890)에 명경과(明經科)에 급제하였다.

고종 32년(1895) 10월에 명성황후(明成皇后) 시해사건이 발생하자, 일제의 야만 행위를 규탄하는 극렬한 소(疏)를 올렸다. 광무 8년(1904) 일본이 러일전쟁을 일으킨 뒤 무력으로 제1차 한일의정서(韓日議定書)를 강제로 체결하고, 노골적인 침략정책을 단행하자, 광무 9년(1905) 「십삼도유생연명소(十三道儒生聯名疏)」의 소수(疏首)가 되어 항일투쟁을 본격화하였다. 1914년 9월 서울에서 동지들과 국권회복(國權回復)을 모의하던 중 분사(憤死)할 때

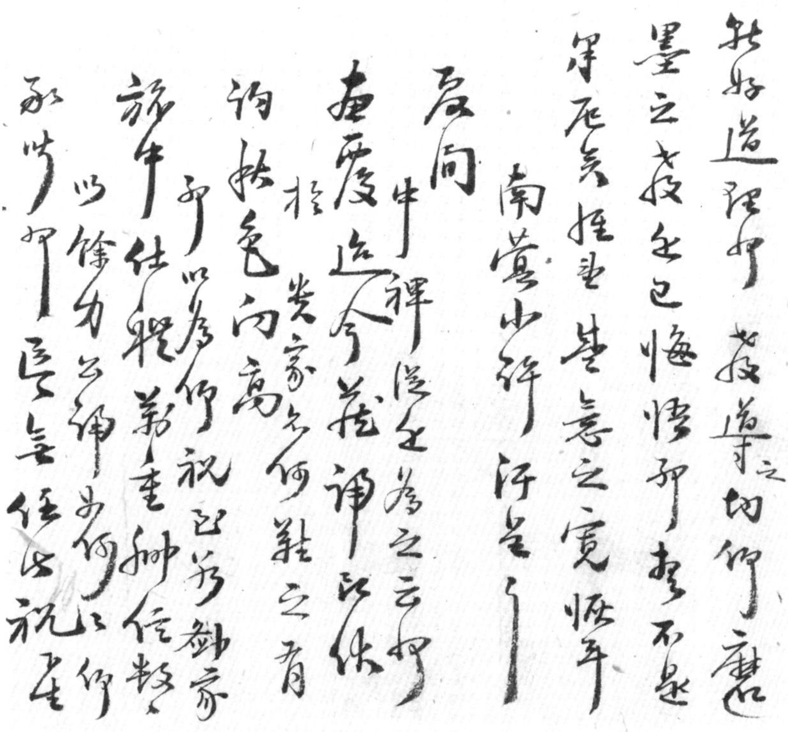

까지 독립운동에 헌신하였다. 경상북도 칠곡군 지천면 신동에 의사비(義士碑)가 있으며, 1968년에 대통령 표창을 추서 받았으며, 1980년에는 건국훈장 독립장이 추서되었다.

09 김윤모(金潤模, 1847~1897) 1891년 7월 22일
가난한 선비의 과거시험 비용은 준비하기 버거운 과제

謹候狀.

屛書便, 一幅情眷, 令人感

泣. 而當此潦暑無前, 千里

傾仰, 如食未化. 伏惟微凉

旅中體度增護, 客地辛酸

之苦, 坐可想得. 而所營必成,

則願無感焉, 未知有早晩瀛

洲出入, 以副平生故人之望耶.

齋候及英羽兩叔, 近節何

如云耶. 一例之忙, 無暇爲人謀, 而

英公之因便南下, 果成宿計

耶. 幷切懸仰. 損弟, 以先

榭屋役, 方住下臨江山風月

之人, 若可以忘了人間得喪,

而有時伎倆, 往往鬬撥, 方赴

六日抄擇, 又赴達闈場屋,

而拙手謀事, 何望其有成耶.

所恃者, 只是吾兄餘力, 而未

知有過行手分耶. 及自登樞

要, 何曾問布衣之句, 或非爲

兄實際耶. 仰呵仰呵. 從君及

迷督, 又且遠赴行事, 可慮.

丈室氣韻, 近幸强寗, 而且

白髮對床，樂意融洽，令人
欽歎．餘便忙走草，不宣
候．
辛卯七月念二，弟金潤模拜上．
南茗少許仰呈耳．

삼가 문안 편지를 올립니다.

병산서원(屛山書院) 인편에 보낸 한 폭의 다정하게 돌보아 주시는 편지를 받으니, 사람을 감동시켜 눈물짓게 하였습니다. 그러나 이전엔 없었던 장마와 무더위에 천리 먼 곳에서 우러러 사모함은 마치 음식이 소화되지 않는 것과 같습니다.

삼가 조금 시원해진 날씨에 여행하는 가운데 건강은 잘 보호되겠지만 객지 생활의 괴로움은 이곳에 앉아서도 어느 정도 상상이 됩니다. 그러나 형께서 뜻하시던 일이 반드시 성공한다면 소원에 유감이 없을 것이니, 조만간에 홍문관에 출입하여 평소 친구의 기대에도 부응할 수 있지 않겠습니까.

재후(齋候)와 영우(英羽) 두 아저씨의 최근 안부는 어떻게 지낸다고 합니까. 모두가 똑같이 바빠서 남을 위해 도모할 여가가 없는데 영공(英公)은 적당한 기회를 틈타 남쪽으로 내려가서 과연 평소의 소원을 이루었는지요. 매우 그립습니다.

저는 선조의 정자를 짓는 일로 바야흐로 강산과 풍월에 임하여 머무는 사람으로, 마치 세상의 성공과 실패를 잊고 사는 듯했지만, 종종 기량을 발휘하여 6일에 초택(抄擇)에 응시하고 또 달성(達城) 과거시험에도 응시하였습니다. 하지만 졸렬한 솜씨로 일을 도모해 본들 어떻게 성공을 바랄 수 있겠습니까. 그렇지만 믿는 구석은 오직 우리 형의 도움뿐이니, 돈을 좀 넉넉하게 빌려줄 수 있을지 모르겠습니다. 옛말에 요직에 오르면 포의(布衣)[7]의 말은 귓등으로도 듣지 않는다고 하였는데, 혹 형께서도 실제로 그렇지 않겠지

7) 포의(布衣) : 벼슬이 없는 선비를 말한다.

68.2×20.7

요. 우습고 또 우스울 뿐입니다.

종군(從君)과 아들이 또 멀리 행사를 위해 달려갔는데 염려가 됩니다. 장실(丈室)은 기운이 최근엔 건강하신데다가 백발에 글 읽기를 좋아하고 즐거운 마음이 넘쳐나니, 사람으로 하여금 감탄하게 하였습니다. 나머지는 인편이 바빠서 급히 씁니다.

이만 줄이고 문안 편지를 올립니다.

신묘년(辛卯年, 1891) 7월 22일 아우 김윤모(金潤模)는 절하고 편지를 올립니다.

담배를 조금 보냅니다.

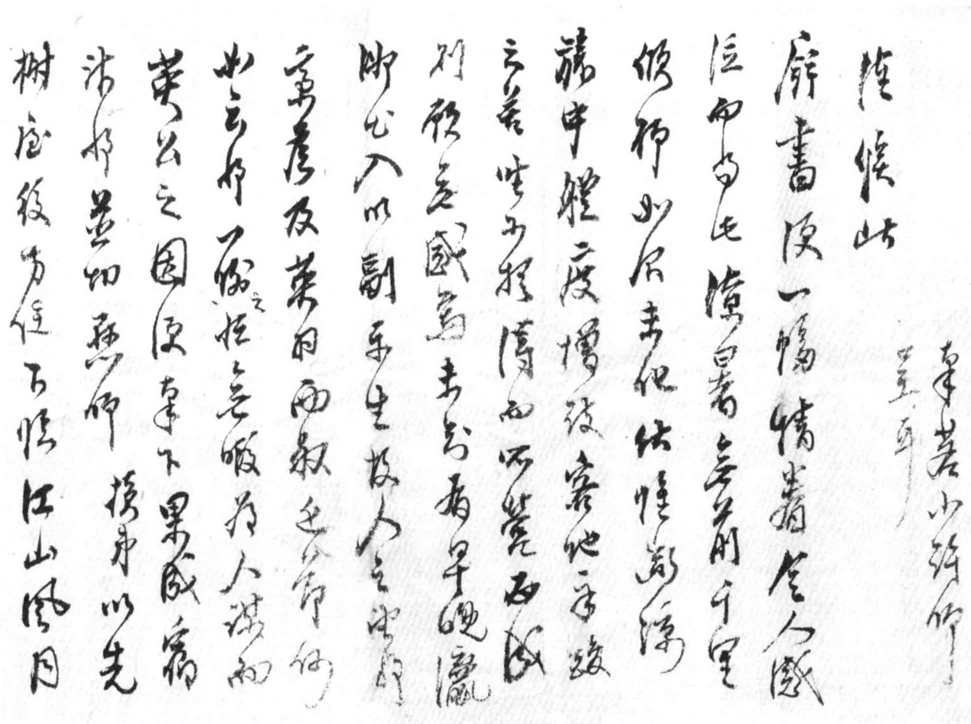

이 편지는 1891년 7월 22일에 김윤모(金潤模)가 이중구(李中久)에게 보낸 《이중구가 5대 고문서, G541》이다.

자운(紫雲, 이중구)가에 소장된 김윤모의 편지는 모두 12통이다. 위 편지 가운데 초택(抄擇)과 달성(達城) 시험에 응시하겠다는 내용이 보인다. 조선시대 선비사회에서 과거(科擧)는 입신양명을 보장하는 유일한 길이었다. 그리고 19세기 과거는 정해진 식년시(式年試)보다 증광시(增廣試)·별시(別試)·경과(慶科) 등 특별 과거가 많았다. 그래서 전국 유생들에게는 과거 시행 소식을 제때 접한다는 것은 기회 접근 차원에서 아주 중요했을 것이다. 그리고 편지 내용 가운데 과거 응시에 필요한 돈을 빌려 달라고 하였는데, 이러한 내용을 통해서 교통이 불편했던 조선 시대에는 응시하는 지역으로 가는 여비와 그곳에서 숙식하는 여비를 마련하는 일이 쉽지 않았을 것이라는 추측된다. 그리고 편지 말미에 장실(丈室, 선생님)은 누구를 지칭한 것인지 알 수 없다.

*김윤모라는 이름으로 《승정원일기》 고종 28년(1891) 1월 26일에 부사과(副司果)에 임명이 되었으며, 같은 달 5월 8일에는 상원 군수(祥原郡守)가 되었다는 기사가 있지만 동일 인물인지는 확실하지 않다.

김윤모는 헌종 13년(1847)에 안동에서 출생하였으며, 본관은 의성(義城)이다. 건양 1년(1896) 1월에 창의한 안동의병(安東義兵) 종사관(從事官)으로 활동하였다. 안동의병은 고종 32년(1895) 10월에 을미사변 발발과 11월의 단발령 공포에 따라 안동 유생들이 일으킨 의병활동을 말한다. 광무 1년(1897)에 서거한 유학자이자 독립운동가이다.

10 허환(許煥, 1851~1939) 1898년 9월 15일
독립협회의 날선 기세(氣勢)를 저지하려는 움직임

前月晉拜, 雖非耑訪仙庄, 而別後悵黯, 獨於仙
庄, 而倍切倍切. 想送我之懷更尠, 如吾紫雲學士之獨
多也. 秋事將竆, 伏頌
體事萬旺, 令胤侍學愉怡, 閤節休泰, 碧山經濟,
有足以怡神養性否. 弟來尋弊廬, 阿季適到, 暌離餘
喜豁可知. 而但渾家定頓, 姑無良策, 眼前桃源, 定難其
地, 奈何奈何. 時局日變. 所謂獨立協會云者, 日滋月盛, 其所營爲,
俱是人臣所不敢擬議者, 而近日政府與士林敦議爲都
約所, 以攻獨立, 而彼黨已衆, 且黨日其勢, 猝難消滅, 只痛
歎而已耳. 岩也, 以無信便伴送, 姑留于此, 而適有書札, 覓
來於雪亭者, 玆送去. 然其還不遲, 然後可無念後向洛失便
之歎耳. 此去書角, 傳于萬歸亭, 而此回可以討答否. 適擾不
備禮.
戊戌九月十五日, 弟許煥拜拜.

지난달 찾아뵌 것은 형의 집만을 전적으로 방문하려고 했던 것은 아니었지만 이별한 뒤에 암담한 심정은 유독 형 집에 있어서 곱절로 절실하고 절실했습니다. 생각건대 나를 보내는 마음의 아쉬움은 적었겠지만 이를테면 내가 자운학사(紫雲學士)에 대한 마음은 유독 깊었습니다.

추수가 끝나 가는데 건강은 왕성하시며, 아드님은 부모 모시고 공부하면서 효성을 다하며, 모든 식구도 태평하고, 벽산(碧山)의 경제(經濟)는 정신을 편안하게 하고 성정(性精)을 수양하기에 충분하겠지요.

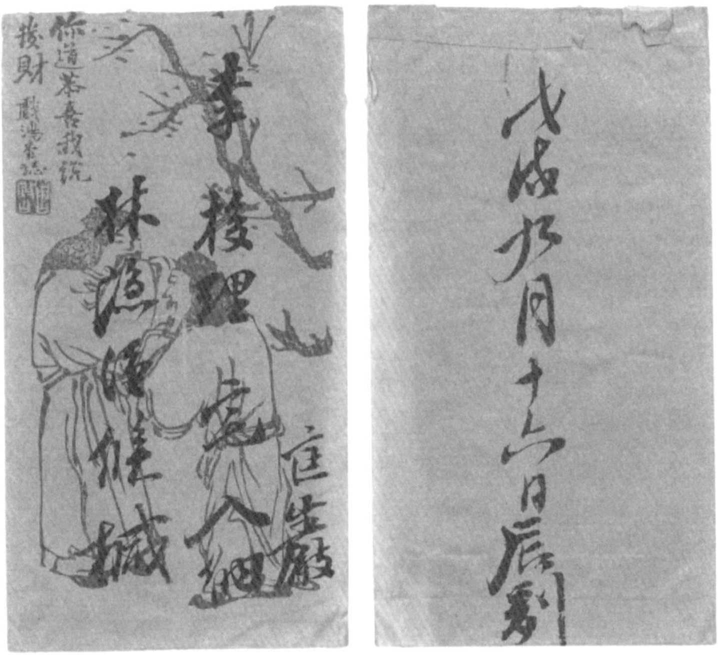

저는 집에 돌아왔는데 마침 막내 동생이 도착하여 헤어져 있던 끝이라 기쁘고 후련한 마음을 짐작하실 수 있을 것입니다. 그러나 온 집안을 정돈하는 일은 여전히 좋은 계책이 없고, 눈앞의 도원(桃源)은 그곳의 혼란을 안정시켜야 하니, 어떻게 해야 합니까. 어떻게 해야 합니까.

시국(時局)은 날마다 변화하여 이른바 독립협회라고 하는 것이 세월이 갈수록 날로 번성해서 그들이 영위(營爲)하는 바는 모두 신하된 입장에서 감히 이러쿵저러쿵 의논할 수 없는 것이었습니다. 그래서 최근에 정부와 사림(士林)들이 특별히 도약소(都約所)를 만들어 독립협회를 비판해보지만 저들 무리가 너무 많고 또한 그 세력이 날로 확장되며 갑자기 소멸시키기 어려워 통탄만 할 뿐입니다.

암야(岩也)는 딸려 보낼 인편이 없어 우선 이곳에 머물러 두었는데 마침 설정(雪亭)에서 찾아온 서찰이 있어서 이에 보냅니다. 그러나 그가 돌아오는 것이 늦지 않아야 20일 뒤에 서울 가는 인편을 놓쳤다는 탄식이 없을

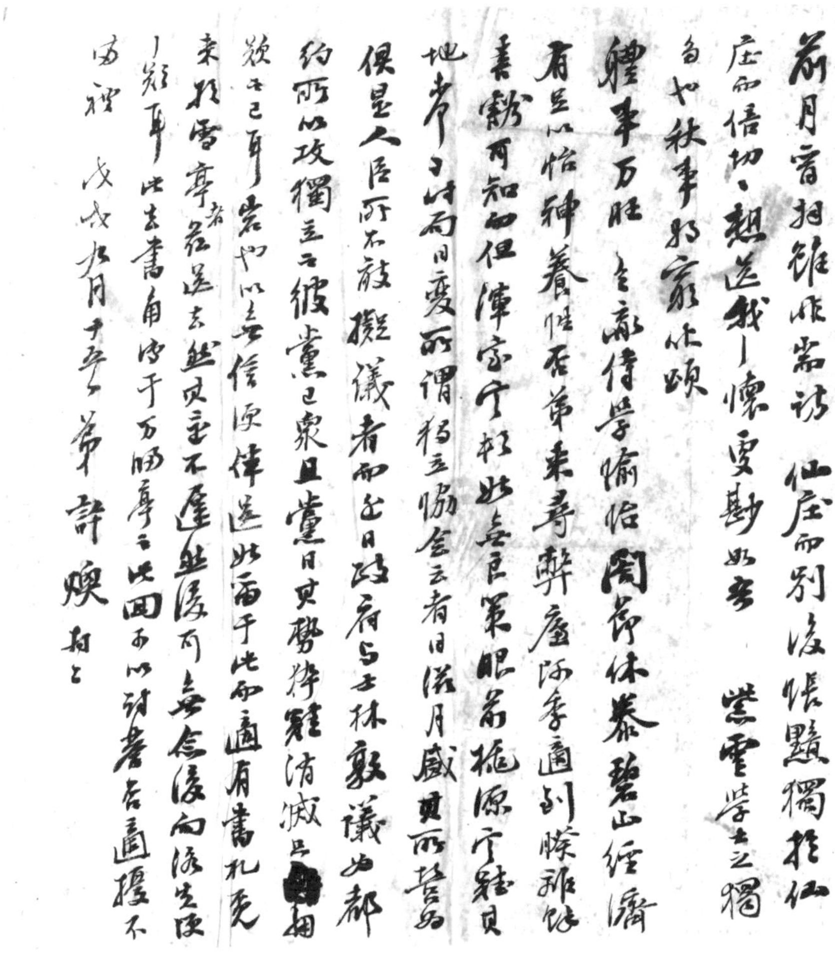

27.5×18.5

것입니다.

이 사람에게 보내는 편지는 만귀정(萬歸亭)에 전해주고, 이 사람이 돌아올 때 답장을 요구할 수 있겠습니까. 마침 손님으로 정신이 없이 이만 줄입니다.

무술년(戊戌, 1898) 9월 15일 아우 허환은 절하고 또 절합니다.

이 편지는 1898년 9월 15일에 허환(許煥)이 이중구(李中久)에게 보낸 편지《이중구가 5대 고문서, I244》이다.

자운(紫雲, 이중구)가에 소장된 허환의 편지는 모두 9통이다. 위 편지에서 언급한 독립협회는 이 편지가 작성되기 2년 전인 건양 1년(1896) 조선 주변국들의 이권침탈이 강화되자 지식인 중심으로 자주독립과 근대적 개혁을 목적으로 여러 계층의 사람들이 참여하여 만든 단체이다. 단체의 결성 취지는 의미가 있었지만 국왕만을 옹호한 나머지 동학 농민운동이나 의병에 대하여 부정적이었으며, 당시 세계정세의 판도를 제대로 파악하지 못했다는 평가를 받았다. 결국에는 보부상 단체가 독립협회 회원들을 공격하여 유혈사태의 참극이 빚어지자, 이들에 대한 요구사항을 받아주는 조건으로 고종의 해산 명령에 의해 해산되었다.

허환의 아버지는 허조(許祚)이며, 어머니는 진성 이씨이다. 본관은 김해이며, 호는 성산(性山)이다. 허훈(許薰 1836~1907)의 동생이자 허위(許蔿 1855~1908)의 형이다.

광무 9년(1905) 을사조약 체결되자 체결반대 상소를 올렸으며, 10월에 을사오적(乙巳五賊) 암살에 가담했다가 투옥되었다. 1912년에는 형제들과 집안사람들을 데리고 만주로 망명하여 통화현에서 김동삼(金東三)·유인식(柳寅植)과 함께 중어학원(中語學院)을 개설하였으며, 1939년 주하현(珠河縣) 하동(河東)에서 서거할 때까지 독립운동에 헌신하였다. 1968년에 대통령 표창이 추서되었고, 1991년에는 건국훈장 애국장을 추서 받았다.

11 안효제(安孝濟, 1850~1912) 1904년 4월 10일
국가의 명운이 소용돌이치는 시절 선비가 택할 길을 고뇌하다

省. 自我不面, 今幾歲年. 回首
東望, 諳[暗]淚欲動. 伏惟麥涼,
經體萬旺. 養閒自適, 所樂何事,
區區溸仰. 每從情切處, 尤甚. 弟舍
此取僻, 非敢曰避世避地. 稍除煩
冗, 教子課農, 以圖畢命. 然
國事至此, 自不禁袁安之淚, 則
守道之死, 三閭之投汨, 魯連之蹈
海, 果非傷勇也. 何以則爲好耶.
對攄無期, 末由聽偉論, 玆因
便褫, 鋪盡衷曲, 南鴻之便, 幸
賜德音千萬. 允君積匱之
/餘, 刮目而對, 果知丹穴無
凡羽, 謂有親教, 薄言促駕,
臨岐沖愴, 亦當如何哉. 書不盡
言, 無任茫然, 餘不備狀禮. 伏惟
尊亮.
甲辰四月初十日, 弟安孝濟二拜.

투식의 말은 생략합니다. 제가 인사드리지 못한 것이 지금 몇 년이 지났습니다. 머리를 돌려 동쪽 하늘을 바라보니 나도 모르게 눈물이 핑 돌려 합니다. 삼가 살피건대 보리 가을의 서늘함에 경체(經體) 모두 왕성하신지요. 한

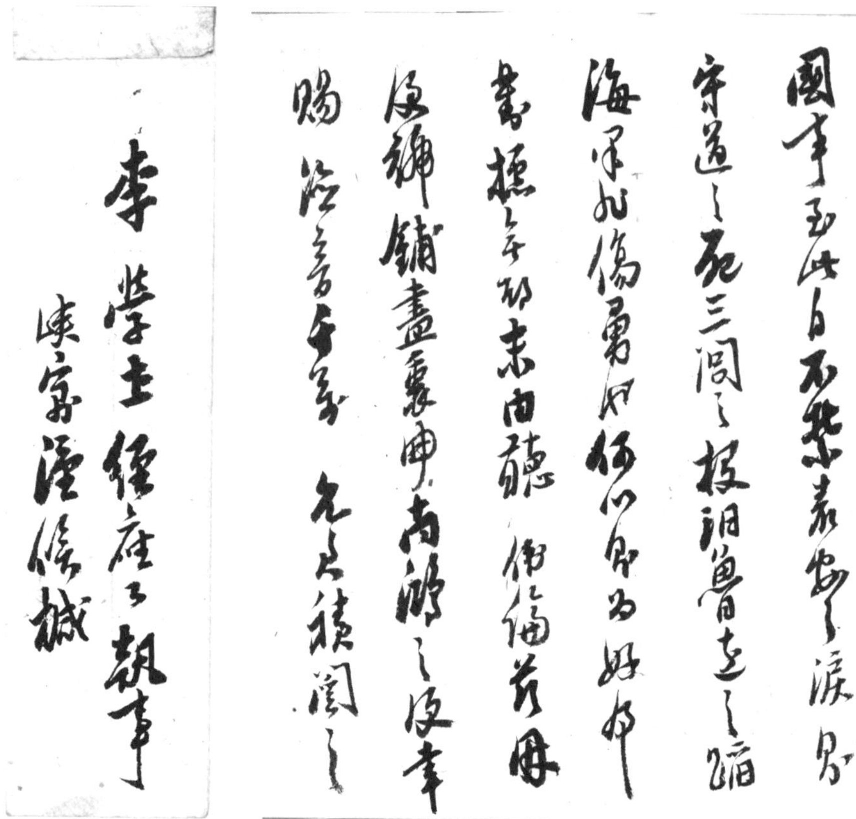

43.0×22.5

가로이 유유자적하시며 즐기시는 일은 무엇인지 우러러 회상하는 마음 구구한데 매번 마음 쏠림이 간절해지는 자리라 더욱 심하옵니다. 제가 이곳을 버리고 궁벽한 곳을 취한 것은 감히 세상을 피한다거나, 세상에서 은둔하려는 것이 아닙니다. 조금이나마 번거롭고 쓸데없는 일을 줄이고 자식을 가르치고 농사를 일삼아 한 생명을 마치려는 생각이기 때문입니다.

그러나 나라가 이 지경에 이르니 저절로 원안(袁安)의 눈물[8]을 금할 수 없

8) 원안(袁安)의 눈물 : 원안은 후한(後漢) 여양(汝陽) 사람이다. 화제(和帝) 때 천자는 유약하고 두 태후(竇太后)의 오빠 두헌(竇憲) 등 외척이 권력을 휘두르자, 나라를 근심하여 조회에서 임금을 뵐 때나 대신들과 나랏일을 말할 때마다 탄식하며 눈물을 흘리지 않은 적이 없었다.

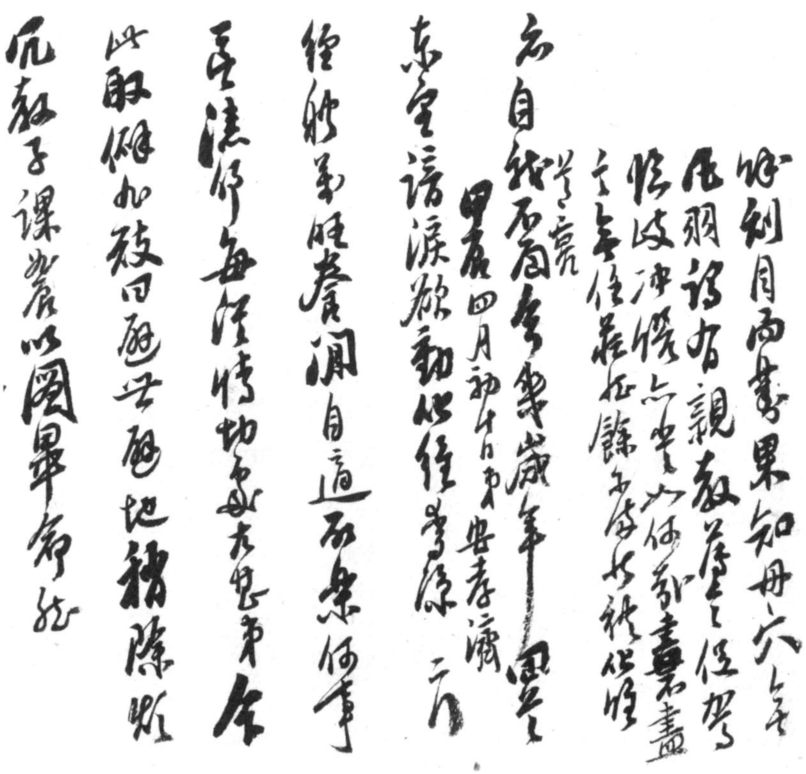

습니다. 도를 지키다 죽어간 삼려대부(三閭大夫)의 멱라수(汨羅水)에 몸을 던짐[9]과, 노중련(魯仲連)의 동해바다에 뛰어드는 일[10]은 결코 용맹을 손상시

《후한서(後漢書), 75, 원안전(袁安傳)》

9) 삼려대부(三閭大夫)의 멱라수(汨羅水)에 몸을 던짐 : 삼려대부는 초(楚)나라 회왕(懷王)과 경양왕(頃襄王) 때의 굴원(屈原)의 벼슬 이름이고, 멱라수는 그가 경양왕의 미움을 사 벼슬에서 쫓겨나자 몸을 던져 죽은 강 이름이다. 굴원이 자신의 만류를 듣지 않고 진(秦)나라에 갔던 회왕이 죽어서 돌아오고, 회왕의 진 나라 길을 권장했던 자란(子蘭)이 영윤(令尹) 자리에 올라 자신의 말을 반대하자 결국 죽음으로 삶을 마무리하였다. 《사기(史記), 84, 굴원전(屈原傳)》

10) 노중련(魯仲連)의 동해바다에 뛰어드는 일 : 노중련(魯仲連)은 전국 시대 제(齊)나라의 고사(高士)이다. 그가 조(趙)나라에 머무를 때 진(秦)나라 군대가 조나라의 수도 한단(邯鄲)을 포위하였다. 이때 위(魏)나라가 장군 신원연(新垣衍)을 조나라에 보내 조나라가 진나라 임

키는 일이 아닐 것입니다. 어떻게 하는 것이 좋은 일일까요.

마주하여 심회를 털어놓을 날을 기약할 수 없어 고명하신 말씀을 들을 길이 없던 차에 편지를 전할 사람이 생겨 이렇게 속마음을 모두 털어놓습니다.

남쪽으로 편지 전할 인편이 생기면 행여 덕스러운 말씀을 내려주십시오.

아드님은 여러 해 못 보았다가 괄목상대하였습니다. 단혈(丹穴)에 평범한 새가 없음[11]을 과연 알았습니다. 아버지의 말씀이라며 금방 길을 재촉해 헤어지는 마당에 마음이 처연해지지만 또한 당연히 어찌하겠습니까.

편지로는 다 말할 수 없어 망연한 생각을 가눌 길 없습니다. 나머지는 편지 형식을 다 갖추지 못합니다.

삼가 존자(尊者)께서 양해하십시오.

갑진년(甲辰年, 1904) 4월 10일에 제(弟) 안효제(安孝濟)는 두 번 절하고 보냅니다.

이 편지는 1904년 4월 10일에 안효제가 이중구에게 보낸《이중구가 5대 고문서, F105》이다. 안효제는 이중구보다 한살이 위다. 고향도 경남 의령(宜寧)이다. 국가에 대한 안타까운 심정은 또 다른 편지《이중구가 5대 고문서, F101》에서 안효제가 이중구를 '저와 형은 몸은 다르나 마음은 같은 사이[僕之於兄, 異體同心]'라고 말한 것에 따르면 서로 같았다. 무너져가는 나라에 대한 주체할 수 없는 원안의 눈물, 더 이상 가망이 없는 것에 대한 굴원의 투신, 진(秦)나라가 황제국이 된다면 나는 동해에 몸을 던지겠다는 노중련의 결연한 행동을 안효제는 왜 편지에 거론하며 어떤 것이 좋을지를 이중구에게 물

금을 황제로 섬기면 포위는 풀릴 것이라고 설득하였다. 이에 노중련이 신원연에게 진나라가 황제가 되어서는 안 되는 이유를 설명하며, '진나라가 세력을 떨쳐 황제가 되어서 악정(惡政)으로 천하에 정권을 휘두른다면 나는 동해에 뛰어들어 죽을 뿐, 차마 그의 백성이 될 수는 없다.(彼卽肆然而爲帝, 過而爲政於天下, 則連有蹈東海而死耳, 吾不忍爲之民也.)'라고 하자, 신원연이 '자신이 오늘에서야 노중련이 천하 최고의 선비인 줄 알았다. 진나라를 황제로 받들자는 말을 다시는 하지 않겠다.'라고 다짐하였다. 진나라는 이 소식을 듣고 한단을 포위했던 군사를 50리 후퇴시켰다.《사기, 83, 노중련전(魯仲連傳)》

11) 단혈(丹穴)에 평범한 새가 없음 : 단혈은 중국의 상상 속의 산 이름이다. 단혈산에 사는 새가 봉황(鳳凰)인 데에서 훌륭한 집안을 지칭하는 말로 쓰였다. 훌륭한 집안의 자손이기에 이중구의 아들 이석일(李錫日)이 범상하지 않다는 말이다.

었을까. 그리고 그것들을 '결코 용맹을 손상시키는 일이 아닐 것이다.'라는 말을 했을까. '용맹'에는 필부의 용맹과 군자의 용맹이 있다. 칼자루를 쥐고서 노려보는 따위는 필부의 용맹이고, 천하의 의리를 생각하는 것은 군자의 용맹임을 맹자(孟子)는 양혜왕 하(梁惠王下)에서 제선왕(齊宣王)에게 설파하였다. 이 나라에 위(魏)나라의 장군 신원연(新垣衍) 같은 사람이 있었다면 안효제는 '천하 최고 선비[高士]'의 칭송을 들었을 것이다. 어디 안효제뿐이랴. 당시 만주 벌판에 나섰던 수많은 애국지사는 다 용맹을 손상시키지 않은 노중련의 후예다. 노중련의 말처럼 일본이 악정으로 우리나라를 다스리는 것은 볼 수 없었던 그들의 용맹은 오늘날 살아있을까. 피봉의 협우(峽寓)가 어느 협(峽)에 임시 주거를 정하였는지, 협(峽)이 어느 지역인지는 알 수 없다.

안효제는 철종 원년(1850년)에 태어나 1912년에 죽은 조선 말기의 문신이자 지사(志士)이다. 본관은 순흥(順興), 자는 순중(舜仲), 호는 수파(守坡)이다. 고종 20년(1883년) 식년문과에 급제하여 1884년 승문원 부정자(承文院副正字)에 임명되었으나, 의복제도(衣服制度)의 변경 법령이 내려지자 고향으로 물러났다. 1887년 성균관 전적(成均館典籍)으로 등용되어 1889년 정언(正言)이 되었다. 민황후의 충주 피난 때 총애를 산 무녀(巫女)가 진령군(眞靈君)에 봉해지며 권력을 전단(專斷)하자, 그녀의 처벌을 상소한 일로 고종의 분노를 사 제주도 추자도(楸子島)에 귀양 갔다가 1894년 전라남도 임자도(荏子島)로 옮겨진 뒤 귀양이 풀리며 홍문관 수찬(弘文館修撰)이 내려졌으나 부임하지 않았다. 그해 9월 흥해군수(興海郡守)로 나갔다가 1895년 복제가 개정되어 검정 옷을 입게 하자 사임하고 고향으로 돌아왔다. 명성황후가 시해되고 왕후폐위조칙(王后廢位詔勅)이 내려지자, 참판 이용원(李容元), 최익현(崔益鉉)과 명성황후의 복위를 상소하고, 단발령을 반대하였다. 1910년 11월 일제가 이른바 은사금(銀賜金)을 지급하자, 이를 거부하고 창녕경찰서에 수감(收監)되었다가 이내 풀려났다. 이어 요동의 안동현(安東縣) 이수촌(梨樹村)으로 망명하여 그곳에서 생을 마감하였다. 1982년 대통령 표창, 1990년 애족장이 추서되었다.

12 김대락(金大洛, 1845~1914) 작성일 불명
서원(書院)의 임원 직함은 연로한 나이에 감당하기 부담스러운 업무

咫尺高軒, 尤不禁想仰之情. 卽伏見抵査
兄書, 略承體上節度, 爲慰萬萬, 而第恨
抽暇之難, 奉接未易. 吾輩之幾許經營,
亶在於一番暢敍, 而專注之地, 計不遂意,
窮措抹殺, 類多如是耳. 笑歎奈何.
稅鞍之日, 卽欲趨進, 而十舍攢程,
餘憊尙爾, 以泄以感, 萬無自振之勢,
稍俟日後, 未爲其晩耶. 玉院任名,
本不勝堪, 而虛冒重地, 極所未安. 望日焚
香, 仍遂乞遞之意. 無諒之下, 亦或恕宥否.
壯觀東溟, 曾所擬意, 而身且不健, 程道
稍間, 一行攄積, 良亦有分耳. 間當進
候矣, 姑不備謝上.
卽, 弟金大洛拜拜.

형께서 가까운 거리에 계시니 더욱 그리운 마음 금할 길 없습니다.

방금 사형(査兄)의 편지가 도착하여 대략 안부를 알게 되었으니 매우 위로 되었습니다. 하지만 여가를 내기 어려워 만나기가 쉽지 않으니 안타깝습니다. 우리가 여러 번 계획한 것은 진실로 한번 회포를 풀자는데 있기에 관심을 기울였으나 계획대로 뜻이 이뤄지지 않으니 곤궁한 선비의 흐지부지함이 대체로 이 같습니다. 웃고 한탄한들 어찌하겠습니까.

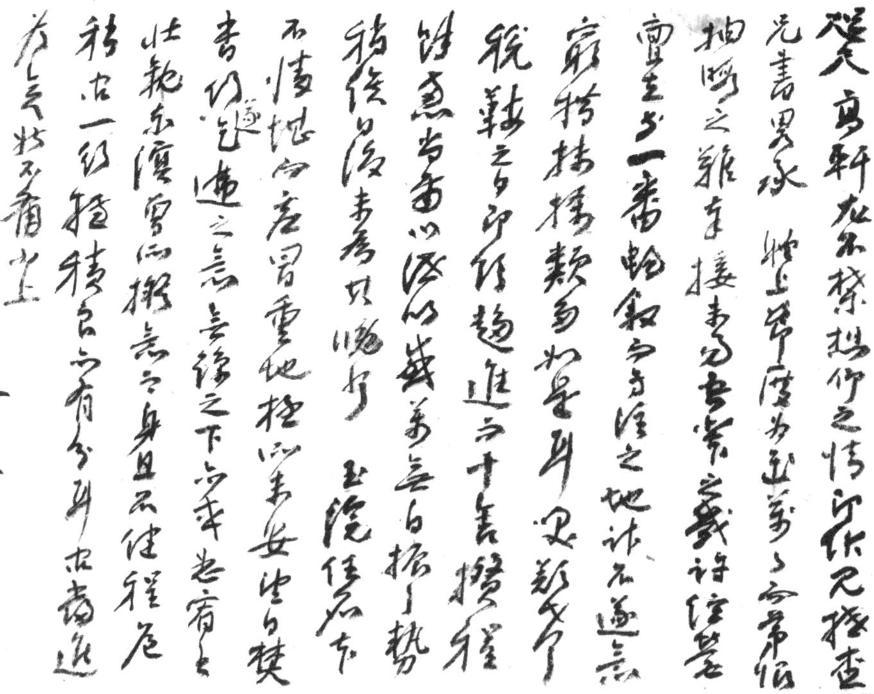

30.3×21.2

말안장을 벗기는 날[12] 바로 찾아뵙고 싶었지만 10사(十舍, 300리)의 먼 여정에 피곤함이 아직 남아있고, 설사병과 감기는 스스로 떨치고 일어날 형편이 못되니, 조금 훗날을 기다려도 늦었다고는 않으시겠지요.

옥산서원(玉山書院)의 임원 직함은 본래 감당할 수 없었는데 중요한 자리를 헛되이 차지하였으니, 매우 미안합니다. 보름 분향(焚香) 때 체직되기를 바라는 마음을 이뤄지게 해 주십시오. 양해하지 않을 일이지만 혹 용서해 주시렵니까.

동해(東海) 장관을 구경하는 일을 일찍이 마음에 두고 있었지만 몸도 건강하지 못하고 길도 꽤 머니, 한 번 가서 회포를 푸는 것은 참으로 분수가 있나 봅니다.

---

12) 말안장을 벗기는 날 : 여행에서 돌아옴을 이르는 말이다.

머지않아 마땅히 찾아뵙겠습니다. 우선 이만 줄이고 답장을 올립니다.
편지를 받은 날, 아우 김대락은 절하고 또 절합니다.

이 편지는 김대락(金大洛)이 이중구(李中久)에게 보낸 《이중구가 5대 고문서, H035》이다.

자운(紫雲, 이중구)가에 소장된 김대락의 편지는 모두 13통이다. 위 편지에 언급한 옥산서원(玉山書院)은 회재(晦齋) 이언적(李彦迪, 1491~1553)의 덕행과 학문을 기리기 위하여 선조 5년(1572)에 건립한 교육 기관으로, 선조 7년(1574)에 사액 서원이 되었다. 서원 분향(焚香)은 음력 초하루와 보름에 분향하는데, 향로에 향을 넣고 태워 그 연기를 통해 혼을 하늘로부터 인도하는 의식이다. 조선 시대에 서원이 세워졌던 본래 목적은 인재 양성과 선현 배향 및 향촌 질서 유지를 위한 순기능의 장소였다. 그러나 시간이 지나면서 지배권을 행사하는 기관으로 퇴색되어 서원을 거점삼아 백성들을 수탈하고 국가 기관에 폐해를 끼치는 지경에 이르자, 고종 1년(1864) 흥선대원군은 왕권을 강화하고 백성들의 폐해를 줄인다는 명분으로 서원을 철폐하기 시작한 역사의 장소가 되기도 하였다.

김대락은 헌종 11년(1845)에 안동에서 출생하였다. 본관은 의성(義成)이며, 자는 중언(中彦)이고, 호는 비서(賁西)이다. 정재(定齋) 류치명(柳致明)의 문하에서 수학한 조부 김헌수, 숙부 김진기, 족숙 김흥락의 문하에서 성장하였다.

고종 35년(1895) 12월에 안동에서 의병 활동한 유시연(柳時淵)이 청송에서 군수물자와 의병을 모집하였는데, 청송 유생들을 중심으로 청송의진(青松義陳)이 조성되었다. 이때 김대락은 중군장(中軍將)에 임명되었으며, 군자금과 군수물자 수집에 앞장섰다. 융희 4년(1910) 나라가 망하자 가족들을 데리고 만주로 망명하였다. 그 뒤로 한인 청년들에게 민속의식을 고취시켰으며, 조선에서 이주한 사람들의 안정된 정착을 위해 힘쓰다가, 1914년 12월 10일에 삼원포(三源浦) 남산(藍山)에서 서거하였다. 1977년에 대통령 표창, 1990년에는 건국훈장 애족장이 추서되었다.

3

시세에 부침하는 관료의 편지 I

13 이재립(李在立, 1798~1853) 1830년 10월 13일
구일제(九日製)가 10월 13일에 시행되다

父主前上白是.
離曠幾踰一月, 千里鬱懷, 寧有少置也. 伏未審秋盡,
兩位分體令連重萬安, 膝下峽畦, 渾眷無他頃, 生兒亦得
充健否. 日前於禮安兄主便, 得見一第書, 稍可下意, 而其後又
於德彥兄便, 聞廣岩及有今各處, 癘氣大肆, 死亡連比
云, 聞不勝奉慮萬萬. 子自禮山四宿而到泮, 幸無大生疾恙.
科事, 校理叔主方留在, 可無生疎之慮矣. 咸陽鄭司書亦帶
職留泮, 故自日前種種晉見, 則一見卽講戚, 而欵待修戚, 則於子
爲十三寸叔行, 於科事, 似大有力, 而星州李戚叔, 亦以奉常直長遊泮
耳. 庭試親臨, 而只用五人耳, 一人卽安東海底金氏云耳. 九日製以今日定
行, 而以書頭書道, 各有殿教耳. 大司成尙未敦定, 而成均典籍,
則李元祚方入直耳, 此皆通讀時緊要者耳. 禮山兄主則聞訃而下官, 子之
所托任裝, 則依數付來耳. 處所則姑未敦定, 而勢不得不與士善兄同
去就, 而有指示旅客房留做者. 然問于先進, 而若無害於事面, 則當與
士善同去耳. 氅衣及小氅衣, 歷來千里, 及兩日雨潦試場中, 卽爲綻[綻]裂
垢汚如此, 而何以過了一冬也. 籠三丁則姑未斤[斥]賣, 而不必急急買
之也, 故留置耳. 善山氷祖母喪事, 固老人常事, 然聞不勝悲擾也.
鬣子及卜奴無事還鄕否. 若有後便, 下示其由, 伏望耳. 大氅衣
連幅澣濯, 価卽四戔, 而小氅衣卽二戔云耳. 家事關心
者多, 不欲煩白. 餘不備伏白.
庚寅十月三十日, 子在立上白是.
車洞書, 則姑未傳致耳.

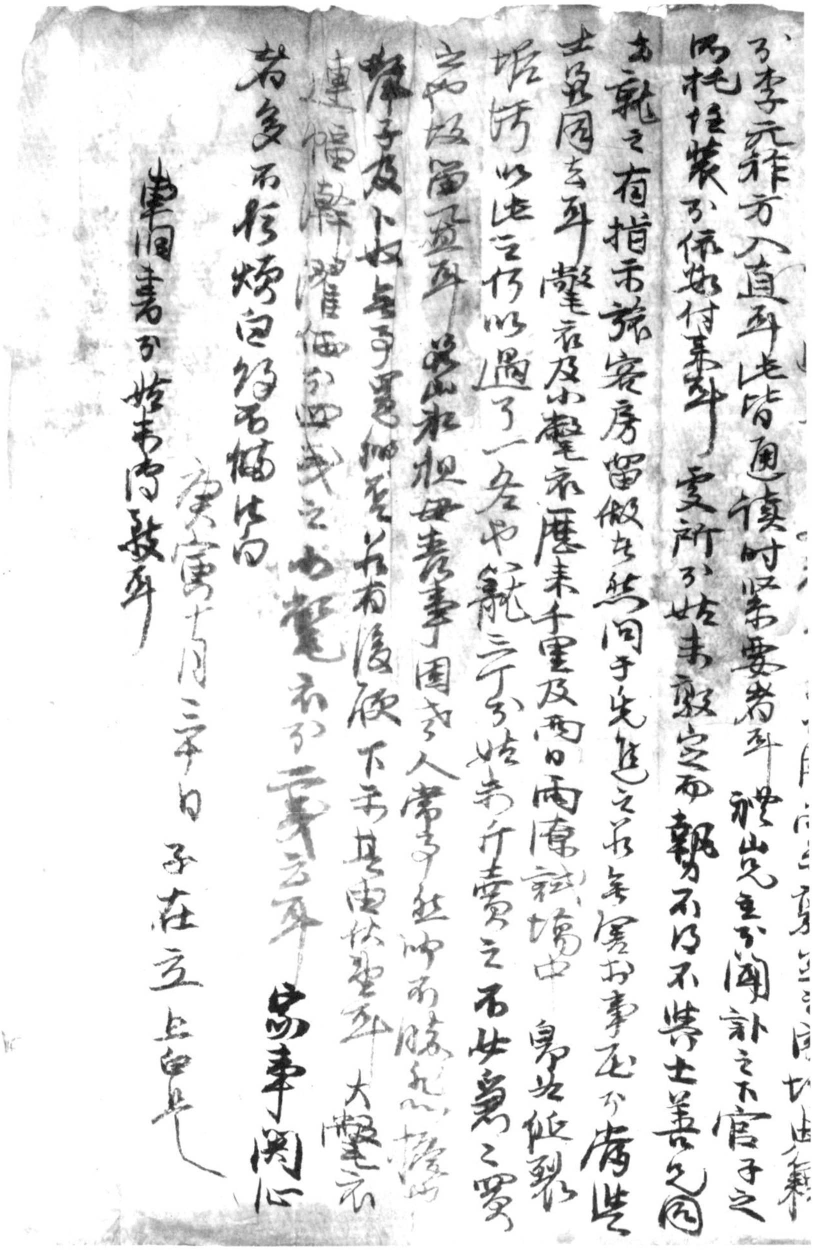

39.6×28.5

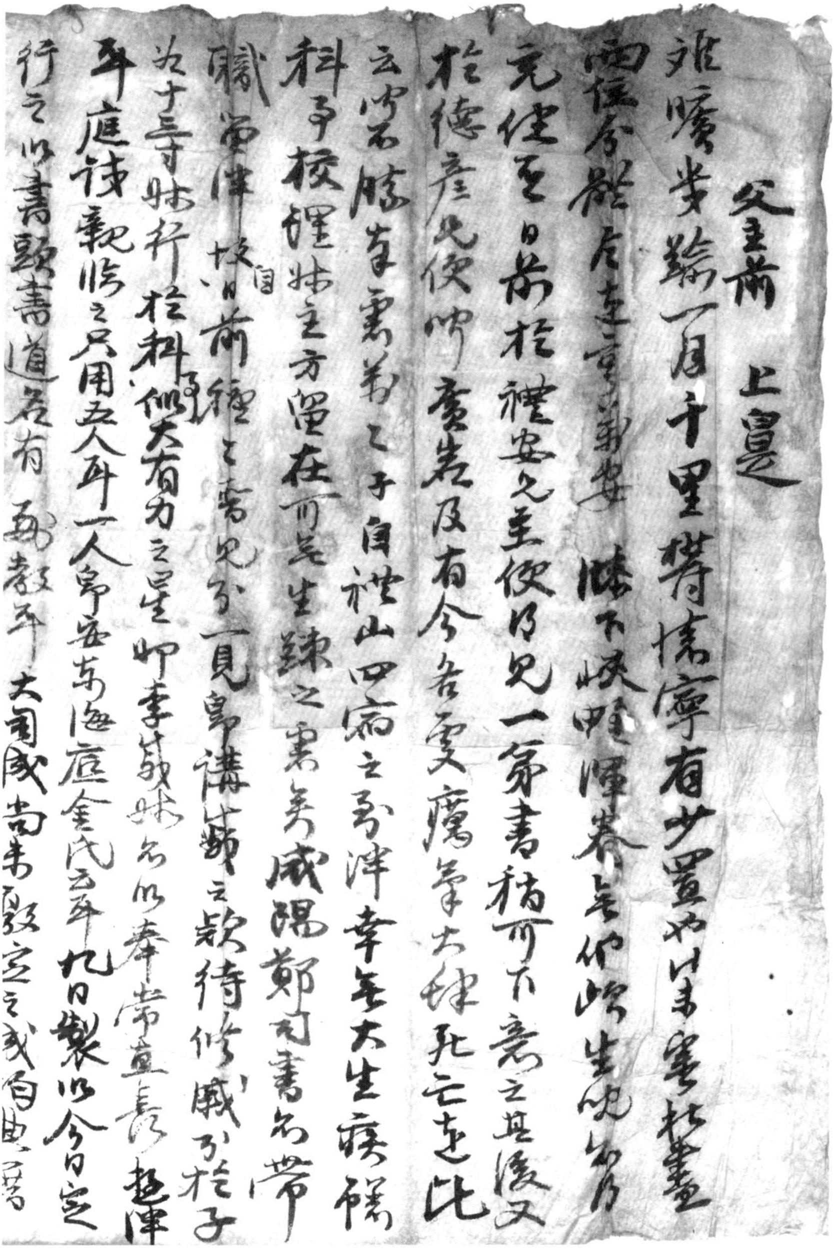

아버님 앞에 올려 아룁니다.

떠나온 지 거의 한 달이 넘어 천 리에서 그리워하는 정을 어찌 잠시라도 놓을 수 있겠습니까. 가을이 다 갔는데 부모님 두 분께서는 연이어 편안하시고 슬하의 여러분들도 산중에 농사를 지으면서 온 가족들도 다른 탈이 없으며 태어난 아이도 건강합니까. 일전에 예안(禮安) 형님 인편으로 한 차례 편지를 받고 조금 마음이 놓였으나 그 뒤에 또다시 덕언(德彦) 형 인편에 듣기를 광암(廣岩)과 유금(有今) 각처에 돌림병[癘氣]이 성행하여 많은 사망자가 즐비하다고 하니, 그 소식을 듣고는 큰 걱정을 가누지 못하겠습니다.

저는 예산(禮山)에서 4일을 머물고 반촌(泮村)에 도착하였는데 다행히 병이 크게 생기지는 않았습니다. 과거시험의 일은 교리(校理)로 있는 숙부(叔父)가 머물러 계셔서 생소한 걱정은 없습니다. 함양(咸陽)의 정사서(鄭司書)도 관직을 갖고 반촌에 머물러 있으므로 일전에 자주 찾아뵈었는데 한 번 뵙고는 친척의 정리를 강구하여 다정히 대하고 친척 관계를 따져보니, 저에게 13촌 숙부뻘이 되어 과거 시험에 크게 힘이 될 것 같습니다. 그리고 성주(星州)의 이 척숙(李戚叔)도 역시 봉상시(奉常寺) 직장(直長)으로 반촌에 머무르고 있습니다.

정시(庭試)는 임금께서 직접 나오셨고 단지 다섯 사람만 기용했는데, 그중 한 사람은 안동(安東)의 해저(海底) 김씨(金氏)였습니다. 구일제(九日製)[1]는 오늘로 정해서 시행되었는데, 서두(書頭)와 서도(書道)에 각각 전하(殿下)의 교시가 있었습니다. 대사성(大司成)은 아직 확정되지 않았고 성균전적(成均典籍)은 이원소(李源祚)가 입직하였는데, 이들은 모두 통독(通讀)할 때 중요한 자들입니다.

예산(禮山) 형님은 부고를 듣고는 관직을 떠났는데 제가 부탁한 짐 꾸러미는 수량대로 왔고 처소(處所)는 아직 결정되지 않아서 부득이 사선(士善) 형과 거취를 함께 하였는데 여관방을 잡아주면서 있으라고 하셨습니다. 그러나

1) 구일제(九日製) : 오순절제(五巡節製)의 하나로, 해마다 9월 9일에 보이는 과거(科擧). 국제(菊製)라고 일컫기도 한다. 오순절제는 철에 따라 보이는 다섯 가지 과거로 인일제(人日製), 삼일제(三日製), 칠석제(七夕製), 구일제(九日製), 황감제(黃柑製)이다.

선배들에게 물어보았는데 일에 해로움이 없는 듯하니 당연히 사선 형과 함께 가야 할 것입니다. 창의(氅衣)[2]와 소창의(小氅衣)는 천리나 내왕하면서 이틀 동안 빗속의 시험장 속에서 터지고 더러워진 것이 이와 같으니 어떻게 한겨울을 보내겠습니까. 농삼장[籠三丁][3]은 아직 팔지 않았고 급하게 사 올 필요도 없으므로 그대로 두기로 했습니다. 선산(善山)의 빙조모(氷祖母) 상사(喪事)는 진실로 노인의 흔히 있는 일이지만 소식을 듣고는 슬픔을 가누지 못하겠습니다.

말[鬣子]과 짐꾼 하인은 무사히 고향에 돌아갔는지요. 다음 인편이 있으면 그 일들을 알려주시기를 바랍니다. 대창의를 전체 세탁하는 데는 값이 4전(箋)이고 소창의는 2전뿐이었습니다. 집안일에 마음 가는 것이 많으나 번거롭게 아뢰고 싶지 않습니다. 나머지는 줄이고 아룁니다.

경인년(庚寅年, 1830) 10월 13일에 아들 재립(在立)은 아룁니다[上白是].

거동(車洞)에 보낼 편지는 아직 보내지 않았습니다.

이 편지는 1830년 10월 13일에 이재립(李在立, 1798~1853)이 아버지 이필상(李弼祥, 1769~1836)에게 보낸 《이중구가 5대 고문서, G366》이다.

이재립이 33세 때 서울에 가서 있을 적에 상황을 그의 아버지께 올린 편지이다. 과거에 합격하기 위해 노력한 것이 나타나고 있다.

이재립은 큰 탈 없이 반촌(泮村)에 도착했다고 하였다. 과거(科擧) 시험의 일에 대해서는 교리(校理)로 있는 숙부(叔父)가 머물러 계셔서 생소하지 않다면서, 함양(咸陽)의 정사서(鄭司書)도 관직을 갖고 반촌에 머물러 있는데, 13촌 숙부뻘이 되어 과거 시험에 힘이 될 것 같다고 하였다. 또 성주(星州)의 이 척숙(李戚叔)도 봉상시 직장(奉常寺直長)으로 반촌에 머무른다고 하였다. 정시(庭試)에는 임금께서 직접 나오고 단지 다섯 사람만 기용했는데, 그중 한 사람이 안동의 해저(海底) 김씨(金氏)라고 하였다. 구일제(九日製)가 편지 작

---

2) 창의(氅衣) : 사대부 계급이 평상시에 입던 웃옷으로, 대창의(大氅衣)·소창의(小氅衣)·학창의(鶴氅衣)가 있다. 소매가 넓고, 뒷솔기나 옆 솔기 두 곳에 모두 트임이 있는 것을 말한다.

3) 농삼장(籠三丁) : 상자를 넣거나 싸려고 삼노를 엮어 만든 망태나 보를 말한다.

성하는 오늘인 10월 13일에 시행되었다고 하였다. 9월 9일에 행할 것이 한 달 이상 늦게 시행된 것이다.

33세이면 나이 많은 응시자인데 아직 과거 운이 따르지 않았고 이보다 10년 뒤인 43세에 합격했다.

이재립은 정조 22년(1798)에 태어나서 철종 4년(1853)에 서거한 관료이다. 본관은 여주(驪州), 자는 자화(子華), 호는 계서(稽栖)이다. 이능덕(李能德)의 아버지이고, 이중구(李中久)의 할아버지이다. 경자년(1840, 헌종6)에 43세로 장원급제, 곧이어 내자시(內資寺) 직장(直長)에 임명되고, 신축년(1841, 헌종7)에 성균관 전적(典籍)에서 사간원 정언이 되었으며, 임자년(1852, 철종)에 또 사간원 정언에 임명되었다.

14 이원조(李源祚, 1792~1871) 1833년 1월 6일
범죄 수사에 손님 만나는 일은 장애일 수 있습니다

適到營下, 行旆已以昨日
發, 聞有兩度書存, 而在路
拜違, 悵歎曷極. 新元
政體益篤休祉, 災憂接濟,
漸就頭緒, 區區慰賀, 繼以馳
逵. 弟奉老喜懼, 身疴久苦, 小
大炒悶, 奈何奈何. 今政聞入於司書
兼擬, 而來此, 亦未目見政目, 可
鬱. 聞以會查事, 更有營邸之
/行, 早知如此, 此行當遲待其
時, 而其於不相聞, 何哉. 其時當
留多日, 第當來叙, 幸因便
示及如何. 第恐查事, 有礙於見
客, 則不必拜會, 諒示之也. 臨發留
書於邸家, 早晚入去, 未可卜也. 餘
萬不備, 伏惟
下在.
/癸巳元月初六, 弟源祚拜.

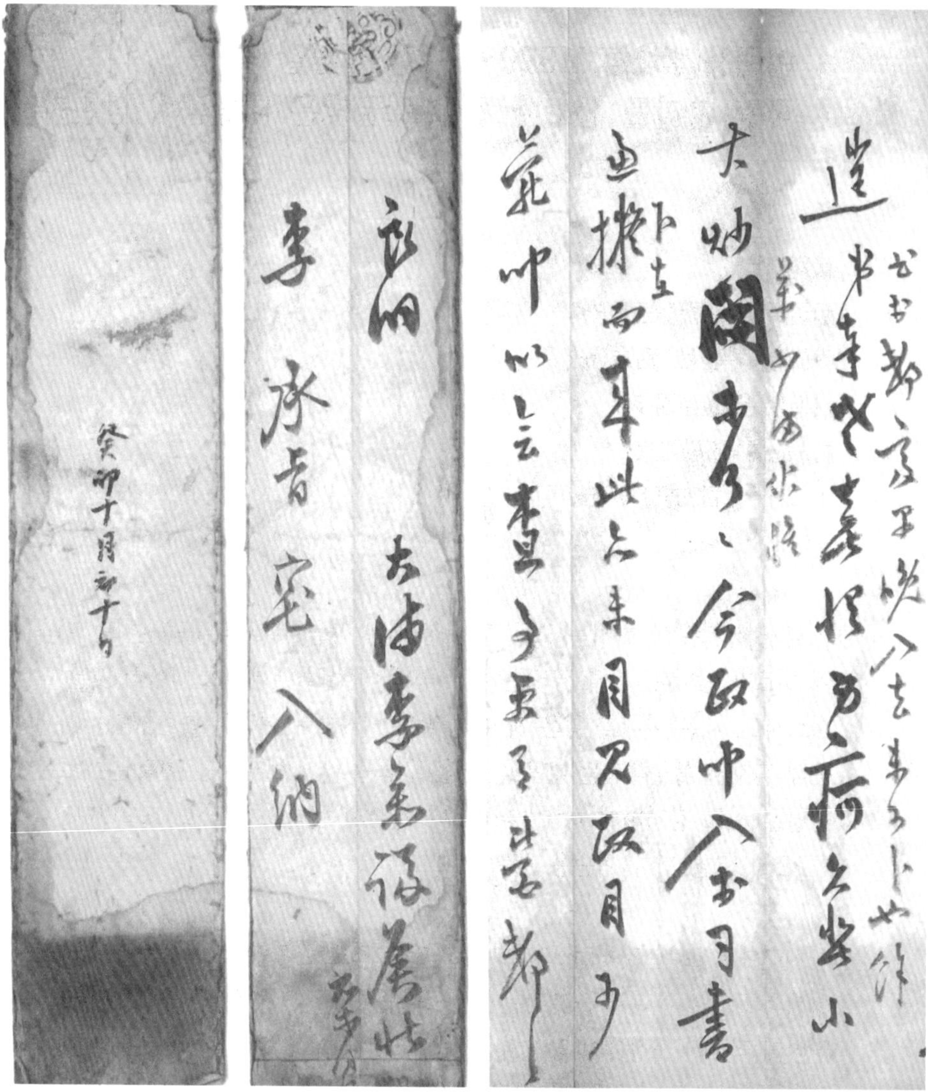

43.5×32.6

마침 감영(監營)에 이르렀을 때 귀하의 여로(旅路)가 이미 어제 출발하고 난 뒤였습니다. 두 통의 편지를 보냈다는 소식을 접했는데, 출타하여 도로에 있었기 때문에 읽지 못하였으니 서운함이 어찌 끝이 있겠습니까.

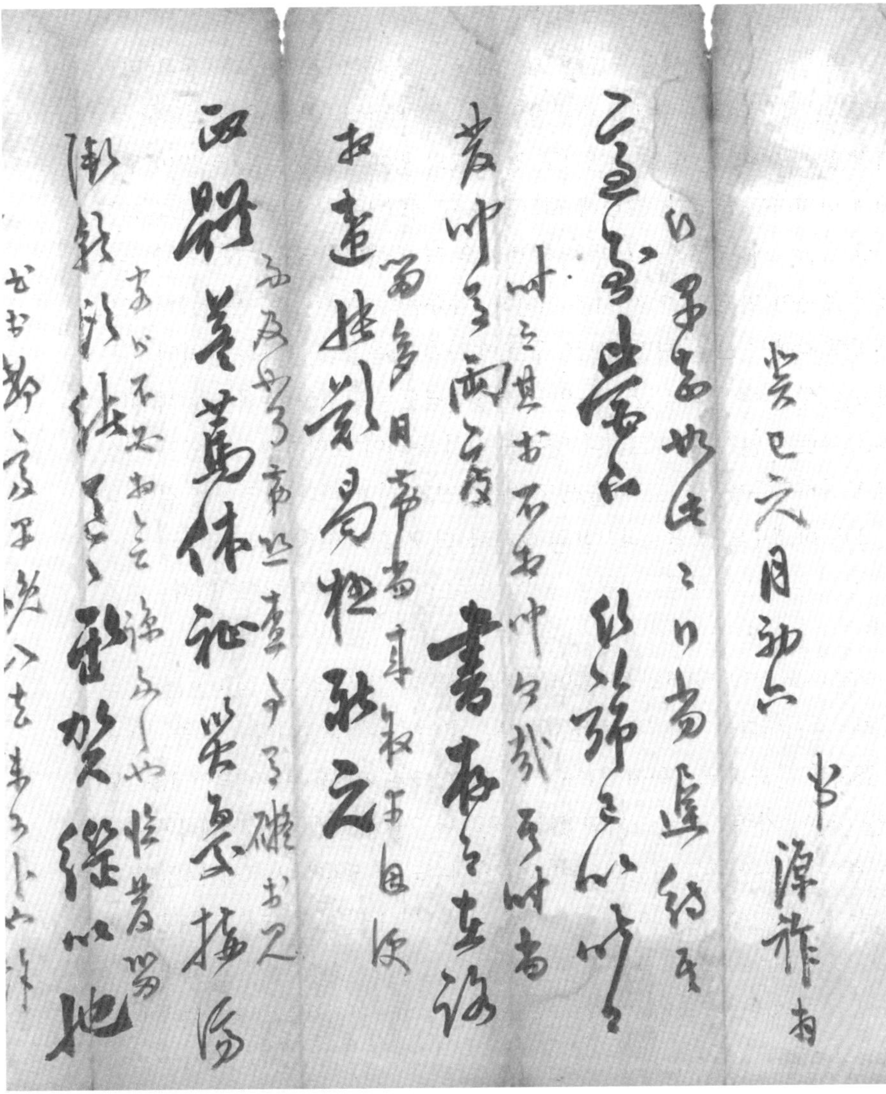

새해에 정무를 살피시는 귀하의 건강이 더욱 좋으시며 재난 중에도 살림살이가 점차 두서(頭緖)를 찾아간다니 저의 마음이 위로되고 이어서 마음이 달려갑니다. 저는 부모님을 모시며 〈연로해가심에〉 한편 기쁘고 한편 두려워하면서 저 자신의 오랜 병고로 온 가족이 근심걱정이 이만저만이 아니니,

이를 어찌하겠습니까.

이번 인사발령에 사서(司書, 세자시강원의 6품 벼슬)에 겸하여 의망(擬望)이 되었다는 소문을 들었으나 이곳에 오느라 아직 정목(政目, 관원 임명의 기록)을 보지 못해 답답합니다. 소문에 듣자니 회사(會査, 합동 수사)의 일로 다시 영저(營邸)에 가야 하신다니 이렇게 될 줄 일찍 알았다면 이번 길은 당연히 천천히 그 시기를 기다릴 것이었는데 소식을 듣지 못한 것을 어찌하겠습니까. 그때 당연히 여러 날을 머물게 될 것인데 오셔서 대화할 것이니 바라건대 인편으로 알려주시는 것이 어떻겠습니까. 다만 수사에는 손님을 만나는 일이 장애일 수 있어 뵙는 일이 필요 없을 것이니 이런 것을 이해하여 주시기 바랍니다.

제가 출발에 임하여 편지를 저가(邸家, 영저(營邸))에 두고 가는데 조만간에 편지를 읽게 되실지 예상하지 못하겠습니다. 나머지 많은 말은 이만 줄이니 살펴주시기 바랍니다.

계사년(癸巳年, 1833) 원월(元月, 1월) 초6일에 제(弟) 원조(源祚) 배(拜).

이 편지는 1833년 1월 6일에 이원조(李源祚)가 친지에게 보낸 편지《이중구가 5대 고문서, H323》이다.

소문에 수신자가 회사(會査, 합동 수사)하는 일을 맡게 되었다고 하여, 수사하는 일에는 빈객을 만나는 것이 장애가 되어 만날 필요가 없다고 하였다. 수사와 관련되어 의혹을 남기게 될까 우려한 것을 살필 수 있다.

이원조는 정조 16년(1792)에 태어나서 고종 8년(1871)에 서거한 문신 관료이다. 본관은 성산(星山), 초명은 이영조(李永祚), 자는 주현(周賢), 호는 응와(凝窩)이다. 1809년(순조 9) 별시문과에 을과로 급제하였다. 1837년(헌종 3) 정언(正言)으로서 기강이 문란하여 사족(士族)들이 사치하고, 흉년으로 민중들의 고통이 형언할 수 없을 지경에 이르렀음을 들어 쇄신책을 실시할 것을 극간하였다. 1850년(철종 1) 경주부윤에 오르고, 1854년 대사간에 이어 공조판서를 지냈다. 시호는 정헌(定憲)이다.

15 김진하(金鎭河, 1801~1865) 1840년 4월 18일
과채(科債)를 절약과 검소로 적게 하여 원대한 도(道)를 꾀하기 바람

子華先達, 謹拜賀書.
兄之此科晩矣, 今番大闡,
已是兄分內事也. 其驚喜
賀慰之道. 不可與猝當僥
倖者比, 而挽近年以來, 弟
之落拓病伏, 不足擧論. 而以
執事才華家數, 每不見差
晩之歎, 非不知窮通之有時,
而爲執事深憂遠慮, 則
有不能自已者, 及聞榜聲,
在弟聳喜私情也. 嶺中
若爾入榜上, 其華閥人器之
可堪遠道者, 能右於兄者
誰也. 吾黨之所對頭, 而嘖嘖相
賀者是已. 伏惟
兄體連重, 遠報踵門, 慶溢
慈闈, 孝子情理, 雖欠圓滿,
餘蔭所及, 可慰九原, 種種讚
賀萬萬. 弟宿症種種漸鑠, 不
作鬼틱, 亦云怪事, 奈何奈何.
村內達淵科事, 稍可降釋
處耳. 令季氏兄, 侍候
珍衛, 允玉充課否. 亦所願聞

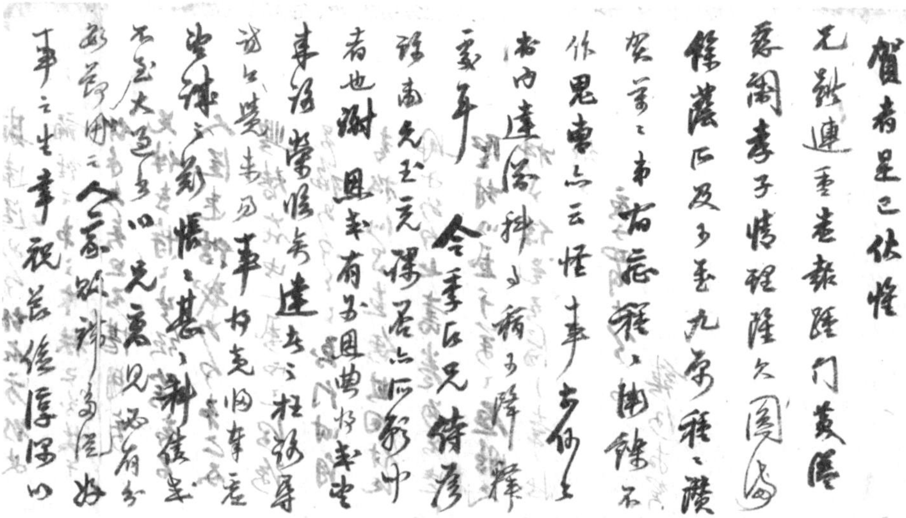

者也. 謝恩或有別恩典耶. 或望
車路榮臨矣. 達者之枉路尋
訪, 今覺未易事耶. 竟歸奉虛,
望誠之歎, 悵悵甚甚. 科債或
不至大過否. 以兄高見, 必有分
數節用, 而人家敗端, 多從好
事而生, 幸祝節儉淳深, 以
/期遠道如何. 卦石方欲使
誦經, 而弟之本秩, 已分散于
他手久矣, 且不堪用矣.
兄件專恃專恃, 望須除却百
人, 從速借我如何. 弟家
興替, 在此一擧而已. 深諒
另施, 如何如何. 到門時, 自
青松, 似有直便, 其回付送

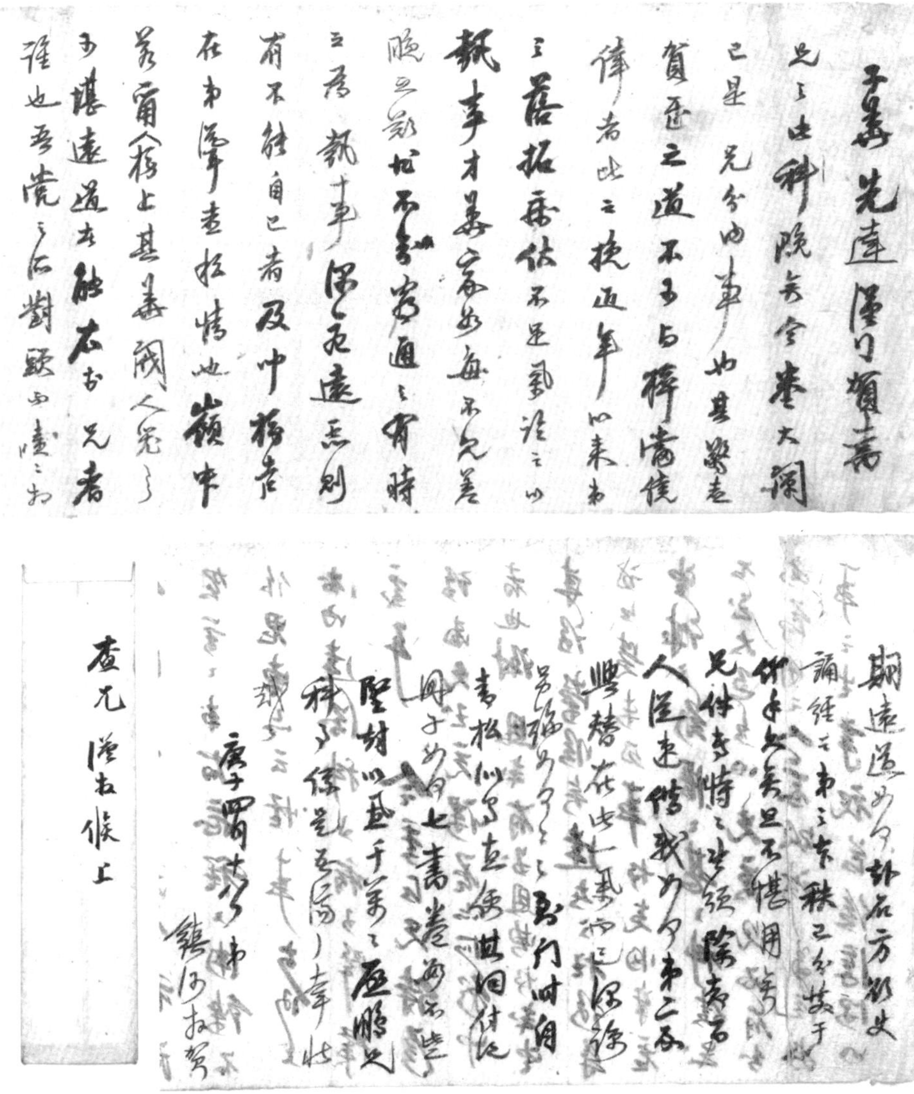

88.0×23.8

冊子如何. 七書卷數不些,

堅封以置, 千萬千萬. 啓鵬兄

科事，係是吾儕之幸，壯
哉壯哉.
庚子四月十八日，弟鎭河拜賀.

자화(子華) 선달(先達)[4]께 삼가 절하고 하례 편지를 올립니다.

형의 이번 과거는 늦은 것인데 금번에 합격한 것은 이미 형에게 필연적인 일입니다. 그 놀라 기뻐하며 하례하고 위로하는 도리가 졸지에 요행으로 합격한 자와 비교될 일이 아닙니다. 근년 이래 저의 실의에 빠져 병으로 처박혀 지내는 것은 거론할 일이 없을 것입니다. 그러나 형은 빛나는 재능과 가문의 품격을 지녔음에도 늘 합격이 늦어지는 것에 대한 탄식을 형에게서 보지 못하였습니다. 곤궁과 현달이 때가 있음을 알고 있지만 형을 위하여 깊은 근심과 큰 걱정을 혼자서 그치지 못했습니다. 합격 소식을 듣고서 제가 팔짝 뛰며 기뻐한 것은 사사로운 정리입니다. 영남에서 이같이 급제자 명단에 이름을 올렸지만 화려한 문벌로 기량을 갖춰 원대한 도(道)를 감당할 만한 자가 형보다 나을 사람이 누구이겠습니까. 우리 무리가 머리를 맞대고 찬탄하며 서로 하례하는 것은 이 때문입니다.

삼가 형의 몸이 연이어 편안하시고 먼 곳 소식이 집안에 알려져 복스러움이 자당(慈堂)님 주변에 넘칠 것이니 효자의 정리에 비록 완전한 즐거움은 못 되겠지만 선대의 음덕(蔭德)이 미친 일이기에 구원(九原, 저승)에 계신 분들에게도 위로가 될 일이니 누누누누 끝없는 하례를 드립니다.

저는 묵은 병들을 종종 앓으며 점점 여위어가는 데도 염라국의 귀신이 되지 않은 것은 또한 괴이한 일입니다. 어찌하겠습니까. 마을의 달연(達淵)의 과거 급제는 조금 마음이 놓이는 일입니다.

형의 아우님께서는 건강이 좋으시며 아드님도 학업을 잘하시는지요. 또한 듣고 싶습니다. 사은숙배(謝恩肅拜)에서 혹은 별도의 은전(恩典)이 있었습니까. 혹여 (고향) 가는 길에 영화로운 왕림을 기대했는데, (급제의) 영달을 이

4) 선달(先達) : 선진(先進) · 선배(先輩)이다.

룬 분이 길을 돌려 찾아 방문하는 일이 쉽지 않음을 이제야 알았습니다. 끝내 허망함을 간직해야 하기에 성심으로 기대했던 탄식이 매우 서글퍼집니다. 과채(科債)가 혹여 너무 지나치게 많아지지는 않았습니까. 형의 높은 식견으로 반드시 분수에 맞추어 절약했을 것이지만 한 집안이 망하는 실마리가 좋은 일에서 생겨나는 경우가 많습니다. 바라건대 절약과 검소에 돈후한 마음을 두어 먼 앞날을 기약하는 것이 어떻겠습니까.

석(石)에 가서 경서(經書)를 배송(背誦)하는 과거에 응시하게 하려는데 제가 가지고 있는 책들은 이미 다른 사람의 손으로 분산된 지 오래되어 또한 사용할 수 없습니다. 형의 책을 오로지 믿고 믿으니 바라건대 모든 사람들이 (형에게) 구하는 일을 물리치시고 조속히 저에게 빌려주시는 것이 어떻겠습니까. 저희 집의 흥망이 이 한 가지 일에 달렸을 뿐이니, 깊이 헤아려 특별히 베풀어주시는 것이 어떻겠습니까. 집에 도착했을 때 청송(青松)에서 직편(直便)이 있을 듯하니 그 돌아오는 인편에 책자를 부쳐주시는 것이 어떻겠습니까. 칠서(七書, 사서삼경)의 권수가 적지 않으니 단단히 봉해 주시기를 천 번 만 번 바랍니다. 계붕(啓鵬) 형의 과거 합격은 우리들의 행복이니 장하고 장합니다.

경자년(庚子年, 1840) 4월 18일에 제(弟) 진하(鎭河) 배하(拜賀).

이 편지는 1840년 4월 18일에 김진하(金鎭河)가 사돈 자화(子華) 이재립(李在立, 1798~1853)에게 보낸 《이중구가 5대 고문서, I589》이다.

과거에 장원한 이재립에게 기쁨을 전하면서 영남의 인물에 형보다 뛰어난 사람이 누가 있겠는가라고 축하하였다. 《헌종실록(憲宗實錄)》 6년(1840) 3월 25일자에 식년문과복시(式年文科覆試) 이소(二所)에서 이재립이 장원했다는 기사가 있다. 이재립은 43세의 늦은 나이에 급제한 것이다. 급제에는 그에 따른 과채(科債)가 있는데 그것이 어떻게 되었는지 걱정하고 절약과 검소를 하여 원대한 도(道)를 꾀하라고 권유하였다. 과채(科債)는 과거를 보기 위해 쓴 빚으로 서울을 오가는 경비와 체류비용을 말한다. 과채가 많을 경우 가산을 탕진할 정도였기 때문에 이를 경계시킨 것이다.

과거에 급제하면 삼일유가(三日遊街)라 하여 급제한 사람이 사흘 동안 스승과 선배 및 친지들을 찾아 인사를 드리는 휴가를 받았다. 이때 삼현육각(三絃六角)을 잡히고 질탕 나게 풍악을 울리며 행렬이 앞장서고, 머리에 어사화(御賜花)를 꽂은 급제자가 말을 타고 인사를 다녔다. 행사에 드는 비용이 매우 많았고 이에 따라 빚을 지는 경우가 허다하여 폐단이 되기도 하였다. 그리하여 풍악을 잡히는 일을 금지하자는 논의가 일어났다.

《현종실록(顯宗實錄)》 3년(1662) 2월 19일에는 "'대과(大科)와 소과(小科) 합격을 발표한 뒤 3일 동안 유가하고 문희연(聞喜宴)을 베푸는 것은 곧 평상시에 해 오던 일입니다만, 이렇게 엄청난 흉년을 당한 때에 관례대로 따를 수만은 없는 일입니다. 유가하는 일이야 갑자기 그만두게 할 수는 없다 하더라도, 창기에게 풍악을 잡히거나 연회를 베푸는 일 따위는 일체 금단하여 재난을 걱정하는 뜻을 보이소서.[…娼樂及設宴, 一切禁斷, 以示憂災之意.] ….' 하니 임금이 그 말을 따랐다."라고 하여, 조정에서 논의되고 풍악을 금지하기로 결정이 났던 것이다. 그러나 이것이 잘 지켜지지 않은 것으로 보인다. 약 180년이 지난 1840년 경에도 과채를 경계하는 권고를 하는 실상을 살펴볼 수 있다.

김진하는 순조 원년(1801)에 태어나 고종 2년(1865)에 서거한 문신 관료인 김진형(金鎭衡)이다. 본관은 의성(義城), 자는 덕추(德錘), 호는 겸와(謙窩)이다. 1850년(철종 1) 증광문과에 병과로 급제, 1853년(철종 4) 홍문관 교리로 있을 때 이조판서 서기순(徐箕淳)의 비행을 탄핵하다가 수찬 남종순(南鍾順)에게 몰려 한때 명천(明川)으로 유배되었다. 1856년(철종 7) 문과중시에 다시 급제하였다. 1864년(고종 1)에는 시정의 폐단을 상소하였는데, 조대비(趙大妃)의 비위에 거슬린 구절이 있어 전라도 고금도(古今島)에 유배되어 배소에서 세상을 떠났다.

명천에 유배되었다가 다시 방면되어 귀환하는 왕복의 기록을 담은 것으로 「북천록(北遷錄)」이라는 한문일기와 가사(歌辭) 「북천가(北遷歌)」가 전한다.

16 정학연(丁學淵, 1783~1859) 1842년 3월 24일
관원의 고달픈 박봉

積懷如山海, 無褫[遞]可寄尺素, 而
亦是書難悉之語. 都不如一覯
英眄, 而不可得, 方懸溯難耐, 忽
有二客叩門, 袖致
華緘, 眞如夢境. 忙展莊誦, 其
慰喜, 與對榻無分別也. 謹審春
闌,
侍候百福, 尤符勞禱, 無以量矣.
第陔養凡百, 漸至蘺窘, 而
薄祿未沾, 與布衣時無異, 其爲
惱神, 當復如何. 是所馳想不已
者也. 弟狀欲言, 則實難模寫. 一
/言蔽之曰, 下山之勢, 不可駐足. 比昨年
相對時, 不知落下幾層. 自顧危懍, 已
是浩歎處. 其外弟病兒憂, 村沴廊[瘨]
瘟, 十朔相仍, 迨今無展眉之日. 如是
而其能久耶. 恐不及會合之期, 而有溘先
之慮耳. 二友立促, 不暇長語, 以小紙
數語, 以代犀照. 萬不掛一, 不備禮.
壬寅三月卄四日,
弟學淵拜謝

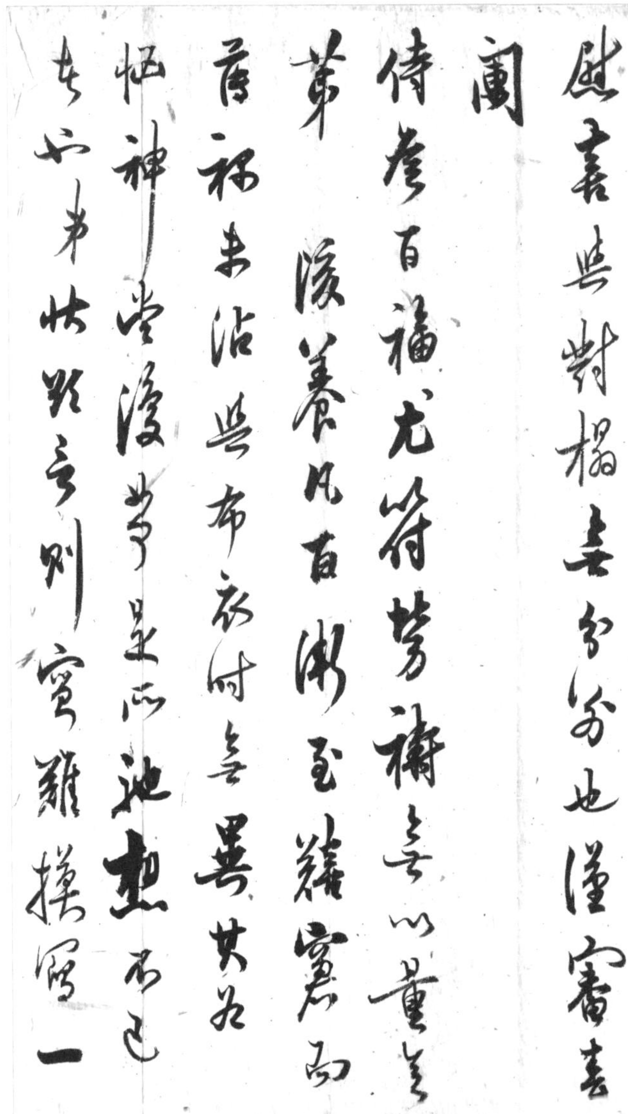

42.1×30.5

산과 바다처럼 회포가 쌓였지만 한 자[尺] 남짓의 편지를 부칠만한 인편이 없고, 또 글로는 말을 다 하기 어렵다는 말 그대로입니다. 통틀어 한 번 꽂다

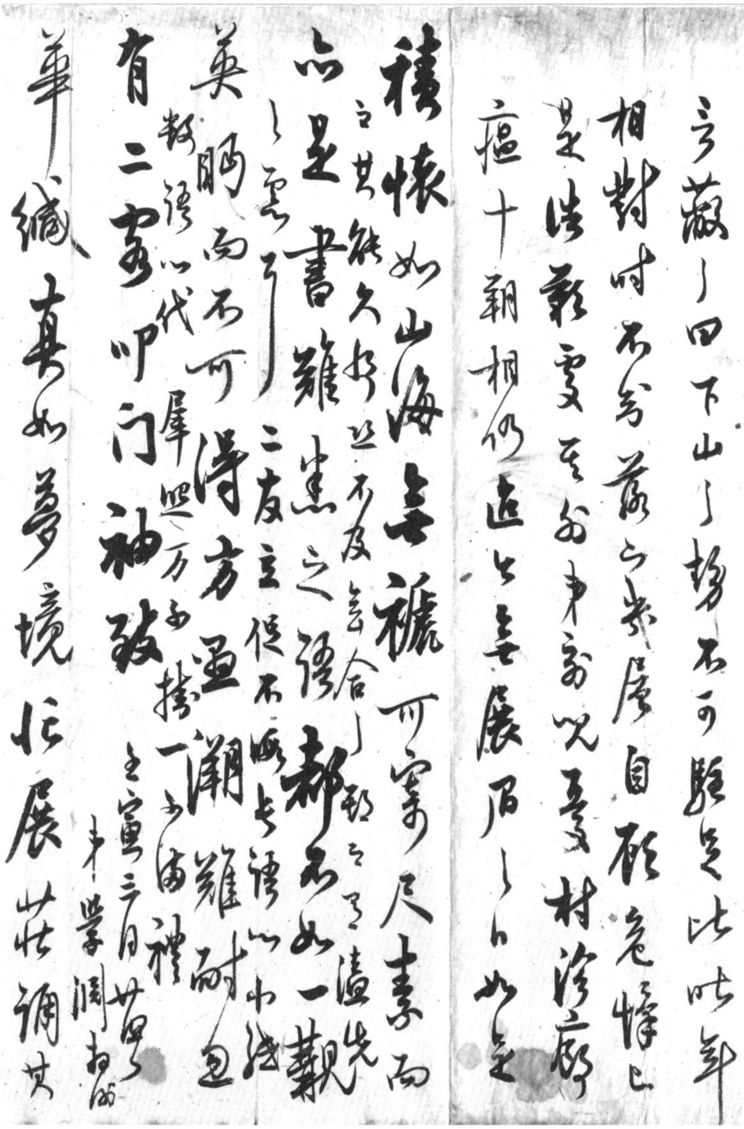

운 모습을 만나는 것만 못하지만 그 기회를 얻을 수 없습니다. 바야흐로 마음에 동동대며 견뎌내기 어려웠는데 갑작스레 두 손님이 찾아와 소매에서

두 장의 꽃 같은 편지를 전해주니 참으로 꿈만 같습니다. 바삐 펼쳐 들고 한 바탕 소리 내 읽고 나니 위로되고 기뻐짐이 자리를 마주한 것이나 다를 바 없습니다.

삼가 봄기운이 다해 가는데 시하(侍下) 생활 모두가 복스러움을 살피게 되니 더더욱 힘써 빌던 마음에 부합한 것이어서 그 기쁨 한이 없습니다. 다만 효자의 봉양[陔養][5] 여러 일이 점점 힘들고 군색해지는데 박한 녹봉이 도움되지 못하여 포의(布衣) 시절과 다를 것이 없으니 그것들의 신경을 아프게 하는 것을 당장 다시 어떻게 하겠습니까. 이것들은 진작부터 꾸준히 걱정해 오던 일입니다.

제 모습은 말하려 하면 참으로 그려내기 어렵습니다. 한마디로 뭉뚱그리면 산을 미끄러져 내려가는 형세에 발을 멈출 수 없다는 것입니다. 작년에 서로 마주했을 때에 비기면 몇 층 아래로 굴러 떨어져 있는지조차 알 수 없습니다. 스스로 위태롭고 두려운 것들은 돌아보니 진작에 크게 탄식하던 것들입니다. 그 밖에 제가 앓거나 아이가 병이 들거나, 마을의 재난이 있거나 사랑채에 돌림병이 도는 일이 열 달 동안 서로 이어져 지금까지 이마를 펼 날이 없습니다. 이러고서 오래 견딜 수 있겠습니까. 아마 서로 만날 날짜에 미치지 못하고 홀연히 먼저 떠나는 걱정이 있게 될 따름입니다.

두 친구가 서서 재촉하는 바람에 길게 쓸 여가가 없습니다. 조그만 종이에 몇 마디 말로 서조(犀照)[6]를 기다립니다. 수많은 생각 중 한 가지도 말씀드리지 못했습니다. 예의를 다 갖추지 못합니다.

임인년(壬寅年, 1842) 3월 24일에 제(弟) 학연(學淵)은 절하고 답장 올립니다.

---

5) 효자의 봉양(陔養) : 해양(陔養)은 《시경(詩經), 소아(小雅), 남해(南陔)》편에서 연유한 말이다. 남해는 편명만 있고 사(詞)는 없는 악곡인데, 그 악곡의 서문에 "〈남해〉는 효자가 서로 봉양의 일을 경계한다.(孝子相戒以養也)"라고 악곡을 설명한 데에서 편명 남해(南陔)에서 陔자, 서문 중의 효자(孝子)에서 孝자를 떼어내서 효자의 봉양을 이르는 말로 쓰였다.

6) 서조(犀照) : 서조(犀照)는 서조우저(犀照牛渚)의 준말로, 상대의 의중을 꿰뚫어 아는 것을 이른다. 진(晉)나라의 온교(溫嶠)가 우저기(牛渚磯)에 이르렀다가 물의 깊이를 알 수 없어, 무소의 뿔에 불을 붙여 자세히 비추어보고 건넜다는 고사에서 연유한 말이다. 《진서(晉書) 67, 온교전(溫嶠傳)》

1842년 3월 24일에 정학연(丁學淵)이 이재립(李在立)에게 보낸 편지《이중구가 5대 고문서, E190》이다. 정학연이 이재립에게 보낸 편지는 모두 3통이고 정학연의 아들 정대림(丁大林)이 광암에 보낸 편지가 한 통 더 있다. 정학연은 이재립보다 16년이 연상이다. 이 편지를 보냈을 때의 나이가 60살이다. 그리고 17년을 더 살다 죽었다. 그런데 이 편지에서 보듯이 약속한 날짜보다 앞서 죽을 것 같다고, 죽기 전 17년 전부터 엄살어린 말을 하고 있다. 예전 분들의 이 엄살은 누구에게나 있었던 하나의 풍조다. 서울에서 임금이 벼슬을 내려도 늘 사퇴하는 말은 이 늙음과 병이었다.

편지에서 관료의 녹봉이 박한 것을 탄식하고 있다. 관원의 녹봉을 정하고 있는《대전회통(大典會通), 호전(戶典), 녹과(祿科)》에서 살피면 매달 정1품에서 종9품까지 쌀과 황두(黃豆 누른 콩), 비단이나 무명 베 등을 지급하고 있다. 그 양이 매우 적어 지금 살피면 고향을 떠나 서울에서 이것을 먹고 어떻게 살았나 싶을 정도다. 종9품의 녹봉을 보면 쌀 10말[斗], 황두 5말을 매달 29일에 지급한다고 규정하고 있다.

편지의 마지막에 편지를 가져온 두 사람이 서서 재촉하는 바람에 할 말을 만에 하나도 못한다고 하였다. 당시 인편이 없어 편지를 전할 수 없었기에 편지를 가져온 사람이 떠나는 것에 맞춰 편지를 작성해 보내야 했으니 얼마나 바빴겠는가.

정학연은 정조 7년(1783년)에 여유당 정약용의 맏아들로 태어나 철종 10년(1859년)에 죽었다. 본관은 나주(羅州), 자는 치수(穉修), 호는 유산(酉山)이다. 철종 6년(1855년) 내섬시 봉사(內贍寺奉事)를 거쳐 1858년 사재감 직장(司宰監直長)을 역임하였다. 고종 23년(1886년)에 이조참판(吏曹參判)이 증직되었다. 저서로《삼창관집(三倉館集)》이 있다. 다산의 아들이자 남인계의 인물로 한양에 근접해 살며 노론계와도 폭넓은 교유를 가졌다. 다산 집안은 다산까지 10대 한림(翰林)이라는 명성을 유지한 근기(近畿)의 사환가(仕宦家)이다.

17 김진화(金鎭華, 1793~1850) 1842년 12월 24일
학문은 명철한 선생과 훌륭한 친구의 인도로 협소함을 벗어나야 한다

廣峀侍丌回呈.

前書未復, 而又得專人惠訊, 遠

認厚意勤摯, 令人感僕. 謹審

窮臘積雪,

定省餘學味連勝, 姪女于歸之後, 理

宜自此一伻探安否, 而澳汨度日, 銜

意未遂, 尋常茹恨. 貴伻先之,

不勝汗顔. 念渠入門之初, 不嫺於壼

儀, 難免貽憂於尊章, 而幸伏蒙

剪拂之澤, 得保眠食, 在渠豈非榮幸,

而爲其父母之列者, 尤不任誦祝. 姻叔

依舊是村措大, 思欲溫理舊業, 收得

桑榆晩功, 以贖十年浪走之罪, 而衰

相日甚, 隨得隨忘, 殆同漏器盛水. 若

是而安望其有得也哉. 兩度惠畢,

心畫森然, 辭意典雅, 比諸往時, 猶爲

刮目. 吾黨後陳, 如尊者有幾. 但恨居

在一隅, 無明師良友, 以先後之者, 則重

思問辨之際, 恐未免有獨學之陋. 幸於

開春後, 一番就質於坪上, 如何. 坪令

近得平安, 倩君得弄璋之喜. 令

公晩年滋況, 無踰於此, 甚可慰幸.

家弟姑無他, 而日前有事, 入府中, 尙

今不來. 貴价之迫歲淹留, 極爲悶
然耳. 前者大坪去書, 卽討便付送, 而
無偵便也, 故似無答耳. 餘歲華遒
/盡, 惟祝
/侍餘迓新增休. 不宣謝儀.
/壬臘念四, 婦叔鎭華頓.

부모님을 모시는 광암(廣嵒)의 조카사위 이능덕(李能德)에게 답장함.

이전의 편지에 답장하지 못했는데, 또 사람을 시켜 보내온 편지를 받고서 다정한 후의를 멀리서 느꼈으니, 매우 감동이 되네.

눈 쌓인 섣달에 부모님 모시면서 학문의 재미가 계속 낳아졌음을 알았네. 질녀(姪女, 수신자 이능덕(李能德)의 아내)가 우귀(于歸)[7]한 뒤 사람의 도리에 이곳에서 하인을 보내서 안부를 여쭈어야 할 것이지만 잡무에 골몰하며 날을 보내느라 마음뿐이고 수행하지 못해 늘 한스러워하고 있었네. 그런데 그쪽에서 하인을 먼저 보내서 부끄러움을 가누지 못하겠네.

생각해보면 질녀가 〈시댁〉 문에 들어간 처음에 부녀자의 규범에 익숙지 못해 존장(尊章, 시부모)에게 근심을 끼칠까 걱정하였네. 그러나 다행히도 사랑받는 은택[剪拂][8]을 입어서 잘 먹고 잘 자게 되니 질녀에게 어찌 영화로운 행운이 아니겠는가. 그 부모 대열의 입장에서 더욱 기리고 축하하는 마음을 가눌 수 없네.

인숙(姻叔, 처삼촌인 나)은 이전처럼 시골 선비로서 예전 공부를 다시 정리하여 늘그막의 늦은 공효를 거두어 십 년 허랑방탕한 죄를 속죄해보려 하지만 노쇠함이 날로 심해져서 얻는 대로 잊어버려 마치 새는 독에 물을 붓는

---

7) 우귀(于歸) : 신행(新行)함. 신부가 처음 시댁에 들어가는 일을 말한다.
8) 사랑받는 은택(剪拂) : 말의 털을 다듬고 먼지를 씻어 준다는 의미로, 칭찬하며 이끌어 줌을 뜻한다. 두보의 〈견민봉정엄공이십운(遣悶奉呈嚴公二十韻)〉에 "관용으로 나의 졸렬한 성품을 탓하지 않으셨고, 전불해 주시며 나의 곤궁함을 생각해 주셨지.(寬容存性拙, 剪拂念途窮.)"라고 하였다.

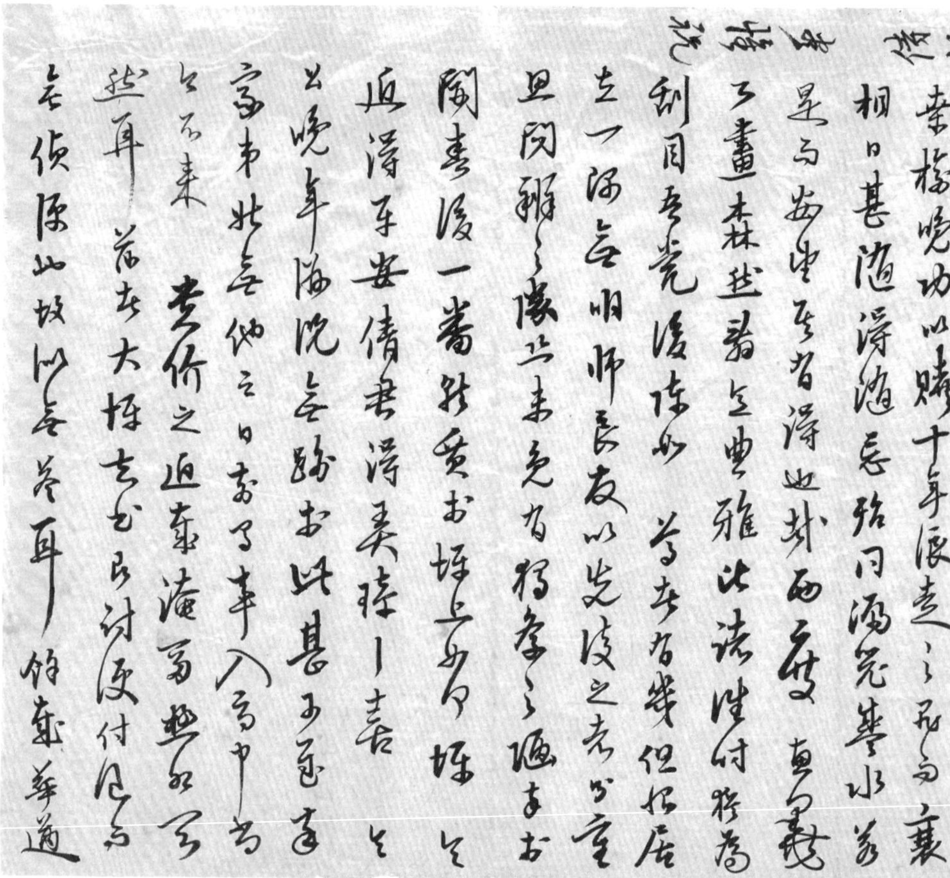

54.2×24.9

격이네. 이러고서 어찌 얻어짐이 있기를 바라겠나.

두 차례의 편지는 글씨가 훌륭하고 문장도 고상하여 지난번 편지에 비하면 괄목상대(刮目相對)라 말할 수 있겠네. 우리 선비들의 후배 중에 그대와 같은 이가 몇이나 있겠나. 다만 유감인 것은 사는 곳이 외져 명철한 선생과 훌륭한 친구가 앞에서 이끌고 뒤에서 밀어줌이 없어서 거듭 사색하며 묻고 논변할 때 독학(獨學)의 비루함이 있을까 걱정되네. 행여 새봄이 되거든 한번 평상(坪上, 대평(大坪))[9]에 나아가 질정(質正)하는 것이 어떻겠나.

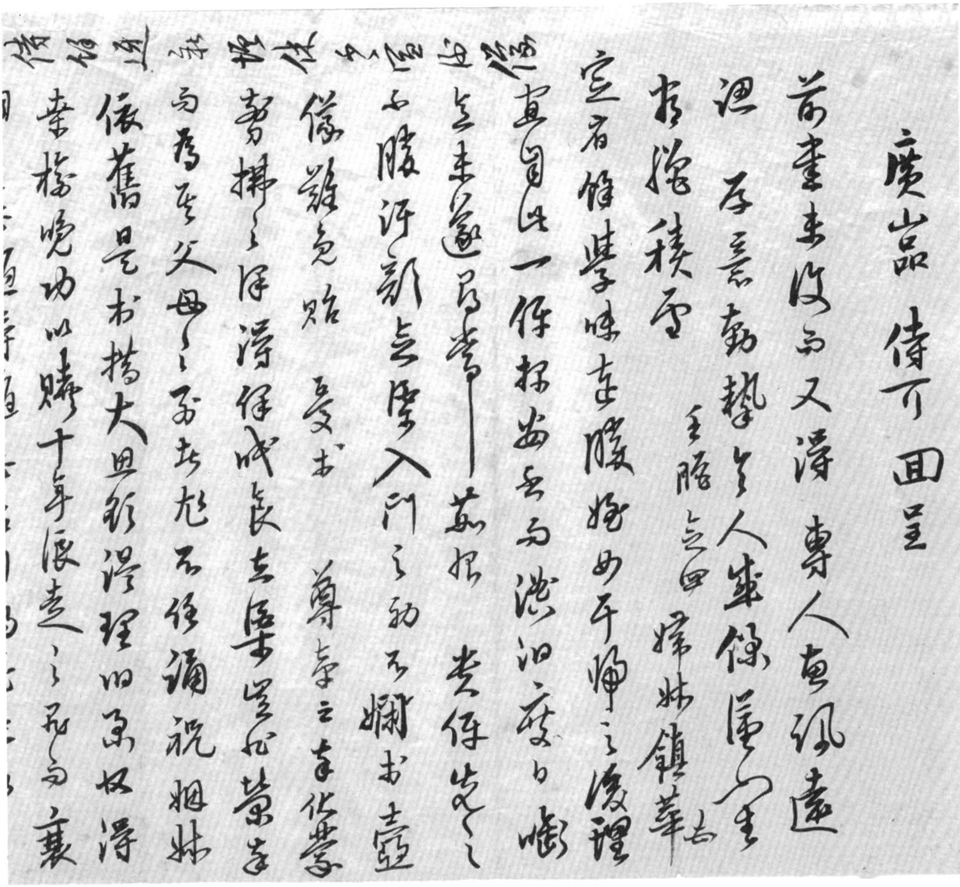

평상 영공(令公, 류치명(柳致明))은 근래 평안하고 그 사위가 아들을 낳은 [弄璋][10] 기쁨이 있네. 영공의 노년의 즐거운 재미는 이것보다 나을 것이 없으니, 매우 다행이네.

---

9) 평상(坪上), 대평(大坪) : 류치명(柳致明 1777~1861)이 살던 마을이다.

10) 아들을 낳은(弄璋) : 《시경(詩經)》 〈소아(小雅) 사간(斯干)〉에 "아들을 낳으면 구슬을 가지고 놀게 하고 …… 딸아이를 낳으면 실패를 가지고 놀게 한다.(乃生男子 載弄之璋 …… 乃生女子 載弄之瓦)"는 말에서 유래한 것이다.

내 아우는 별일이 없는데 일전에 볼일이 있어 경주부(慶州府)에 들어가서 아직 돌아오지 않고 있네. 그대가 보낸 심부름꾼이 연말에 머물러 있는 것이 매우 안쓰럽네. 이전에 대평으로 가는 편지는 즉시 인편을 찾아 부쳤는데 〈그쪽에서〉 인편을 구하지 못하므로 답장이 없는 듯하네.

나머지 말은 연말에 부모님 모시고 맞이할 새해에 복록이 더해지기를 바라네. 이만 답장을 줄이네.

임인년(壬寅年, 1842) 납월(臘月, 12월) 24일에 부숙(婦叔, 처숙부) 김진화(金鎭華)가 머리 숙여 마치네.

이 편지는 1842년 12월 24일에 처숙부 김진화가 조카사위 이능덕(李能德, 1826~1861)에게 보낸 《이중구가 5대 고문서, G292》이다.

이능덕의 글씨가 뛰어나고 문장도 전아(典雅)하지만 독학한 고루한 폐단을 벗어나기 어려우니, 대평(大坪)으로 가서 류치명(柳致明) 선생에게 가르침을 받았으면 좋겠다고 권고하였다. 독학(獨學)의 협소함을 벗어날 방법으로 고급 사우(師友)의 질정을 받아야 한다는 것이다. 그리하여 당시 유학(儒學)의 대가(大家)인 류치명 선생을 찾아뵙고 배우라는 것이다. 이능덕은 결국 류치명을 선생으로 모셔 가르침을 받아 제자가 되었다. 《광암세고(匡巖世稿)》의 《치재문집(恥齋文集)》[11]에는 〈상정재선생(上定齋先生)〉(정재 류치명 선생께 올림) 편지가 14편(篇) 수록되어 있다.

류치명은 본관이 전주(全州), 자가 성백(誠伯), 호가 정재(定齋)이다. 대산(大山) 이상정(李象靖)의 외증손이다. 안동시 일직면(一直面) 소호리(蘇湖里) 외가에서 태어났다. 1805년(순조 5) 별시문과에 병과로 급제하고, 관직이 대사간, 한성좌윤, 병조참판 등을 역임하였다. 1855년 장헌세자(莊獻世子)의 추존을 청하는 상소를 올렸다가 대사간 박내만(朴來萬)의 탄핵을 받고 상원에 유배되었다. 이어서 지도(智島)에 안치되었다가 그해에 석방되었다. 1856

11)《광암세고(匡巖世稿)》의 《치재문집(恥齋文集)》 : 이인원(李寅源) 發行(榮進印刷所 印刷, 1983.)의 《광암세고(匡巖世稿)》 안에 이능덕의 문집인 《치재문집(恥齋文集)》이 포함되어 있다.

년 가의대부(嘉義大夫)의 품계에 올랐으나 나가지 않았다. 1857년 제자들이 지어준 뇌암(雷巖)의 만우재(晩愚齋)에서 후진 양성에 전념하였다. 1860년 동지춘추관사가 되고, 이듬해 별세하였다. 위로는 이황(李滉)·김성일(金誠一)·장흥효(張興孝)·이현일(李玄逸)·이재(李栽)·이상정으로 이어지는 학통을 계승하였으며, 아래로는 이진상(李震相)·류종교(柳宗喬)·이돈우(李敦禹)·권영하(權泳夏)·이석영(李錫永)·김흥락(金興洛) 등 많은 학자를 배출하였다.

김진화는 정조 17년(1793)에 태어나 철종 1년(1850)에 58세로 서거한 문신이다. 본관은 의성(義城). 자는 성관(聖觀), 호는 탄와(坦窩)이다. 1828년(순조 28)에 창릉참봉(昌陵參奉)이 되고, 자문감봉사(紫門監奉事)를 거쳐 한성부판관(漢城府判官)을 지냈으며, 외직으로 나가 아산 현령(牙山縣令)·진산 현령(珍山·무장 현령(茂長縣令)을 거쳐 능주 목사(綾州牧使)에 이르렀는데, 선정을 베풀었다는 평가를 들었다. 1834년 아산현령으로 있을 때는 진휼(賑恤, 재해를 입은 백성들을 구제함)을 잘한 공으로 상을 받았다. 아들이 서산(西山) 김흥락(金興洛, 1827~1899)이다.

18 이재한(李在瀚, 1807~ ?) 1843년 1월 30일
벼슬이 낮아도 사양하지 말고 근무해야 한다

廣嵓侍棣座入納.
千里無偵便, 惠書不敢望,
而經歲旅懷, 第多瞻悵. 伏
惟新春,
堂闈寢膳益膺康旺,
棣候起居衛重, 令胤侍
學穩勝, 仰慰且溸不任區區. 族
弟謂外拜
昭寧園祠官, 卽正朝前數日,
不謀於衆, 仍爲入直, 而望間始
入泮. 自有爲我謀者, 而京鄕
知舊, 無論緊歇, 擧皆憤菀, 或
有勸其遞歸. 而自量才性, 不合
時樣, 已知甚明. 而雖本院猶懼不
稱, 況此不求而自來, 又非不仕者也. 古
人有以職卑而辭之者乎. 拙見如
是, 故不爲出入, 思欲稱其職, 而亦
難如意. 第竢見頃之日, 卽計浩然,
未知如何. 盛筭周詳, 有必以
敎之者矣, 是企是企. 公懋去後, 或時
相見否. 其才器極合時需, 知舊
間多賀高明之鑑耳. 會儒
匪久當來團會可幸, 而如意不

可必，秪切擾悶．三銓三昨，以左承旨
蒙点[點]，試官求之者多，姑未知誰某
耳．弟家等待之憂，亦不副望，何
事可意也．貴婢如可更借，未知
復施之耶．其間服勞，若不見而送之，
則實有難忘者故耳．內司及外任，或似
自爲，而兩洞之專力，疎外者自不知
耳．餘適因遞便略候，不備狀禮．
癸卯元月三十日，族弟在瀚拜手．
吏判金台道喜□□□
揆，近上辭章云耳．餘
外別無可聞，明洞來初
入來云耳．周成以齋任，
得觀臘月日次，堯章十餘
次比較，畢竟見屈，可歎可歎．
芹洞李正言，大政爲騎郎，
朝于方入宮當直中耳．

광암(廣嵓)에서 부모를 모시는 형제께 드림.

천 리 길에 인편을 찾을 길이 없어 편지는 감히 바랄 수조차 없었는데, 연말을 보낸 객지 중의 회포가 다만 매우 그리울 뿐입니다. 삼가 새해 봄에 자당(慈堂)님께서 건강이 더욱 좋으시고 형제님들의 안부도 좋으시며 아드님도 학업이 성취가 있을 것이니, 위로되고 궁금한 심정을 가눌 수 없습니다.

족제(族弟)는 뜻밖에 소녕원(昭寧園, 영조의 생모 숙빈 최씨(淑嬪崔氏)의 묘)의 사관(祠官, 원묘를 관리하는 직책)이 되었는데, 바로 설날 수일 이전에 여러 사람들과 논의하지 않고 그대로 입직(入直)하고 보름 무렵에 비로소 반촌(泮村)에 들어왔습니다. 본래 나를 위해 계획해 추진하던 사람들이 있어 경

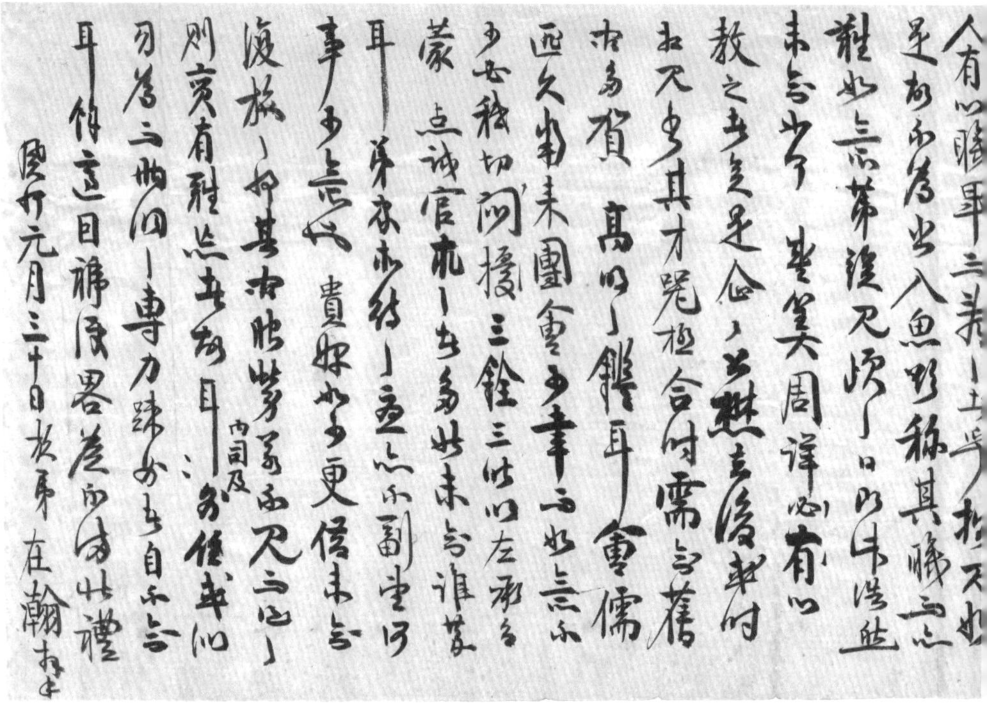

75.5×24.5

향의 친구들이 친부(親否)에 관계없이 〈저의 낮은 관직에 대해〉 모두 울분에 차서 혹은 체직(遞職)하여 낙향을 권하기도 하였습니다. 그러나 저 자신의 재주와 성격을 헤아려보면 시대와 맞지 않는 것을 너무도 명백히 알 수 있습니다. 비록 본원(本院)도 오히려 걸맞지 못할까 두려운데 하물며 이 벼슬은 구하지도 않았는데 저절로 내려졌고 또 벼슬하지 않을 사람도 아니잖습니까. 옛사람 중에 벼슬이 낮다고 해서 사양한 사람이 있었습니까. 제 의견이 이와 같으므로 흔들리지 않고 그 직책에 걸맞게 하려고 생각하지만 또한 뜻대로 하기가 어렵습니다. 다만 탈이 생기는 날을 기다려서 미련 없이 떠날 계획을 하는데 어떨지 모르겠습니다. 형님께서는 생각이 넓고도 세밀하여 반드시 가르쳐 줄 것이 있으리니 이를 바라고 바랍니다.

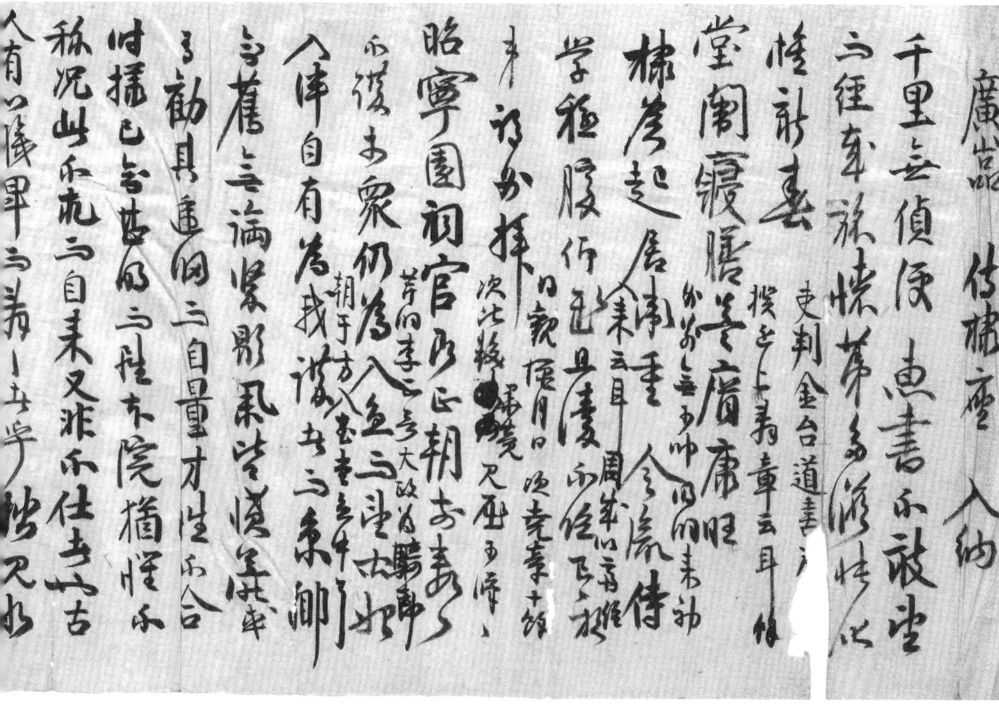

공무(公懋)가 떠나간 뒤에 간혹 수시로 만나시는지요. 그의 재주와 기량은 이 시대에 쓰임에 매우 적합하여 친구 사이에는 고명(高明)한 식견을 많이들 인정하고 있습니다. 회시(會試)에 합격한 유생(儒生)은 오래지 않아 당연히 와서 단란한 모임을 할 것이어서 다행스러운데 뜻대로 장담할 수는 없어서 다만 매우 고민입니다. 삼전(三銓, 이조참의)은 3일 전에 좌승지(左承旨)가 낙점되었고, 시관(試官)은 되려는 자가 많아 아직 누가 될지 모르겠습니다.

저의 집에서 기대하는 걱정을 또한 부응할 수 없으니 무슨 일을 뜻을 둘 수 있겠습니까. 귀하 쪽의 하녀를 다시 빌려줄 수 있다면 다시 은혜를 베풀어주실 수 있을지 모르겠습니다. 그동안 애썼는데 만일 만나보지 않고 보낸다면 실로 잊기 어렵기 때문입니다. 내사(內司)든지 외임(外任)이든지 혹여 스스로 선택할 수 있을 것 같은데 두 동네에 (줄을 대려) 온 힘을 쏟는 것을 방외자의 입장에서 스스로 알지 못하겠습니다.

나머지는 마침 우편이 있어 간략히 안부를 올리니 편지 격식을 갖추지 못하고 올립니다.

계묘년(癸卯年, 1843) 1월 30일에 족제(族弟) 이재한(李在瀚) 배수(拜手).

이조판서 김도희(金道喜) 대감이 ……근래 사직서를 올렸다고 합니다. 나머지는 별로 알려드릴 만한 것이 없고, 명동(明洞) 어른께서는 내월 초순에 들어오신다고 합니다. 주성(周成)은 재임(齋任)으로서 납월(臘月, 12월)의 일차 전강(日次殿講)에 응시하고, 요장(堯章, 권응기의 자)은 10여 차례를 겨루다 끝내 굴욕을 당했으니 매우 탄식스럽습니다. 근동(芹洞)의 이정언(李正言)은 대정(大政, 연말 인사행정)에서 기랑(騎郎, 병조 낭관)이 되어 조회를 드리고 궁중(宮中)에 들어가서 당직(當直)을 하는 중입니다.

이 편지는 1843년 1월 30일 이재한(李在瀚)이 이재립(李在立)에게 보낸 《이중구가 5대 고문서, I737》이다.

이재한이 소녕원(昭寧園, 영조의 생모 숙빈 최씨(淑嬪崔氏)의 묘소)의 사관(祠官, 원을 관리하는 직책)이 되었는데, 경향의 친구들은 모두 울분에 차서 낙향을 권하고 있으나 옛사람들은 벼슬이 낮다고 해서 사양한 적이 없다고 하면서 좋은 의견이 있으면 말해달라고 하였다.

이재한은 이재립과 족형제(族兄弟)에다 급제동기생으로 1840년 3월 25일에 함께 합격하였다. 합격한 지 3년이 되어오는데 묘소를 담당하는 한직(閑職)에 임명되었던 것이다. 이에 대한 태도는 그 직책에 물러날 뜻이 없이 오히려 적극적으로 수용하는 입장을 보인 것이다.

이러한 상황은 이재립도 마찬가지였다. 이재립은 장원급제하였는데, 곧이어 내자시(內資寺) 직장(直長, 종7품)에 임명되고, 1841년에 성균관 전적(典籍, 정6품)에서 사간원 정언(正言, 정6품)으로 전직되어 더 승진하지 못하고 10년간의 벼슬길을 마쳤던 것이다. 장원급제는 6품으로 발령나는 혜택도 못 누리고 평생 직책이 6품에 머물고 말았던 것이다. 이재한이 자신의 처지에 당한 이러한 말을 족형인 이재립에게 한 것은 족형 역시 낮은 벼슬을 사양할 것이 아니라고 권고한 것으로 보인다. 이를 통해 승진이 순탄하지 못한 관료의 태도와 그에 대한 애환을 살펴볼 수 있다.

이재한은 순조 7년(1807)에 태어난 몰년 미상의 문신 관료이다. 본관은 여주(驪州)이다. 1840년에 34세로 급제하였다. 사헌부 지평(司憲府持平)을 역임하였다. 《승정원일기》 고종 11년 갑술(1874) 3월 22일에는 지평(持平) 이재한(李在瀚)이 지방에 있다고 한 기사로 보아 낮은 관직에 있으면서 68세 이상 장수한 인물임을 알 수 있다. 이재립(李在立, 1798~1853)과는 회재(晦齋) 이언적(李彦迪)의 같은 후손으로서 급제동기생이다.

19 이종상(李種祥, 1799~1870) 1847년 6월 12일
서울과 지방 사이에 오간 편지에 담긴 궁금한 내용들

子華謝上.
春間上來時, 切欲一宵聯
枕, 略討心內事. 而程道
促矣, 竟失一面. 而來心常
懸念, 如魚呑鉤. 卽於伻來,
荷此情訊, 滿紙覶縷, 皆
出悃愊, 而言外之旨, 又有呑
吐不盡者, 認得至意, 令人
有多少之感. 但審潦暑
定餘棣履萬護, 令胤亦
無恙穩做. 實副勞祝,
何慰如之. 景潞氏, 已入厚
地, 係是門運, 而好言論, 好
氣像, 何處更得, 令人釀
涕涔涔. 族一脚旣誤, 萬
事皆低, 尙復何說. 但庭
信幸不至甚疎, 而今此奴
至, 又得安信, 是則稍爲遊子
之幸. 係在此司, 洽已四朔
而擾汨益甚, 去益難耐.
若辦得檀公第一策, 則
都無一事, 而吾家目下情
勢, 其又可得耶. 秪自悶憐.

彦君則相依度日, 而所爲
蹲蹲之事, 則尙無期限, 奈何. 心
內甕籌, 又坐此而尤難發
口. 想在揔知中矣. 周應
氏金山, 豈不甚壯耶. 公茂
則以本職未卸, 尙爾留泮,
而國令則蹲坐, 遠村丈上
來, 歷秩議承宣, 而今姑
無見職耳. 公愚令之邊
除卽卸, 想已聞知, 而亟銓
日前政, 爲同成均, 它之今日
頭勢, 固亦應爾. 而自吾黨
言之, 則海左以後, 所創有
者, 亦差强人意耳. 俯
惠二詩, 淸警中尙得無
限意思. 當攀和以呈, 而
今日卽諸司褒貶日也. 晨
起呼燈, 董占至此, 更無餘力及
此. 此事豈不可憐而可笑耶.
餘忙忙掛漏, 只此.
丁未六月十二. 族鍾祥謝上.
車台書收呈耳.

자화(子華)에게 답장합니다.

봄에 상경하였을 때 하룻밤 베개를 나란히 하여 마음속 일들을 대략이나마 털어놓고자 했었습니다. 그런데 갈 길이 촉박해 끝내 한 번 만날 기회를 잃어버렸습니다. 이후 마음에 늘 걸리는 것이 마치 고기가 낚시 바늘을 삼킨

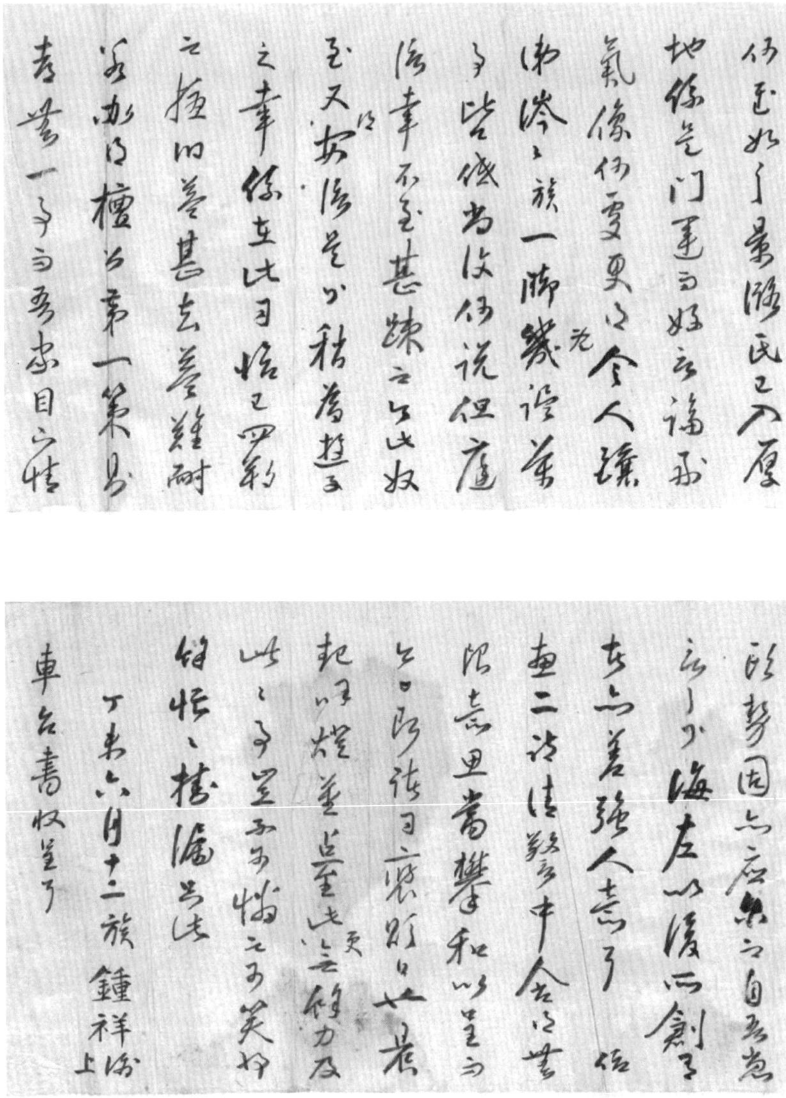

159.2×24.7

것 같았습니다. 방금 보낸 인편을 통해서 정겨운 편지를 받았는데, 편지지를 가득 채운 끝없는 말들 모두가 지극한 성심의 발로였습니다. 행간의 숨은 말

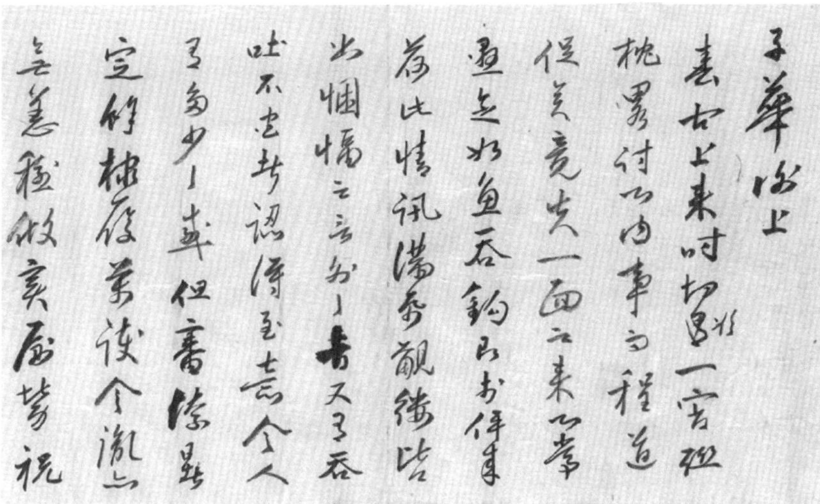

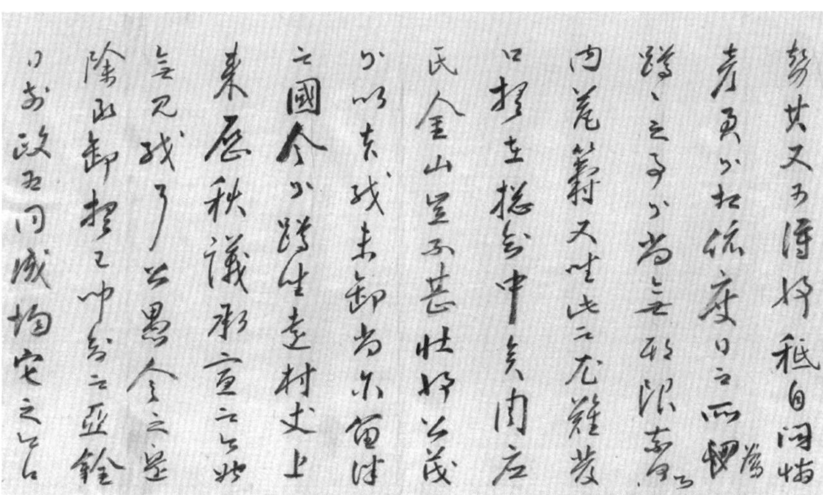

에 또 다 말하지 못한 말이 있어 지극한 뜻을 찾아 알면서 저에게 많은 생각을 하게 하였습니다.

장마와 함께한 더위와 혼정신성(昏定晨省)의 여가에 형제들 속에서 온갖 것이 안정되고 아드님 역시 병 없이 안온하게 공부함을 알았습니다. 참으로 걱정 어린 기원에 부합한 소식이니 어떤 것이 이만한 위로이겠습니까. 경로(景潞)씨가 이미 땅에 묻혔으니 우리 문중의 운명과 관계되지만 훌륭한 말씀과 훌륭한 기상을 어디에서 다시 만날 수 있겠습니까. 저의 눈물을 줄줄 흐르게 합니다.

친족인 이 사람[族]은 한 발 떼는 것이 처음에 틀어져 온갖 일이 모두 나쁘게만 흘러가니 거기에 다시 무슨 말을 하겠습니까. 다만 아버지 소식이 다행히도 드물지 않고 지금 이 종 녀석이 이르며 또 편안하시다는 소식을 듣게 되니, 조금은 객지에 떠도는 저에게는 다행입니다. 이곳 관서에 매인 것이 꼭 벌써 넉 달째입니다. 소란스러움이 더더욱 심해져 갈수록 견디기 어렵습니다. 만일 단공(檀公)의 제일책(第一策)12)을 구상해 낼 수 있다면 전연 아무런 일 될 것이 없는데 우리 집의 현재 형편으로 또 해낼 수 있겠습니까. 그저 혼자서 민망해 할 따름입니다.

언군(彦君)과는 서로 의지해 날을 보내고 있으나 경영하고 있는 주춤거리는 일은 아직 기한이 없으니 어찌하겠습니까. 마음속의 혼자 계획도 이로 인해서 더더욱 말하기가 어렵습니다. 생각건대 대개는 짐작 중일 것입니다. 주응(周應)씨의 금산(金山) 수령은 어찌 매우 장대한 일이 아니겠습니까. 공무(公茂)는 본래의 관직을 아직 벗지 못해 여전히 성균관에 머물고 있고 국령(國令)은 그대로 그 자리에 눌러 있으며, 원촌(遠村) 어른은 서울에 올라와 두루 승선(承宣) 자리를 논의했지만 지금까지 아직 관직이 없습니다. 공우(公愚) 영감은 변경 수령직에서 벗어났음은 아마 벌써 들어 아실 것이고, 아전(亞銓, 이조나 병조의 참판)이 실시한 전일 인사발령에서 동성균(同成均)이 되었습니다. 그의 지금 기세에 참으로 응당한 일입니다. 우리 쪽의 형편에서

---

12) 단공(檀公)의 제일책(第一策) : 단공은 남조제(南朝齊)의 장군 단도제(檀道濟)를 이른다. 삼십육계의 저자로 유명하다. 제일책은 《자치통감(資治通鑑), 141 제기(齊紀) 고종명황제 하(高宗明皇帝下)》에서 남제(南齊)의 왕경칙(王敬則)이 위급한 때를 만나 말하기를, '단공의 삼십육계(三十六計) 가운데 달아나는 것이 상책이다.(檀公三十六策, 走爲上策.)'라고 한 데서 연유한 말로, 위기를 모면하기 위해서는 달아나는 것이 상책이란 말이다. 여기서는 상책을 제 일책으로 바꾼 것이다. 곧 벼슬을 그만두고 떠남을 이른다.

말한다면 해좌(海左) 이후 처음 있는 일이기에 또한 저의 마음을 흡족하게 합니다.

내려주신 두 수의 시는 맑은 깨우침 속에 무한한 뜻이 담겨 있습니다. 당연히 화답시를 지어 올려야 하는데 오늘은 바로 여러 관서를 포폄(褒貶)하는 날입니다. 새벽같이 일어나 불을 밝히게 하고서 겨우 이 편지를 여기까지 쓰고 나니 다시 남은 힘이 시를 짓는 일까지는 미칠 수가 없습니다. 이런 일이 어찌 가련하고 가소로운 일이 아니겠습니까.

남은 말은 바빠서 빠뜨리고 여기서 그칩니다.

정미년(丁未年, 1847) 6월 12일 족인[族] 이종상(李鍾祥)은 답장을 올립니다.

차 대감[車台]의 편지도 받아다 올립니다.

1847년 6월 12일에 이종상(李鍾祥)이 한 집안 친족이자 한 고향 사람인 이재립(李在立)에게 보낸 편지《이중구가 5대 고문서, A547》이다. 앞머리의 자화(子華)는 이재립의 자(字)이다. 이종상이 이재립과 아들 이능덕에게 보낸 편지는 모두 6통이다. 이종상은 이재립보다 한 항렬이 높으나 나이는 한살이 적었다. 그래서 이종상은 이재립에게 올린 제문(祭文)에서 이재립을 군(君)으로 호칭하였다. 이 편지와 다른 편지에서 이종상은 자신을 종 종상(從鍾祥), 족종 종상(族從鍾祥)을 번갈아 쓰고 있다. 종(從), 족(族), 족종(族從)이 10촌이 넘어간 친족 사이에서 항렬 차이가 있을 때 자신을 지칭하는 말로 쓰였음을 알 수 있다. 또 1837년 1월 그믐에 김진형(金鎭衡)이 사돈 이재립(李在立)에게 보낸 편지《이중구가 5대 고문서, I729》에는 아들 이능덕을 이종상에게 보내 수학하도록 권유하기도 하였다.

이 편지를 선정한 이유는 편지에서 말하고 있는 수많은 사람이 왜 등장하는지를 알리려는 의도에서다. 서울에서 벼슬하고 있거나 벼슬하려는 사람이 이렇게나 많았다. 당시 사환가(仕宦家) 들의 공통된 경향인 것이다. 해좌(海左) 이후 처음 있는 일이라는 말에서 해좌가 여주이씨 조상 누구를 지칭하는지, 지명으로 경주 지역을 이르는 말인지는 분명하지 않다. 그러나 여주이씨가 가장 융성한 시기가 이 시대였음을 알 수 있다. 그런데도 하나같이 계속 과거를 주선하고 벼슬을 위해 뛰었다. 또 하나 이들을 모두 자(字)로 호칭하고 있다는 점이다. 19세기 조선 시대는 친구나 집안사람을 막론하고 상대를 지칭할 때 자를 사용하였음을 이 편지에서 볼 수 있다. 편지에서 여러 관서를 포폄(褒貶)하는 날이라고 하였는데 이때 이종상의 관직은 《승정원일기》 1847년 3월 20일자 발령에 의하면 이종상을 한성 주부(漢城主簿)로 임명하고 있다. 사실은 강원도사(江原都事) 시절이면 도사 직함이 전체 산하 수령을 포폄하는 자리라서 포폄이란 말과 부합한다. 한성 주부가 어떤 포폄을 하는 것인지 《승정원일기》만으로는 짐작하기 어렵다. 매년 음력 6월과 섣달은 관원의 근무 성적을 평가하는 달이어서 육랍도정(六臘都政)이라는 성어(成語)가 있다.

이종상은 정조 23년(1799년)에 경주에서 태어나 고종 7년(1870년)에 죽은 문신이다. 본관은 여주(驪州), 자는 숙여(淑汝), 호는 정헌(定軒), 입재(入齋) 정종로(鄭宗魯)의 문인이다. 순조 31년(1831년)에 진사시에 합격한 뒤 돈녕부 주부(敦寧府主簿), 한성부 판관(漢城府判官), 용궁 현감(龍宮縣監), 강원 도사(江原都事) 등을 역임하고, 죽은 뒤 사헌부대사헌 겸 성균관좨주(司憲府大司憲兼成均館祭酒)가 추증되었다. 고종 3년(1866년) 미국 배 셔먼호가 우리나라를 침범하자 경주진 소모장(慶州鎭召募將)이 되어 여러 고을에 격문을 돌려 수천 명에 이르는 호응자를 불러 모았으나, 국가의 명령에 의해 해산하였다. 저서로 《정헌문집(定軒文集)》 18권과 《역학여작(易學蠡酌)》 2권이 있다. 김매순(金邁淳)과 태극치성설(太極稺盛說), 한운성(韓運聖)과 심성설(心性說)을 논하였다.

20 서기순(徐箕淳, 1791~1854) 1850년 4월 26일 명문거족으로 대제학과 판서를 지낸 인물의 편지

卽惟肇熱,
仕候動止, 連衛萬重,
仰慰溸區區. 記下宿病頻
肆, 酕務多惱, 悶憐何喩.
餘不備書儀.
庚戌四月二十六日, 記下徐箕淳拜
/扇子捌柄, 簡紙肆拾幅.

여름 더위가 시작하는데 벼슬길의 생활은 연이어 건강하며 원기 왕성하시다니 우러러 위로되는 마음 적지 않습니다. 저는[記下][13]는 고질병이 자주 도지고 자잘한 일들이 신경 쓰게 하는 것이 많으니 민망한 마음을 어떻게 말씀드릴 수 있겠습니까.

나머지는 편지의 형식을 다 갖추지 못합니다.

경술년(庚戌年,1850) 4월 26일에 기하 서기순(徐箕淳)은 절합니다.

부채 여덟 자루와 간지 40폭을 보냅니다.

이 편지는 《이중구가 5대 고문서, C534》이다. 서기순은 이때 예조판서를 거쳐 대제학으로 재임 중이었다. 광암에서 이때 벼슬길에 있던 사람은 이재립(李在立)이다. 이재립은 정언(正言) 벼슬을 거친 이후 벼슬의 부침이 많았다. 이에 마음을 접고 귀향길을 택하였던 기간이다. 죽기 한 해 전 다시 정언

13) 저는(記下) : 기하는 자신을 겸손하게 지칭하는 말이다. 기존(記存)이란 말을 생각하면 이 뜻을 이해할 수 있다. 기존은 '마음에 두다.'란 뜻이니 기하는 상대가 마음을 둔 사람 중 가장 뒷자리에 해당하는 사람이란 말이다.

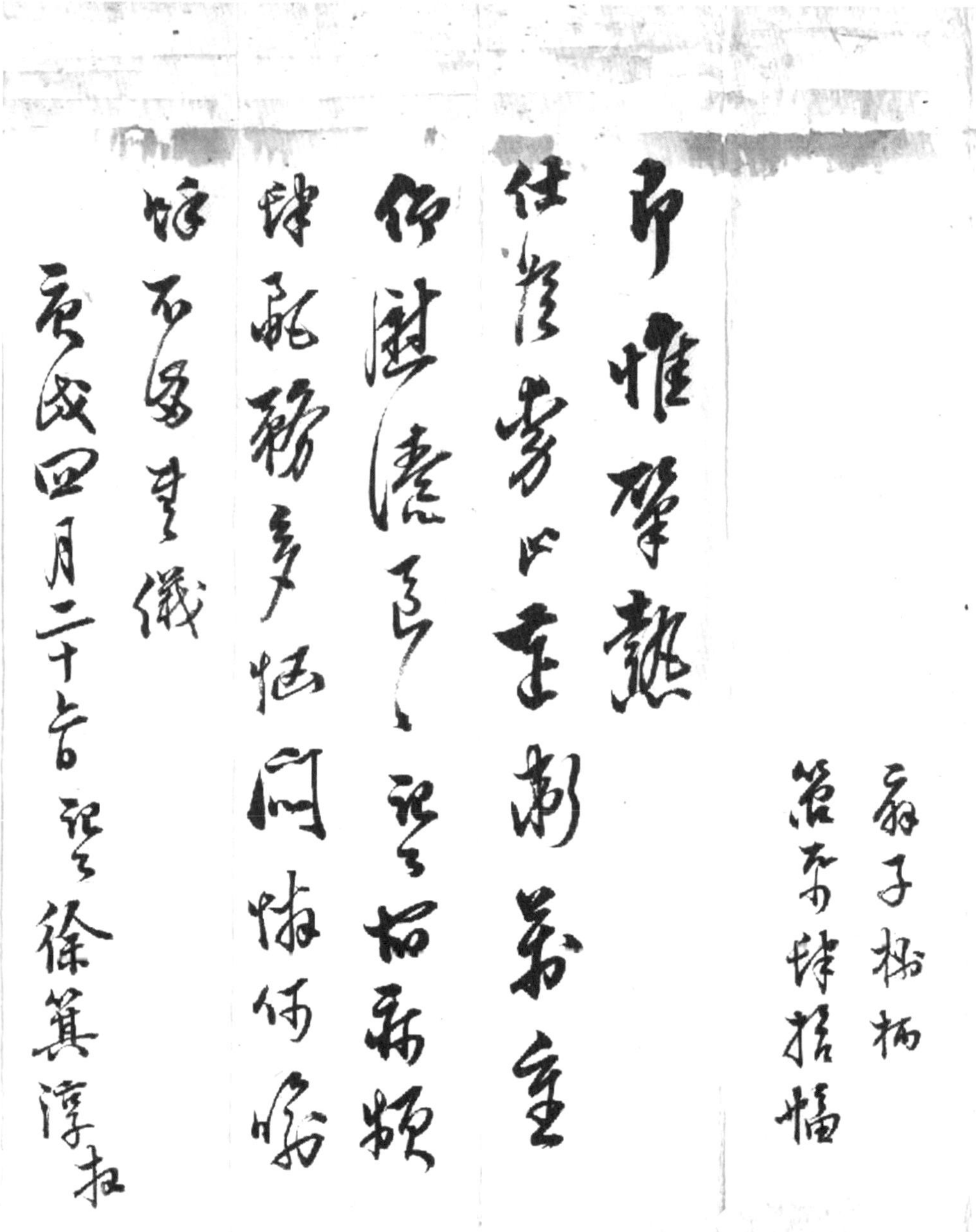

46.0×23.5

벼슬에 올랐으나 이내 체직되고 다음해 철종 4년(1853년)에 서거하였다. 이런 부침 속에 당시 명문가의 후손으로 재상 반열에 오른 서기순이 이재립에게 부채와 종이 40폭을 보냈다는 것은 무엇을 의미할까. 중앙의 고위 관직에 있던 사람들의 편지는 늘 간단하고 아무런 뜻이 담겨져 있지 않은 것이 특징이다. 이 편지도 그런 유형의 하나다.

서기순은 정조 15년(1791년)에 태어나 철종 5년(1854년)에 죽은 문신이자 청백리이다. 본관은 대구(大邱), 자는 중구(仲裘), 호는 매원(梅園), 시호는 청문(淸文), 대제학 서영보(徐榮輔)의 아들이다. 재상 세 사람과 대제학 네 사람을 배출한 조선 후기 명문거벌(名門巨閥)이다.

순조 27년(1827) 증광문과의 갑과(甲科)로 급제하여, 헌종 3년(1837년) 대사성, 8년(1842년) 전라도 관찰사, 이어 예조판서를 지내고 철종 즉위년(1849년)에 대제학, 이어 병조판서, 이조판서를 지냈다. 중앙과 지방의 여러 요직을 거쳤으면서도 집은 비바람에 시달릴 정도여서 청백리에 선정되었다. 저서로 《종사록(從仕錄)》 1권이 있다.

21 강난형(姜蘭馨, 1813~ ?) 1879년 5월 16일
수많은 사냥꾼이 사슴[벼슬자리] 한 마리를 노리다

聯便累牘, 室邇人邇. 梅霖纔
收, 榴熱轉劇. 伏拜審此時,
大庭氣力, 益享康旺,
省餘體事增衛珍嗇, 昂慰賀,
實愜拱祝. 弟年來, 暑節經過,
難於寒節堪耐. 尤覺其澌衰無
餘, 悶苦何喩. 另示謹悉, 而其
門地與情勢寃屈, 業已誦之於
一處. 但其以一鹿而逐者衆, 則
姑未知誰得誰失. 第於日間, 更
/圖一面, 申托爲計, 諒之如何.
餘留夾片, 不備謝上.
節箑二把汗呈耳.
己卯午月十六日, 弟姜蘭馨拜.

연이어지는 인편과 여러 편지는 집은 멀어도 사람은 가까운 듯합니다. 매실이 익어갈 무렵의 장마[梅霖]가 겨우 걷히자 석류꽃 필 무렵의 더위가 점차 극심합니다. 삼가 절하옵고 살피오니 이 시절 대정(大庭, 어버이)의 기력 더욱 편안히 왕성하시며, 혼정신성(昏定晨省)하시는 체력도 건강이 더해지며 보중하신다니, 우러러 위로되고 하례 드리면서 향하여 축원하던 생각과도 딱 맞습니다.

저는 올해 들어 더운 계절 지내기가 추운 계절을 견디기보다 어렵습니다.

시나브로 남김없이 쇠해진 것을 더욱 깨닫게 되니 민망한 고통을 무어라 말씀드리겠습니까.

말씀하신 일은 삼가 모두 알았습니다. 집안의 명망과 정세상의 억울한 점에 대해서는 이미 한 곳에 말씀해 두었습니다. 다만 사슴은 한 마리인데 좇는 사람은 많아 아직 누가 그것을 차지하고 누가 잃을지 알 수 없습니다. 다만 일간에 다시 한 차례 만날 기회를 잡아 거듭 부탁해볼 요량입니다. 그렇게 알고 계심이 어떻겠습니까. 나머지 말은 협지에 담았습니다. 다 말씀드리지 못하고 답장의 글을 올립니다.

여름 부채 두 자루를 부끄러워 땀을 흘리며 올립니다.

기묘년(己卯年, 1879) 5월 16일에 아우 강난형(姜蘭馨)은 절하옵니다.

1879년 5월 16일에 당시 사간원 대사간으로 도총관(都摠管 정2품)에 오른 강난형이 양동(良洞)에 보낸 편지《이중구가 5대 고문서, H310》이다. 피봉에 회우사장(會友謝狀)으로 자신의 주소를 밝히고 있다. 아마도 회현동(會賢洞)에서 보낸 답장인 듯하다.

강난형은 1865년에 보낸 편지를 시작으로 모두 7통의 편지가 소장되어 있다. 이 중 1879년에 보낸 3통 중의 한 장이다. 이 해 12월 15일에 보낸 편지(C733)는 황해도 관찰사 발령을 받고서 임지로 떠나기 전에 보낸 것이기도 하다. 이때 양동에서 이 편지를 받을 사람이 누구인지는 분명하지 않다. 아무래도 이중구(李中久)일 것 같은데 이중구는 1861년에 아버지 이능덕의 상을 당하였고, 1879년 3월 2일에 어머니 의성김씨(義城金氏)를 여의었다. 따라서 이 편지의 수신자를 추정할 수 없다.

다만 사슴은 한 마리인데 좇는 사람은 많다와 거듭 부탁해볼 요량이라는 말에서 확실한 결과를 말할 수 없는 처지를 짐작할 수 있다. 또 양동에서 내세운 벼슬을 얻어야 하는 당위성, 집안 명망과 형세상의 억울한 굴욕이란 말에서 당시 양동의 여주이씨가 회재선생의 후손이라는 집안의 처지를 내세워 자신들의 관로(官路) 진출은 당연하고, 진출하지 못하는 것을 억울한 굴욕이라 생각하고 있음도 살필 수 있다. 1866년 8월 22일 막곡(幕谷)에 보낸 편지《이중구가 5대 고문서, H312》는 '귀 문중의 과거 응시자를 어찌 소홀히 하

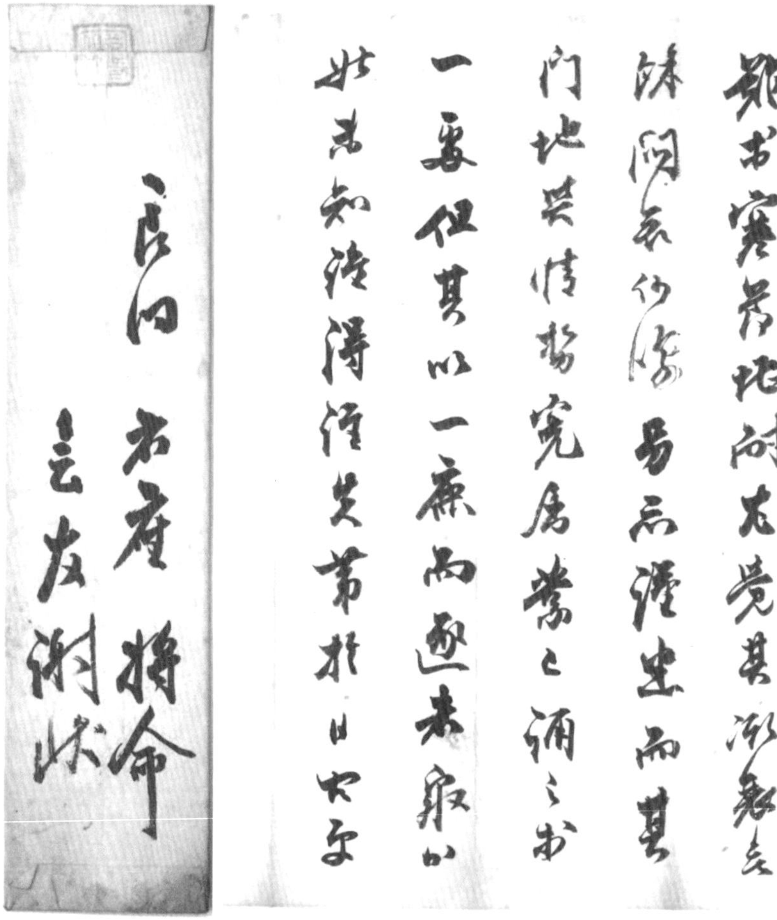

35.3×22.5

겠습니까. 이번 시험에서 시관 일은 다행스럽게 병으로 면제를 받았습니다. 한 마을의 조 대감[趙令]이 과장의 시관으로 참여했습니다. 몇 가지 말씀드릴 것에 깊은 이해를 얻었으나 끝에 어떻게 될 줄은 알지 못하겠습니다. [而於貴門擧子, 豈敢歇后, 今番試役, 則幸以病免矣. 同閈/趙令旣參試席, 甚蒙/有所如干紙所/誦, 倘未知終當如何耳.]'라고 하여 강난형과 여주이씨는 꽤 오랜 인연이 이어진 듯하다.

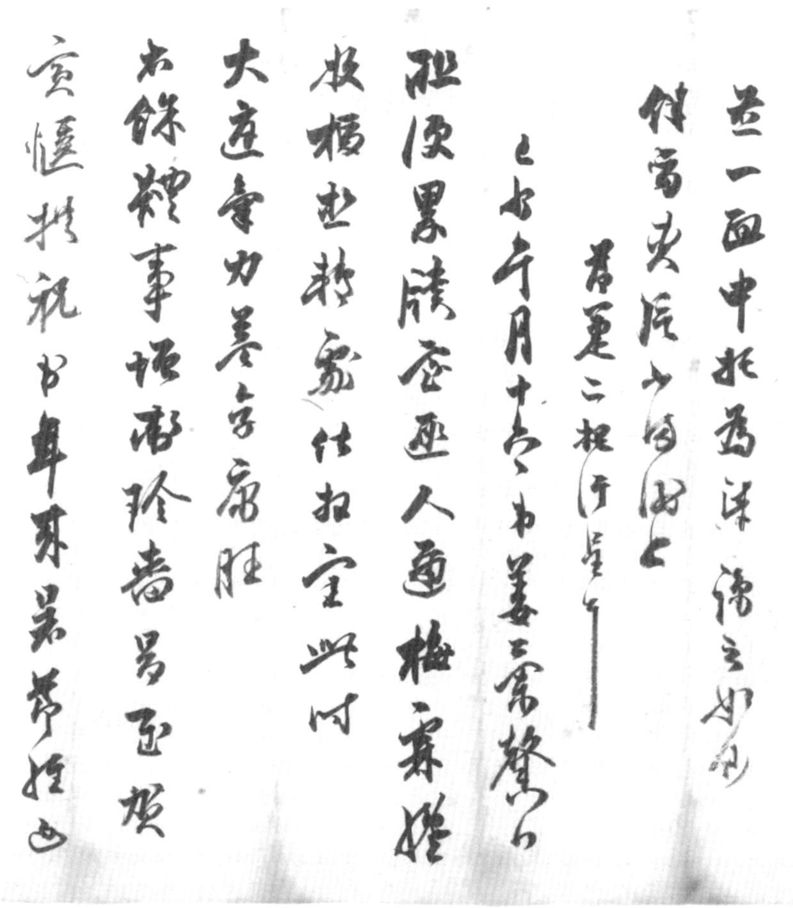

강난형은 순조 13년(1813년)에 태어나 죽은 해가 미상인 문신이다. 본관은 진주(晉州), 자는 방숙(芳叔). 헌종 14년(1848년) 증광문과에 급제한 뒤 철종 11년(1860년) 대사간, 고종 2년(1865년) 이조 참의(吏曹參議), 대사헌, 한성부 판윤, 황해감사 등을 역임하고 고종 10년(1873년) 형조판서를 지냈다. 중앙에서 활동하며 한성부 판윤 대사간 대사헌 등을 수시로 역임하였으며, 고종 9년(1872년) 상시관(上試官)으로 과장의 기강을 무너뜨렸다는 죄목으로 삭거사판(削去仕版)의 벌을 받았고, 고종 12년(1875) 청나라의 목종(穆宗)이 죽자 진위겸진향정사(陳慰兼進香正使)가 되어 청나라에 다녀왔다.

22 이돈행(李敦行, 1830~ ?) 1888년 미상
옥산(玉山)의 갑족문벌이자 명현(名賢)의 후손 이중구

賀
起居注李新恩, 因以贐之.
塵晴九陌雨梅
天, 恩動藍袍
桂籍仙. 黃帖丙
科新及第, 玉山
甲閥系先賢.
雲泥對隔渾千
里, 蛩駏相依已
六年. 衣錦還鄕
非不喜, 如君孤露感應纏.
友生眞安李敦行澗翠.

기거주(起居注) 이(李) 신은(新恩, 새로 급제한 인물)을 축하하고 이어서 전별한다.

塵晴九陌雨梅天　먼지 없는 도성 거리에 매화우(梅花雨) 내리는 날
恩動藍袍桂籍仙　남색 도포에 군주 은혜 서리고 급제자 명부에 올랐네.
黃帖丙科新及第　황첩에 병과(丙科)로 막 급제하니
玉山甲閥系先賢　옥산 갑족 문벌이자 선대 명현의 후손이로다.
雲泥對鬲(隔)渾千里　하늘의 구름과 지상의 진흙처럼 천 리나 차이 나건만
蛩駏相依已六年　공거(蛩駏)[14]처럼 의지한 지 6년이 되었네.

14) 공거(蛩駏) : 공공거허(蛩蛩駏驉)의 생략. 반드시 남의 도움에 의지해야 함을 비유한 말이

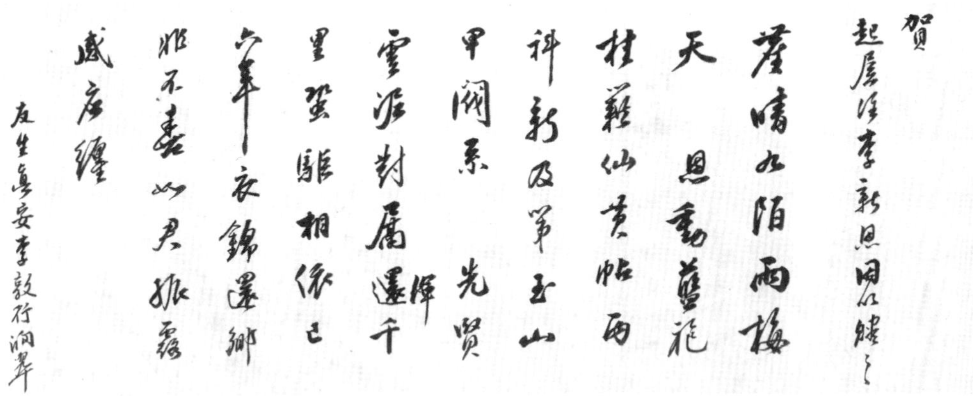

67.0×24.5

衣錦還鄕非不喜　금의환향하니 기쁘지 않으랴만
如君孤露感應纏　그대 부모 모두 여의였으니 감정이 얽히리라.
　우생(友生) 진안(眞安) 이돈행(李敦行) 간취(澗翠).

이 편지는 1888년에 이돈행(李敦行)이 과거에 급제하고 고향으로 돌아가는 이중구를 전별하며 지은 칠언율시《이중구가 5대 고문서, H058》이다.

이중구는 고종 무자년(1888년)에 급제하고 4월 29일에 가주서(假注書)에 임명되었으니, 이 전별시는 1888년에 지어졌을 것이다.

이돈행은 순조 30년(1830)에 태어나서 몰년 미상의 관료이다. 본관은 진성(眞城)이고, 자는 사희(士羲)이며, 호는 간취(澗翠)이다. 1882년 임오(壬午) 식년시(式年試) 진사(進士)에 53세로 늦게 합격하였다. 장기군수(長鬐郡守) 등을 역임하였다.

다. 북방에 궐(蹶)이라는 짐승이 있는데, 앞다리는 쥐처럼 짧고 뒷다리는 토끼처럼 길어서 앞으로 넘어지기 때문에 달아나지 못한다. 그래서 늘 공공거허에게 감초(甘草)를 먹여서 위험이 닥치면 공공거허가 그를 업고 달아난다고 하는 데서 나온 말이다.(《淮南子 道應訓》)

23 이남규(李南珪, 1855~1907) 1888년 4월 8일
과거 합격자는 임금의 은혜에 보답하고 조상의 공덕을 계승해야 한다

稽顙言. 自聞榜聲, 甚慰甚幸. 側聽
聖意隆盛, 自天有隕, 逈出尋常, 得君之始, 遇
知如此, 由此而得行所蘊不異矣. 欽想風采, 曷
任勤企. 況一門兩恩, 輝映今昔, 信乎
先先生遺光餘澤, 愈遠而愈徵於世. 我
聖上慕賢之誠, 於往牒罕覩也. 伏惟初夏,
榮體神相. 應榜固當視力, 而自此有從政之務, 僕
賃芻米之費, 安得無苟艱. 竊爲之仰念不置. 南陰
釁未已, 又於去冬季哭弟, 恫不可言. 親節由此益
損, 情理煼煎, 方且銜哀數愆, 恤恤靡底, 於人世
事, 益不欲與聞. 獨於仁兄大闈, 不得無言, 亦情
之欲已而不可已也. 何當拜慶計, 卽辭朝. 而向來
辱臨之盛意, 尙可克踐否. 抑有異於閒時行否. 竊
計兄惟踐言是圖, 而自視與閒時無異也. 乞望千
萬自愛, 益務宏大, 以答
君恩, 以紹先烈, 不次仰希照亮.
/戊子四月八日, 弟哀子李南珪拜疏.

머리를 조아려 상중(喪中) 인사를 올립니다. 〈귀하의〉 과거 합격 발표를 듣고는 매우 위로되고 매우 다행스러웠습니다. 군주 마음의 융성함이 하늘로부터 내려와 예사로움을 훨씬 벗어났다고 들었습니다. 임금님을 섬기기 시작한 초기에 이와 같은 지우를 만났으니 이로부터 가슴에 쌓아둔 경륜을 행해내는 것은 이상할 것이 없습니다. 공경히 당신의 훌륭한 풍채가 떠올라 어찌 우러러봄을 다 견디겠습니까! 하물며 한 집에서 두 분이 과거에 합격하여 고금에 빛나니, 진실로 선선생(先先生, 수신자의 아버지)께서 남기신 광택이 갈수록 세상에 더욱 증명이 되고 있고, 우리 임금께서 현인을 흠모하는 정성은 지난 역사에서 보기 어려운 일입니다.

삼가 생각건대 초여름에 영광스런 몸에 정신이 도울 것입니다. 과거에 합격하는 것은 당연히 눈대중할 수 있었으나 지금부터 정사에 종사하시는 일과 머슴을 고용하고 말먹이 꼴과 밥 지을 쌀의 비용에 있어 어찌 구차한 어려움이 없겠습니까. 저의 걱정이 그치지 않습니다.

저 남규는 재앙이 그치지 않아 또다시 지난 겨울에 막내동생이 세상을 떠나 애통함을 말할 수 없습니다. 아버님 건강이 이로부터 더욱 손상되어 마음이 타들어가 바야흐로 슬픔을 안고 허물을 따져보며 근심 걱정이 끝이 없으니, 인간 세상일을 더욱 듣고 싶지 않습니다. 유독 인형(仁兄)께서 과거 합격하신 것에는 말없이 있을 수가 없고 또한 정리에 그만두려고 해도 그만둘 수가 없습니다.

응당 배경(拜慶, 오래 나와 있다가 귀가하여 부모님을 뵘)할 계획을 세워, 곧 사은숙배(謝恩肅拜)하실 것인데 지난날 찾아주시겠다고 한 말씀을 실천하실 수 있겠습니까. 아니면 달리 한가할 때 걸음 하시렵니까. 아마도 형은 약속을 지키려 하실 것이나 저의 처지에는 한가할 때 걸음 하시더라도 다를 것은 없습니다.

바라오니 천만 몸을 아끼셔서 더욱 광대한 뜻을 힘써서 임금의 은혜에 보답하고 조상의 공덕을 계승하시기를 바라오며 두서없이 올리니 이해하여 주십시오.

무자년(戊子年, 1888) 4월 8일에 제(弟) 애자(哀子, 어머니 상중인 사람) 이남규(李南圭) 배소(拜疏).

이 편지는 1888년 4월 8일에 이남규(李南珪)가 과거에 급제한 사람에게 보낸 《이중구가 5대 고문서, A505》이다.

급제한 사람에게 축하 편지를 보내면서 한 문중에 두 사람이 차례로 급

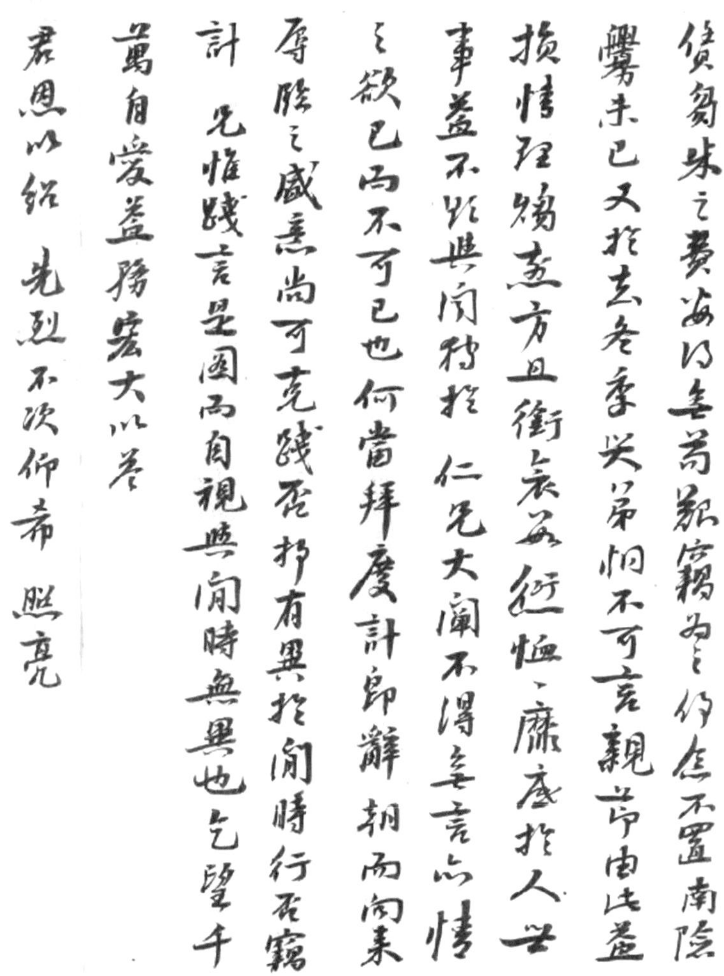

44.8×25.5

제를 한 일은 선대의 음덕이 남긴 결과라고 하였다. 그리고 더욱 광대한 뜻을 힘써서 임금의 은혜에 보답하고 조상의 공덕을 계승하시기를 바란다고 하였다.

이 편지의 중점은, 과거 합격자는 품은 뜻을 시행할 수 있어야 하고, 자신

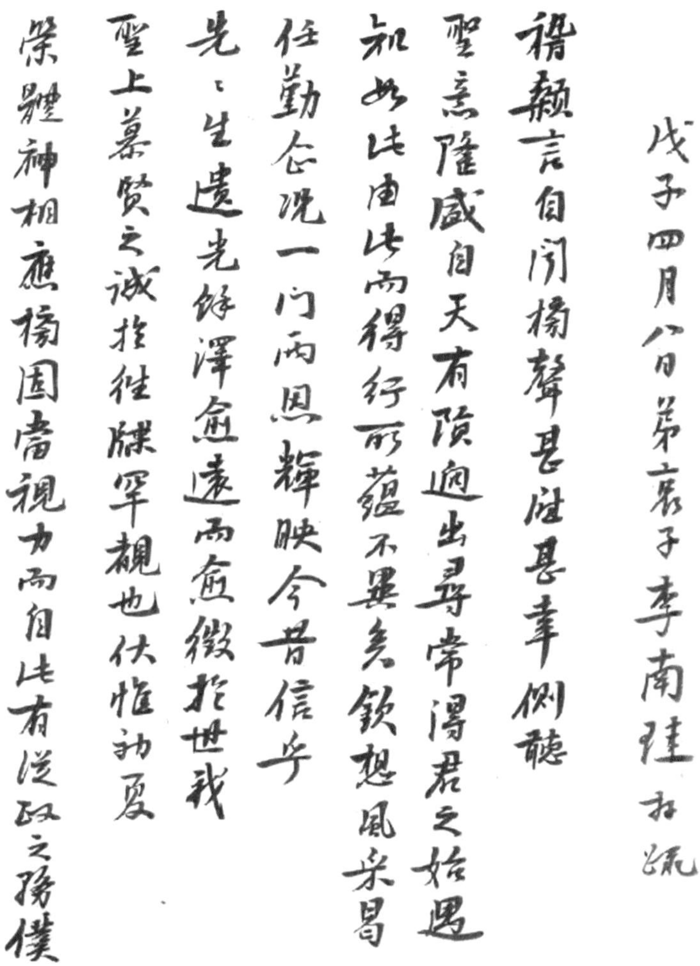

과 조상의 공덕을 계승해야 함을 강조한 것이다.

이남규는 철종6년(1855)에 태어나서 융희 원년(1907)에 서거한 문신 관료이자 독립운동가이다. 본관은 한산(韓山), 자는 원팔(元八), 호는 산좌(汕左)·수당(修堂)이다. 충청남도 예산 출신이다. 1861년 허전(許傳)의 문하에 들어가 일찍이 유학으로 이름을 떨쳤다. 1875년(고종12) 사마시(司馬試)에 합격하였고, 1883년 승문원권지부정자(承文院權知副正字)가 되고, 1885년 홍문관교리에 임명되고, 그 뒤 부수찬·수찬을 역임하였다. 1893년 부호군을 지낸 뒤 1896년 안동부관찰사를 역임하였다. 1898년 중추원의관(中樞院議官)을 지내고, 1902년 궁내부특진관이 되었다. 1906년 병오의병 당시 홍주(洪州)에서 거의(擧義)하였던 민종식(閔宗植)이 일본군에 패하여 은신을 요구하자 숨겨 주었으며, 이 일로 인하여 의병과 관련이 있다하여 1907년 공주옥에 투옥되었다가 며칠 뒤 온양 평촌 냇가에서 아들 이충구(李忠求)와 함께 피살되었다.

24 조강하(趙康夏, 1841~ ?) 1889년 3월 23일
조 대비(趙大妃) 친정세력의 희망적인 다짐

春已暮, 寒尙峭,
懷誦冞切, 卽承
惠函. 恪審花辰,
仕體連衛晏重, 慰
仰愜禱. 記下病情
恒苦, 公務頻仍, 實
難抵當, 悶人悶人.
夾示事恪悉, 而雖
/無此提, 如有可舒之
道, 豈庸歇后. 姑俟
其時如何.
惠送諸種, 荷此
勤注, 可感良謝.
餘姑不備謝禮.
己丑三月卄三日, 記下趙康夏拜.

봄은 이미 저물어 가는데 추위는 아직 매서워 그리움과 기림이 더욱 간절해지던 차에 은혜로운 편지를 방금 받았습니다. 요사이 사체(仕體) 계속 건강하고 편안하심을 공손히 알게 되니 위로됨이 깊고 축원하던 마음에 꼭 맞습니다.

기하(記下)는 병 증상이 늘 괴롭히는데 공무까지 번거로움이 겹쳐져 참으로 감당하기 힘들어 민망하고 민망합니다.

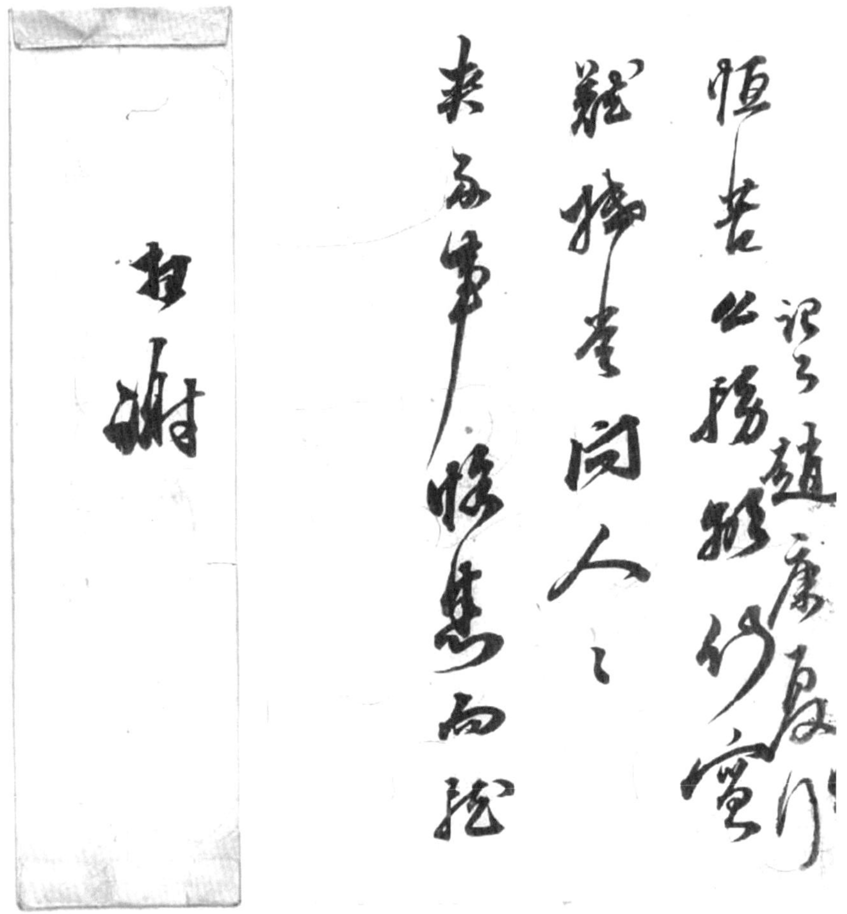

43,4×24

협지(夾紙)15)에서 말씀하신 일은 잘 파악하였습니다. 이렇게 말씀하지 않더라도 떨칠 수 있는 길이 생기면 어찌 허술히 하셨습니까. 우선 그 때를 기다림이 어떻겠습니까.

은혜로이 보내주신 여러 물건은 이다지 애써 마음 써 주시니 참으로 고마

15) 협지(夾紙) : 편지 속의 편지. 편지에 공적으로 언급하기 어려운 내용이거나, 별개의 사연을 적은 별도의 편지이다.

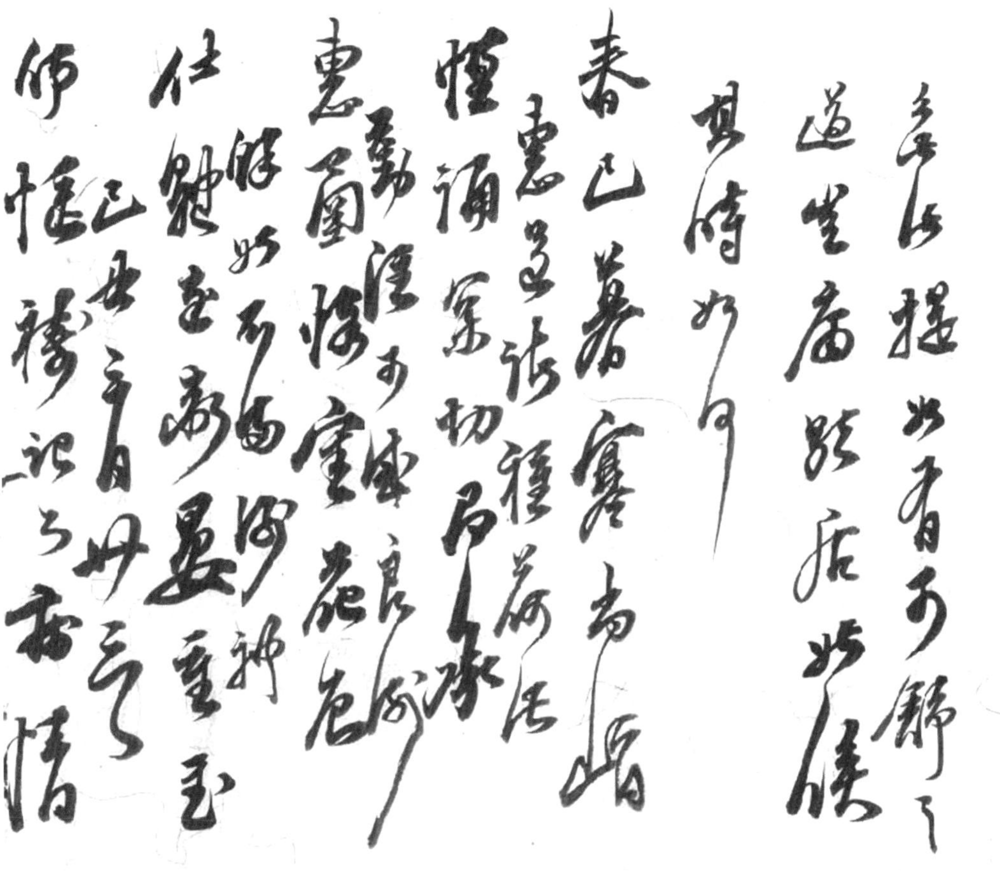

움을 느낍니다.

나머지는 여기서 멈추며 답장의 예를 갖추지 못합니다.

기축년(己丑年, 1889) 3월 23일에 조강하(趙康夏)는 절하고 올립니다.

1889년 3월 23일에 조강하(趙康夏)가 보낸 편지 《이중구가 5대 고문서, A487》이다. 조대비의 친정조카에다 형 조영하(趙寧夏)까지 권력의 정점에 있어 말년에 민씨의 척족 세력에 밀리면서도 여러 고위직을 두루 섭렵하듯이 거쳤다. 1889년은 조강하의 최전성기 시절이다. 얼마나 많은 청탁이 있었겠는가. 이 편지도 그런 협지(夾紙)에 대한 답장이다. 말씀하지 않더라도 기회만 되면 허술히 하지 않을 것이란 대답, 이 얼마나 희망적인 대답인가. 이 희망적인 대답을 받은 상대가 누구인지는 정확하지 않지만 선물까지 보냈으니 편지를 받은 이후 꿈이 부푼 나날이었을 것이다. 조선 말기만 이랬을까?

조강하는 헌종 4년(1841년)에 태어나 한성부 판윤(漢城府判尹)과 공조(工曹)·이조(吏曹)·예조(禮曹)·형조(刑曹)의 판서를 지낸 문신이다. 본관은 풍양(豊壤), 자는 경평(景平)이다. 현령 조병석(趙秉錫)의 아들이자, 조영하(趙寧夏)의 동생이며, 조대비(趙大妃)의 조카이다.

고종 원년(1864년) 증광시에 병과(丙科)로 급제하여 1873년 대사성, 이조참판을 거치고, 이어 경기도관찰사가 되었다. 1882년 임오군란이 일어나자 전라도관찰사, 1883년 경상도관찰사에 연이어 임명되었다. 진주(晉州)에 선정비가 있다. 고종 22년(1885년)에 좌우포도대장이 되어 갑신정변 일당을 추국하는 일을 맡기도 하였다. 1889년 독판내무부사(督辦內務府事)가 되었다.

25 노영경(盧泳敬, 1845~1929) 1890년 5월 그믐
모든 부탁을 부탁대로 처리하겠다는 약속

慈馭賓天, 中外普慟.
向拜惠函, 稽謝甚悚.
荐承審比熱,
仕體在旅萬旺, 成服
諸具, 間得準備, 客館
經過, 倘不太艱耶. 慰
溸且頌. 弟黹務一直擾
惱, 而省率依安是幸.
/龍店頫託事, 莅初
卽副矣, 倘無入聞
耶. 推隻事題以
呈營, 而預爲往復
矣, 尙此無聞云, 亦
未知何故耳. 動
西託, 隨便當依
戒矣. 諒之如何.
貴族僉兄事, 亦另
別計耳. 餘留, 不備謝上.
庚人(寅)五月晦日, 弟盧泳敬拜拜.

대왕대비(大王大妃) 조씨(趙氏)께서 승하하시어[16] 서울과 지방에서 모두

16) 대왕대비(大王大妃) 조씨(趙氏)께서 승하하시어 : 고종(高宗) 27년(1890) 4월 17일에 서거한 익종비(翼宗妃) 조씨(趙氏)의 국상을 말한다. 국상이 있는 경우에는 편지 처음 부분에

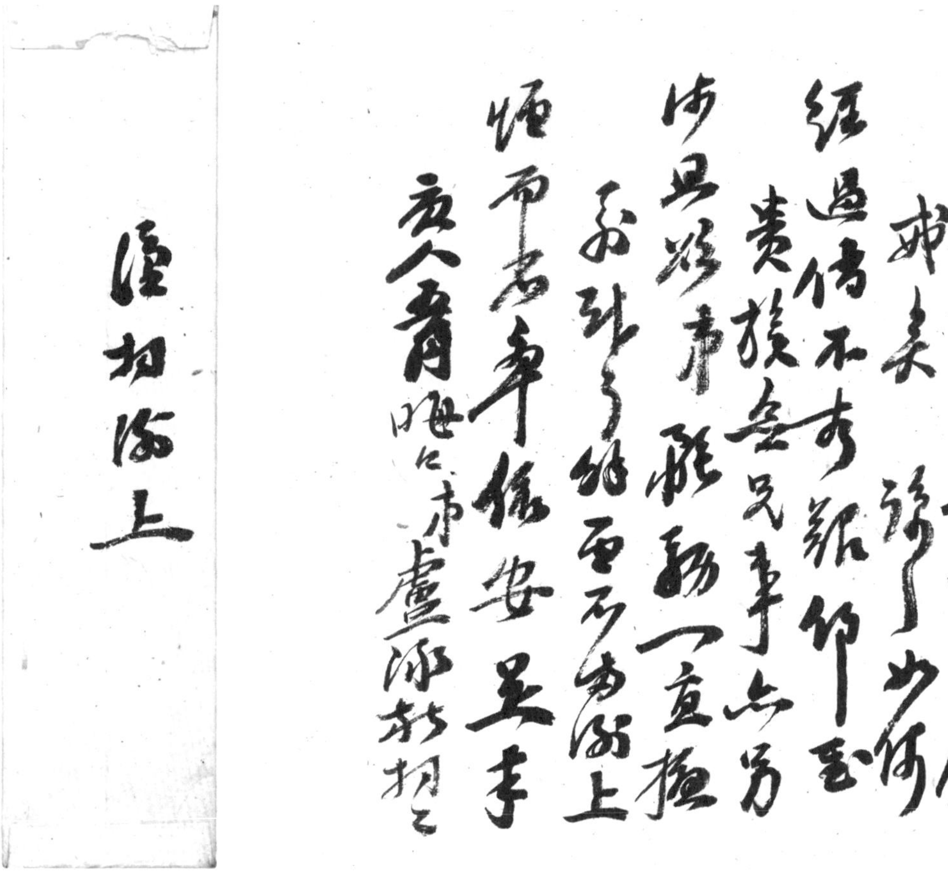

44.3×22.2

애통해하고 있습니다. 일전에 보내주신 편지를 받았는데 답장이 늦어 매우 죄송합니다.

거듭 편지를 받고 더위 속에 귀하의 객지 벼슬살이가 편안하시다는 것을 알았습니다. 국상(國喪)의 성복(成服) 등 여러 도구는 그동안에 준비되었으며 객관(客館)에서 지내시는 일은 매우 어렵지는 않습니까. 한편 위로되고, 한편 궁금하고 축원을 올립니다.

이를 언급하고 만민이 애통해 한다는 말을 상투적인 인사말로 사용하였다.

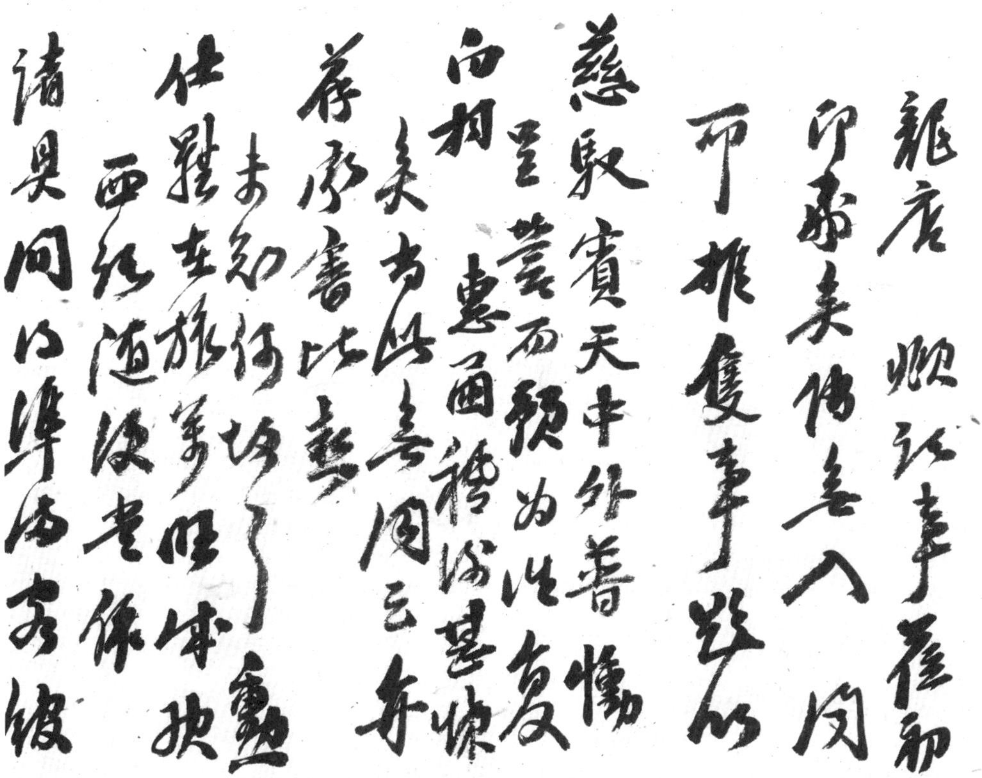

저는 잡무에 줄곧 시달리고 있지만 식구들은 예전처럼 편안하게 지내고 있으니 다행입니다.

용점(龍店)에서 부탁하신 일은 부임해온 초기에 바로 부응해 드렸는데 아직 듣지 못하셨습니까. 추척(推隻, 옥송(獄訟)에 걸린 자를 잡아옴)하는 일은 제목을 써서 감영(監營)에 올리고 미리 편지까지도 주고받았는데 아직도 듣지 못하셨다고 하니 또한 무슨 영문인지 모르겠습니다. 훈서(勳西)가 부탁한 것은 편리한 대로 말씀하신 것을 따라 처리하겠으니 그렇게 이해하여 주시는 것이 어떻겠습니까. 귀하 종족의 여러분에 대한 일은 역시 별도 계획을 하겠습니다.

나머지는 다음으로 미루고 격식을 갖추지 못한 채 답장을 올립니다.

경인년(庚寅年, 1890) 5월 그믐에 제(弟) 노영경(盧泳敬) 배배(拜拜).

이 편지는 1890년 5월 그믐에 노영경(盧泳敬)이 친지에게 보낸 《이중구가 5대 고문서, H543》이다.

용점(龍店)에서 부탁하신 일은 부임해온 초기에 바로 부응해 드렸는데 아직 듣지 못했느냐고 반문하고, 추척(推隻)하는 일은 제목을 써서 감영(監營)에 올리고 편지까지도 주고받았는데 아직도 듣지 못했다고 하니 무슨 까닭인지 모르겠다는 것이다. 통보를 했으나 전달이 안 된 것이다.

당시 편지는 대부분 인편으로 주고받았는데 편지를 전하는 전담 인원이 아니고 수신자 쪽으로 가는 인편에 딸려 보내는 경우에는 전달이 안 된 경우가 많았다. 이 편지에서는 이전의 편지가 두 차례나 전달이 안 된 것이 확인되고 있는 것이다. 이는 1890년경 편지 소통이 원활하지 못했던 실상을 보여주는 것이다.

노영경은 헌종 11년(1845)에 동래(東萊)에서 태어나 1929년에 서거한 관료이다. 본관은 광주(光州), 자는 경함(景咸), 호는 흠재(欽齋)이다. 승지(承旨), 경주부윤(慶州府尹) 등을 역임하였다. 경주부윤은 1890년 2월 16일에 부임하여 1893년 3월 7일까지 재직하였다. 부임하는 곳마다 선정을 베풀어 선정비(善政碑)가 곳곳에 전한다. 다만 고종이 청하는 일본담판사(日本談判使)를 거절한 일로, 고종이 김세동(金世東)에게 내린 선유문(宣諭文)에 '천벌을 받을 것이다.' '내가 속았다.'고 설파한 말들에서, 어떤 연유로 그렇게 신념이 돌변한 것인지를 확인할 수 없어 안타깝다. 이 편지는 경주부윤으로 있을 때 친지에게 보낸 것으로 추측된다.

26 안종덕(安鍾悳, ?) 1892년 10월 9일 선선생(先先生)의 묘사(墓祀)에 어포(魚脯)를 보내다

伏惟肇寒
僉體事萬旺. 仰溯且
祝. 世下病與務劇, 公私
耦悶.
先先生墓享隔晨, 伏想
益切履霜之感, 適守
是邦, 未能晉參於士林
之末, 愧悚愧悚. 玆將數脡脯
鱐, 仰助奠儀, 物菲誠
/殷. 伏惟
領存, 不備上候禮.
壬辰陽月初九日, 世下安鍾悳再拜.

초겨울에 여러 가족들의 일이 모두 잘 되는지요. 그리우며 축원을 드립니다. 세하(世下, 대물려 사이좋은 사이의 일인칭)는 병과 일이 극도에 이르러 공적으로나 사적으로나 둘 모두 고민스럽습니다.

선선생(先先生, 귀하의 조상이신 선생님)의 묘사(墓祀)가 하루 전이어서 생각건대 더욱 슬픔에 잠겨 계실 것입니다. 저는 마침 이 고을을 맡게 되어 사림(士林)들이 모인 곳에 참여하지 못하여 매우 죄송합니다. 이에 어포(魚脯) 몇 마리로 제물을 도우니 물건은 시원치 않아도 정성은 큽니다. 삼가 받아주십시오. 이만 줄이고 편지를 올립니다.

임진(1892) 양월(陽月, 10월) 초9일에 세하(世下)[17] 안종덕(安鍾悳) 재배(再拜).

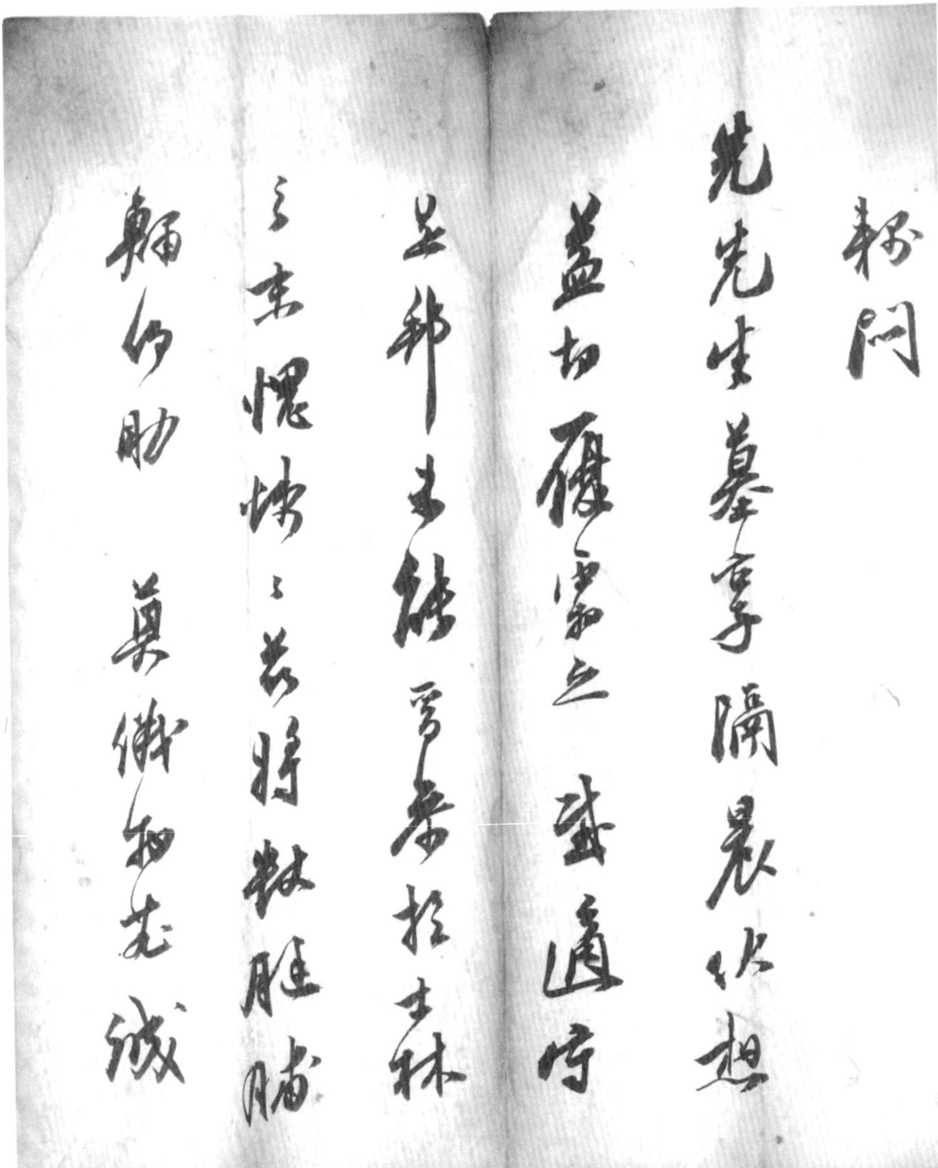

48.8×28.5

17) 세하(世下) : 집안끼리 대물려 교유하는 사람의 일인칭이다.

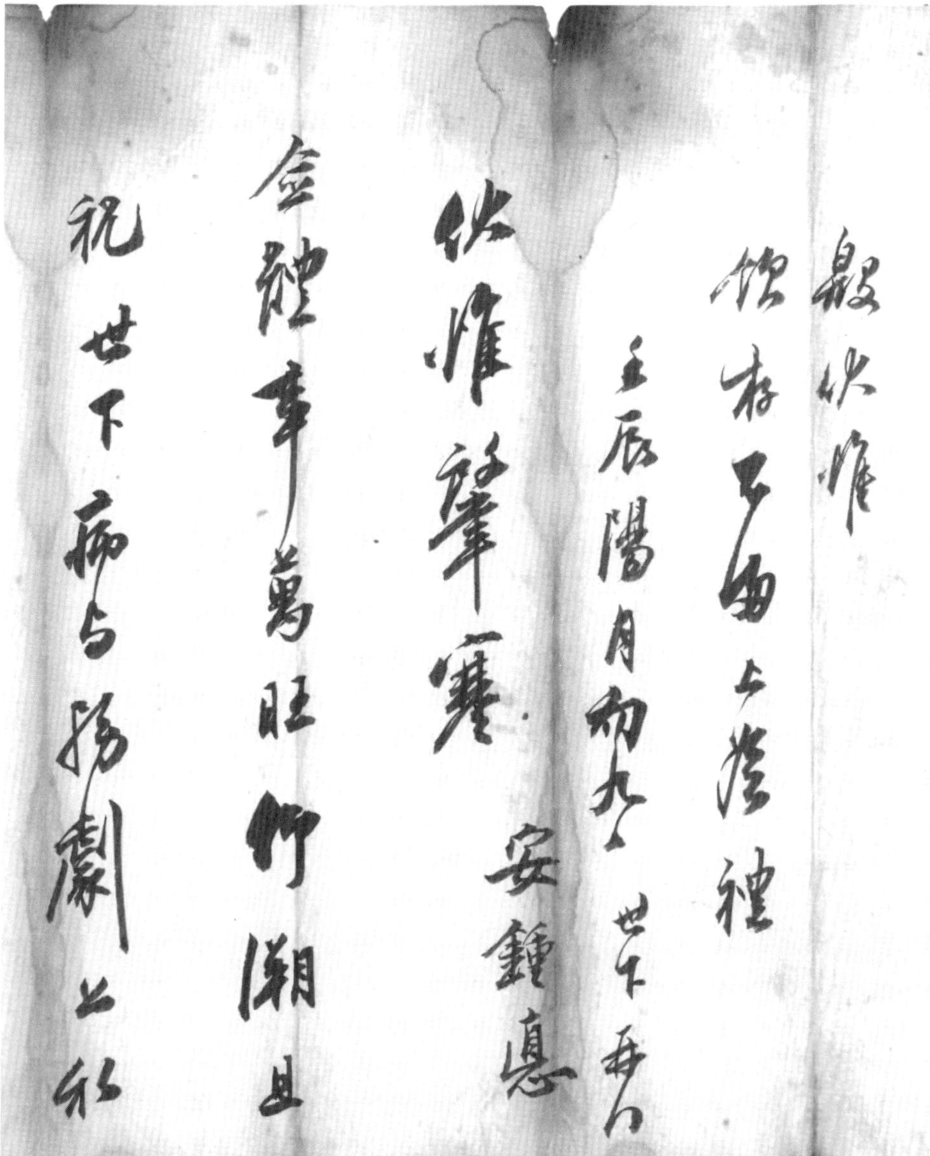
謹伏惟
體存万安伏禮
壬辰陽月初九 世下 再拜
伏惟 鑒察 安鍾惠
金體事 萬旺 竹湖 史
祝世下 耶与 揚劇 上私

이 편지는 1892년 10월 9일에 안종덕(安鍾悳)이 친지에게 보낸 《이중구가 5대 고문서, H337》이다.

선선생(先先生)은 '선조(先祖)로서 선생님이신 분'이라는 뜻으로, 여기서는 수신자의 조상 중의 학자를 가리킨다. 선선생의 묘사(墓祀)에 발신자 안종덕은 임지에 있어서 참여하지 못하여 죄송하다고 하고, 어포(魚脯) 몇 마리로 제물을 돕는다고 한 것이다.

묘사는 음력 10월에 산소에서 지내는데, 이 제사에 제물을 보낸 것은 특별한 관계임을 알 수 있다. 이는 발신자 자신이 '세하(世下)'라고 표현한 것에서 매우 친분이 두터운 관계임이 드러나고 있다. 백여 년 전에 이러한 전통이 있었는데 오늘날 이것이 이어지지 못하고 있는 것이다.

안종덕은 생몰년 미상의 조선 말기의 문신이다. 자는 태로(兌老), 호는 석하(石荷), 본관은 광주(廣州)이다. 1882년(고종 19)에 영의정 홍순목(洪淳穆)의 천거로 6품직에 나아가 평리원(平理院) 검사(檢事)가 되었다. 1904년에 시흥민란(始興民亂)과 직산광부란(稷山鑛夫亂)에 안핵사(按覈使)로 임명되어 사건 처리에 힘썼다. 그리고 종2품으로서 전라남도 순찰사로 파견되었으며, 당시대에 있어서 국사 전반에 대한 자신의 견해를 밝혔는데 특히 국가재정 사무를 탁지부에 통합하여 일원화할 것을 고종에게 상소했다. 저서로는 《석하집(石荷集)》이 있다.

27 민응식(閔應植, 1844~ ?) 1892년 10월 29일 명성황후 친정 집안 대신의 편지

奉別有日, 方此悵耿, 卽
承審寒沍,
旅候連護萬旺, 仰慰
滋萬. 記下觸寒驅馳, 餘
憊尙尒[爾]頹苶, 甯日無
幾, 悶人悶人. 還洛之期, 似
在來月念後, 而枉存之
示, 當此寒節, 不必費力
惱神, 諒之如何. 餘擾
/不備謝.
壬辰陽月念九日, 記下閔應植拜.

작별한 지 며칠이 지나 한창 그립던 차인데, 혹한에 객지에서 지내는 생활이 매우 평안하다고 하니, 우러러 위로되는 심정이 끝이 없습니다.

기하(記下)는 추위를 무릅쓰고 일을 진행하다 쌓인 피로로 아직 몸져누워 건강을 회복할 날을 기약할 수 없으니 민망하고 안타깝습니다.

한양으로 돌아갈 날은 내달 스무날 이후가 될 것 같습니다. 찾아주시겠다는 말씀은 이런 추운 시절에 힘을 허비하고 정신을 아프게 할 필요가 없을 것이니 양해해 주심이 어떻겠습니까. 남은 말은 여러 어수선할 일들로 답장의 예를 갖추지 못합니다.

임진년(壬辰年, 1892) 10월 29일에 기하 민응식(閔應植)은 절하옵니다.

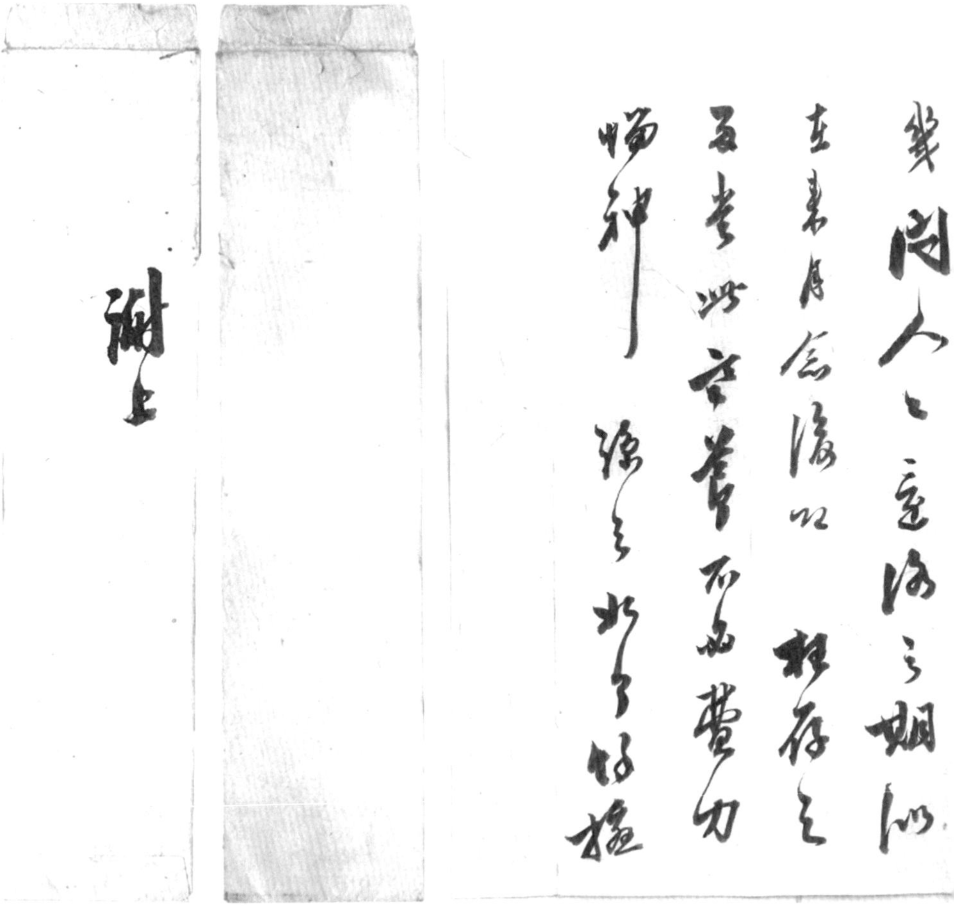

43.3×25.7

1892년 10월 29일에 민응식(閔應植)이 광암에 보낸 답장《이중구가 5대 고문서, L038》이다. 이때 광암에서 이 편지를 받을 사람은 이중구(李中久)이다. 민응식이 광암에 보낸 편지는 모두 14통이다. 그중 발신일이 써진 편지는 이 편지 한 장이고 내용도 14통 중 가장 길다. 그러나 아무런 내용이 없기는 서기순(徐箕淳)의 편지《이중구가 5대 고문서, C534》와 마찬가지다.

이 편지에서 살필 수 있는 내용은 만난 지 얼마 되지 않았는데 또 다시

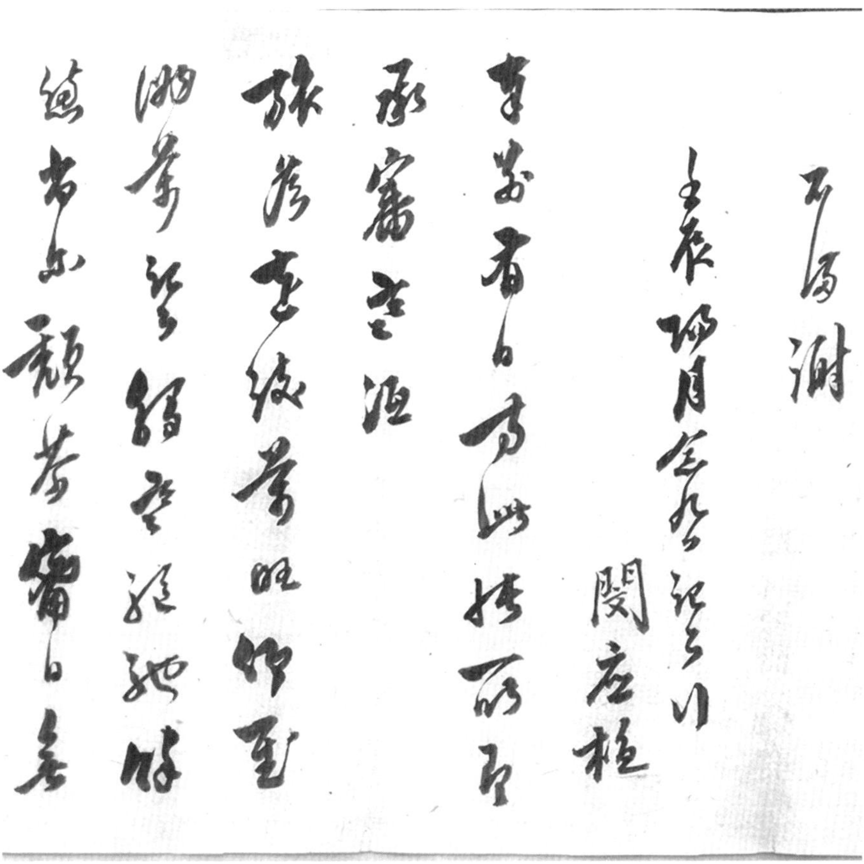

만나러 오겠다고 하자 이를 정중하게 거절하는 내용이 전부다. 1888년 10월 28일에 이용구(李容久)가 광암에 보낸 편지《이중구가 5대 고문서, A494》에는 '민응식이 통어사(統禦使)가 되어 지방으로 나갔다. 조정은 지난날 이 대감을 공론을 주장하는 사람으로 생각하였다. 지금 남은 사람들은 세상의 도리를 말한다고 말할 수 없어 다시는 공론을 주장할 사람이 없다. [而閔應植爲統禦使出去, 朝著之曾以此台爲公論, 而及今餘存, 可不謂之世道, 而更無公論之倡主者.]'라고 하여, 경주의 여주이씨들이 민응식을 후원하고 따르는 마음이 있음을 살필 수 있다.

《이중구가 5대 고문서, L082》에서 민응식은 '말씀하신 뜻은 잘 알았다. 중비(中批)[18]운운하시는 말씀은 오래전 일이다. 아직 윤허가 나지 않아 답답할 뿐이다. 진작에 이 사연을 기록하여 말씀드렸으니 우선 하회(下回)를 기다리는 것이 어떻겠습니까. [示意拜悉, 而中批云云, 厥惟久矣. 姑無成命可菀可菀. 曾已錄稟, 第竢下回如何.]'라는 내용을 담고 있어 민응식과의 교류는 이런 저간의 사정이 숨겨져 있음을 살필 수 있다.

민응식은 헌종(憲宗) 10년(1844년)에 태어나 고종 연간에 명성황후의 친정 세력으로 활약한 척신(戚臣)이다. 본관은 여흥(驪興), 자는 성문(性文), 호는 우당(藕堂), 시호는 충문(忠文)이다. 고종 19년(1882년) 증광문과 별시에 병과로 급제하였다. 이 해 임오군란(壬午軍亂)이 일어나 명성황후가 궁중에서 임시 종적을 숨겨야 할 때 충주(忠州) 장호원(長湖院)의 시골집을 제공한 일로 고종과 명성황후의 신임을 얻었다. 이후 여러 벼슬을 거쳐 고종 23년(1886년) 병조판서에 올랐다. 민태호(閔台鎬) 등 척신들과 수구파를 형성하여, 청나라의 위안스카이(袁世凱)와 결탁하여 개화파 타도에 앞장섰다. 다시 척족세력의 핵심인물 민영익(閔泳翊) 등과 위안 스카이의 세력을 제거하기 위하여 러시아 세력을 끌어들이려는 운동을 제창하기도 하였다. 1894년 갑오경장으로 김홍집내각(金弘集內閣)이 들어서며 1894년 6월 23일에 고종(高宗)의 전교에 의해 전라도 고금도(古今島)[19]로 유배되었다.

---

18) 중비(中批) : 이조와 병조의 심의를 거치지 않고 임금의 명령에 따라 관원을 임명하는 일을 이르는 말이다.

19) 고금도(古今島) : 오늘날 전라남도 완도군에서 두 번째로 큰 섬. 2007년 강진군과 고금도를 잇는 고금대교가 개통되었다.

28 안창렬(安昌烈, 1847~1925) 1893년 11월 27일 시종 변하지 않으면 절로 운이 통하는 시절이 있다

園洞台大小舍, 諸節一安, 往來亦如前日, 而時色無改, 兄所營專靠於其地耶, 別有稱冤處耶. 實心忠厚, 無過於此台, 始終不渝, 則自有運通時節, 兄豈不諒也. 嶺中知舊, 留連諸勝, 幷皆平安, 有從游之樂否. 景規兄已作故, 慟矣惜哉. 慈詳樂易, 豈弟端方, 如此友者, 豈多得哉. 斷絃之悲, 彼此一般也. 會洞趙台丁令, 源源相從, 如前日之爲, 而近節太平云耶. 丁令家付答狀, 隨便善傳跂跂. 主翁夫妻, 亦安過耶. 爲傳信息也. 此時何時也, 在在瞿塘, 千萬珍重, 自攝以圖遠業, 至望至望.

원동(園洞) 대감의 큰 사랑이나 작은 사랑 모두가 한결같이 편안하고 당신이 그 집을 왕래하는 것도 예전과 같으며 세상 돌아가는 것도 변함이 없어 형이 하고자 하는 일도 오로지 그곳만 의지하고 있습니까. 아니면 별도로 당신의 억울한 사정을 호소할 곳이 있습니까. 성실한 마음의 충후함은 원동 대감보다 나을 이가 없으니 시종 변하지 않으면 절로 운이 통하는 시절이 있을 것을 형께서 어찌 알지 못하시겠습니까. 영남(嶺南)의 친구들은 명승지에 노닐면서 모두 평안하고 종유(從遊)하는 즐거움이 있습니까. 경규(景規) 형의 죽음은 애통하고 애석합니다. 자상하며 평이하고 화열하며 단정하였는데 이

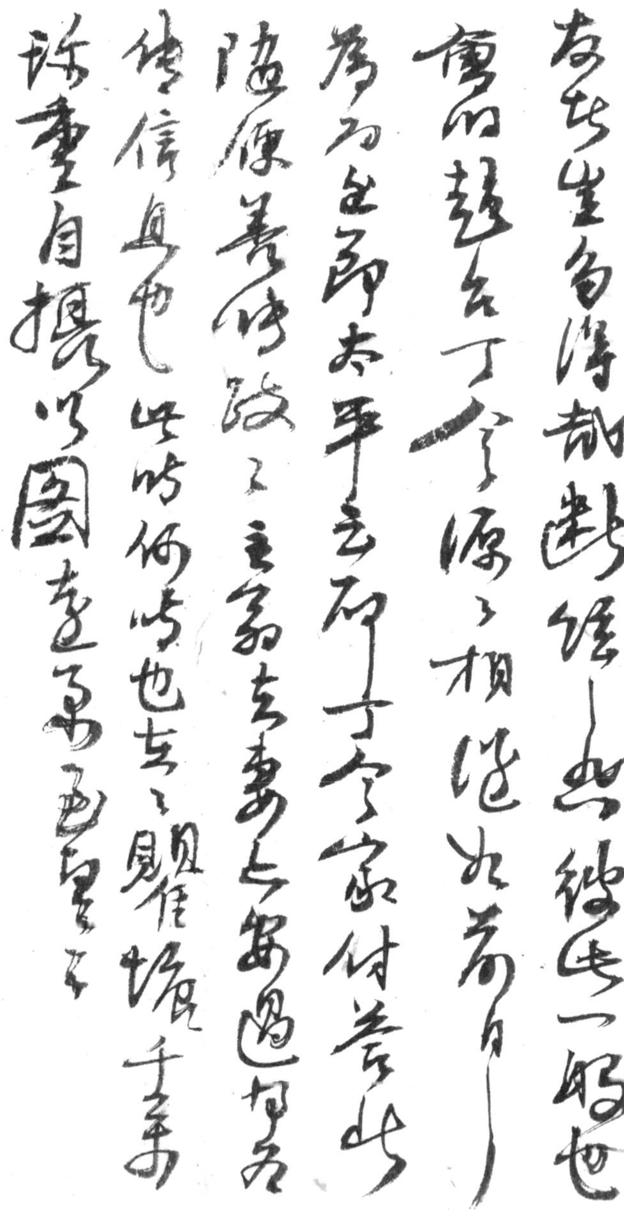

29.2×22.4

圜以合京小會議所一安准東亡如前月
而時色無改 兄所甚專精於其地
抑爲寫稱完敬拜實乃出學無過
於此合処緩不濟以自寫定過此事
兄生不緣也旅中知舊當去議勝外
若平安有游游了集畫 景規兄已作故
懶久得報益詳集易生弟錫方如此

회동(會洞)의 조대감[趙台]과 정영감[丁令]과는 끊임없이 상종하여 지난날과 같고 요즘도 태평하다고 합니까. 정영감 집에 부친 답장은 인편에 따라 잘 전해지기를 바라고 바랍니다. 주인 옹(翁) 부처(夫妻)에게도 제가 안부하더란 말씀을 전해주십시오. 전하는 것은 진실한 소식인데 이때가 어느 때입니까. 있는 곳마다 구당(瞿塘, 난관)[20]이니 천만 진중하시고 스스로 조섭하여 원대한 사업을 도모하시기를 매우 바라고 바랍니다.

이 편지는 1893년 11월 27일에 안창렬(安昌烈)이 친지 이중구(李中久, 1851~1925)에게 보낸 쪽지《이중구가 5대 고문서, F087》이다. 이 글은 'F086'의 협지이므로, 두 편지의 발신자와 수신자가 동일하다.

이중구는 1888에 문과에 합격하고 그 해 4월 29일에 정7품의 가주서(假注書)가 되어 1891년 2월 6일에 가주서에서 개차되었다. 그 뒤 1894년 7월 9일에 부사과(副司果)였던 이중구가 종5품인 부교리(副校理)에 제수되었으나, 곧이어 5일 이후인 7월 14일에 종6품인 서학교수(西學教授)로 제수되고, 2일 이후인 7월 16일에 이중구가 신병을 이유로 체직을 청하자 임금이 윤허하였다.(이상《승정원일기》에 의함) 이렇게 하여 약 6년에 걸친 이중구의 벼슬길이 마감되었는데 44살이 되도록 종5품 직책에 머물고 말았던 것이다. 이 편지가 쓰인 1893년 11월은 이중구가 부사과로 있을 시기로 보인다. 부사과는 오위(五衛)에 속한 종6품 무관 벼슬로, 현직에 있지 않은 문관·무관, 그리고 기타 잡직에 있는 사람 가운데서 임용하였는데, 녹봉을 주기 위한 직책이었다.

위의 편지에 의하면 이중구는 원동(園洞) 대감을 따랐던 것으로 보이는데, 안창렬은 이중구의 억울한 사정을 호소할 곳이 원동 대감이라고 하고, 그 이유는 성실한 마음의 충후함이 원동 대감보다 나을 이가 없기 때문이라고 하였다. 그리고 보편적으로 적용되는 도리인 '시종 변하지 않으면 절로 운이

20) 구당(瞿塘, 난관) : 구당협(瞿塘峽)의 준말로, 협구(峽口)의 강물 한복판에 염예퇴(灩澦堆)가 우뚝 솟아 있어서 물살이 급하기 때문에 무사히 건너가기가 거의 불가능할 정도로 험악하다는 장강(長江)의 여울물 이름이다. 난관에 봉착할 때 이 지명을 흔히 인용하여 비유하곤 한다. 구당(瞿唐)이라고도 한다.

통하는 시절이 있을 것'이라고 변치 말고 원동 대감에게 의지하라고 권하였다. 그러나 이 편지는 격려와 위로의 역할에 불과하였고 그로부터 약 8개월 만에 벼슬길에서 떠났던 것이다. 여기에서 정부 요로(要路)에 연관이 없는 하위 관원은 승진이 매우 어려운 실상을 살펴볼 수 있다.

안창렬은 철종 13년(1847)에 태어나서 1925에 서거한 관료이다. 본관은 순흥(順興), 자는 순가(順可), 호는 동려(東旅)이다. 괴산군수(槐山郡守)를 역임하였다.

29 박헌동(朴憲東, 1840~ ?) 1893년 12월 22일
제사에 불참하는 일은 이승과 저승에 죄를 짓는 일이다

歲迫便斷, 下懷際切憧憧, 卽
玆隣褫, 伏承下書, 欣豁
不可量. 仍伏審殘冱,
靜中外內分, 筋力連康萬衛,
子舍兄主侍候亦寧旺, 而大宅
都節, 一例均穩, 願聞餘, 何等
伏慰區區之至. 表姪篤老節, 姑
無大添, 渠亦免恙, 深用伏幸, 而
/兒曹以寒感, 無一踁踁, 愁悶
中, 此亦葉葉種種有不淨之端,
預爲戒慮萬萬.
仁洞祥期, 於焉已過, 如新悲悼,
已無可言, 而坐在子姪之列, 未
得晉參於將祀之席, 瞻聆姑
舍, 幽明辜負, 已極多矣. 伏歎奈何.
池洞近聞隣便, 似無他故, 而卿擧
兄行峕, 果未的知耳. 餘適有
客擾, 只此倩達. 不備謝白.
下察.
癸巳臘月二十二日, 表姪朴憲東答上書.

한 해가 저물어 가는데 소식마저 끊어져 그대를 그리워하는 심정이 깊던 차에 오늘 이웃 사람을 통해서 보내주신 편지를 받으니, 기쁘고 가슴 후련해짐을 헤아릴 수 없었습니다.

삼가 매서운 추위에 고요히 지내시는 두 분의 근력은 연이어 강건하시고, 어버이를 봉양하는 아드님의 안부 역시 편안하고 왕성하며, 큰집의 모든 분의 안부도 한결같이 편안하심을 알았으니, 평소에 이 같은 소식을 듣기를 바라던 터라 얼마나 마음에 위로가 깊겠습니까.

저는 연로한 어버이의 건강이 아직 크게 편찮은 곳은 없고, 저도 병이 없어 매우 다행이지만 아이들이 모두 감기에 걸려 하나도 멀쩡한 아이가 없어 걱정되고 답답합니다. 그리고 이곳도 곳곳이 종종 전염병의 단서가 있으니, 미리부터 매우 경계되고 염려가 됩니다.

인동(仁洞)의 제사는 벌써 지났겠지만 마치 처음처럼 슬프고 가슴 아픈 심정을 말로는 이루 다 표현할 수 없었을 것인데, 자질(子姪)의 반렬에 있으면서 제사지내는 자리에 참여하지 못하였으니, 보고 듣는 사람의 비난은 우선 놓아두더라도 이승과 저승에 죄를 짐이 너무 심합니다. 그러나 탄식한들 무슨 소용이 있겠습니까.

지동(池洞)의 일은 최근에 이웃의 인편을 통해서 소식을 들었는데 별일 없는 듯 하고 경거(卿擧) 형의 행차 시기는 정확하게 알 수 없었습니다.

나머지는 마침 손님이 북적거려 이 정도 사연을 남의 손을 통해 전달합니다. 예를 다 갖추지 못하고 답장을 올립니다. 살펴주십시오.

계사년(癸巳年, 1893) 12월 22일에 표질(表姪) 박헌동은 답장 올립니다.

이 편지는 1893년 12월 22일에 박헌동(朴憲東)이 외삼촌에게 보낸 《이중구가 5대 고문서, C132》이다.

자운(紫雲, 이중구)가에 소장된 박헌동의 편지는 모두 3통이다. 편지 말미에 작성자가 표질(表姪)이라고 한 것은 수신자의 여형제의 아들이나 외종질(外從姪)일 때 사용하는 표현이다.

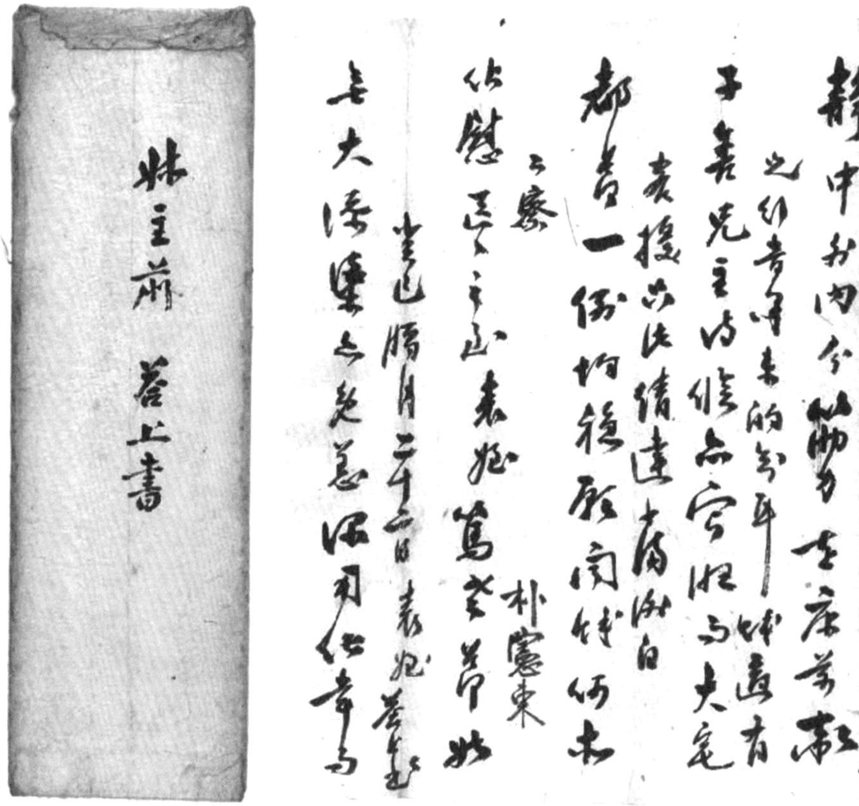
林主簿 答上書

38.7×21.0

박헌동은 헌종 6년(1840)에 출생하였고, 본관은 순천(順天)이다. 《승정원일기》 고종 12년(1875) 1월 28일자에 의하면 무겸(武兼 武臣兼宣傳官)이 되었으며, 같은 해 2월 6일에 훈련주부(訓鍊主簿)가 되었다. 그리고 같은 해 7월 24일에 충청도 병마우후(忠淸道兵馬虞候)가 되었는데, 다음 달 8월 2일에 신병(身病)으로 체직되었다.

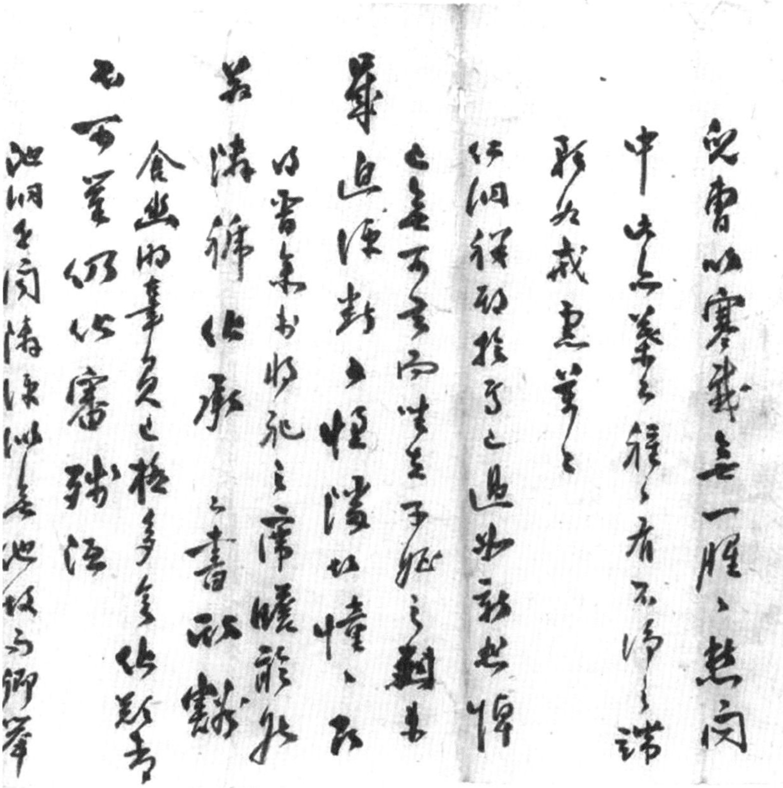

30 이매구(李邁久, 1841~ ?) 1895년 2월 10일 수령의 업무와 수령이 물러나야 할 기준

雪亭奉別, 尙此耿悵. 卽奉此
從, 兼承華椷, 披讀欣感,
稍慰阻懷. 春意向殷, 仍審
際玆
仕體連旺. 第荒春桂玉之愁,
不見可想. 到竿沒策, 安得不然.
間經先諱, 拘於隣警, 似不如禮
利行. 久客之餘, 如新痛廓, 亦烏得
不爾. 喪家姑未相通, 哀從今屬
後笑, 仰慮之餘, 是爲慰瀉. 四從歎
局遑汲之狀, 眷累難遣之節, 愈往
/愈甚. 不遑身家之殿屎, 賑政也, 灾
結也, 公刷也, 無日不薰情, 鞭朴不得
施令. 朱夫子南康七當去之訓, 良有
以也. 大家寓節, 去益多酸, 老人亦無
寧日, 悶然悶然. 京奇更未聞, 新年新
耗無聞, 是無乃好消息耶.
玄風倅罷黜於銓曹褒
貶, 李中麟郭宗錫李種
紀許薰有措用之令耳.
來月間因楸行, 歷訪之示, 豫
切欣企欣企, 餘萬在此從口上, 擾
不備謝.

乙未二月十日, 四從邁久謝.

설정(雪亭)[21]에서의 이별이 아직 마음에 아련히 서글프네. 바로 친족을 통해 그대의 편지도 받았네. 편지를 뜯어서 읽노라니 기쁜 감회가 그동안 막혔던 회포에 조금 위로되었네. 봄기운이 무르익어가는 이즈음에 사체(仕體)[22] 연이어 왕성하다는 소식을 알았네, 다만 봄 흉년으로 물가가 금값인 걱정[23]은 보지 않고서도 상상이 되네. 바지랑대 끝에서 아무런 계책이 없으니 어찌 그렇지 않겠는가.

그 사이 그대 어른의 제사를 모셨을 터인데 이웃집의 놀란 소식이 걸리적거려 아마도 의례대로 잘 모시지 못했을 것 같네. 오랜 객지 생활 끝이라서 새삼스레 휑하게 밀려드는 아픔이 또한 어찌 그러지 않겠는가.

초상집에는 아직 서로 연락을 통하지 못했으나 상주(喪主) 친족은 이제 나중에 웃게 되었으니[24] 하늘을 우러러 염려하던 끝에 편안해지고 씻은 듯이 풀렸네. 사종(四從)은 흉년의 다급한 상황에다 집안 식구들의 지탱하기 어려운 일들이 갈수록 더 심해지고 있네. 몸과 집안일에 끙끙거릴 여가도 없는데 구휼의 일, 흉년 농지 조사, 공금 정리로 날마다 마음을 후끈거리지 않는 날이 없고, 채찍과 곤봉으로도 정책을 펼 수가 없네. 주부자(朱夫子, 朱子의 높임 말)의 남강군(南康軍, 군(軍)은 우리의 군(郡)과 같은 말이다.)에서 당연히 물러나야 할 일곱 가지 가르침[25]은 참으로 까닭이 있었네.

큰집은 우거(寓居)해 사시는 일들이 갈수록 신물 날 일들이 많아지고, 노

---

21) 설정(雪亭) : 경주 양좌동(良佐洞)에 있는 설천정사(雪川精舍)를 이르는 말이다. 광해군과 인조 시대의 지방관을 지낸 여주 이씨 이의활(李宜活)이 지은 정사이다. 《갈암집(葛庵集), 23권, 흥해군수이공묘표(興海郡守李公墓表)》

22) 사체(仕體) : 벼슬 중인 사람이나, 벼슬한 사람의 신분을 이르는 말이다.

23) 물가가 금값인 걱정 : 원문의 계옥지수(桂玉之愁)는 계수나무 땔나무와 옥으로 지은 밥이라는 말이다. 전국 시대 소진(蘇秦)이 초(楚)나라에 가서 '초나라의 밥은 옥보다도 귀하고 땔감은 계수나무보다도 귀하다. 지금 내가 옥밥을 먹고 계수나무 불을 때고 있으니, 이 또한 어려운 일이 아니겠는가.(楚國之食貴于玉, 薪貴于桂. 今臣食玉炊桂, 不亦難乎)'라고 말한 고사에서 유래한 것이다. 《전국책(戰國策), 초책(楚策)3》

24) 나중에 웃게 되었으니 : 《주역(周易), 동인괘(同人卦)》 구오효(九五爻)의 효사에 '서로 함께 하는 사람이 처음에는 대성통곡하다가 나중에 웃게 된다. (同人先號咷而後笑)'는 말에서, 힘들었던 일이 풀리고 좋아할 일만 남았다는 뜻이다.

25) 당연히 물러나야 할 일곱 가지 가르침 : 이는 《회암집(晦庵集), 26, 여원사승서(與袁寺丞書)》에서 거론한 말이다. 그 내용이 길어 여기에 다 옮길 수 없다.

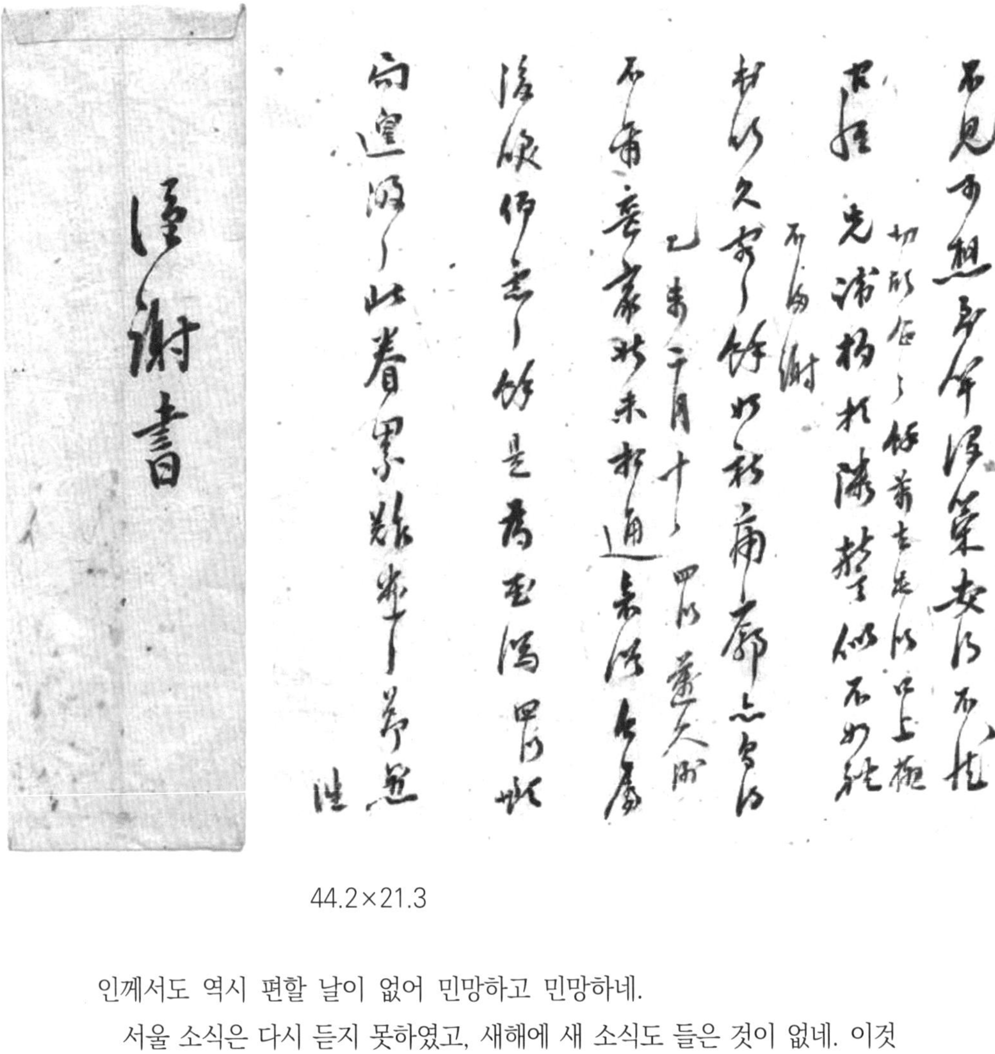

44.2×21.3

인께서도 역시 편할 날이 없어 민망하고 민망하네.

서울 소식은 다시 듣지 못하였고, 새해에 새 소식도 들은 것이 없네. 이것이 호소식(好消息)이 아니겠는가.

현풍 수령은 전조(銓曹)의 포폄(褒貶)26)에 의해 파직되어 쫓겨나고, 이중린(李中麟), 곽종석(郭宗錫), 이종기(李種紀), 허훈(許薰)은 등용하라는 명령이

26) 전조(銓曹)의 포폄(褒貶) : 전조(銓曹)는 조선시대 관리의 인사를 담당하는 관서를 이른다. 문관은 이조(吏曹)가, 무관은 병조(兵曹)가 담당하였다. 포폄(褒貶)은 근무 고과(考課)이다.

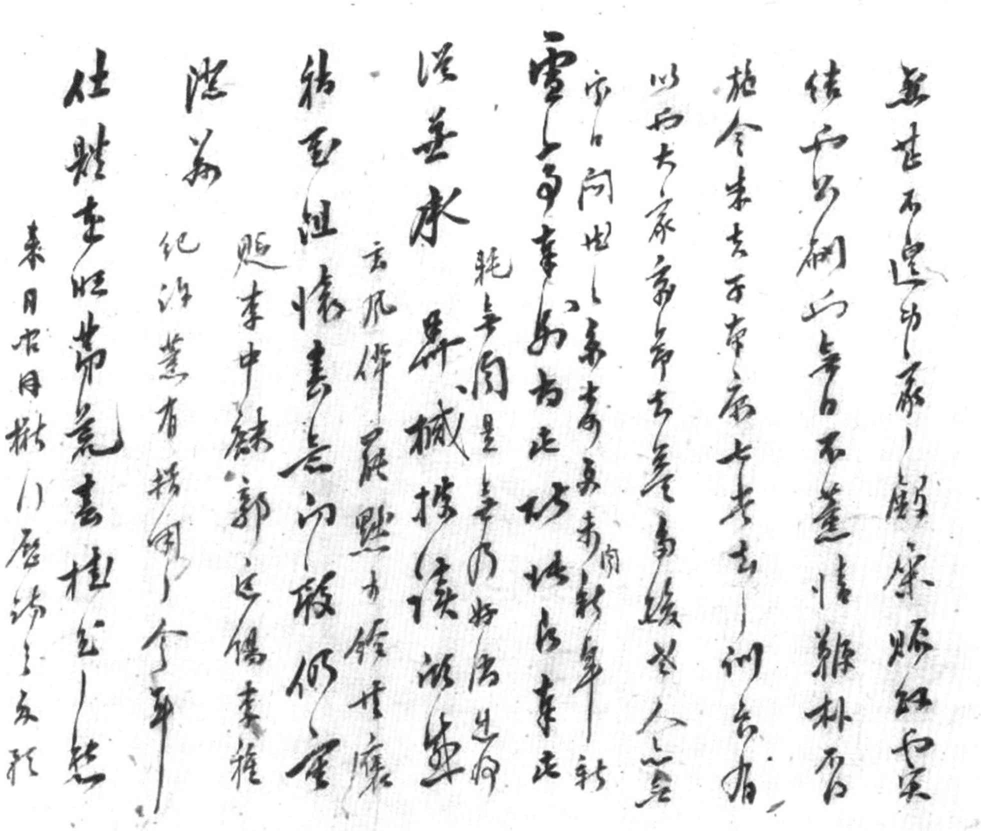

있었네.

다음 달 중 선영 성묘 걸음에 찾아주겠다는 말씀은 미리 흔쾌해지며 기대하는 마음 간절해지네. 나머지 여러 말은 이 친족의 말을 듣게나. 이런저런 일로 다 갖추지 못하고 답장을 그치네.

을미년(乙未年, 1895) 2월 10일에 사종(四從) 매구는 답장하네.

이매구는 이중구와 사종(四從 10촌)의 친족, 동향의 다정함, 관직에 몸을 담은 동병상련의 처지다. 그래서 소장된 편지가 모두 9통이다. 이 편지는

1895년 2월 10일에 사종형(四從兄) 매구가 이중구에게 보낸 편지《이중구가 5대 고문서, C266》다. 설천정사는 이중구와 이매구의 방조(傍祖) 정자라서 이들 모임이 이곳에서 이뤄진 듯하다. 처지를 아는 사이라서 이중구의 넉넉지 못한 경제를 바지랑대 끝이라는 말로 표현한 것이다. 또 이 편지를 쓴 날은 2월 10일인데, 2월 7일은 이중구의 아버지 이능덕(李能德)의 제삿날이었다. 이중구가 서울에서 막 벼슬을 접고 귀향한 때이다. 1888년에 과거에 급제하여 시작한 벼슬 생활을 정리하고 돌아와 야인으로 처음 맞이한 아버지 제사이니 아버지에 대한 감상은 남달랐을 것이다. 그런데 이웃집에 전염병이 돌았으니 아버지에 대한 재계(齋戒)가 제대로 이뤄졌겠는가. 이를 위로하고자 휑하게 밀려드는 아픔[痛廓]이란 말을 쓴 것이다. 초상 때 어버이가 떠나고 난 뒤 집안 어디에서도 다시 뵐 수 없는 사방이 텅 빈 듯한 아픔 말이다. 그 초상 때의 아픔을 지금의 이중구의 마음에 대입시킨 것이다. 상주 친족은 나중에 웃게 되었다는 말은, 이 편지의 말로는 짐작할 수 없다. 편지란 서로의 사정을 아는 사람끼리의 통신이기에 이처럼 방관자가 짐작하기 어려운 말들이 대부분이다. 주자가 남강군의 수령직에서 물러나야 할 이유로 든 일곱 가지는, 재직 시절 시도한 여러 개혁이 받아들여지지 않자 물러나야 할 당위로 일곱 가지를 든 것이다. 그것을 자신도 동의한다는 뜻이다. 주자에 대한 조선시대 학자들의 공부가 주자의 일거수일투족을 스승으로 삼았음을 알 수 있다. 큰집 운운은 이매구는 다섯째 아들이라서 큰형 댁을 말하고, 노인은 아버지를 이른 말인 성싶다.

이매구는 헌종 7년(1841년)에 경주에서 태어나 고종 19년(1882년)에 사마시에 합격하였다. 본관은 여주(驪州), 자는 영가(英可)이다. 이 편지를 받은 이중구의 10촌 형이다. 고종 23년(1886년) 정릉참봉(貞陵參奉)을 시작으로, 고종 31년(1894년) 7월에 장기현감(長鬐縣監)에 임명되어 이듬해 9월에 물러난 지방관이다.

31 이현주(李玄澍, 1845~1910) 1896년 1월 7일 경주(慶州) 수령이 경주의 향회(鄕會)를 독촉하다

歲新懷亦新, 伏詢正
元
兄體蔓禧, 庇節均
祉, 仰祝願聞之至. 弟
依劣已耳. 方以邑事
更張, 設鄕會, 而今番
則境內縉紳章甫, 儼
然齊座, 然後可爛商
歸正, 若不然, 則邑事
多有錯亂, 居此鄕者,
不可岸視, 玆以仰悬(懇),
期以明日暫臨, 俾得確
/議, 如何如何. 一鄕某某僉公, 必
團集, 望須另圖勿孤, 切仰
切仰. 餘爲此不備上.
丙申元月七日, 李玄澍拜拜.

새해가 되자 마음도 새로워지는데, 삼가 설날에 존형께서 모두 기쁘며 가족들도 모두 행복하신지요. 축원하며 지극히 듣고자 하는 소식입니다.

저는 이전대로 시원치 않게 지낼 뿐입니다. 한창 경주(慶州) 고을 일을 경장(更張)하려 향회(鄕會)를 열려 하니 이번에 경내(境內) 선비가 엄숙히 가지

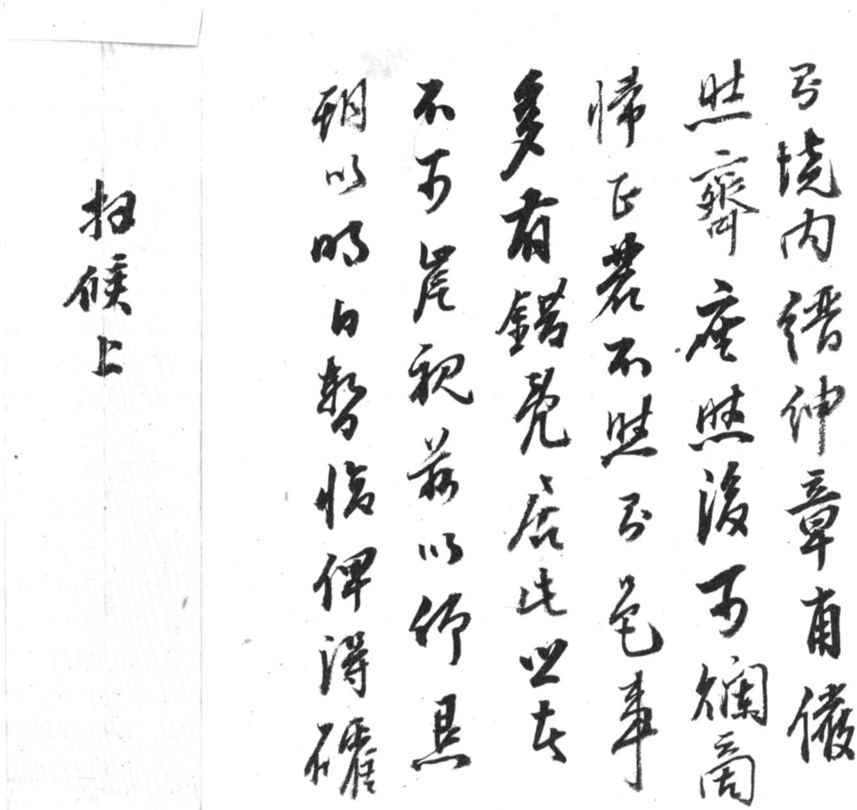

39.6×24.6

련히 자리하여 난숙하게 토론되어야 일이 바르게 될 것입니다. 만약 그렇게 하지 않으면 고을 일에 많은 착오가 발생하여 이 고을에 사는 이들을 우러러볼 수 없게 될 것입니다. 이에 간청하오니 기어코 내일 잠시 임석하시어 논의를 확정하도록 하는 것이 어떻겠습니까. 이 고을의 누구누구 여러분들도 반드시 단란하게 모일 것이니 바라건대 특별히 생각하시어 저버리지 않으시기를 간절히 바라고 바랍니다. 나머지는 이만 줄이고 올립니다.

병신년(丙申年, 1896) 1월 7일에 이현주(李玄澍) 배배(拜拜).

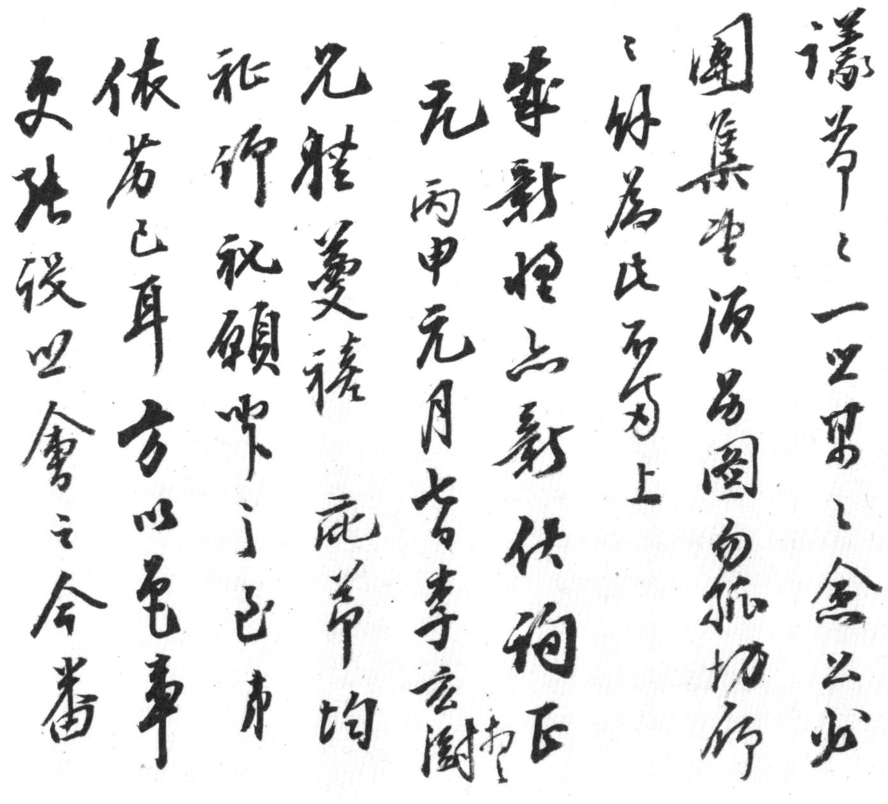

이 편지는 1896년 1월 7일에 이현주(李玄澍)가 친지에게 보낸《이중구가 5대 고문서, E532》이다.

경주 군수가 경주(慶州)의 향회(鄕會)를 열어 의견을 통일하고자 보낸 편지다. 수령으로서도 사안마다 독단하지 않는 정황을 살필 수 있다. 오늘날의 자치제 성격이 이 시대 벌써 자리 잡고 있음을 살필 수 있다 하겠다.

이현주는 헌종 11년(1845)에 태어나 1910에 서거한 관료이다.《승정원일기(承政院日記)》에 의하면 이현주(李玄澍)는 1895년 12월 7일부터 1896년 6월 22일까지 경주군수를 지낸 것으로 되어 있다.

32 김희국(金熙國, 1824~1901) 1896년 10월 5일 제사를 받들 양자(養子) 들임을 축하하다

夏間
惠函留案珍玩, 紙弊墨渝, 而沒
便稽謝, 居然秋而冬矣, 恒切歉悚. 謹詢
近日霜天,
燕居動靜沖適, 寶覃均善, 閒棲
故山, 日有新趣耶. 區區嚮往之際, 非比尋
常. 弟桑榆殘売(殼), 保無他虞, 而兒們
亦依遣耳. 明孫所苦, 何驚動人若是.
雖屬過境, 尙此慮念. 收養一款,
兄亦五十人也, 累世主鬯之家, 敦誼固
當, 此在高明可賀. 而緣此而又添情
/上一友於薄相, 亦一幸事. 奉際
未涯, 徒增老懷. 餘冀因風寄惠,
不備謝.
丙申陽月初五日, 弟金熙國拜謝.

여름 즈음에 보낸 편지는 책상 위에 놓아두고서 수시로 읽었더니 종이가 헤지고 먹의 색깔이 변했습니다. 하지만 인편이 없어 답장이 시제된 것이 어느덧 가을에서 겨울로 접어들고 있으니, 늘 부끄럽고 죄송함이 그지없습니다.

삼가 요즈음 서리 내리는 날씨에 편안히 생활하시는 상황은 좋으시고, 식구들도 모두 잘 지내시며, 고향에서 한가롭게 지내면서 날마다 새로운 정취가 있는지요. 그리워하는 저의 마음은 보통 때에 비할 바가 아닙니다.

저는 늘그막에 몸은 피골만 앙상하지만 잘 지탱하면서 다른 근심은 없고, 아이들도 그럭저럭 지내고 있을 뿐입니다.

손자 명(明)의 병고(病苦)는 무엇이 사람을 깜짝 놀라게 함이 이와 같겠습니까. 비록 지난 일이지만 여전히 염려됩니다. 그리고 양자(養子)를 들인 한 가지 일은 형 역시 50살에 접어든 나이고, 여러 대(代) 제사를 주창(主鬯)[27] 한 집안이니 정의(情誼)를 당연히 돈독히 해야 하니 이 일은 고명(高明)에게 있어서도 축하할 만한 일입니다. 이 일을 인연으로 박복한 관상인 제가 한 친구를 다정한 사람으로 더 얻게 되었으니, 또 하나의 행복한 일입니다.

서로 만날 기약이 아득하니, 늙은이의 회포만 늘어납니다. 나머지는 바람 따라 소식을 부쳐주시길 바라면서 답장의 예식을 갖추지 못합니다.

병신년(丙申年, 1896) 10월 5일에 아우 김희국은 절하고 답장을 올립니다.

이 편지는 1896년 10월 5일에 김희국(金熙國)이 친지에게 보낸 《이중구가 5대 고문서, C068》이다.

자운(紫雲, 이중구)가에 소장된 김희국의 편지는 모두 5통이다. 김희국이 이중구가와 어떠한 관계인지는 확실하지 않다. 위 편지에서 언급한 양자를 들이는 일은 본처에게서 아들이 없으면 친척 중에서 아들항렬을 양자로 들인다. 단순히 노후에 보살핌을 받고, 조상의 제사를 받들며, 가계를 잇는 목적뿐만 아니라, 사대부들이 가문의 명예를 유지하고 사회적 기득권을 유지하기 위한 목적이었다.

김희국의 본관은 서흥(瑞興)이며, 자는 윤약(允若)이고, 호는 낙하(落下)이다. 철종 9년(1858)에 식년시(式年試) 병과(丙科) 19위로 급제하였다. 《승정원일기》에는 고종 20년(1883) 6월 25일에 흥해 군수로 임명되고, 고종 22년(1885) 3월 23일에 홍문관 교리로 임명되었다.

27) 주창(主鬯) : 제사를 주관하는 장자를 말한다.

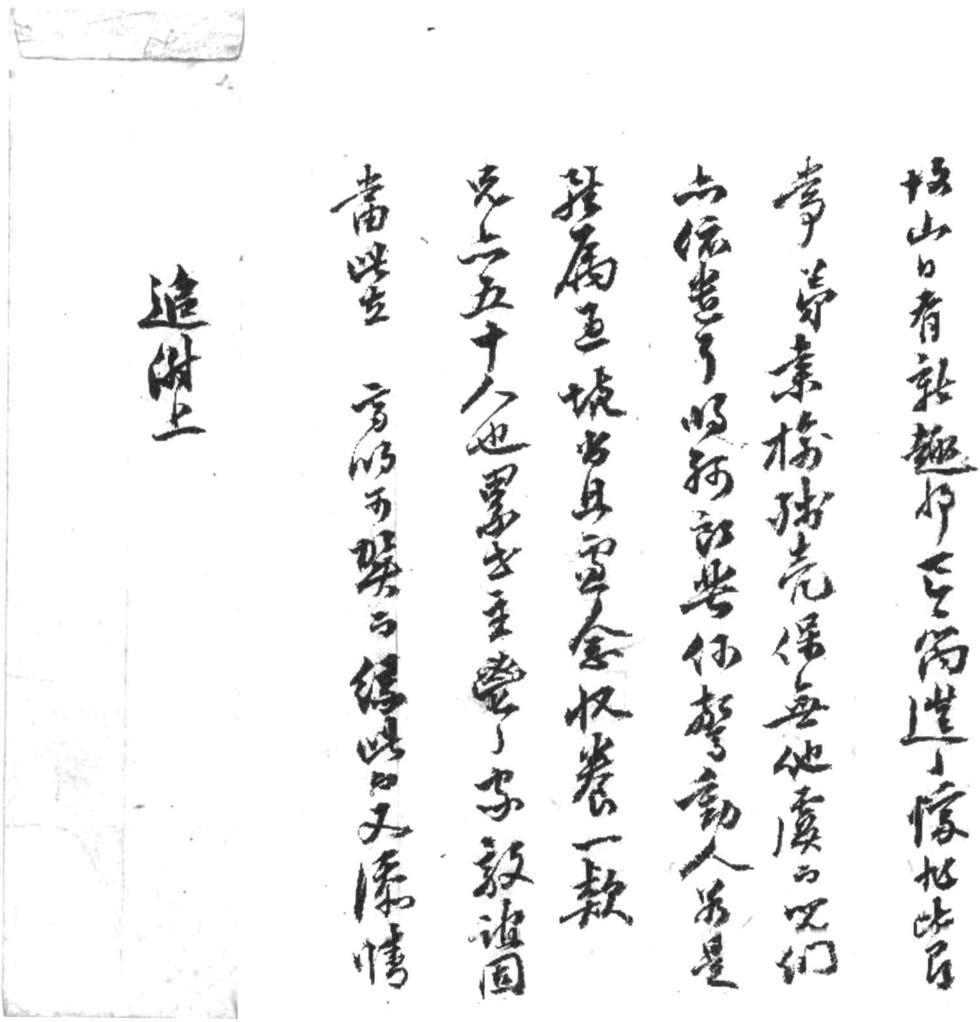

39.5×23.8

上一友旅居相亞一年多奉懷
手滙違增之睞特其因風寄惠
不備禮
丙申陽月初五日 弟 金熙國 謝

友求
惠函留案珍玩移襞墨緣而復
便繼諗居然秋冬矣浮切馳慊
詢上白霜天
善居動靜冲適寶章均泡閒攜

33 박시룡(朴時龍, 1851~1930), 박시규(朴時奎, 1861~1928) 형제 1897년 1월 12일 아버지 상례에 만장(挽章)을 보내준 것에 감사하다

省式言. 今於時龍等, 罔極之日, 復
賜唁狀, 憂愍矜恤之厚, 溢於辭表. 種種哀
感, 果知眷眷愛人之意, 海內有幾人哉. 還伏切
愧悚. 凭伏審新元,
體候動靜納休益旺, 覃庇均泰, 尤何等
伏慰, 區區頌禱. 時龍等, 頑忍苟延, 三霜奄過,
冠裳漸變, 去平人不遠. 悠悠天地, 何所逮及.
惟慰猶節之姑保, 而傍狀不無薰惱之憂, 是
所悶所悶.
俯寄挽章, 政是信筆揄揚. 不肖感泣, 尤
當何如. 餘擾, 不備伏惟.
/丁酉正月十二日, 弟禫制人朴時龍·時奎等謝疏上.

편지 격식을 생략하고 말씀을 올립니다[省式言].28) 지금 시룡(時龍) 등에게는 망극(罔極)한 날29)인데 다시 위문편지를 보내주시니, 걱정해 주며 가엾게 여겨 주시는 후의가 말의 표면에 넘쳐납니다. 종종 슬픈 감정이 일어남에 나를 돌봐주고 사랑해주시는 지극한 뜻을 알았으니, 세상에 몇 사람이나 있

28) 편지 격식을 생략하고 말씀을 올립니다(省式言) : 상중(喪中)에 있을 때 편지 서두의 인사말을 생략하고 대신 쓰는 말이다.

29) 망극(罔極)한 날 : 부모의 제삿날을 말한다. '罔極'은 '부모의 은혜가 끝이 없음'을 말한다. 《시경》 〈소아(小雅) 육아(蓼莪)〉에 "나를 돌아보고 나를 다시 돌아보시고, 출입할 때엔 나를 가슴속에 품으시니, 그 은혜를 갚고자 할진댄, 저 하늘처럼 끝이 없도다. (顧我復我, 出入腹我. 欲報之德, 昊天罔極.)"라고 한 데서 온 말이다.

겠습니까. 도리어 삼가 매우 부끄럽습니다.

보내주신 편지에 의해 새해에 귀하의 건강이 더욱 좋고 사족들도 모두 편안하신 것을 알았으니 얼마나 위로가 됩니까. 제 마음에 송축을 올립니다.

시룡 등은 모진 목숨을 구차하게 이어가면서 3년 상이 어느덧 지나 관(冠)과 의상이 점점 길복으로 변하여[冠裳漸變][30] 〈상복을 안 입은〉 일반인과 차이가 멀지 않으니 아득한 천지에 어느 곳에서 어버이를 찾을 수 있겠습니까. 오직 유절(猶節, 삼촌의 건강)이 그럭저럭 유지되고 있는 것이 위로되지만, 주변 분들이 애타는 근심이 없지는 않으니 매우 답답합니다.

보내주신 만장(挽章)은 바로 확실하게 써서 돌아가신 분의 덕을 드러내 드날렸으니 불초(不肖) 저희들의 감읍(感泣)이 더욱 얼마나 큽니까.

나머지는 소란하여 편지 격식을 갖추지 못하고 올립니다.

정유년(丁酉年, 1897) 정월 12일에 제(弟) 담제인(禫制人)[31] 박시룡(朴時龍), 박시규(朴時奎) 등 사소상(謝疏上).

이 편지는 1897년 1월 12일에 박시룡(朴時龍), 박시규(朴時奎) 형제가 이중구(李中久)에게 보낸 《이중구가 5대 고문서, G010》이다.

수신자에게 선친(先親)인 박용복(朴容復)의 상례에 위장(慰狀)을 보내주신 데에 대해 감사하다는 인사를 하였다. 특히 만장(挽章)을 보내주어 크게 감읍하였다는 말을 전하였다.

조문(弔問)은 망자(亡者)에게 올리는 제문(祭文)과 만장이 있고, 상주를 위로하는 위장이 있다. 위의 편지는 위장과 만장에 대한 감사의 답장이다. 이 답장을 답위장(答慰狀)이라고 한다. 만약 친지 사이에 부고를 보내지 않거나

30) 관(冠)과 의상이 점점 길복으로 변하여(冠裳漸變) : 3년상 동안 소상(小祥), 대상(大祥), 담제(禫祭)의 과정을 거치며 거친 마포(麻布) 옷에서 차츰차츰 평상인의 의복으로 변화하는 것을 말한다. 27개월 만에 담제를 지내고서는 담복(禫服)을 벗고 평상복으로 갈아입는다.

31) 담제인(禫制人) : 대상(大祥)을 마치고 담제(禫祭)를 지낼 때까지 상중에 있는 사람. 담제는 대상을 지낸 다음다음 달에 지내는 제사로, 초상부터 27개월 만에 지내고서 탈상(脫喪)한다.

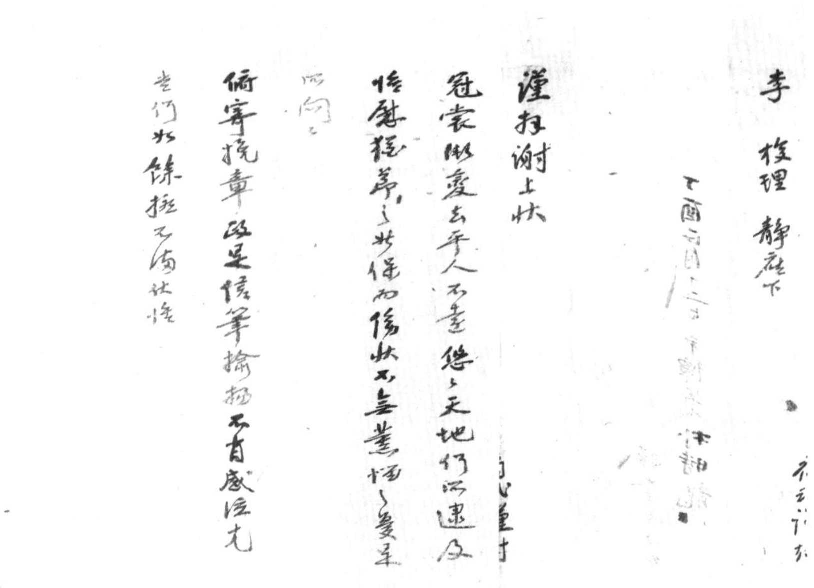

39.8×31.2

부고를 받고서 3년상이 끝나도록 문상(問喪) 또는 위장이 없을 경우 친지의 사이는 단절되었다. 이 답위장은 편지 한 장에 봉투까지 겸한 형식을 취하였다. 편지가 그래서 앞 뒷장에 쓰였다.

박시룡(朴時龍)은 철종 2년(1851)에 태어나서 1930에 서거한 울산 출신의 문신이자 학자이다. 본관은 밀양(密陽). 초명은 박시익(朴時翼), 자는 심가(深可), 호는 운담(雲潭). 아버지는 진사 박용복(朴容復, 1824~1895)이다. 동생 박시규(朴時奎)의 아들인 박상진(朴尙鎭)을 양자로 들였다.

1890년(고종 27) 별시 문과에 급제한 후 홍문관시독(弘文館侍讀), 봉상시전사(奉常司典事) 등에 임명되었으나 모두 나아가지 않았다. 1918년 양아들인 박상진이 일본 경찰에 체포되어 1921년 대구형무소에서 순국하였는데, 그 여파로 가산까지 잃게 되자 생활고를 겪기도 하였다. 1928년 경주의 서

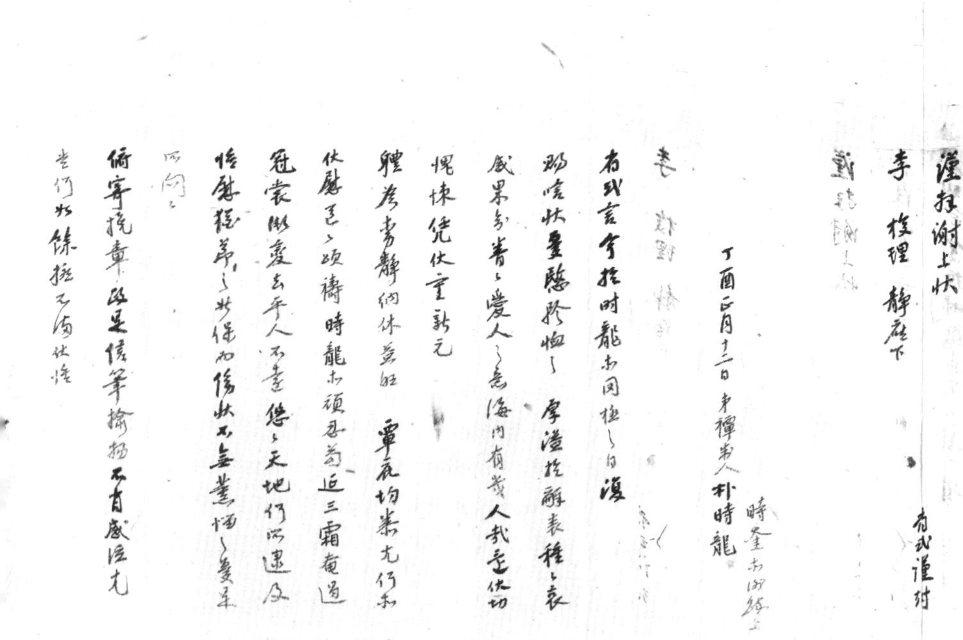

악서원(西岳書院) 원장으로 활동하였다. 1930년 옥산서원(玉山書院) 원장으로 부임하였으나 곧 병으로 사망하였다.

박시규(朴時奎)은 철종 12년(1861)에 태어나서 1928에 서거한 문신 관료이다. 본관은 밀양(密陽). 자는 성장(聖章), 호는 간운(礀雲). 박시룡의 아우이다. 개항기 울산 출신의 문신이다. 1885년(고종 22) 4월 문과 식년시에서 급제하였다. 1891년(고종 28) 성균관전적을 지냈으며, 가주서(假主書)를 거쳐 1892년에는 사간원정언에 임명되었다. 이후 홍문관시독, 장례원장례 등을 역임하였으며, 규장각부제학, 승정원 승지를 역임하였다. 아들 박상진은 울산 지역의 대표적인 독립운동가로서 1918년 광복회 사건으로 일본 경찰에 체포되었는데, 박시규는 박상진이 체포당한 이후부터 1921년 사형이 집행될 때까지 구명운동을 펼쳤다.

34 이병휘(李秉輝, 1851~ ?) 1897년 9월 18일
빗[梳]에 담긴 우의(寓意)

一涯千里, 鱗翼莫憑, 不可以阻悵爲言. 卽伏拜
惠覆, 滿幅慇懇, 情溢於辭, 感荷之極, 不覺執書
以泣. 更伏詢霜令,
兄體事連衛萬旺, 閤內諸節日寧, 並切仰祝且溯
區區之至. 第權使君之莅郡, 爲經年矣. 其愛護之節,
想非他比, 爲之少釋. 弟駐島經年, 一無所就, 只積謗尤,
/悚懍如集木. 間已請遞者數度矣. 今聞以府尹改制云, 則
今番似可入量見遞, 見遞則何幸何幸. 非曰高尙其志也, 又非
曰吏事鄙也. 只箇知識譾劣, 凡務不得振刷, 動輒僨
誤. 自度自恕, 不如早還之爲愈也耳. 無物可表, 以木梳
十枚付呈耳. 古詩曰, 木梳梳了竹梳梳, 梳却千回虱
已除. 安得大梳長萬丈, 盡梳黔首虱無餘云云. 弟則性懶
如中散, 一月僅一梳, 好呵好呵. 奚暇梳黔首乎. 尤呵尤呵.
/只與
大兄, 一頭虱梳盡無餘計, 而亦恐未之然, 大呵大呵. 一在南,
一在北, 幾時可得一場團欒, 如寺館故事耶. 許友希
啓亦無以探信, 悵戀. 每於無寐, 歷數生平親故,
未嘗不神馳邈邈於嶠南. 嶠南之中, 吾
兄居一者, 以其澹泊耿介, 無一點塵染也. 悵慕何及. 餘心
長, 不備上.
丁酉九月十八日, 弟李秉輝拜白.

천 리 멀리 소식[鱗翼][32]을 의지할 길이 없으니 소식 막힌 것만 서글프다 할 수 없습니다. 방금 은혜로운 답장을 받으니 서폭에 정성과 간절함이 가득하고 말씀 속에 인정이 넘쳐 극에 달한 감격 나도 모르게 편지를 쥐고 흐느꼈습니다.

다시 묻습니다. 서리 내리는 시절 형의 건강이 연이어 건강하여 더없이 왕성하고 집안 여러 식구도 일간 안녕하신가요. 모두 간절히 하늘에 축원하고 또 회상하는 구구한 마음 끝이 없습니다.

권사군(權使君)[33]이 경주군에 부임한 지 한 해가 되었습니다. 그를 애호하시는 여러 가지들이 다른 사람에 비견되지 않을 것이 상상되어 마음이 조금 놓입니다.

저는 섬에 머무른 지 1년이 지났는데 한 가지의 성취도 없이 다만 비방과 원망만 쌓여가 마치 나무위에 앉은 듯이 두려운 마음이 듭니다. 중간에 체직을 청한 것이 여러 차례였습니다. 지금 (제주목사 자리를) 부윤(府尹)으로 제도를 바꾼다는 소문이 있으니, 이번에는 벼슬에 임명된 뒤 일을 헤아린 것으로[34] 체직 될 수 있을 것 같습니다. 체직된다면 얼마나 다행이며 다행이겠습니까. 저의 뜻을 고상하게 지니려는 것도 아니고, 또 관료의 일을 비루하게 여겨서도 아닙니다. 다만 지식이 천박하고 저열하여 모든 사무가 정리되어 간추려지지 않고 하는 일마다 무너지고 잘못됩니다. 자신을 헤아려보고 스스로 용서해 보지만 일찍 돌아가는 일보다 나을 것이 없습니다.

---

32) 소식(鱗翼) : 인(鱗)은 잉어(鯉魚)를 바꾼 말로, 잉어의 뱃속에서 편지를 얻었다는 한(漢)나라 채옹(蔡邕)의 음마장성굴행(飮馬長城窟行)의 '손님이 멀리서 찾아와 잉어 두 마리를 주어, 아이에게 삶게 하였더니 그 속에 한 자 남짓 편지가 있었네.(客從遠方來. 遺我雙鯉魚. 呼兒烹鯉魚, 中有尺素書.)'란 말에서 전의되어 편지의 뜻으로 쓰이기 시작하였다. 익(翼)은 기러기[雁]을 바꾼 말로 겨울과 봄에 남북을 오간 데에서 소식을 전하는 편지의 뜻으로 쓰였다.

33) 권사군(權使君) : 사군(使君)은 군주의 명령을 받고 나온 사람을 이르는 말이다. 여기서 권사군은 권상문(權相文)을 이른다.

34) 벼슬에 임명된 뒤 일을 헤아린 것 : 이는 《예기(禮記), 소의(少儀)》에 '군주를 섬기는 자는 헤아린 뒤에 벼슬에 들어가야 하고, 벼슬에 들어간 뒤 헤아려서는 안 된다.(事君者量而后入, 不入而后量)에서 연유한 말이다. 곧 벼슬하기 전에 준비가 되어 있어야 한다는 말이다. 그렇지 않고 벼슬한 뒤에 헤아리게 되면 안 된다는 말이다.

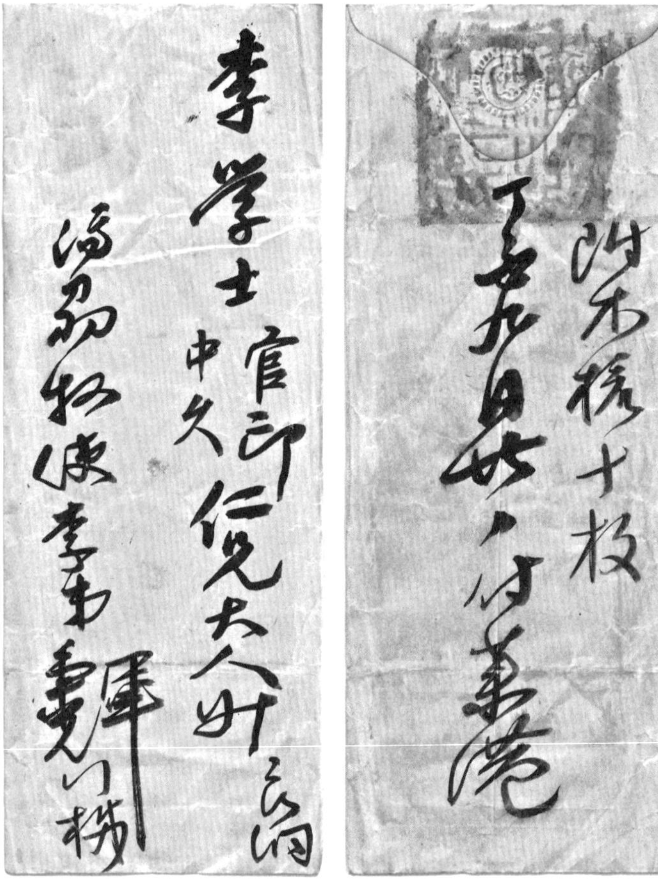

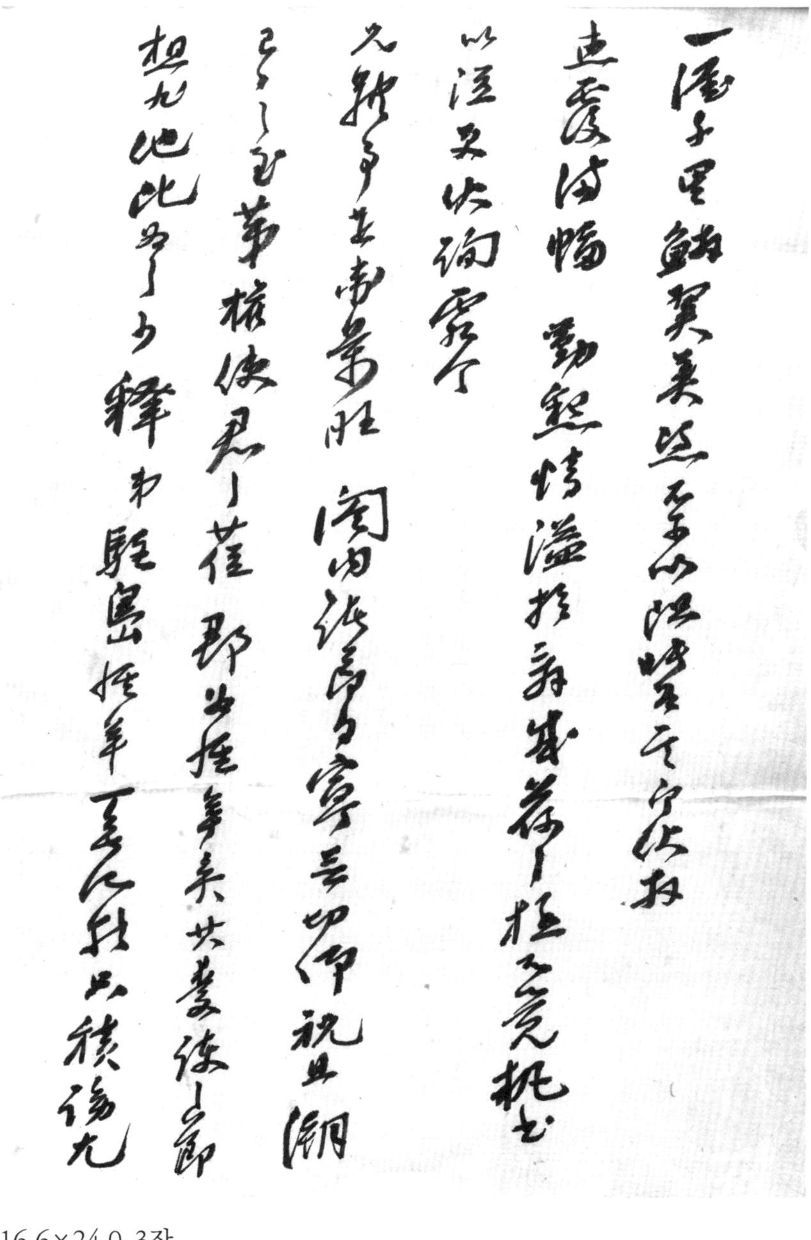

16.6×24.0 3장

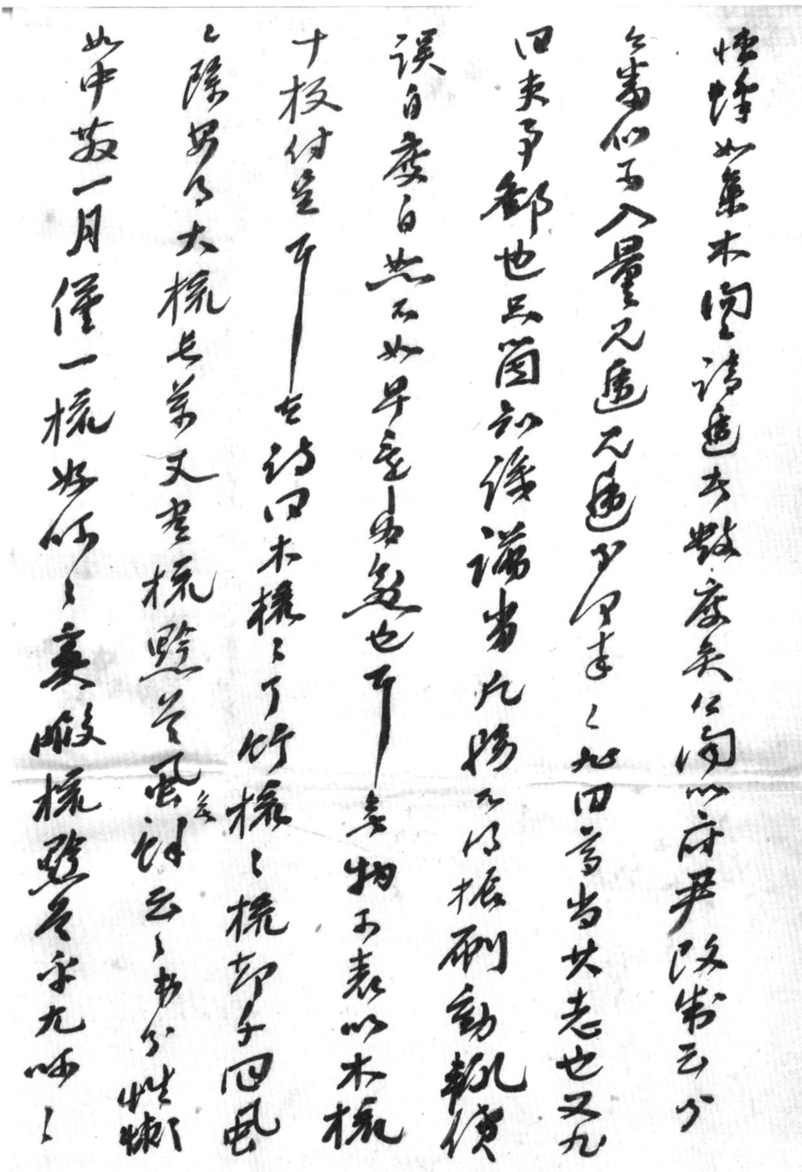

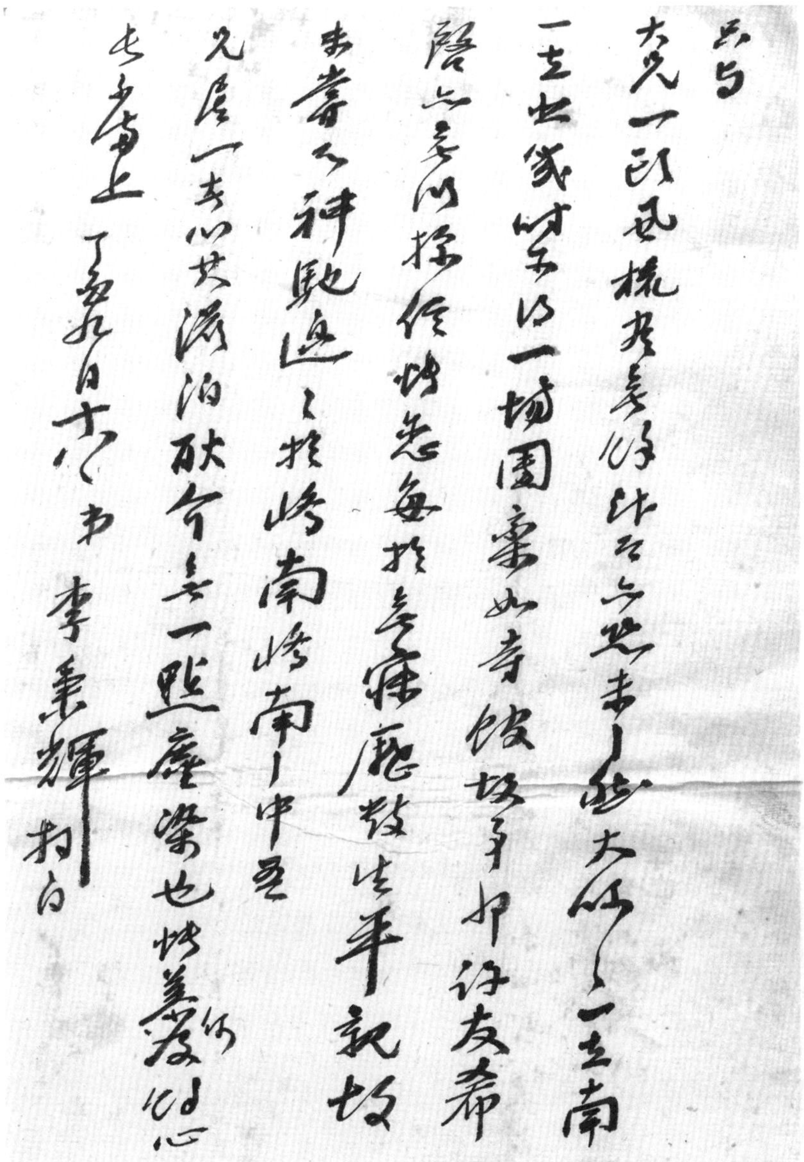

아무 물건도 저의 정성을 표할만한 것이 없어 나무빗 열 개를 전해 올립니다. 옛 시에,

木梳梳了竹梳梳　나무빗으로 빗질하고 대빗으로 빗질하니
梳却千回蝨已除　빗질 천 번에 이가 벌써 없어졌네.
安得大梳長萬丈　어찌하면 만 장 길이 큰 빗을 얻어
盡梳黔首蝨無餘　백성들 머리 이를 남김없이 빗어낼꼬.[35]

라고 읊고 있습니다. 제 본성의 게으름은 중산(中散)[36]과 같아 한 달에 겨우 한 차례 빗질합니다. 하하 웃기 좋을 일이지요. 어느 겨를에 백성들 머리를 빗질할 수 있겠습니까. 더더욱 하하 웃을 일입니다.

다만 대형(大兄)에게 드려 머리의 이를 남김없이 빗겨낼 요량이나 또한 그렇게 되지 못할까 두렵습니다. 껄껄 크게 웃으십시오.

한 사람은 남쪽에 있고 한 사람은 북쪽에 있으니 언제쯤이나 한번 단란했던 시(寺)와 관(館)에서의 예전 일을 누릴 수 있을까요. 친구 허희계(許希啓)도 역시 소식을 탐문할 길이 없어 서글프고 그립습니다. 매번 잠이 오지 않을 때면 지난날의 친구들을 하나하나 떠올리는데 언제나 마음이 달려간 곳은 멀고 먼 교남(嶠南, 영남)이 아닌 적이 없습니다. 교남에서도 우리 형이 제일 첫째로 떠오르는 것은 담박하고 우뚝한 지조가 한 점 티끌도 물들지 않아서입니다. 서글프게 사모해 보지만 어찌 따라갈 수 있겠습니까.

나머지는 마음은 끝없으나 다 갖추지 못하고 올립니다.

정유년(丁酉年, 1897) 9월 18일에 제(弟) 이병휘(李秉輝)는 절하고 아룁니다.

---

35) 이 시는 《성소부부고(惺所覆瓿藁), 25, 설부(說部) 4, 성수시화(惺叟詩話)》에서 윤면(尹勉)이 호남으로 가는 길에 어느 산을 지나는데 산 속에 초가집이 있었다. 한 늙은이가 나무 아래 다리를 뻗고 앉아 있고 책상 위에 책 한 권이 놓여 있었다. 펴 보니 늙은이가 다가와서 빼앗으며, '되지 않은 작품이라 남의 눈에 보여 줄 수가 없소.'라고 하여 겨우 첫머리의 빗을 읊은 시만을 기억하게 되었다는 바로 그 시이다 이름은 도망쳐 알 수 없다고 하였는데 후세에 회자되었음을 알 수 있다.

36) 중산(中散) : 삼국시대 위(魏)나라의 시인 혜강(嵇康)이 중산대부(中散大夫)를 지낸 데에서 그를 지칭하는 말이다.

이병휘가 이중구에게 보낸 5통의 편지 중 1897년 9월 18일에 보낸 편지《이중구가 5대 고문서, F385, F386, F387》이다.《광암세고(匡巖世稿, 자운문집(紫雲文集), 서(書), 여이금초(與李錦樵)》에는 이중구가 이병휘에게 보낸 3통의 편지가 실렸는데 나무 빗[木梳]을 받고 보낸 편지도 있다.

이병휘는《이중구가 5대 고문서》에서 다양한 모습을 보이고 있다. 이 편지에서 언급한 권상문은《이중구가 5대 고문서, F605》에서 '희계(希契 許羲契인 듯)는 이병휘에게 무고 당하였고[希契則被誣於李炳[秉]輝]'라고 소식을 전하고 있고,《이중구가 5대 고문서, C066》에는 '허희계와 이병휘가 지난 27일에 한 사람은 경무청에 한 사람은 법무아문에 체포되었다. ……이들이 거의 2년 동안을 찰떡처럼 어울리며 감춘 말들이 왜 사건이 되지 않았겠는가. 처음 이 놀랄만한 소식을 듣고 사형(士衡) 형과 현(玄)의 처에게 상의하여 형의 편지를 찾아내 따로 두었다. 이는 뒷날을 염려한 일이다……사람을 안다는 것이 참으로 쉬운 일이 아니다. 본 즉시 (이 편지는) 불태우도록 하라. [許羲契李秉輝去月卄七日, 一則見捉於警務廳, 一則見捉於法務衙……此輩之洽二年綢密諱語, 豈不生事耶. 始也所聞可怕, 與士衡兄, 謀於玄妻, 覓置兄手書, 此是慮後之事……知人固未易者, 非此之謂耶. 覽卽付丙也.]'라고 하고 있다. 이 편지에서 말한 허희계와 이병휘의 긴밀한 사이를 짐작할 수 있는 편지다. 이중구가 이병휘에게 보낸 편지에는 '동지인 형 같은 사람이 똑같이 뒷방늙은이다. 누가 나를 등용시켜 훨훨 날 수 있게 하겠는가.[同志如兄者, 同一落拓矣. 有誰拔茅, 而俾我翶翔耶.]'라고 말하고 있다. 이중구와 이병휘 허희계의 깊은 우의는 무엇이었으며, 이중구가 일본에 담판사로 가기를 눈물로 맹세했으면서도《이중구가 5대 고문서, K042, 043, 044, 045》친일의 자취를 드러내 활동한 이병휘에게 보낸 편지를 문집에 남기고 이병휘로부터 받은 편지를 간수한 것은 어떤 의미일까. 더욱이나 이병휘가 잡혀간 뒤 이병휘의 집에서 이중구의 편지를 찾아 따로 두었다는 편지를 받고서도 말이다. 이 편지는 두루마리가 아닌 제단되어 진 편지지이다. 이전의 편지는 종이를 이어 쓰는 것이 관례였으나 이때 이미 규격에 따라 제단 된 종이가 보급되었음을 알 수 있다.

이병휘는 철종 2년(1851년)에 태어나 여러 지방 관직을 거치고 대한제국이 병탄된 뒤 총독부 관리와 지방 군수를 지낸 친일 관료이다. 본관은 광주(廣州), 호는 금초(錦樵)이다. 고종 20년(1883년) 9품직의 선공감 감역관(繕工監監役官)으로 벼슬을 시작하여, 1888년 진해 현감을 거쳐 1889년 내금위장(內禁衛將)에 올랐다. 1896년 경상남도 시찰관을 거쳐 평리원(平理院)이 개편된 고등재판소 검사, 법부 형사국장, 지방제도가 23부제로 개편된 제주부 관찰사로 있다가, 1896년 다시 13도제로 바뀌며 전라남도 산하에 제주목이 설치되자, 제주 목사에 임명되었다. 제주 목사 재임 중인 1898년에 일어난 제주농민항쟁을 막지 못한 책임을 지고 면직되어 1901년 태형(笞刑) 100대를 선고 받았다. 1906년 법부 한성재판소 수반판사(首班判事)로 복직되었고, 1907년 영암군수(靈巖郡守) 등을 역임하였다. 대한제국이 일본에 병탄 된 뒤 총독부 관리를 지내며 순천(順天)·곡성(谷城)·진도(珍島)의 군수를 지냈다.

35 정면석(鄭冕錫, 1850~1905) 1898년 2월 2일
숙조(叔祖) 허암(虛菴, 정희량(鄭希良))의 유집(遺集)을 4백년 뒤에 간행하다

跧伏窮澨, 萬念俱灰. 有
時憶洛下追逐, 杳然若
前生, 翹首悵黯, 曷維其
已. 伏惟春寒
仕體省餘萬謐. 窓明几
淨, 有甚消受, 與子侄村秀
炳燭之工, 教育之樂, 其有
所不可量者在, 而惟滿肚
硍磊, 愛君憂國之誠, 何
時而可已乎. 不勝仰慕之
至. 弟歸鄉后親癠, 每有
澌損, 煎熏難狀, 而窮蟄
寒濱, 大抵爲儱侗底
一棄木石之物而已. 自顧無
狀, 然但滾帶冗惱, 悠泛
一生耳. 無安淨, 如干披覽,
亦未得如心, 撫躬縮恧, 徒
自凛然, 世機寧欲掩耳.
坐在如此世界, 姑以目前
與所居之小康, 詎可以爲慰
心哉. 晝宵吁惋, 無以爲心.
而戀闕之誠, 依斗之懷, 終
有所不可堪者. 吾生何日

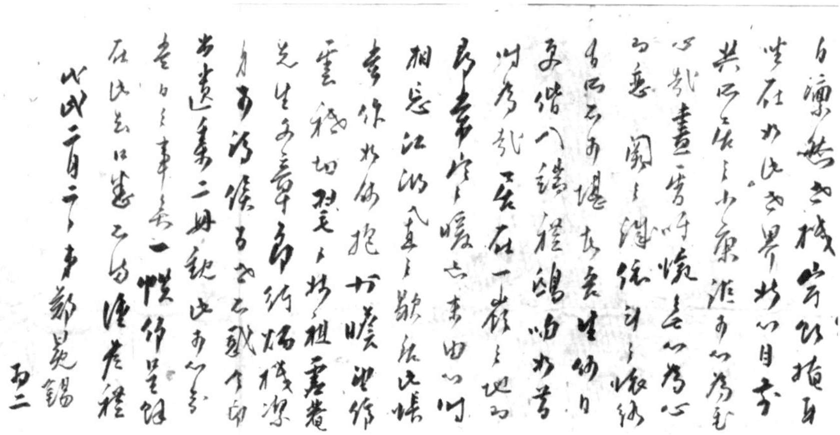

109.0×26.5

更借入端禮鴟吻, 如昔
時爲哉. 居在一嶺之地, 而
尋常寒暖, 亦末由以時,
相忘江湖, 置之歇后, 此悵
喜作如何抱也. 瞻望停
雲, 秪切罣罣. 叔祖虛菴
先生文章節行, 炳機潔
身, 可謂俟百世不惑, 今印
出遺集二冊, 觀此可以知
當日之事矣. 一帙仰呈. 餘
在此去口悉. 不備, 謹候禮.
戊戌二月二日, 弟鄭冕錫
拜二.

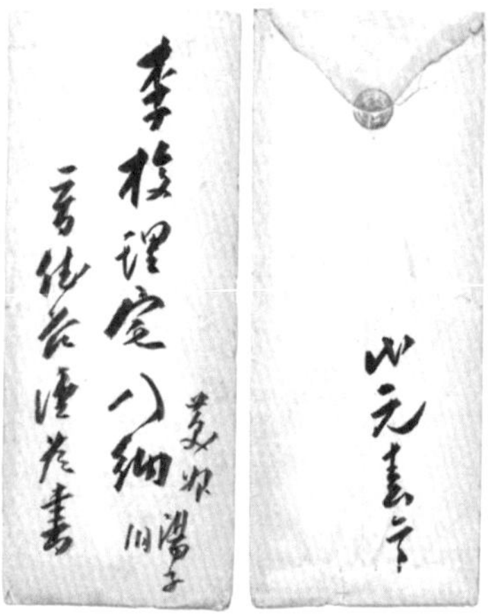

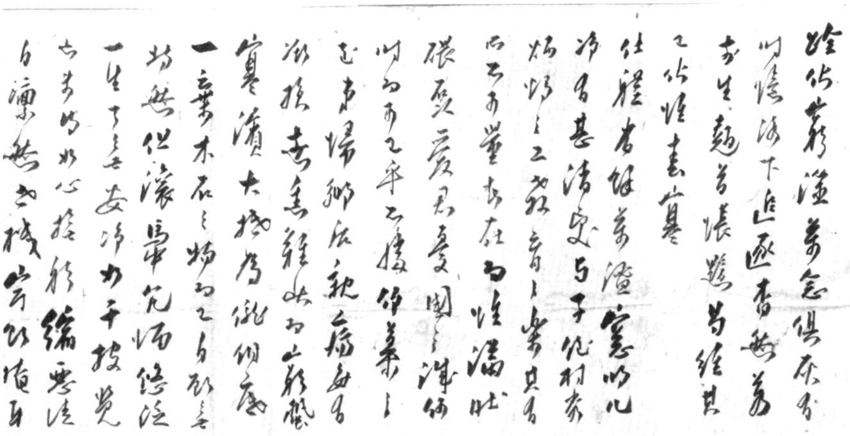

궁벽한 시골에 깊이 틀어박혀 있노라니 온갖 생각이 모두 사라졌으나 때로 서울에서 교유한 추억을 떠올리면 아득히 전생(前生)인 듯싶어 골똘한 생각에 서글퍼지는 심정을 어찌 그칠 수 있겠습니까.

봄 추위 속에 사체(仕體) 부모님을 모시고 건강하신지요. 창문이 밝고 책상이 깨끗한 데에서 매우 좋은 시간을 보내시고 아드님과 조카님들과 마을의 수재들과 촛불을 켜고 공부하는 교육의 즐거움이 헤아릴 수 없이 큼이 있을 것이나, 가슴 가득한 큰 뜻에 임금을 사랑하며 국가를 염려하는 정성이 어느 때인들 그칠 수 있겠습니까. 몹시 사모하는 심정을 가눌 수 없습니다.

저는 귀향한 이후로 아버님께서 편찮으시어 늘 수척한 모습을 하시니 애타는 심정을 형용할 수 없고, 궁벽한 곳에 곤궁히 처박혀 있으니 흐리멍덩한 하나의 나무나 돌과 같은 물건일 뿐입니다. 스스로 보잘 것 없는 모습을 돌아보면 다만 쓸데없는 고뇌에 묶여 일생을 유유범범하게 지냈을 뿐입니다. 안정됨이 없다 보니 약간 책을 열람하였지만 또한 마음대로 되지 않아 자신을 되돌아보며 움츠리고 부끄러움에서 다만 혼자 두려워하며 속세 일에는 차라리 귀를 닫고자 하였습니다. 이러한 세계에 살면서 잠시 눈앞의 일과 살아가는 소강(小康)으로 어찌 마음을 위로할 수 있겠습니까. 밤낮으로 한탄하며 마음을 잡지 못하지만 대궐을 그리워하는 정성과 군주를 사모하는 마음은 끝내 감내하지 못할 것이 있습니다. 제 인생에서 어느 날 다시 단례문(端禮門)[37]과 치문(鴟吻)[38]을 함께 드나드는 것을 예전처럼 할 수 있을까요. 영남 한구석에서 일상 안부도 또한 제 때에 하지 못해 강호(江湖)에서 서로 잊고 그것을 하찮게 여기고 생활해 왔으면서 이런 서글픔과 기쁜 감정이 이는 것은 어떠한 심정일까요. 귀하를 연상케 하는 구름을 바라보며 그리움만 절실합니다.

숙조(叔祖, 작은 할아버지) 허암(虛菴, 정희량(鄭希良)) 선생의 문장과 절개, 밝은 기지와 결백한 처신은 오랜 세월이 지나도 의혹이 없습니다. 지금 선생의 유집(遺集)인 《허암집(虛菴集)》 2책을 간행하였는데 이 책을 보면 당일 선생의 일을 알 수 있을 것입니다. 한 질(帙)을 보내드립니다.

나머지는 편지를 가지고 가는 사람이 모두 말로 전해드릴 것입니다. 편지 격식을 갖추지 못하고 삼가 문안을 올립니다.

무술년(戊戌年, 1898) 2월 2일에 제(弟) 정면석(鄭冕錫) 배이(拜二).

이 편지는 1898년 2월 2일에 정면석(鄭冕錫)이 이중구(李中久)에게 보낸 《이중구가 5대 고문서, G742》이다.

발신자 자신은 귀향한 이후로 대궐을 그리워하는 정성과 군주를 사모하는 마음은 끝내 견딜 수 없다. 인생에서 어느 날에 다시 조정에 설 수 있을까라고 하는 말에서 국가를 생각하는 미련을 여전히 가지고 있었음을 알 수 있다. 이어서 조상인 허암(虛菴, 정희량(鄭希良))의 유집(遺集)인 《허암집(虛菴集)》을 간행하였는데 한 질(帙)을 보내니, 이 책을 보면 당일 선생의 행사를 알 수 있을 것이라는 등의 내용이다.

---

37) 단례문(端禮門) : 서울 대궐의 문 이름이다.

38) 치문(鴟吻) : 큰 전각 같은 지붕의 용마루 끝에 장식하는 새매 모양으로 뾰족하게 만든 기와. 망새라고도 한다.

허암(虛菴)은 정희량(鄭希良 1469~?)의 호로 조선 중기의 문신이다. 본관은 해주(海州), 자는 순부(淳夫)이다. 1492년 생원시에 장원으로 합격했으나, 성종(成宗)이 죽자 태학생(太學生)·재지유생(在地儒生)과 더불어 올린 상소가 문제되어 해주에 유배되었다. 1495년 별시문과에 병과로 급제, 이듬해 예문관 검열이 되고, 승문원의 권지부정자에 임용되었다. 무오사화(1498) 때는 사초문제(史草問題)로 난언(亂言)을 알고도 고하지 않았다는 죄목으로 의주에 유배되었다가, 1500년 5월 김해로 이배되었다. 이듬해 유배에서 풀려나 직첩을 돌려 받았다. 저서로 《허암집》이 있다.

《허암집》은 1897년에 간행되었는데 그 후손인 정면석(鄭冕錫), 정광숙(鄭光淑), 정홍석(鄭鴻錫)의 발문이 있다.

정명석은 철종 1년(1850)에 태어나 1905년에 서거한 관료이다. 본관은 해주(海州), 자는 성익(聖翼), 호는 학주(鶴洲)이다. 농포(農圃) 정문부(鄭文孚)의 후손이다. 경상남도 진주시 가곡 출신이다. 1890년(고종27)에 문과에 올라 승지(承旨)가 되고, 1894년에는 분병조 참의(分兵曹參議)가 되었다. 《증보진양속지(增補晉陽續誌)》에 의하면, 풍채가 수미(秀美)하고 문학이 넉넉하고 풍족하여 향당(鄕黨)에서 칭찬하였다고 하였다.

36 조의현(趙儀顯, ?) 1899년 5월 4일
향촌사회의 공론 수렴장인 향회(鄕會)를 앞둔 의견 조정

夙仰稽奉, 瞻言惄如. 謹
惟端陽,
靜候護旺, 仰溸勞禱. 記下
擾與病仍, 悶憐奈何. 就今
番鄕會, 係是大關於此邑
事, 不容不一經商確者. 故玆
專仰, 須於明日, 賁參座
席, 無孤懸望如何. 參會
諸員, 另錄貽呈, 諒之切仰.
擾甚, 不備候禮.
己午四日, 記下趙儀顯拜.

일찍부터 우러렀으나 편지가 늦어 계신 곳을 바라보며 늘 마음 한구석이 빈 듯 하였습니다.

삼가 단양(端陽)[39] 절기에 대지처럼 고요하심이 신의 가호로 왕성하시겠지요? 우러러 궁금하고 기원합니다.

저는 소란스러움과 병이 잇따르니, 답답하고 가련하지만 어찌하겠습니까.

다름이 아니라, 이번 향회(鄕會)는 이곳 고을의 일과 크게 관련되어 한번 서로 의논하지 않을 수 없습니다.

그래서 오로지 당신만을 믿고 있으니, 아무쪼록 내일 모임 자리에 참여하여 간절한 바람을 저버리지 않는 것이 어떻겠습니까. 회의에 참석하는 인원

39) 단양(端陽) : 음력 5월 5일인 단오절(端午節)의 별칭이다.

은 따로 별지에 적어서 보내니, 헤아려 주시기를 간절히 바랍니다.
너무 소란스러워 안부의 예식을 갖추지 못합니다.
기[해]년 5월 4일에 기하(記下) 조의현은 절합니다.

이 편지는 1899년 5월 4일에 경주군수 조의현(趙儀顯)이 이중구(李中久)에게 보낸 《이중구가 5대 고문서, H708》이다.

자운(紫雲, 이중구)가에 소장된 조의현의 편지는 모두 1통이다. 앞 편지(H706, H707)의 작성자 김천수와 본 편지의 작성자 조의현은 신·구로 갈린 경주 군수다. 이 두 군수의 교체시기에 미납한 부세(賦稅)에 관한 다음과 같은 기록이 있다. 《승정원일기》 고종 37년(1900) 8월 24일자에 의하며, "기해년 조(條)의 전 경주 군수(慶州郡守) 조의현(趙儀顯)과 김천수(金天洙)에 대해서는 교체하던 시기의 미납한 부세 책임을 한 사람에게 묻기 어려우니, 또한 법부(法部)로 하여금 잡아다 자세히 조사하게 하여 실제 수량대로 봉납하게 해야 하겠습니다"라는 기사가 있다. 이에 의거하면, 지방 수령은 교체된 뒤 부세의 미납이 발견될 경우, 위 기사에서처럼 그 책임자로서 이를 변제하거나 아니면 이 일이 사실이 아님을 법정에서 밝혀내야 한다. 강제 수납당하기도 하고, 법정에서 억울함을 밝히는 일들이 조선 말기에 빈번하게 발생하고 있음을 여러 수령의 교체기에서 확인할 수 있다.

이 편지에서는 지방 수령이 군의 현안이 발생할 때, 군의 어떤 특정인들과 상의하여 그 문제를 해결하고 있는 풍습과, 그 회의에 참석 대상자도 상대방에게 미리 알려주고 있는 사실을 살필 수 있다.

조의현은 《승정원일기(承政院日記)》에 따르면, 광무 2년(1898) 12월 27일에 경주 군수로 임용되었다는 기사가 있다.

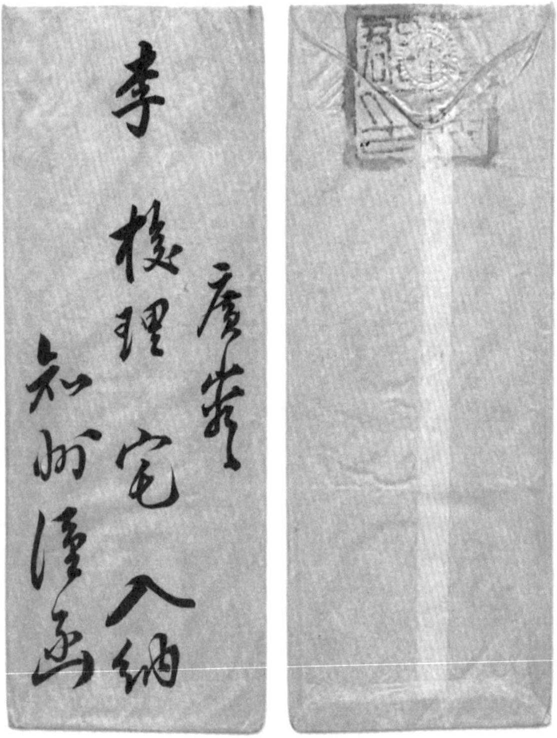

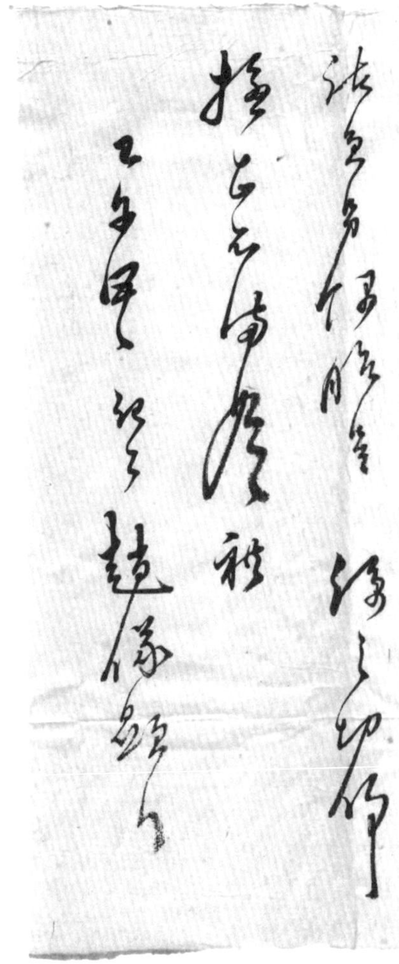

41.0×25.0

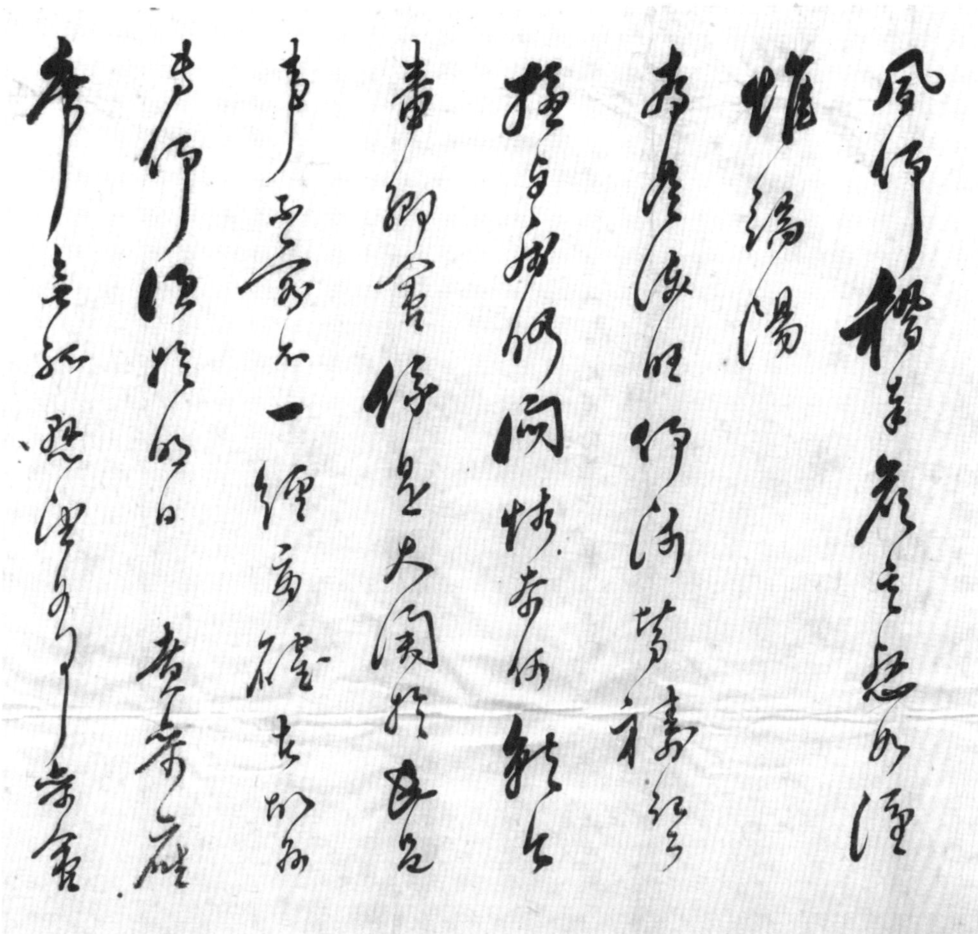

37 강태형(姜台馨, 1843~1911) 1899년 8월 23일

세 고을의 민정을 맡은 수령(守令)의 고민과 옥사(獄事) 청탁 거절

頃於十四日, 清河路上, 伏承
下函, 慰如奉晤. 更伏審霖餘,
靜軆候連爲萬安, 伏溸區區無
任頂悅. 生月餘寧海, 多般
喫苦, 路逢延日之兼務, 三邑事
務, 無以掣肘, 而又當民獄, 方
行檢査, 自多愁惱耳.
教下拜悉, 而金元伊金鶴伊
就當無事妥帖, 而裵用述從當
嚴處, 永杜後弊矣.
下諒若何. 悤悤不備上謝禮.
己亥八月卄三日, 生姜台馨再拜.

지난 14일에 청하(淸河, 경북 포항시 청하면에 있던 현(縣)) 길에서 보내주신 편지를 받으니 직접 만난 듯이 위로되었습니다. 장마 끝에 정양하시는 몸이 모두 편안함을 알았으니 매우 위로됨을 가눌 수 없습니다.

저는 한 달 남짓 영해(寧海)에 있으면서 여러 가지 고생을 겪었는데 길에서 연일(延日)까지 겸해 맡으라는 명령을 받았습니다. 세 고을을 다스리는 일에 특별히 걸리적거리는 것[掣肘]은 없으나 또한 백성의 옥사(獄事)를 만나 조사하느라고 고민이 많습니다. 부탁하신 말은 잘 알겠으나 김원이(金元伊)와 김학이(金鶴伊)는 당연히 무사히 해결될 것이지만, 배용술(裵用述)은 당연히 엄격히 처리하여 후일의 폐단을 영원히 막아야 합니다. 그렇게 이해하시는 것이 어떻겠습니까. 바쁜 중에 이만 줄이고 답장을 올립니다.

기해년(己亥年, 1899) 8월 23일에 생(生) 강태형(姜台馨) 재배(再拜).

1899년 8월 23일에 흥해군수(興海郡守) 강태형(姜台馨)이 이중구(李中久)에게 보낸 편지《이중구가 5대 고문서, H673》이다. 자운(紫雲, 이중구)가에 소장된 강태형의 편지는 모두 4통이다. 본 편지는 강태형이 흥해 군수로 근무할 때 이중구에게 보낸 것으로 추정된다. 편지 말미에 자신을 생(生)이라 칭한 것은 존귀한 사람에게 자신을 낮추어 사용하는 표현이다.

강태형이 영해(寧海)에 있으면서 연일(延日)까지 세 고을의 겸무(兼務)를 맡아 다스리며, 특히 옥사(獄事)가 문제 거리였는데 이중구의 부탁이 있었던 것으로 보인다. 이에 대하여 김원이(金元伊)와 김학이(金鶴伊)는 무사히 해결이 될 것이지만, 배용술(裴用述)은 엄격히 처리할 것이라고 하여 부탁을 들어주지 않고 있다. 옥사 청탁을 거절하는 강태형의 단호한 모습을 살펴볼 수 있다.

'겸무(兼務)'는 겸관(兼官)으로, 지방 수령 중 변고 등으로 결원이 생겼을 때, 인근 고을의 수령이 결원이 채워질 때까지 겸임하는 것을 말한다.

강태형은 아버지가 강호영(姜灝永)이다. 본관은 진주(晉州이며, 1911년까지 69세를 살다 간 관료이다. 고종 10년(1873)에 식년시(式年試) 을과(乙科) 2위로 급제하였고, 《승정원일기(承政院日記)》에 의하면 1898년 4월 4일에 흥해군수(興海郡守)로 강태형(姜台馨)을 임명한다는 기사가 있다. 해직된 날짜는 나와 있지 않고 1900년 3월 17일에 중추원 의관(中樞院 議官)에서 면직되었다. 이를 참조하면 본 편지는 강태형이 흥해군수로 있으면서 영해(寧海)와 연일(延日)까지 맡아서 겸관(兼官)으로 근무할 때 이중구에게 보낸 것으로 추정된다.

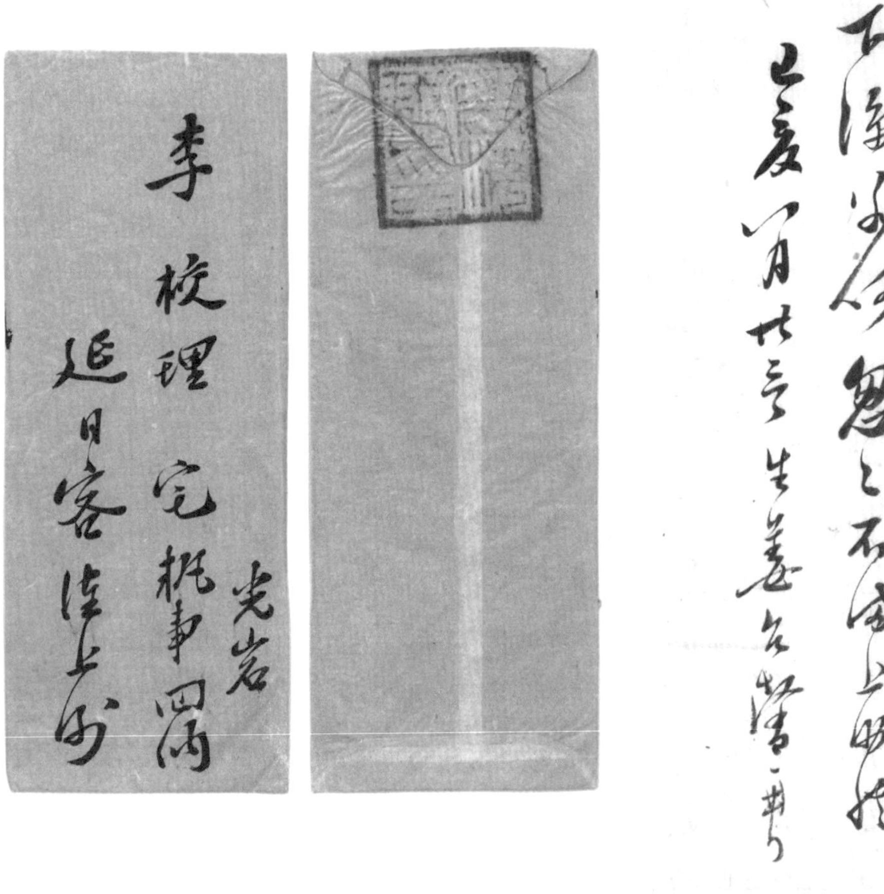

32.1×24.5

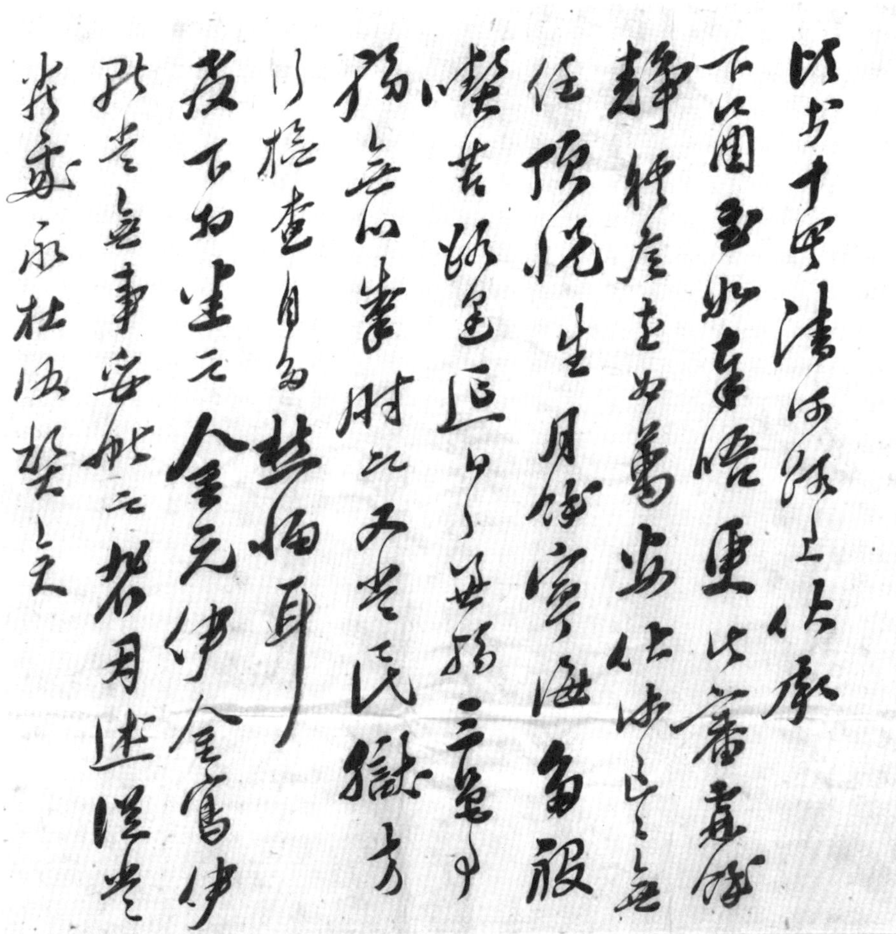

4

시세에 부침하는 관료의 편지 Ⅱ

38 권상문(權相文, 1850~1931) 1900년 11월 19일 군수로 부임하는 길의 감회

釜港

惠問, 已屬多月, 間嘗披閱, 以爲

一唔之資. 然古云十書不如一面,

儘此之謂歟. 謹詢比寒,

服體萬衛. 向來蓬萊之行,

亦果非尋眞誤入耶? 好呵好呵. 弟

一麾之餘, 百辱侵身, 誓無他慮

矣. 近蒙密陽

恩除, 感懷無已, 而又豈非滄

浪也. 今以赴任次, 三宿海上, 船

眩生病, 昨朝下陸者, 尙未振作.

爲先自取也, 復誰爲尤. 以再明日

莅郡計耳. 貴郡久曠之餘,

始出新官, 而巨弊之局, 官又與

弟有異他人, 實多仰慮. 早晏

必當遣吏傳喝矣. 視若看

弟, 以爲相得之地, 如何如何. 弟亦

早晏間, 似有審行, 而未可的

知. 餘在續后, 不備上.

庚子至月十九日, 弟權相文二拜

光彦友善兩兄許, 忙未書,

此意轉及之, 切仰切仰.

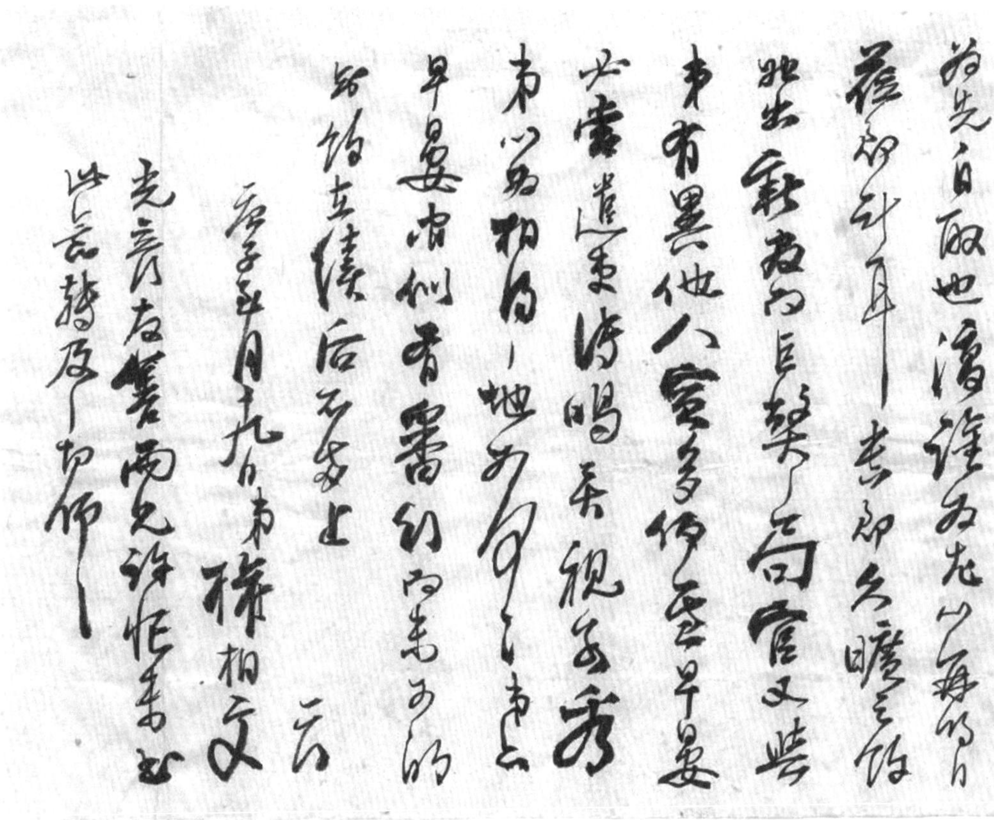

61.0×23.5

부산항에서 보내주신 편지[惠問][1]는 벌써 여러 달이 지났으나 간혹 펼쳐 읽으며 한 자리에서 대화를 나누는 것으로 삼고 있습니다. 그러나 옛날 말이 열 장의 편지가 한 번 얼굴을 맞대는 것보다 못하다는 말은 참으로 이를 두고 한 말인 듯합니다.

추워지는 날씨에 상중의 기력 더없이 편안하신지 삼가 묻습니다. 지난번 봉래산(蓬萊山, 금강산의 별칭) 여행은 역시 봉래산이라고 찾아간 곳이 과연

1) 보내주신 편지(惠問) : 혜(惠)는 상대방이 나에게 보내 준 것을 존경의 말로 표현한 것이고, 문(問)은 편지나 소식 등을 이르는 말이다. 곧 상대가 보내준 편지를 이렇게 말한 것이다.

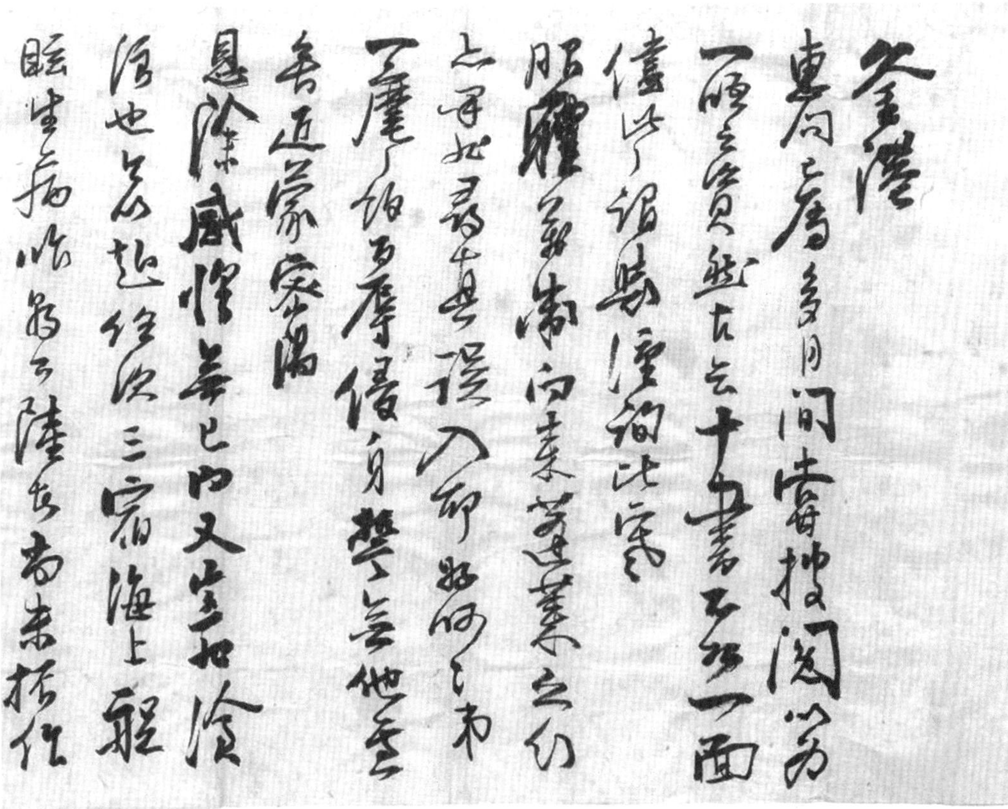

엉뚱한 산을 찾은 것은 아니었는가요? 우습고 우습습니다.

저는 한차례 고을 수령을 지낸 일[一麾之餘][2]로 온갖 치욕이 몸을 할퀴나[3] 맹세코 다른 생각은 없었습니다. 근래 밀양(密陽) 군수의 은혜로운 발령을 받게 되니 끝 모를 감회가 일지만 또 어쩌면 창랑가(滄浪歌)[4]가 아니겠습

---

2) 한차례 고을 수령을 지낸 일[一麾之餘] : 휘(麾)는 깃발이자 그것을 휘저음을 나타내는 동사이다. 곧 경주 군수를 역임한 것을 한 차례 깃발을 휘저은 것이라고 말한 것이다.

3) 온갖 치욕이 몸을 할퀴나 : 경주 군수 시절 공금 누락 혐의로 면직되어 서울에서 그에 대한 재판을 받았고, 이 일 외에도 1899년 09월 14일의 평리원판사 윤필(平理院判事 尹泌)의 판결에 따르면 권상문이 재임 중 군민의 돈을 횡령한 혐의의 재판이 진행되었다. 그것을 벗어나 다시 밀양 군수로 임명 되었으니 당시 권상문의 심정을 짐작할 수 있다.

니까.

지금 부임 차 바다에서 사흘 밤을 묵었더니 뱃멀미로 병이나 어제 아침에 배에서 내렸으나 아직 기운을 차리지 못하겠습니다. 우선은 내가 만든 일인데 다시 누구를 원망하겠습니까. 모레쯤 군에 부임할 요량입니다.

귀군(貴郡, 여기서는 경주)은 군수 자리가 오랫동안 비었던 끝에 비로소 막 새 군수가 부임하였으나 크게 무너져 있는 관서이고, 군수마저 또다시 저와는 파가 다른 남[5]이라서 실제로 이런저런 생각이 많습니다. 조만간에 반드시 아전을 보내 인사[傳喝] 드릴 것이니, 저를 보듯이 보아 서로 마음 맞는 사이가 되는 것이 어떻겠습니까. 저 역시 조만간에 찾는 걸음을 할 것 같으나 꼭 언제일지는 모르겠습니다.

남은 말은 다음 편지에 하겠습니다. 다 갖추지 못하옵니다.

경자년(庚子年, 1900) 11월 19일에 권상문은 두 번 절하옵니다.

광언(光彦, 李庭久)과 우선(友善, 李在立의 아우 在竝) 두 형에게는 바빠서 편지 쓰지 못하옵니다. 이 마음을 전해주시기 간절히 바라고 바랍니다.

1900년 11월 19일에 권상문(權相文)이 이중구에게 보낸 편지《이중구가 5대 고문서, C252》이다. 권상문은 이중구에게 경주군수 시절부터 초야에서 지낸 1906년까지 모두 83통의 편지를 보내왔다. 이중구와 많은 편지를 주고받은 사람 중의 한 사람이다. 권상문은 경주군수 재임 중 세금 공납 관계로 면직되며 시달리다 혐의 없음을 인정받고 다시 밀양군수에 임명되었다. 이 편지는 밀양군수로 임명되어 부임하는 길에 쓴 편지다. 권상문이 이런 어려움 끝에 임명된 밀양군수직을 위해 부임하는 길에 이중구의 봉래산(蓬萊山) 관광을 혹시 엉뚱한 곳을 찾아 봉래산인 줄 알고 관광하지 않았느냐고 너스레를 떤 것이다. 봉래산은 본래 신선이 산다는 전설상의 산으로 인간이

---

4) 창랑가(滄浪歌) : 이는《맹자(孟子), 7, 이루 상(離婁上)》에서 '창랑의 물이 맑으면 내 갓끈을 씻고, 창랑의 물이 탁하면 내 발을 씻는다.[滄浪之水淸兮, 可以濯我纓, 滄浪之水濁兮, 可以濯我足.]'에서 기원한 말로 모든 것이 결국 내 할 탓이라는 말뜻으로 쓰인 듯하다.

5) 파가 다른 남 : 이중구가 면직된 한 참 뒤에 조의현(趙儀顯)이 임명되어 부임하였다. 이 사람이 서로 파당이 다른 사람이라는 뜻이다.

범접할 수 없는 신성한 산이기에 한 말이다. 그래서 인간인 너 이중구가 혹여 엉뚱한 산을 관광하는 우를 범하지 않았느냐는 우스개이다. 서로의 격의 없는 친근함이다. 경주군수 재임시절 이중구 요청에 의해 산방기(山房記)를 짓기도 하였다. '다른 생각은 없었다.'는 말은 경주군수 시절 자신이 절대 허튼 생각 품지 않았다는 자신감이자 지금 밀양군수에 임명된 것이 그 증거라는 말이다.

광언 이하의 말은 추신(追伸)이다. 예전부터 추신은 편지의 한 형식으로 존재했다. 두 사람과 직접 관계없는 발신인에게만 해당하는 말일 경우 이렇게 추신으로 처리하거나, 선물을 보낼 때 추신으로 처리하는 것을 볼 수 있다. 권상문은 편지 말미에 자신의 수결을 가끔 쓰는데 그 수결이 참 아름답다.

권상문은 철종 원년(1850년)에 경북 봉화(奉化) 유곡(酉谷)에서 태어나 1931년에 떠난 지방 고을의 수령이자 독립운동가. 본관은 안동(安東), 자는 목여(穆如), 호는 경재(耕齋) 또는 해창(海蒼)이다. 《승정원일기》에 의하면 고종 33년(1896년) 6월 22일부터 35년(1898년) 12월 8일까지 경주군수(慶州郡守)를 역임하고, 이어 37년(1900년) 10월 밀양군수에 임명되어 1902년 공금 미납 혐의로 구금되었다. 경주군수 시절에 미납한 금액과 밀양군수 시절 금액이 도합 14만 냥에 달해 많은 고초를 겪었다. 이후 독립운동에 참여해 파리평화회서(巴黎平和會書, 파리장서)에 서명하였다. 독립운동에 참여한 일로 1995년 건국 포장이 추서되었다.

39 박병익(朴炳翌, ?) 1901년 2월 18일
하인을 믿었던 조선 사회의 금전거래

省式言.
賢閤夫人祥朞在邇,
悲酸之痛, 想益難抑矣.
謹承審花辰,
服中體候萬旺, 寶覃勻
休, 仰慰且頌之至. 生日以公
擾爲惱也耳. 凝倅
書中百緡銅事, 卽爲出給
貴隸, 考領如何. 惠饋甘鱗
雖領, 還甚不安耳. 餘不
備謝禮.
辛丑仲春旬八日, 生朴炳翌拜謝.

인사를 생략하고 올립니다. 현합부인(賢閤夫人, 수신자 이중구의 부인) 상기(祥朞, 소상)[6]가 가까이 다가오니 비통한 마음을 더욱 억제하기 어려우실 것입니다.

꽃피는 때에 삼가 편지를 받고 상복을 입으신 몸이 모두 편안하며 가족들도 누루 잘 계시다는 것을 알게 되어 매우 위로되며 감축이 됩니다.

저는 날마다 공무의 잡다함으로 머리를 싸매고 있을 뿐입니다. 응천(凝川, 밀양) 수령의 편지 중에 말한 1백 민동(緡銅)은 즉시 귀하의 하인에게 주었으

6) 상기(祥朞, 소상) : 이중구의 부인 숙인(淑人) 밀양 손씨(密陽孫氏)는 1900년 2월 28일에 서거하였으므로, 이 편지가 쓰인 1901년 2월 18일은 밀양 손씨의 소상 직전이다.

니 살펴 받으시는 것이 어떻습니까. 보내주신 맛 좋은 생선은 비록 받았으나 도리어 매우 편치 않습니다. 나머지는 이만 줄이고 답장을 올립니다.

신축년(辛丑年, 1901년 2월 18일에 생 박병익(朴炳翊)은 절하고 답장 올립니다.

이 편지는 1901년 2월 18일에 경주군수 박병익(朴炳翊)이 이중구(李中久)에게 보낸 《이중구가 5대 고문서, H275》이다.

응천(凝川, 밀양) 수령의 편지 중에 1백 민동(緡銅)은 즉시 귀하의 하인에게 주었으니 살펴 받으라고 하였다. 1백 민동이 얼마 정도의 값에 해당하는지는 정확하지 않다. 그러나 수령을 통해 주고받은 돈이 적은 양은 아닐 것이다. 이 큰 현금을 종을 통해 주고받는 것은 당시 조선의 선비 사회의 관행이었다. 그만큼 주인과 노비가 한 몸이었음을 알 수 있는 징표다. 또 평생 돈이란 말을 입에 올리지 않고 올릴 일이 있으면 '저 물건'이하 했다는 선비가 있었다는 일화가 전하기도 한다. 토지거래에서 조차 하인 이름이 등기에 등재되고 있음은 많은 고문건의 매매문서에서 확인된다. 모두 흘러간 옛 시대의 문화다. 편지 중의 '凝'은 응천(凝川)으로, 밀양의 옛 이름이다.

박병익은 생몰년 미상의 관료이다. 밀양군수(密陽郡守), 경주군수(慶州郡守, 1900.10.17.~1901.6.2)를 역임하였다. 본 편지는 경주군수로 있을 때 보낸 것이다. 《승정원일기(承政院日記)》에는 고종 37년 경자(1900) 10월 17일(양력 12월 8일)에 경주군수(慶州郡守)로 박병익(朴炳翊)이 임용되고, 고종 38년 신축(1901) 6월 2일(양력 7월 17일)에 경주군수(慶州郡守) 박병익(朴炳翊)이 중추원 의관에 임용된 사실이 보인다. 따라서 작성일인 '1901년 2월 18일' 당시에는 박병익이 경주군수에 재임하고 있음을 알 수 있다.

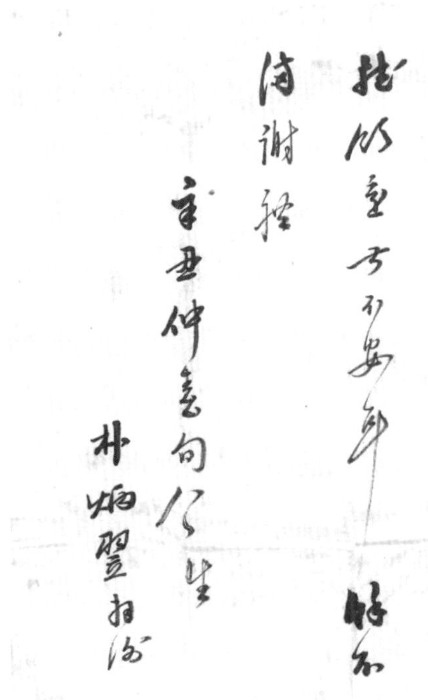

47.3×22.8

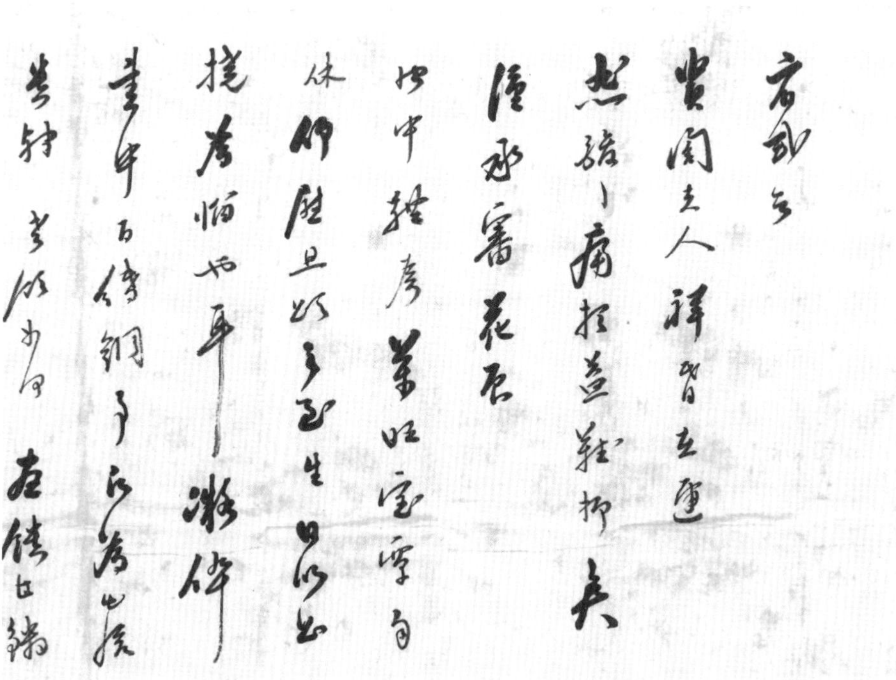

40 황석(黃淅, 1856~ ?) 1902년 12월 20일 사적 인사를 차릴 여유가 없는 무관의 바쁜 나날

慕仰恒切憧憧, 卽拜
惠翰. 溢幅情話, 傾肚繡畫,
眞是洛城舊面目也. 再三圭
復, 神豁牙香, 不覺紙上
生毛. 伏審玆者,
兄體在旅萬旺, 何等仰賀仰賀. 弟
素以庸陋資稟, 冒參軍
隊, 雲遊西南, 昨冬移節本隊.
卽自赴任之日, 先試程道, 則此距
月城, 未過宿舂云. 故意謂一者
奉拜, 穩攄於往年奔走之懷,
晝宵計筭矣. 又値分隊獨
駐, 事勢正無暇況. 幸於因公,
其間作大隊之行, 果有數度矣.
每到瞻星坮下路, 翹首東天, 仰
想吾兄之雅亮. 便風無噓, 梯
月難期, 自誦尤切, 悵然卽歸,
豈曰無如渴之歎乎. 只以旅狀
姑依, 所帶隊務, 別無見警. 抵
此歲暮, 鄕國之懷, 有時難
抑. 餘只希續信, 留. 不備謝上.
餞迓萬祉.
壬臘月卄日, 弟黃淅拜謝拜謝.

사모해 우러름이 늘 마음에 동동거려 절실하던 중 은혜로운 편지를 받았습니다. 서폭에 가득 넘쳐나는 정겨운 말씀은 가슴속의 마음을 아름다운 색실로 수놓은 듯, 참으로 서울에서의 옛 모습이었습니다. 백규시(白圭詩)[7]를 반복하듯 두 번 세 번 읽다 보니 정신이 환해지고 입안에 향기가 돌며 편지지에 보풀이 일어남을 알지 못했습니다.

삼가 이때 형의 건강이 객지에서 한껏 편하시다니 이 얼마나 우러러 축하할 일입니까.

저는 본래 용렬하고 누추한 자질로 군대에 뛰어들어 서남쪽을 구름처럼 떠돌다 지난겨울에 본대[8]로 옮겨 근무하게 되었습니다. 부임한 날부터 우선 길을 어림했더니 이곳에서 경주까지 하룻밤을 넘지 않는다고 하였습니다.

그래서 한 차례 찾아뵙고서 지난날 가슴에 분주히 오갔던 회포를 하나하나 풀어보리라 생각해 밤낮으로 그 생각만을 했었습니다. 그런데 또다시 군대를 나누어 홀로 주둔하게 되니 일머리의 형편이 겨를을 낼 정황이 없습니다. 다행히도 공무로 그사이 대대(大隊)에 갈 일이 있었던 것이 몇 번 있었습니다.

첨성대(瞻星臺) 길에 이를 때면 동쪽 하늘로 머리와 몸을 돌리고 우리 형의 우아하고 진실됨을 우러러 생각하였습니다. 그러나 순풍이 불어주지 않아 월성으로 찾아 뵐 인연을 마련할 길이 없었습니다. 혼자서 기리는 생각만 더욱 간절해져 서글피 돌아오곤 하니 어찌 갈증 같은 탄식이 없었겠습니까. 다만 객지에서 지내는 정도가 그럭저럭 예전 대로이고 책임하고 있는 군대 일도 별다른 놀랄 일은 없습니다. 해가 기울어가는 때를 만나니 고향 생각을 때때로 억제할 수 없습니다.

---

7) 백규시(白圭詩) : 《시경, 억(抑)》편의 시"흰 옥의 티는 갈아 낼 수 있지만 잘못된 말은 해볼 도리가 없다.(白圭之玷 尙可磨也 斯言之玷 不可爲也)"라는 시를 이른다. 공자의 제자 남궁괄(南宮括 南宮适)이라고도 함)은 이 시를 하루에 세 번씩 읽자 공자가 그의 말조심하려는 성품을 높이 사 형의 딸을 시집보냈다는 말이 《논어, 남용(南容)》편 첫머리에 실렸다. 여기서는 상대의 편지를 이렇게 귀하게 읽는다는 뜻이다.

8) 본대 : 이 편지의 피봉 주소에 '울산 부대에서 올리는 답장 편지(蔚隊謹謝函)'라는 말에서 울산으로 추정한다. 경주와의 거리가 하룻밤 길이라는 말도 그 증거다.

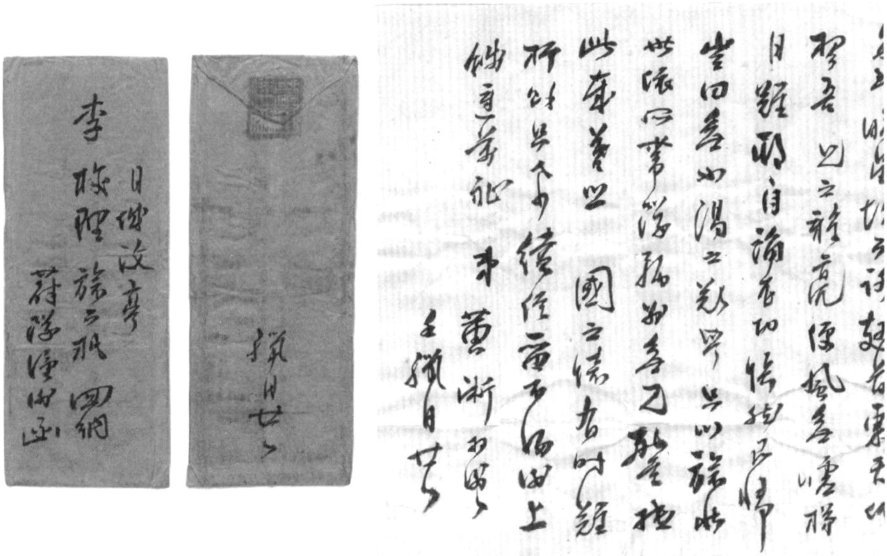

65.5×24.5

남은 말씀은 다음 편지에 기대하며 여기서 붓을 놓습니다. 다 갖추지 못하고 답장의 편지를 올립니다.

해를 보내고 맞는 일이 모두 복스러우십시오.

임인년(1902) 12월 20일에 제(弟) 황석은 두 번 절하고 답장을 보냅니다.

1902년 12월 20일에 울산(蔚山)의 분대장(分隊將)으로 있던 황석(黃淅)이 이중구에게 보낸 편지 《이중구가 5대 고문서, B359》이다.

황석이 이중구에게 보낸 편지는 모두 6통이다. 황석은 무신이다. 그런데 지금 보듯이 글씨의 유려함과 문장의 능숙함을 알 수 있다. 본래 무관의 무과 시험에 무경칠서(武經七書)가 있어 병서(兵書)를 공부하지 않으면 무과에 급제할 수 없다. 충무공 이순신의 《난중일기》에서 보듯 조선시대 말까지 이 전통이 유지된 것이다. 이것이 그가 후일 문관의 길로 들어서 탁지부 재무관(度支部財務官)으로 발탁되고 강릉재무서장(江陵財務署長)을 지낸 이유이기도 하다. 또 이것이 교리(校理)를 지낸 이중구와 친교를 맺게 하였을 것이다. 황

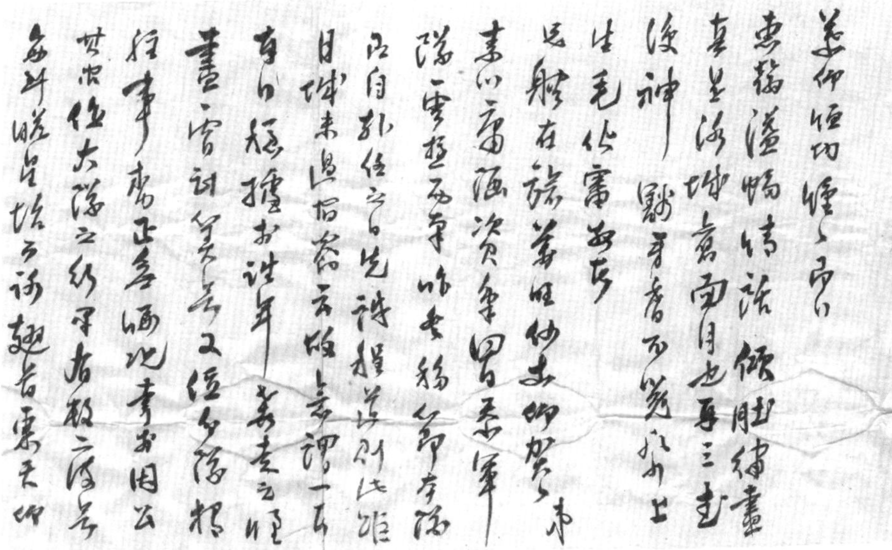

석의 군대 계급 부위(副尉)는 지금의 중위(中尉)에 해당하고 직급은 7급이다.

편지 속의 순풍이 불어주지 않았다는 탄식은, 공무를 집행하기 위해 경주를 오가는 중에 광암(廣巖)에 갈 수 있는 운명적인 기회가 만들어지지 않았음을 이른 말이다. 울산에 부임하여 제일 먼저 경주와의 거리를 물어 예전 서울에서 만났던 경주의 이중구를 떠올렸으면서도 한 번도 만났다는 편지가 없다. 이는 무관직 수행이 문관직 수행에 비해 자리를 비울 수 없는 제도적인 문제가 있음을 상기할 수 있다. 발신일의 임랍(壬臘)을 임인(壬寅)년 섣달로 추정한 것은 《승정원일기》에 황석의 벼슬 이력이 고종 35년(1898년) 무술(戊戌)년에서 1907년 정미(丁未)년까지여서이다.

황석은 철종 7년(1856년)에 태어나 무관직에 투신하여 울산(蔚山)에서 재직하며 육군 부위(副尉)에 오르고, 탁지부 재무관(度支部財務官)으로 변신하여 강릉재무서장(江陵財務署長)을 지낸 무신이자 문신이다. 본관은 장수(長水)이다.

41 장화식(張華植, 1853~1938) 1904년 4월 18일
지역 사회에서 올리는 호소문의 진실은?

伏拜審梅雨新晴,
仕體上升旺, 仰頌且禱. 戚弟分
外重任, 只切悚懍, 而惟幸京鄉
諸眷無警耳.
示事謹悉, 而已於日前, 貴郡等訴,
來呈法院. 此乃伸救朴令之訴也, 第
竢裁判之意爲題. 然而見其列名, 則
/崔參奉兄與光彥兄入參也, 心甚訝
之矣. 今見兄書, 則可知其眞出於
司馬所公議耳. 救郡守之訴, 又來
京中云. 果然則民訴, 亦不可准信也.
兩造對質後, 從法措處矣,
類諒若何. 擾甚, 不備謝上.
甲辰四月十八日, 弟張華植拜拜.

삼가 매우(梅雨)[9]가 막 갤 참에 사체(仕體) 점차 좋아지신다는 편지를 받아 드니 우러러 기리며 또 빌던 바입니다. 인척 아우는[戚弟][10] 분수 이상의 중책[11]을 맡게 되니 다만 죄스럽고 떨리는 마음만 짙어집니다. 다행스러운

9) 매우(梅雨) : 매실이 익어갈 무렵에 내리는 비. 보통은 음력 5월을 이르는데 이 편지는 4월에 써 진 것이다.
10) 인척 아우(戚弟) : 이성(異姓) 사이의 형제 사이에 나이가 적은 사람이 자신을 이르는 말. 동성(同姓) 사이에는 족제(族弟)라 한다. 이성은 주로 외가 처가의 사람을 이른다.
11) 분수 이상의 중책 : 장화식은 이해 4월 5일에 육군법원장(陸軍法院長)의 발령을 받았다.

것은 서울과 고향의 가족들에게 놀랄 일이 없음입니다.

말씀하신 일은 삼가 사실을 잘 알았습니다. 이미 일전에 귀군 지역의 호소가 법원에 올라왔습니다. 그것은 박 군수[朴倅][12]의 옳음을 주장하여 구원하려는 호소였기에, 재판소의 판결을 기다려야 한다는 뜻으로 판결하였습니다. 그러나 나열된 이름을 살펴보니 최 참봉(崔參奉) 형과 광언(光彦) 형의 이름이 참여되어 있어 마음에 매우 의아하였습니다. 지금 형의 편지를 보고서야 그것이 사마소(司馬所)[13]의 의론에서 나왔다는 것을 알 수 있었습니다. 군수를 구원하려는 호소는 또 서울에도 와 있다고 합니다. 과연 그렇다면 백성들의 호소 역시 준신할 수 없습니다. 원고와 피고가 대질한 뒤에 법에 따라 조치할 것이니 굽어 짐작하심이 어떻겠습니까.

분답함이 심하여 답장의 예를 다 갖추지 못합니다.

갑진년(甲辰年, 1904) 4월 18일에 제(弟) 장화식(張華植)은 절하고 절합니다.

1904년 4월 18일에 장화식(張華植)이 이중구에게 보낸 편지 《이중구가 5대 고문서, G481, G482》이다. 이때 경주 군수 박모를 두고 오간 편지는 박선빈(朴善斌)의 편지 《이중구가 5대 고문서, C329》 에서도 이중구와 서로 다른 의견을 보이고 있음을 살필 수 있다. 이 편지도 경주 군수를 구원하고자 하는 경주지역 사마소의 호소를 장화식이 이해하지 못하겠다는 태도다. 경주 군수라는 문관 사건이 왜 무관의 법정 육군법원장(陸軍法院長)과 서로 관련지어지는지는 당시 재판 체계를 알 수 없어 짐작할 길 없다. 이 편지는 두루마리가 아닌 규격화 된 종이에 쓰인 편지다. 형식의 변전이 이루어지고 있음이다.

《조선 대한제국관보, 제2792호》

12) 박 군수(朴倅) : 여기서 영(倅)은 종5품에서 정8품까지 관원을 이르는 말. 다만 편지의 말이 군수를 지칭하고 있어 박 군수로 번역하였다.

13) 사마소(司馬所) : 지방 고을 별로 사마시에 합격한 생원과 진사들이 구성한 자치기구. 기록상으로는 선조 연간에 없어진 것으로 나타나 있으나 1904년대까지 지방에서 버젓이 행세하고 있음을 볼 수 있다. 이렇게 중앙의 법 집행이 지방에 미치지 않는 예는 허다하다. 《매산집, 제2권》 5월 13일에 풍영정을 찾아서 〈五月十三日尋風詠亭〉라는 시 제목에 풍영정은 경주의 사마소라고 하였다.

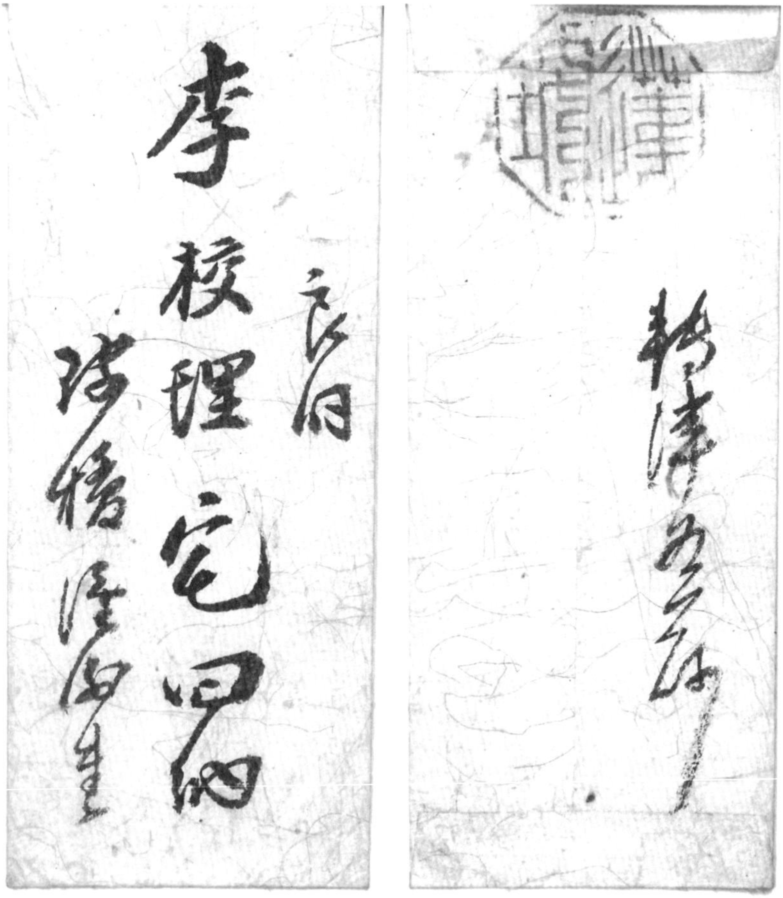

장화식은 철종 4년(1853년)에 태어나 문관과 무관직을 넘나들다 1938년에 죽은 관료이다. 본관은 인동(仁同), 자는 병숙(丙淑), 호는 학암(鶴巖)이다. 1891년 통훈대부(通訓大夫)가 되고, 이어 봉화 현감(奉化縣監)과 영덕 현령(盈德縣令)을 지냈다. 1897년에 참령(參領)에 승진하고, 1900년 육군 부령(陸軍副領)으로 승진하여 원수부 군무국부장(元帥府軍務局副長), 1902년 한성부 판윤에 임명되며 한성부재판소 수반판사(漢城府裁判所首班判事)를 겸임

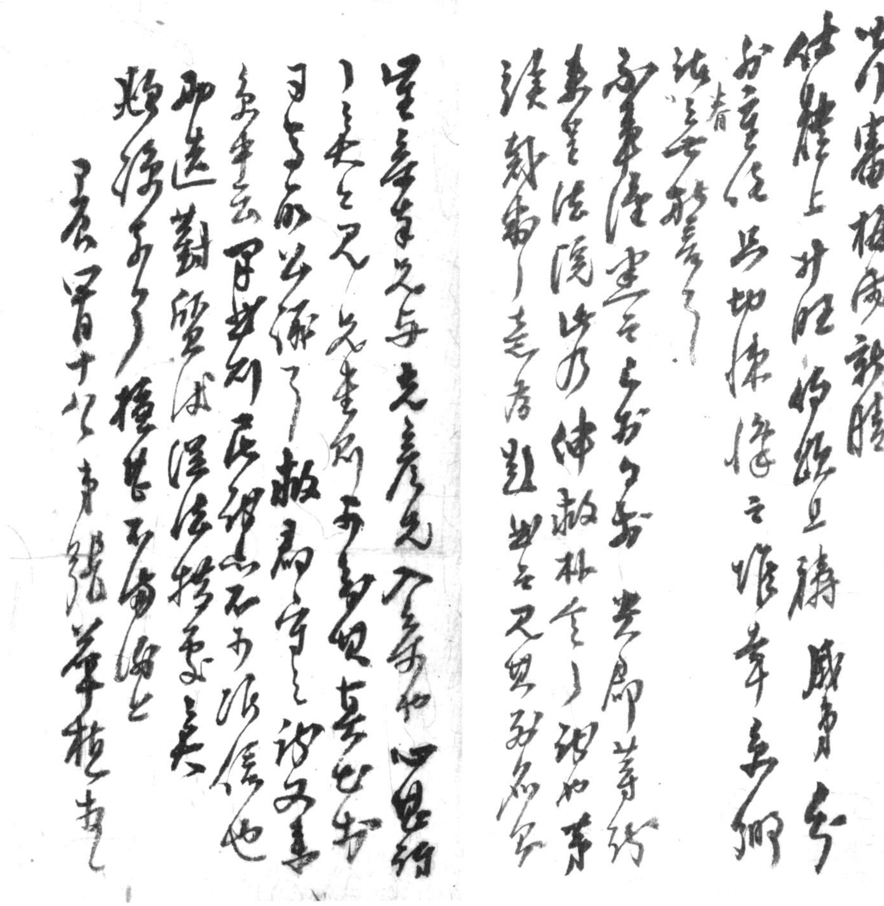

14.0×24.3 2장

하고, 1904년 육군법원장(陸軍法院長)을 역임하며, 육군참장(陸軍參將)에 올랐다. 1905년 총판사무서리(總辦事務署理), 통신원총판(通信員總辦), 군부 군무국장(軍部軍務局長) 등을 역임하였다.

42 송병학(宋秉學, 1853~1928) 1906년 10월 25일
굳게 궁함을 참고 글을 읽어 후일을 대비하라

八晦留達城, 兩度
惠書, 次第承拜, 情注勸勉,
戀戀有不忘之意. 顧以無似, 何以
得此, 感荷之餘, 愧悚居多.
因以御者東歸, 便人隨阻,
尙未修謝, 滿心悵缺, 倘復
何如. 歲色將暮, 陽生又近, 天
時往還, 固自如是, 何獨人事
無其理乎. 幸須固窮讀書,
蘊櫝待價, 以爲他日需用之
資, 如何如何. 伏惟比寒
兄體事萬旺, 庇節一安, 仰
溯且頌, 不任遠私. 弟一味病
劣, 視得宿樣, 而許多愁亂, 白
髮復白, 天下之白, 無如我髮
之白, 此可以勝人而誇道耶. 奉
呵奉呵. 近以柴政之艱, 廢闔外
舍, 入處妾室上間, 其狹窄
壅鬱, 有不可言. 而晝以兒喧,
夜以砧亂, 所謂看字亦不得
安靜, 無非可歎. 奈何奈何. 向來
送兄後, 自不勝缺然, 構
得別章一律. 故玆仰呈, 望

須領情, 隨便俯和, 如何. 餘
手戰, 方苦艱草. 不備謹
候禮.
丙午陽月卄五日, 弟宋秉學拜拜.

8월 그믐에 달성(達城)에 머무시면서 두 차례 보내주신 편지는 순서대로 받아보니, 권면하여 쏟아주는 정과 연연해하시며 잊지 못하시는 마음이 있으셨습니다. 돌아보건대 보잘것없는 저 같은 사람이 어찌 이 같은 대접을 받게 되는지 감사한 나머지 부끄럽고 죄송한 마음이 많습니다.

동쪽 경주로 돌아가신 뒤 인편도 따라서 막혀 지금까지 답장을 못해, 가득히 미안한 마음 다시 무어라 말씀드리겠습니까.

한 해가 저물어 양생(陽生)[14]이 또 가까워오니, 자연의 순환은 진실로 본래부터 이와 같은데 어찌 유독 인간 세상사만 그러한 이치가 없겠습니까. 부디 곤궁함을 굳게 지키며 책을 읽고 실력을 쌓아서 쓰일 때를 기다려 훗날 등용될 바탕을 마련하시는 것이 어떻겠습니까.

삼가 요즈음 추운 날씨에 형의 건강 왕성하시고, 가족들도 줄곧 편안하실 것으로 생각 되니, 우러러 그립고 또 송축하며 멀리서 사사로이 사모하는 마음을 감당치 못하겠습니다.

저는 늘 병들고 졸렬하여 보기에는 예전의 모양이지만 수많은 시름과 혼란으로 흰 머리가 다시 하얗게 되어 세상의 어떤 흰 것도 나의 머리보다 희지 못할 것입니다. 이 머리칼만큼은 남보다 낫다고 자랑삼을 수 있겠습니다. 지나친 말인 듯합니다. 하하! 하고 웃으십시오.

최근엔 땔나무 구하기가 어려워 사랑채를 걸어 닫고 첩의 집 웃간(上間)으로 들어가 거처하는데 그 비좁고 답답함이 말할 수 없습니다. 낮에는 아이들

---

14) 양생(陽生) : 순음(純陰)의 달인 10월을 지나 동지가 되면 밑에서 일양(一陽)이 처음 생기는 지뢰복괘(地雷復卦)를 이루게 되는데, 그 괘상(卦象)은 땅속에서 우레가 울리는 것을 상징한다. 두보(杜甫)의 시 〈소지(小至)〉에 "천시와 인사는 날마다 재촉하여, 동지에 양이 생기니 봄이 다시 오네. (天時人事日相催 冬至陽生春又來)"라고 하였다.

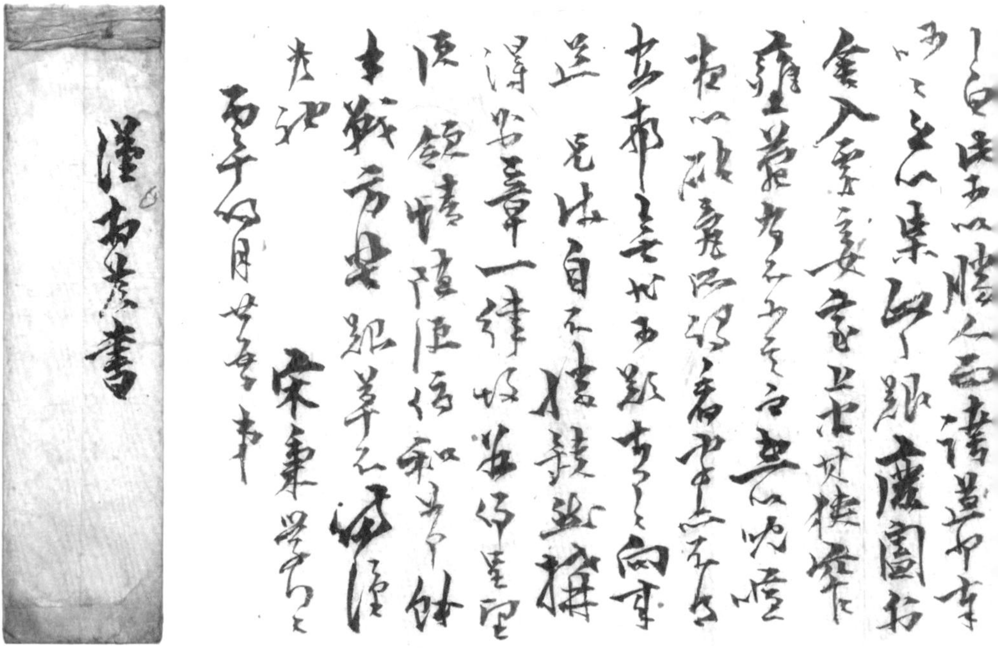

75.5×23.5

이 떠들어대고 밤에는 다듬이질 소리 때문에 이른바 책을 본다는 일이 안정되지 않으니, 어느 하나 탄식이 나오지 않은 것이 없습니다. 어찌해야합니까. 어찌해야합니까.

지난번 형을 전송한 뒤에 스스로 서운한 마음을 견딜 수 없어서 이별 시 한 편을 지었습니다. 그래서 이에 보내드리니, 바라건대 아무쪼록 정으로 받아주시고 인편이 생기는 대로 화답시를 보내주심이 어떻겠습니까.

나머지는 손이 떨려서 바야흐로 힘들게 간신히 적었습니다. 삼가 문안의 예를 갖추지 못합니다.

병오년(丙午年, 1906) 10월 25일에 아우 송병학은 절하고 또 절합니다.

이 편지는 1906년 10월 25일에 송병학(宋秉學)이 이중구(李中久)에게 보낸 《이중구가 5대 고문서, H197》이다.

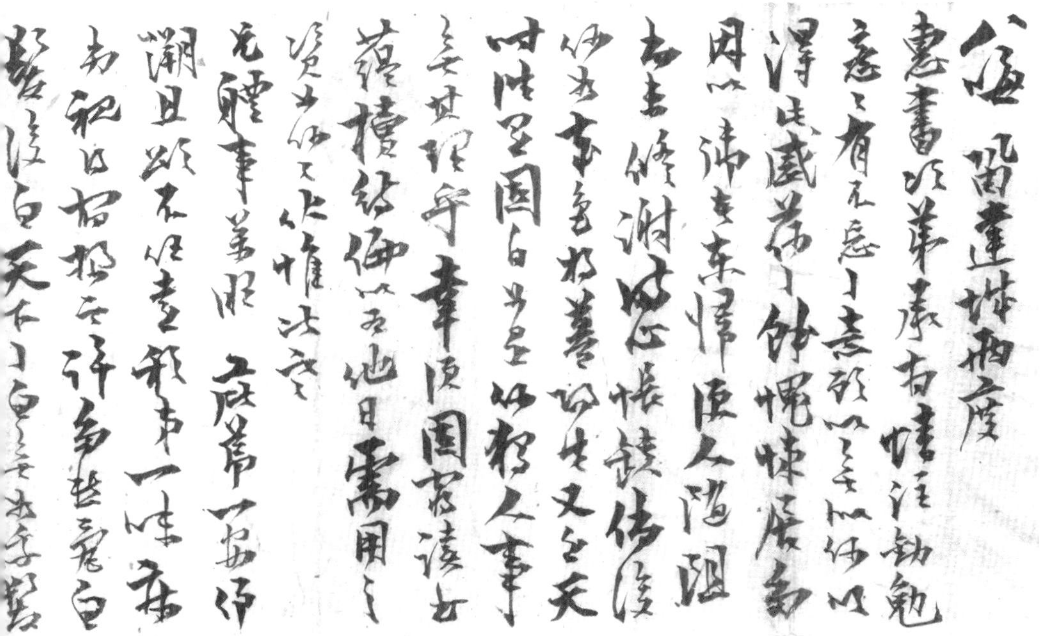

자운(紫雲, 이중구)가에 소장된 송병학의 편지는 모두 12통이다. 송병학은 1910년 국권을 강제로 빼앗긴 이후에 슬픔과 분노가 마음이 북받쳐 담배와 술로 괴로움을 달랬으며, 부역과 세금을 거부하고 세상에 나가지 않았던 인물이다.

송병학의 본관은 은진(恩津)이며, 자는 경열(景悅)이고, 호는 종호재(從好齋)이다. 고종 22년(1885) 서부도사(西部都事)에 천거되었으며, 고종 23년(1886) 34세의 나이로 병술정시문과(丙戌庭試文科)에 병과에 급제하여 본격적으로 관직에 나갔다. 이어서 승정원(承政院)의 사변가주서(事變假注書)가 되었으며, 이후 교리(校理)·장령(掌令)·선전관(宣傳官)·사직(司直)·승지(承旨)를 거쳐 성균관 대사성에 올랐다. 외직으로는 경주(慶州)·홍주(洪州)·광양(光陽)·임천(林川) 등지의 수령직을 거쳤다. 척신 민응식(閔應植)의 처남이기도 하다.

43 최현필(崔鉉弼, 1860~1937) 1909년 윤2월 14일 서울에 유학시킨 아들이 상투를 깎다

自秋徂冬, 非無一書仰候之路,
而江湖兩忘, 雲樹傷神. 頃因北
來便, 詳叩口槩, 則聞御者西
赴, 將奉還恩帕, 在臣子地, 何
等惶感. 窃伏念
聖駕南巡, 果是千載盛擧. 婦孺
匹庶, 咸知頂蘜祝天, 用蘄無疆
之休. 顧玆遐陬孤臣, 亦是舊日向
陽之花, 職當奔走肅讎, 祗謁
道傍. 而汽路行幸之期, 便若迅
雷, 不及聞, 且後時, 末由展誠. 杜
伏窮蔀, 悚懔曷已. 伏聞
侑祭之命, 出自
聖衷中曠感, 明王哲輔, 名賢良
將, 皆與其典. 至於吾慶, 則又非
他郡之例之比, 而儒林曠典, 乃於
尊先廟覩之矣. 鼓舞興起, 奚
但爲子孫地也. 窃計尊旆當幾
日於闕下矣, 幾日於路上矣. 還
稅果在那時, 而尊兄已六旬衰
年耳. 春寒甚獰, 歸臥東湖, 恐
不免衝冒受損之節矣. 伏審此
際
經體動止候休德萬旺否. 日下

光景, 憑諸傳說, 則渾失本來面
目云, 惡可信其的否. 而耳之者, 不如
目之者, 緣何而獲聞緒論也. 恩
侑之日, 定期已迫矣. 竊念王人不可
不餽饍, 賓客不可不供億. 際玆
金融世界, 公私俱困之日, 雖以盛
門鉅手, 似難免財絀力綿之慮矣.
柏悅之餘, 敢復控愚, 未知不以
爲猥屑歟. 頃聞冬間, 以娩憂, 有
費神思. 此不必追提, 而胤友果
能做好硬着本分上工程耶. 伏
溯願聞, 斷非常例也. 小弟泥
塗甲子, 輥到知非之年, 五旬
無聞, 殆是滄浪, 更誰怨尤哉. 經冬
餘縮, 春亦不伸, 只足拊躬自悼
而已. 兒子前秋赴京, 卒業於測
量科而回, 盖當初命送, 亶出
於保護先壠之故. 然迨其返面之
日, 頭容已變, 不覺愕然. 但念斷
者難續, 古人所歎. 而此則猶有
春草漸長之理, 待其櫛縱韜
髮, 然後是心可釋耳. 自餘兒屬,
僅無懸頉而已. 晩史老兄, 春初
過晬甲, 見其氣宇衰鑠, 心甚
愍然. 今因裸將之辰, 擬並笻聯
進, 獲瞻縟儀, 退以其私攄盡
積阻之悵, 又豈非缺界樂事. 而
偶嬰觸冒, 宿崇更發於數年
之後, 百方調攝, 僅塞其源. 然
餘悸驚心, 末由生意於稠廣

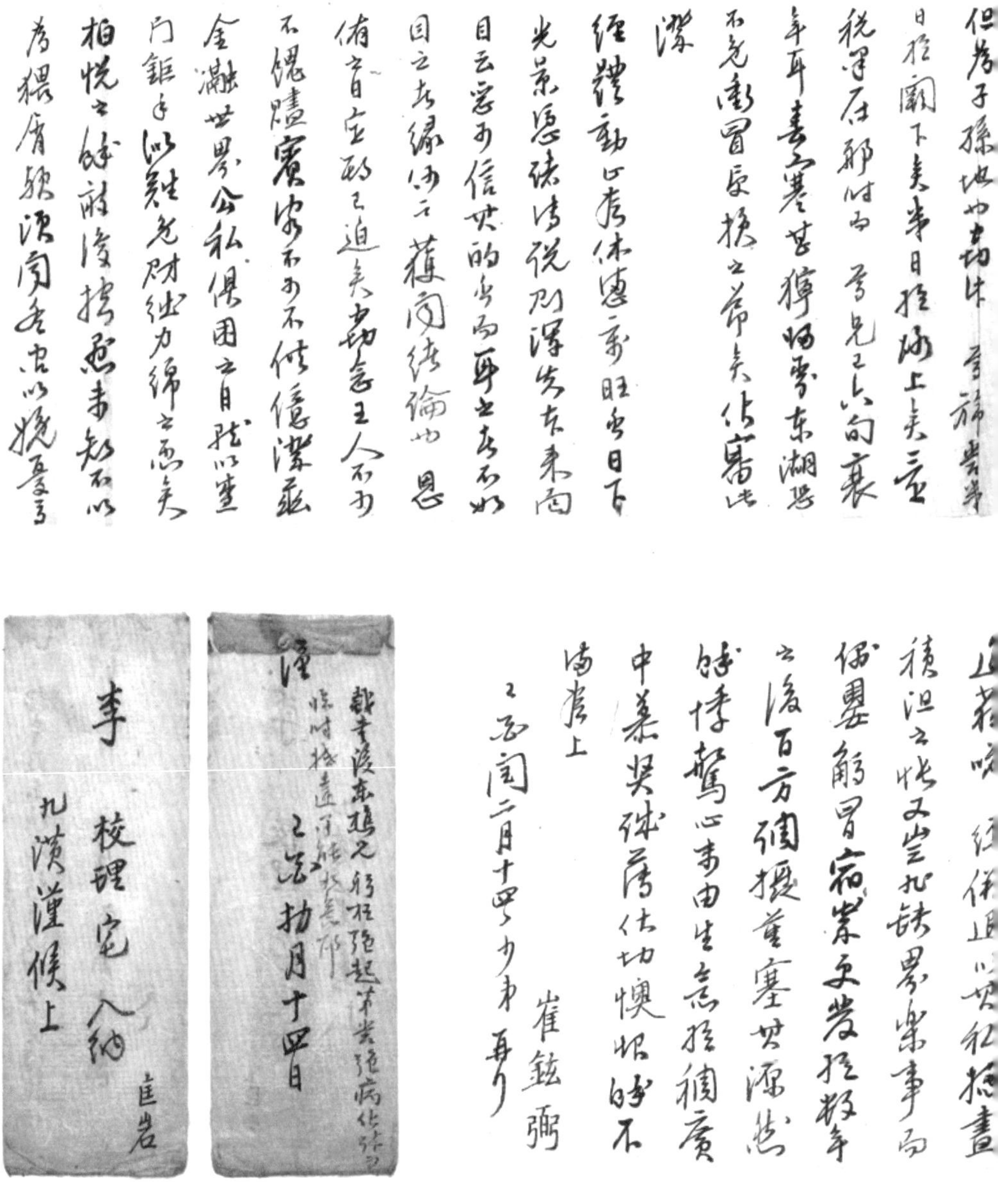

143.0×19.1

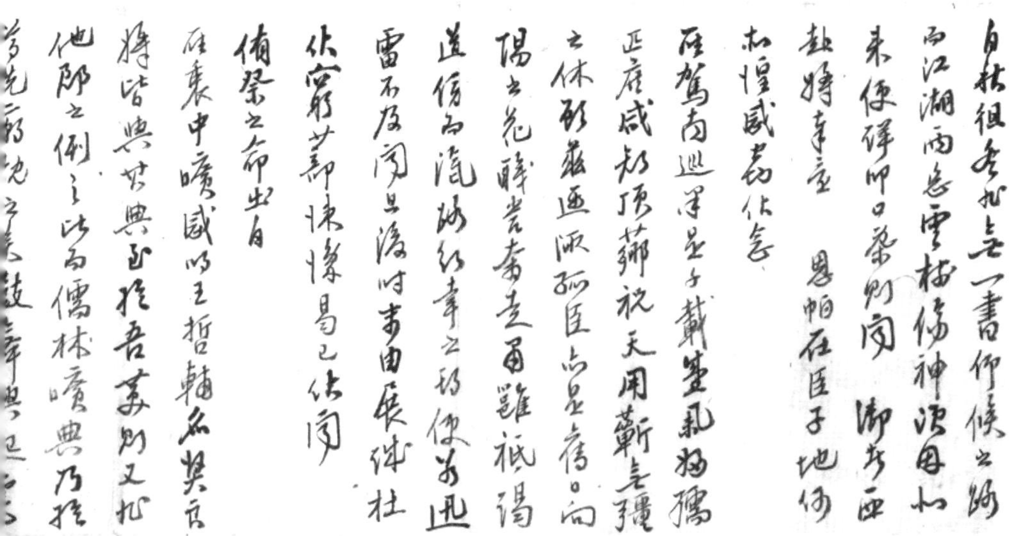

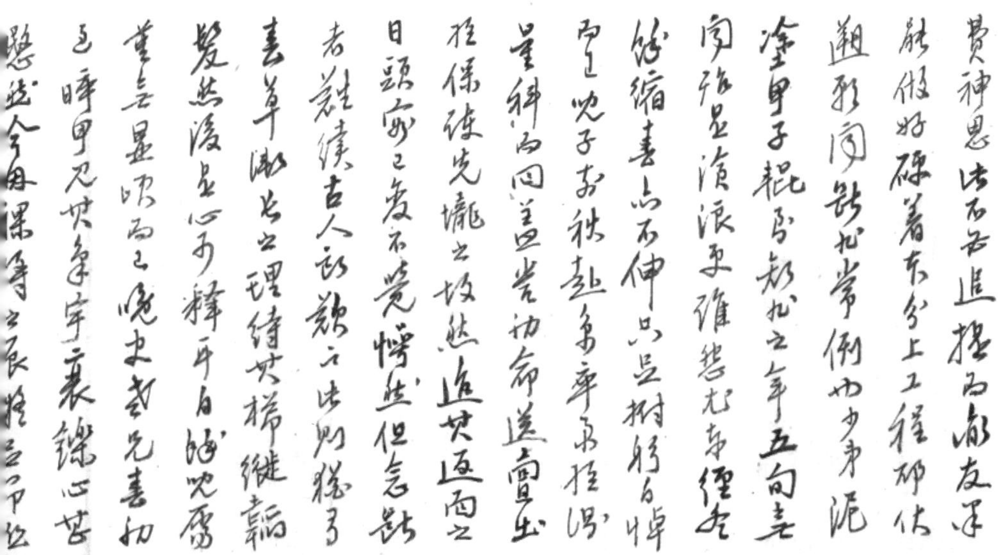

中. 慕賢誠薄, 伏切懊恨. 餘不

備候上.

己酉閏二月十四日, 少弟崔鉉弼再拜.

가을에서 겨울까지 편지 한 장 드릴 길이 없었던 것은 아닌데 강호(江湖)에서 서로서로 잊고 지내면서 운수(雲樹) 생각[15]에 마음이 아팠습니다. 지난번 북쪽에서 오는 인편에 의지해 자세히 대강의 안부를 물어, 귀하가 서울에 올라가 벼슬을 (임금님께) 되돌려 드리려 한다는 말을 들었습니다, 신하의 처지에서 얼마나 황감한 일입니까.

삼가 생각하건대 임금님의 남녘 순행은 천 년에나 있을 성대한 일입니다. 아녀자에서 필부의 사내까지 백성들 모두가 정향(頂薌)[16]하고 하늘에 빌어 한없는 아름다움을 기도해야 함을 알고 있습니다. 돌아보면 이 먼 시골구석의 외로운 신하도 역시 지난날 태양을 향하던 꽃이었으니 직분 상 당연히 분주히 엄숙하고 화락한 모습으로 차리고 공손히 길가에 엎드려 뵈어야 했습니다. 그런데 기차로 가시는 시간이 빠르기가 번개와 같아 미처 듣지도 못하였고 소식을 들은 것도 때가 지난 뒤여서 정성을 펼 길이 없었습니다. 궁벽한 집에서 세상과 담쌓고 사는 처지지만 송구함이 끝이 없습니다.

소식을 들으니 유제(侑祭, 제향을 올림)의 명[17]은 임금님 마음의 넓은 감회에서 나왔다 하였습니다. 밝으신 군주와 명철한 대신, 이름난 현인과 훌륭한 장군들이 모두 이 제사를 받는다고 합니다. 우리의 경주(慶州)에 있어서는 더욱더 다른 군현(郡縣)의 예에 비교할 것이 아니어서, 유림계(儒林界)의 전

---

15) 운수(雲樹) 생각 : 벗을 그리워하는 마음을 뜻하는 말로, 두보(杜甫)의 〈봄날에 이백을 생각하나(春日憶李白)〉의 "위수 북쪽 봄날의 나무 한 그루, 장강 동쪽 해질 녘 구름에 이백을 떠올리다.(渭北春天樹, 江東日暮雲.)"라는 시에서 유래하였다.

16) 정향(頂薌) : 향을 피운 향로를 이마까지 올려서 공경을 표함. '薌'은 '香'과 통한다. 정향(頂香)으로도 쓴다.

17) 유제(侑祭, 제향을 올림)의 명 : 문원공(文元公) 이언적(李彦迪)에게 제향을 올리라는 순종(純宗)의 명을 말한다. 앞에서 《승정원일기》 순종 2년 무신(1908) 12월 17일(무진, 양력 1월 8일)에 "문원공(文元公) 이언적(李彦迪)의 사당에 지방관을 보내어 제사를 지내도록 하라는 교지를 받들었다."라는 기사가 있다. 이를 두고 한 말들이다.

고에 없던 큰 은전을 존귀한 선대 사당 옥산서원(玉山書院)에서 보게 되었습니다. 고무되고 흥기됨이 어찌 자손에게만 한정되겠습니까.

저의 생각에는 귀하가 며칠은 궁궐에 계시고, 며칠은 (돌아오는) 길에 계실 것인데, 귀가하시는 날짜는 과연 어느 때쯤이겠습니까. 귀하도 이미 육순(六旬)의 노년인데 봄추위가 매우 모질어서 동호(東湖)에 돌아와 쉬더라도 거친 비바람을 무릅쓴 손상을 면치 못할까 우려됩니다. 삼가 살피건대 이즈음 귀하의 건강은 손상됨이 없이 모두 편안하신지요. 서울의 광경은 소문에 의하면 본래 모습을 온통 잃었다고 하는데 어찌 그 사실 여부를 믿을 수 있겠습니까. 귀로 듣는 사람은 눈으로 본 사람만 못하다는데, 어떤 기회를 통해 이런저런 말을 들을 수 있겠습니까.

은유(恩侑, 임금이 내리는 제사의 은전(恩典) 날짜의 정해진 기일이 이미 닥쳐왔습니다. 왕인(王人, 임금의 사자)에게 노잣돈을 드리지 않을 수 없고 빈객도 대접하지 않을 수 없을 것이라는 혼자 생각이 듭니다. 이즈음 금융세계가 공사간에 모두 곤궁한 때이니 비록 융성한 문중의 큰손이지만 재정이 달리고 힘이 부칠 우려를 벗어나기 어려울 듯합니다. 가까운 친구로서 축하하면서도 감히 어리석은 소회를 말씀드린 것이나, 부질없는 헛소리로 생각하시지 않을지 모르겠습니다.

일전에 듣자 하니 겨울 무렵에 〈며느님의〉 해산통(解産痛)으로 고민하신다고 하였습니다. 이를 뒤늦게 말씀드릴 필요는 없겠으나, 윤우(胤友, 아드님)는 과연 본분상의 공부를 굳게 하고 있는지요. 삼가 듣고자 하는 마음이 결코 예사롭지 않습니다.

저는 진흙탕 속에서 지낸 나이가 구르고 굴러 50세의 나이[知非之年][18]에 이르렀으나 오순(五旬)이 되어서도 아무런 명예가 없으니 분명 강호의 뜨내기 삶이었습니다. 다시 누구를 원망하겠습니까. 겨울을 지내며 위축된 끝에 봄이 되어서도 펴지 못하니 다만 자신을 되돌아보며 혼자서 서글퍼할 뿐입니다. 아들은 지난 가을에 서울에 가 측량과(測量科)를 졸업하고 돌아왔습니

---

18) 50세의 나이(知非之年) : 춘추(春秋) 시대 위(衛)나라 대부(大夫)를 지냈던 거원(蘧瑗, 자는 백옥(伯玉))이 "나이 50세가 되어 49년간의 잘못을 알았다.(年五十 知四十九年之非)"고 한 데서 나온 말로, 나이 50세를 일컫는 말이다. 《淮南子 原道訓》

다. 애초에 보냈던 것은 오로지 선영(先塋)을 보호하려는 이유 때문이었습니다. 그러나 아들이 돌아오는 날에 머리 모습이 변하여 저도 모르게 매우 놀랐습니다. 다만 생각해보니 잘려진 것을 잇기 어려움은 옛사람이 한탄한 일입니다. 이 머리털은 봄풀처럼 점점 자라는 이치가 있으니 머리를 빗어 올려 싸매서 묶기[櫛縰韜髮][19]를 기다려야 이 마음이 풀릴 것입니다. 나머지 아이들은 그런대로 탈이 없습니다.

만사(晩史) 노형(老兄)이 초봄에 회갑을 지냈는데 바짝 쇠약해진 모습을 보니 마음이 매우 안타까웠습니다. 지금 (서원들이) 제사 지낼 시기를 틈타 함께 지팡이를 나란히 하여 함께 찾아가 성대한 의식에 참여해 우러르고, 물러나서는 개개인의 오랫동안 막혀 지낸 서글픔을 다 털어낸다면 또한 어찌 속세의 즐거운 일이 아니겠습니까. 그러나 우연히 감기에 걸리며 묵은 병이 수년이 지난 뒤에 다시 발작하여 백방으로 조섭을 해도 겨우 그 근원만 막아냈을 뿐입니다. 그러나 놀란 마음 끝이라 사람이 빼곡히 모인 자리에 나아갈 엄두를 낼 수 없습니다. 현인을 사모하는 정성이 적은 것을 매우 한스럽게 여깁니다. 나머지는 이만 줄이고 올립니다.

기유년(己酉年, 1909) 윤2월 14일에 소제(少弟) 최현필(崔鉉弼) 재배(再拜).

이 편지는 1909년 윤2월 14일에 최현필(崔鉉弼)이 이중구(李中久, 1851~1925)에게 보낸 《이중구가 5대 고문서, H173》이다.

아들이 일전에 서울로 가서 측량과(測量科)를 졸업하고 돌아왔는데 사실 선영(先塋)을 보호하려는 의도로 한 것이다. 아들이 돌아오는 날에 머리 모습이 깎여 매우 놀랐으나, 봄풀이 점차 자라듯이 다시 상투를 하게 될 날이 있을 것이라 기대한다는 생각을 적고 있다. 젊은 혈기의 개화와 전통을 이어야겠다는 수구의 현장에 서로 아픔을 부둥켜안고 지내야 했던 이 시절! 우리의 모든 집안 선조가 겪어냈던 역사의 한 현장이다. 이 편지에서 최현필은 감기

---

19) 빗어 올려 싸매 묶기(櫛縰韜髮) : 상투를 위한 과정을 이른 말이다. 《예기(禮記)》 〈내칙(內則)〉에 "자식이 부모를 섬길 때에는 첫닭이 울면 모두 일어나 세수하고 양치질하며 머리를 빗어 올려 검은 깁으로 감싸 비녀 꽂고 다발 머리 위의 먼지를 털며 갓 쓰고 갓끈을 드리운다.(子事父母, 雞初鳴, 咸盥漱, 櫛縰, 笄總, 拂髦, 冠, 緌纓.)"라고 하였다.

에 걸리며 예전의 묵은 병이 도져 겨우 근원을 막아냈다고 말하고 있다. 이 감기도 혹여 아들로 인한 상심에서 유발된 병이 아니었을까.

단발(斷髮)은 1895년(고종 32) 11월 김홍집(金弘集) 내각이 성년 남자의 상투를 자르도록 명령한 단발령(斷髮令)에 의해 본격화하였다. 그러나 유교(儒教) 윤리가 일반 백성들의 생활에 뿌리 깊이 자리잡고 있었고, 그 시대에는 "신체·머리털·살갗은 부모로부터 물려받은 것으로서 감히 훼상하지 않는 것이 효의 시작이다.[身體髮膚 受之父母 不敢毁傷 孝之始也]"라는 말 그대로, 머리를 길러 상투를 트는 것이 인륜의 기본인 효의 상징이라고 여겼다. 그래서 백성들은 단발령을 살아 있는 신체에 가해지는 심각한 박해로 받아들였고, 정부에 대한 반감이 컸다. 심지어 "이 머리는 자를 수 있을지언정 머리털은 깎을 수가 없다.[頭可斷 髮不可斷]라고까지 하여 단발에 목숨을 걸 정도였다. 이러한 반대에도 불구하고 단발령을 선포한 고종은 태자와 함께 단발을 하였는데, 이것은 도리어 역효과를 가져왔다. 그리하여 단발령을 철회하고, 이를 각 개인의 자유의사에 맡기게 됨으로써 단발령은 일단락되었다. 그 뒤 광무개혁(光武改革) 때 단발 문제가 다시 거론되어 1902년 8월 군부·경무청에 소속된 군인·경찰·관원 등 제한된 범위의 인물들에게 한하여 재차 강제 단발을 명하였다. 그해 10월 이도재(李道宰) 등 정부 대신들에게도 역시 이러한 명령이 하달되어 이에 불응하는 사람은 그 머리를 자르게 할 정도로 강경한 입장을 천명하였고, 이에 의해 단발은 점차 늘어 갔으나 특히 유학자들의 반발은 상당히 오래 지속되었다.

위의 편지는 1909년에 쓰였는데 머리가 깎여 매우 놀랐다고 하고 다시 상투를 쓸 날이 있을 것이라고 기대하고 있는 것이다. 단발령이 공포된지 14년이 되도록 선비들의 머리카락 보호 의식은 마음속 깊이 자리 잡고 있었던 것이다.

최현필은 철종 11년(1860)에 태어나서 1937년에 서거한 관료이다. 본관은 경주(慶州), 자는 희길(羲吉), 호는 수헌(脩軒)이다. 1891년(고종28년) 조선의 마지막 과거인 정시(庭試)에 병과(丙科) 4위로 급제하였다. 승정원가주서(承政院假注書)를 역임하였다. 저술에 《수헌문집(脩軒文集)》이 있다.

44 조종필(趙鍾弼, 1840~ ?) 1909년 3월 6일 문원공(文元公) 이언적(李彦迪)에게 하사하는 은유(恩侑)

城西拜別, 居然月已改矣, 瞻耿尤倍悵
仰. 際玆專便惠函, 慰若面叙餘懷
也. 更謹問春和漸暨,
靜體事行役後, 一衛萬護, 庇率勻宜
耶. 區區獻念之切. 第
恩侑祗受, 伏想一門團會, 榮耀無比. 但
此千里外, 未參末席, 是甚慕誦缺然之
忱. 弟只依渾狀如昔, 而病淹悶苦之樣, 不
須更浼耳. 長兒連在傍免恙, 近千遠行
矣, 諒下若何. 鹵莽荒草, 有何奬詡, 而
貴族宅感謝, 奚如是過度耶. 況惠五束
紙, 壹軸衣, 銘泐無量, 謹收腆荷耳. 來人
立促, 漏草留續. 不備謹復上.
己酉三月初六午, 世弟趙鍾弼拜手.
所蘊如山, 而便人甚忙, 剗煩槩謝,
旋切翹首南雲, 戀誦不忘情緒耳.

성 서쪽에서 작별한지 어느덧 달이 바뀌어 그리움에 갑절이나 서글퍼집니다. 이러한 때에 일부러 사람을 보내 편지를 보내주시니 위로됨이 마치 만나서 속에 있는 말을 하는 것과 같습니다.

삼가 여쭈오니 봄의 화창함이 점점 무르익는데 조용히 지내시는 몸이 행역(行役)을 하신 뒤에 한결같이 건강하시며 가족들도 한결같이 편안하신지요. 제 마음에 궁금함이 큽니다.

은유(恩侑, 임금이 내리는 제사 은전)를 공손히 받으셨으니 생각건대 온 집안이 단란하게 모여 영광이 비할 데가 없을 것입니다. 다만 저는 천 리 밖에 있어 그 자리 말석에도 참여하지 못하니 매우 사모하는 중에 허전한 마음입니다. 저는 다만 온 집안이 예전과 같고 병으로 고생하는 모습은 다시 말씀드릴 필요가 없겠습니다. 큰아들은 제 곁에서 병 없이 지내다가 천리가 다 되는 먼 길을 떠났습니다. 양해해주심이 어떻겠습니까.

보잘것없는 거친 문장을 무어 칭찬할 것이 있다고, 귀하 집안의 감사하심이 이와 같이 과도하게 하십니까. 더구나 보내주신 5속(束) 종이와 1축(軸)의 옷감은 감사함이 한이 없으니 삼가 두터운 후의를 거두어 지닐 뿐입니다. 편지를 가져온 사람이 돌아가려고 서서 재촉하여 다른 말은 생략하고 뒤에 이어 올리겠습니다. 이만 줄이고 삼가 답장합니다.

기유년(己酉年, 1909) 3월 초6일 낮에 세제(世弟) 조종필(趙鍾弼) 배수(拜手).

마음속에 있는 말은 산과 같은데 인편으로 온 사람이 매우 바빠해 번거로운 것을 삭제하고 대강 답장하지만 금방 간절한 생각에 머리 들어 〈귀하가 계신〉 남쪽 구름을 바라보며 그리워하는 정을 잊지 못하겠습니다.

이 편지는 1909년 3월 6일에 조종필(趙鍾弼, 1840~?)이 이중구(李中久, 1851~1925)에게 보낸 《이중구가 5대 고문서, H195》이다.

순종이 영남(嶺南)을 순행하다가 학문의 연원에 감회를 느끼고 문원공(文元公) 이언적(李彦迪)의 사당에 지방관을 보내어 제사를 지내도록 명을 내렸던 것이다. 이에 대해 조종필은 문원공의 후손 이중구에게 영광이라고 칭찬하고, 그 자리에 참여하지 못하는 사정을 전한 것이다.

은유(恩侑)는 임금이 내리는 제사의 은전(恩典)으로, 여기서는 이언적(李彦迪)에게 내린 제사의 은전을 말한다. 이 사실은 《승정원일기》 순종 2년 무신(1908) 12월 17일(무진, 양력 1월 8일)에 "학문의 연원이 있고 경전(經典)을 밝힘으로써 백세(百世)에까지 사문(斯文)에 공로를 남겼으니, 남교(南嶠, 영남)를 지나면서 감회를 어찌 표현할 수 있겠는가. 문원공(文元公) 이언적(李

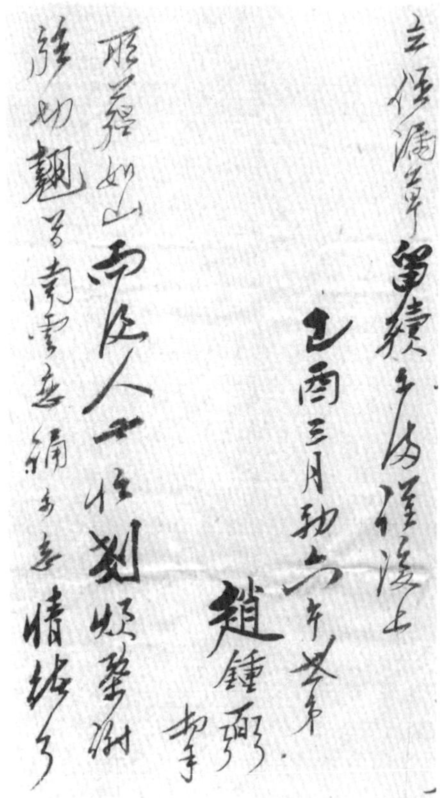

41.0×24.1

彦迪)의 사당에 지방관을 보내어 제사를 지내도록 하라는 교지를 받들었다." 라고 한 것에 보인다.

조종필은 헌종 6년(1840)에 대이나 몰년 미상의 문신 관료이다. 본관은 한양(漢陽), 자는 은상(殷相), 호는 하당(荷塘)이다. 1867년 진사시에 장원급제, 1874년 문과에 급제하였다. 선공감주부(繕工監主簿), 은진현감(恩津縣監)을 거쳐 황해도관찰사, 강원도관찰사를 역임하였다.

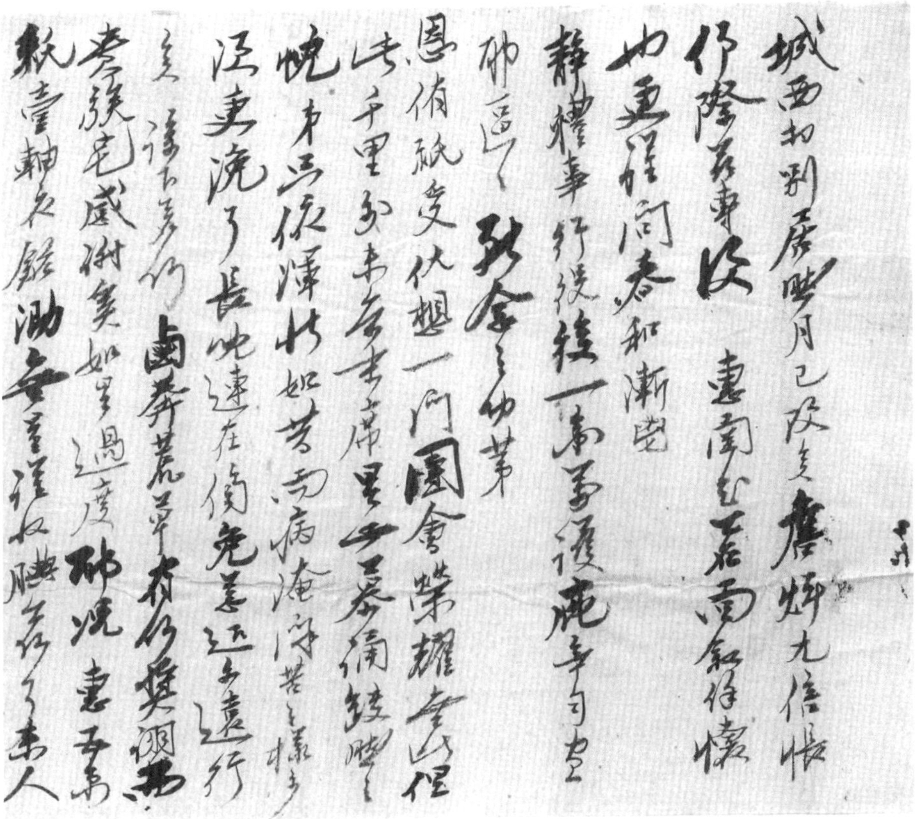

45 오인섭(吳麟燮, 1844~1918) 1910년 6월 14일 은사금(恩賜金)[20]이 뿌려지던 시절 일본인의 경주 관광

日人阿合者, 乃文學人也. 來留京城, 將欲遊覽名
勝處, 先向貴邊云矣. 此非東所知面者, 然使人紹
紒, 欲得望重人指導, 而所願卽先賢遺蹟與古來
書籍閱覽也. 愚意雖非官人, 學界中有力者. 則若
去貴邊, 今番之事, 實地見聞所係, 先賢崇本所關.
而文學者慕賢, 彼我無間, 則學部公誦, 似或有有預.
故擧出尊啣, 亦涉逕庭然. 以先訪貴宅爲言, 而
日間當爲發程, 亦當修候仰報矣. 對晤之際, 不
必以此事干囑爲也. 院宇瞻拜後, 自爾現露.
其難持之, 然諒此默會善述, 不無一助之端, 故
先此仰告, 此人於學部俵次許, 情分緊切云耳.
多少雖不覶縷, 似可諒會焉. 不可先此, 靜言只爲默會, 若何.

일본인 아합(阿合)은 문학인입니다. 경성에 와 머물고 있는데 명승지를 유람하고자 하면서 우선 형 지역을 가려고 합니다. 이 사람이 경주에 얼굴을 알고 지내는 사람이 없습니다. 그래서 사람을 시켜 안내해 주려하자 중망이 있는 사람의 지도를 받고자 하고, 원하는 것은 선현의 유적과 예부터 내려온 서적 열람입니다.

저의 생각이지만 이 사람이 관변(官邊) 사람은 아니나 학계에서는 힘 있는 사람입니다. 그가 형 지역에 가려는 이번 일은 실상 견문에 관계된 일이고,

---

20) 은사금(恩賜金) : 1910년 경술국치(庚戌國恥)의 해에 일본 왕이 한국을 병탄하고서 그 병탄에 공이 있는 자들에게 내린 돈을 말한다.

현자를 우선하고 근본을 숭상하는 일과 관계됩니다. 그리고 문학인의 현자를 사모하는 일은 우리와 저들 사이에 다를 수 없음은 학부(學部) 대신의 공공연한 말이니 혹여 이런 일을 예상하고서 그 말을 했었던 듯합니다.

그래서 존함(尊銜)을 말했는데 또한 경솔했던 듯합니다. 우선 귀댁(貴宅)을 방문하겠다고 말하고 있으니 아마 일간에 당연히 길을 떠날 것이며, 또한 당연히 편지를 올려 말씀드릴 것입니다.

대화를 나눌 즈음에 이 일을 부탁하는 일은 필요 없을 것입니다. 서원을 참배한 후면 저절로 이 일이 말하여질 것입니다. 그렇게 하시기 어렵겠지만 저의 말을 헤아려 묵묵히 이해하시고 잘 말하게 되면 일조가 없지 않을 것입니다. 그래서 이렇게 우선 우러러 말씀드리는 것입니다. 이 사람이 학부의 표 차관(俵次官)21)과 지내는 정리가 매우 깊다합니다.

많은 말을 자세히 말씀드리지 않아도 살펴 이해하실 것입니다. 이 일을 내세워서는 안 되니, 묵묵히 이해해 보심을 조용히 말씀드립니다. 어떻습니까.

1910년 6월 14일에 오인섭(吳麟燮)이 이중구에게 보낸 편지 《이중구가 5대 고문서, D590》의 협지 《이중구가 5대 고문서, D591》이다. 오인섭은 이중구에게 모두 4통의 편지를 보내고 있다. 아합이 경주를 관광하고자 하면서 굳이 당시 지방 관료의 한 사람으로 있던 오인섭을 통해 옥산서원의 주인이랄 수 있는 이중구를 소개 받으려 한 것은 왜일까. 물론 이중구를 소개한 것은 오인섭의 생각이라지만 이것이 과연 그의 발상이었는지는 알 수 없다. 또 학무아문의 차관 표손일인(俵孫一印)과 정리가 깊은 그가 왜 영남을 방문하려 했을까. 1910년은 을사늑약(乙巳勒約)이 맺어진 6년째이다. 그리고 은사금이라는 돈이 뿌려진 해이다. 이런 의미에서 아합의 지방 관광은 그 의도가 무엇인지 더 규명해야 할 문제다.

오인섭이 학무 차관과 관계가 깊은 이 아합의 경주 관광을 알선하며 이중구에게 사건의 해결을 부탁하지 말라고 부탁하면서도 도움받을 길이 있을

---

21) 표 차관(俵次官) : 《통감부문서(統監府文書) 8)》 융희(隆熙) 3년(1909년) 2월23일 문서에 학부차관 표손일인(俵孫一印)이라는 기록이 있다.

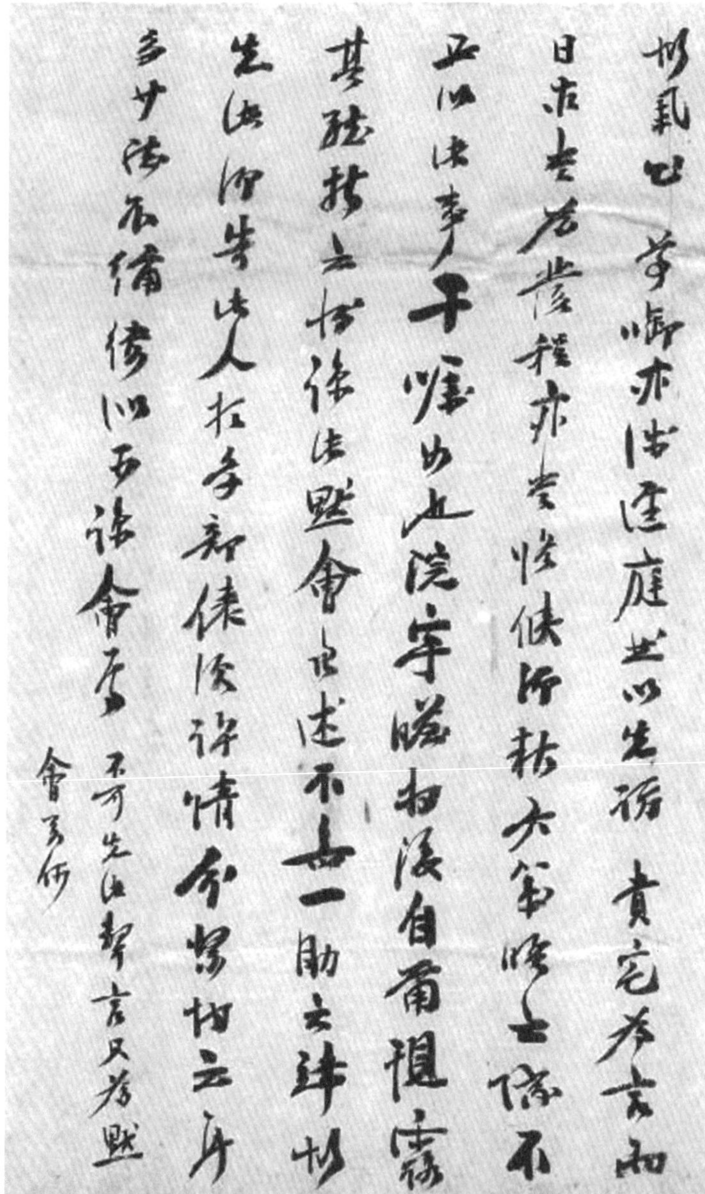

47.5×23.9

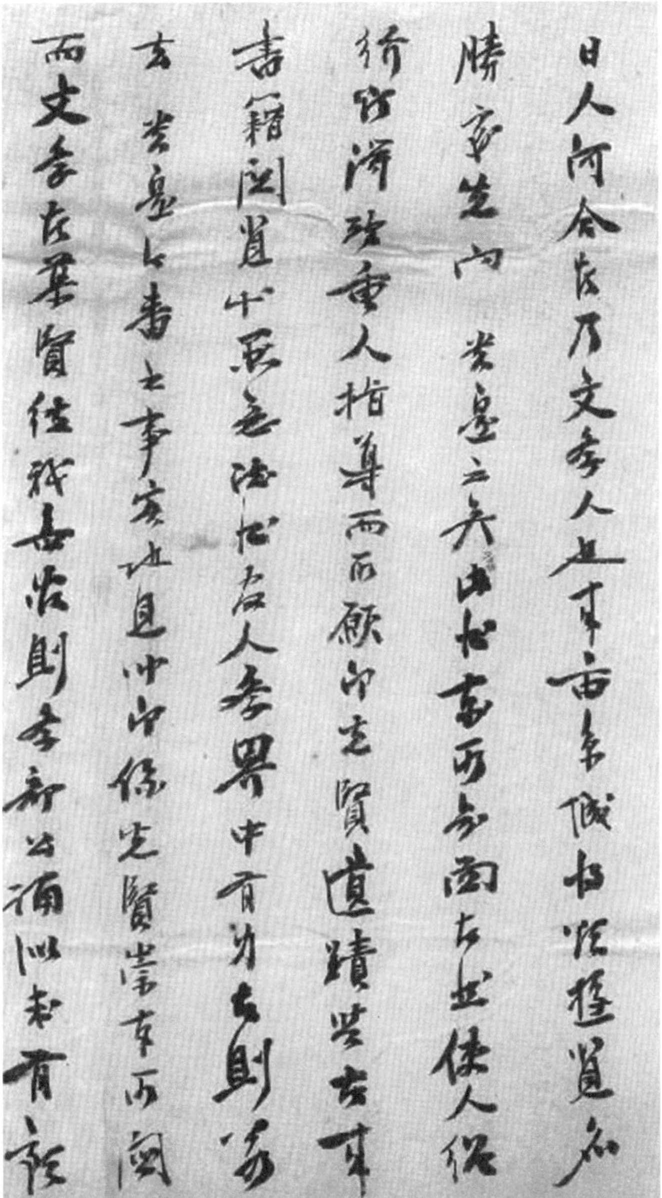

것이라고 말한 것은 《이중구가 5대 고문서, H178, H183, H189, H190, H194》에 의하면 1907년 전후 양동에 두 개의 초등학교가 문을 열면서 갈등이 초래되어, 한 학교가 청산되며 기왕에 기부된 학교 재산 처리를 두고 서울의 윤희구(尹喜求)가 언급한 편지가 있다. 아마도 이 일이 당시 급선무가 아니었나 싶다.

오인섭은 헌종 10년(1844년)에 경북 의성(宜城)에서 태어나 1918년에 죽은 문관이다. 본관은 해주(海州), 자는 원지(元趾), 호는 지산(芝山)이다. 고종 17년(1880년) 수신사 김홍집(金弘集)을 수행하여 일본에 다녀오고, 고종 20년(1883년) 문의관(問議官) 이조연(李祖淵)을 수행하여 청나라에 다녀왔다. 고종 21년(1884년)에 6품 벼슬에 올라 친군좌영군 사마(親軍左營軍司馬)를 지내고, 이해 갑신정변이 일어나며 적성현감(積城縣監)에 임명되었으나 병으로 체직(遞職)되고, 고종 32년(1895년)에 함안군수(咸安郡守), 이어 진위군수(振威 郡守), 고종 33년(1896년)에 신녕군수(新寧郡守)를 역임하였다. 고종 41년(1904년)에 정3품에 올랐다. 저서로 청나라 사행 기록과 일본 사행 기록 《승사록(乘槎錄)》이 있다.

46 김화식(金華埴, 1847~1912) 1911년 10월 5일
고향 고을의 수령이 되다

雖此僻坐荒陬, 一片心
旌, 尙懸于漢北之天, 想
應追遊十年情契, 逈
篤而然矣. 未知兄亦一般
同懷耶. 伏諗歲杪,
旅中仕體候, 連得康旺,
而冷館殘燈, 鄕思歲感, 何
以堪了. 且同族僉盆, 面面
泰吉耶. 幷庸仰溸區區. 弟
/新莅梓鄕, 百般公擾, 比他難
便, 良覺熏悶. 而惟以奉板養
城, 爲十分榮感. 官廚澌薄,
無以伸情, 良爲發騂發騂,
哂領如何如何. 時毛或有可耳,
詳示切仰切仰. 餘不備候禮.
壬辰臘月初六日, 弟
金華埴拜拜.

이런 외지고 황폐한 구석에 머물러 살면서도 한 조각 마음은 여전히 한양 하늘에 꽂혀 있으니 아마도 추종하여 놀던 10년 정분이 너무도 도타워서일 것입니다. 형 역시 마찬가지 똑같은 생각일지 모르겠습니다.

삼가 생각하자니 한해의 남은 시간이 얇은 명주 베 두께인데 객지

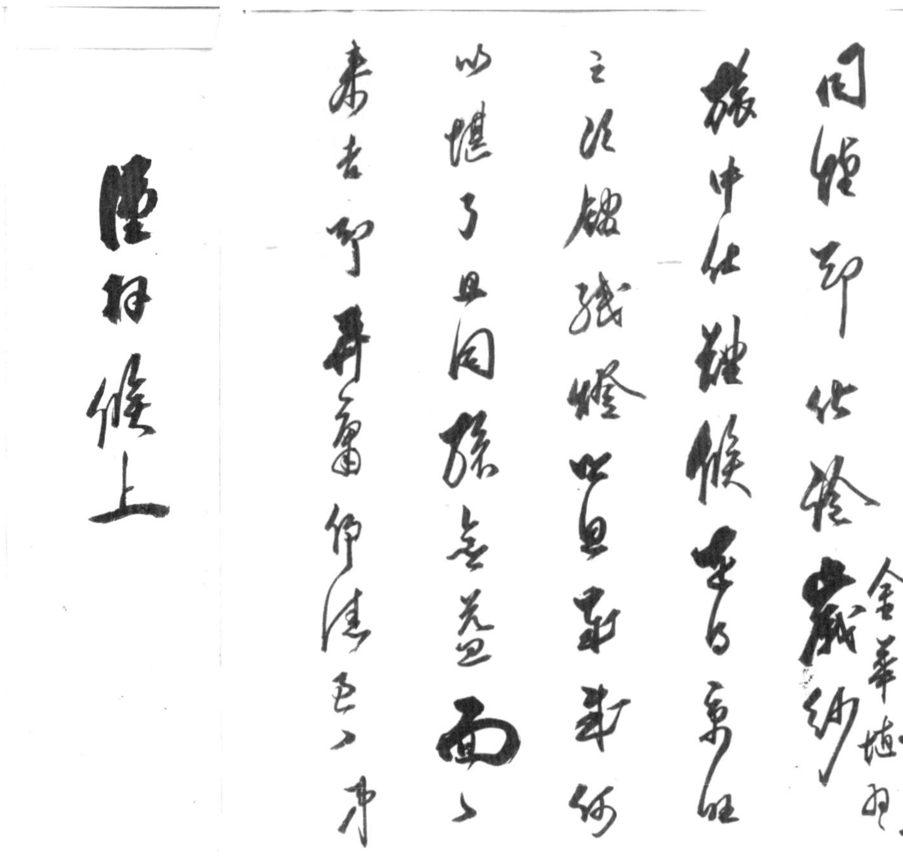

42.2×23.8

에서 사체(仕體) 연이어 편안하시고 기력 왕성하신지요. 차디찬 관아(官衙)의 꺼져가는 등불 아래 일어나는 고향 생각과 저무는 한 해의 감회를 어떻게 견디시는가요. 또 한집안 사이의 여러 친구들도 두루두루 편안하게 잘들 지내시는지요. 아울러 이런저런 생각들이 우러러 회상됩니다.

저는 새로 고향 고을 수령이 되었습니다. 오만 공적인 번거로움이 여타의 고을에 비겨 편하기가 어려워 후끈 가슴속이 달아오르는 고민을 느낍니다. 그래도 선조의 신주를 받들고 한 고을로 어버이를 봉양한다는 것[奉板養

城]22)이 더없는 영광입니다.

관아의 주방 음식이 그지없이 보잘것없어 마음을 표현할 길이 없습니다. 참으로 얼굴이 붉어지고 붉어집니다. 씽긋 웃으시고 받아주시는 것이 어떨지요.

세상 소식 중 혹여 들을 만한 것이 있으면 자상하게 전해주시기를 간절히

22) 선조의 신주를 받들고 한 고을로 어버이를 봉양한다는 것(奉板養城) : 봉판(奉板)의 판(板)은 위판(位板), 곧 위패(位牌)를 이른다. 고향의 수령이 되니 고향을 떠나지 않고 조상의 위패를 가까운 곳에서 모실 수 있어 효성을 다할 수 있다는 뜻이다. 양성(養城)의 성(城)은 고을을 이른다. 한 고을의 수령이 되어 고을에서 나는 산물로 부모를 봉양한다는 뜻이다.

우러르고 우러릅니다. 나머지 안부를 묻는 예절 형식을 갖추지 못합니다.

임진년(壬辰 1892년) 12월 6일에 아우 김화식(金華埴)은 절하고 절하옵니다.

1892년 12월 6일에 현풍현감(玄風縣監) 김화식(金華埴)이 이중구(李中久)에게 보낸 편지《이중구가 5대 고문서, F368》이다.

이중구는 고종 25년(1888년) 식년시에 급제하며 벼슬길을 시작해 서울을 오르내리며 지내던 시절이다. 고향의 수령은 영광스러우나 한편으로 여러 가지 걸린 일이 많을 수밖에 없다. 조선시대 고을의 수령을 토주(土主)라고 불렀다. 그 지역 전체의 백성의 주인이라는 말이다. 그 지역의 백성뿐이랴, 심지어 지하에 묻힌 백골(白骨)들의 주인이기도 하다. 자신의 조상마저 그 주인 휘하이다. 그래서 보통은 고향 수령을 꺼렸다는 말이 있다. 이 외에도 고향에는 자신의 집안과 인척들이 있으니 얼마나 정사를 펴기 어렵겠는가. 이것이 '오만 공적인 번거로움이 여타의 고을에 비겨 편하기가 어렵다. 후끈 가슴속이 달아오르는 고민을 느낀다.'라는 말을 할 밖에… 그래서 김화식의 이 말에 고개가 끄덕여진다. 또 관아의 주방 음식 운운은 부임지의 산물을 상대에게 선물하며 한 말이다. 수령이란 이런 일도 해야 한다. 이것은 불문율일 수밖에 없다. 이것이 조선시대 인정(人情)이고, 잘못 변형되어 뇌물의 다른 말로 변형되기도 하였다.

김화식이 1911년 10월 5일에 이중구(李中久)에게 보낸 편지《이중구가 5대 고문서, H148》에 의거하면 김화식은 1911년에 옥산서원 원장(玉山書院院長)에 추대되었다. 김화식과 옥산서원 사람들과의 인연이 길게 이어졌음을 알 수 있다.

김화식은 헌종 13년(1847년)에 태어나 고종 49년(1912년)에 떠났다. 본관은 서흥(瑞興), 자는 충거(忠擧), 호는 수암(睡巖)이다. 1879년에 사마시(司馬試)에 합격하였으며, 1885년에 의금부도사(義禁府都事)를 역임하고, 1891년 연풍현령(延豐縣令), 이어 현풍현감(玄風縣監)을 역임하였다. 현풍은 김화식의 고향이다.

47 정대직(丁大稙, 1847~1933) 1917년 2월 10일 중국 곡부(曲阜)의 향사(享祀)에 참여한 소식을 전하다

凷坐山亭, 一札自郵而至, 忙手
開坼, 乃
執事去月十二日書也. 奉讀再三,
其辭旨之眞密, 筆法之神妙, 宛然
如舊日面目, 中心欣喜, 何日可忘. 伏惟
春殷, 日氣瀜淵,
靜養節宣, 康謐百福, 允房侍學
淸裕, 彼時痘氣, 今已坦浮而無餘祟.
貴宗兄以若妙齡, 天才出於等夷, 文藝
夙成, 大有來頭之望, 及此世衰道微, 一
線陽脈, 不在於玆乎. 吾黨之幸, 吾嶺
之幸, 仰賀萬千. 弟杜門吟病, 以待死
日, 而仲君方欲還古, 次子今才弁冠, 其側室
子見孫, 季君分居於二十里星谷地, 數數往
來, 其子若孫十餘介耳. 時事如此, 安往
而保得子孫. 家姪敦燮, 年前作西關行, 轉
到于曲阜, 拜孔夫子墓, 又參書院享禮,
各國儒生不遠千里而來, 後裔亦累百餘人, 禮
數凡節, 有加於舊日吾嶺之風, 又此地, 自古
兵火不入, 可謂天下第一域, 我二三十年, 則
期欲往觀, 而其柰年老衰朽何哉. 從曾
祖海左集, 去甲子年間, 從兄在長城任所
刊出, 而其後去貴宗宅一帙. 弟與從兄親

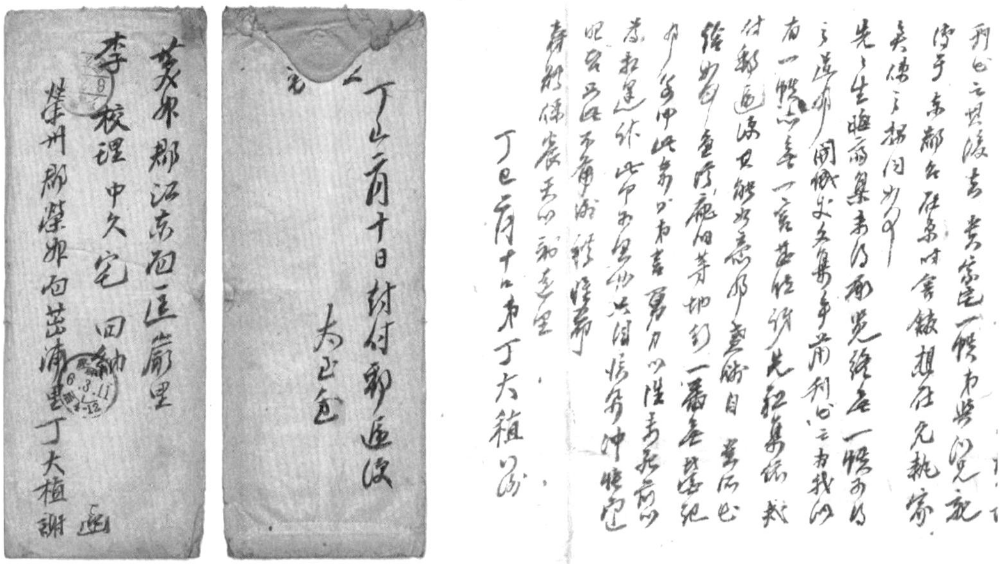

66.5×23.0

傳于東都, 台在京時舍舘, 想在允執家

矣, 使之探問如何.

先先生晦齋集, 未得承覽, 終無一帙可得

之道耶. 開城丈文集, 年前刊出, 而於我似

有一帙, 亦無一言, 甚恠訝. 先祖集依戒,

付郵遞便, 其能如意耶. 貰錢自貴所出

給如何. 金溪鹿洞等地行, 一番無營紀

耶. 若聞此奇, 則弟當勇力以往, 未死前以

爲相逢計, 此何可望也. 只自臨紙冲悵而已.

眼昏只此, 不備謝禮, 惟希

壽體保養天, 以副遠望.

丁巳二月十日, 弟丁大稙拜謝.

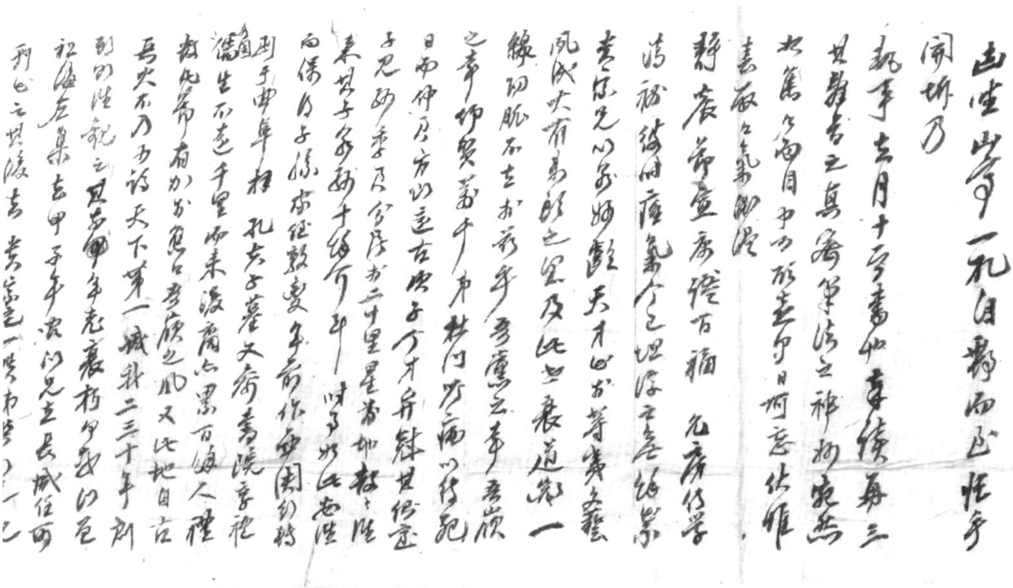

산골 집에 우두커니 앉아 있었는데 편지 한 통이 우체로부터 와서 얼른 열어보니 귀하의 지난달(1월) 12일 편지였습니다. 두세 번을 읽으니 그 말의 진실함과 필치의 신묘함은 완연하게 지난날의 면목과 같으니 기쁜 마음을 어느 날인들 잊겠습니까.

삼가 한창 봄에 날씨가 따스한데 조용히 지내시는 몸이 건강하며 복되시고, 아드님도 귀하를 모시며 공부하는 것이 잘 되고 있으며, 저번 때 천연두가 지금 이미 평온해져서 병 기운이 남지는 않으신지요. 귀족(貴族)의 집안 수재가 묘령의 나이에 타고난 재능이 무리에서 뛰어나고 문예(文藝)가 일찍 성취되어 미래에 희망이 크게 있으니 이렇게 도리가 쇠미한 세상에 한 가닥 실 날 같은 맥락이 이 사람에게 있지 않겠습니까. 우리 무리의 행운이요 우리 영남의 행운이니, 경하하기를 천만번 합니다.

저는 문을 닫고 병을 앓으면서 죽는 날을 기다리고 있습니다. 중군(仲君, 둘째 아우)은 고향으로 돌아오려 하고, 둘째 아들은 지금 겨우 관례를 했으며, 측실(側室) 아들에게서는 손자를 보았고, 계군(季君, 셋째 아우)은 20리 되는 성곡(星谷) 지역에 분가해 살면서 자주 왕래하는데 그 아들과 손자가 10여 명입니다. 그러나 세상사가 이 같으니 어떻게 해야 자손을 보전할 수 있겠습니까. 조카 돈섭(敦燮)이가 연전에 서관(西關, 평안도를 이르는 말)에 갔다가 발길을 돌려 곡부(曲阜)에 가서 공자(孔子) 묘소에 절을 하고 또 서원(書院)의 향례(享禮)에 참여하였답니다. 각국의 선비들이 천 리를 멀다고 하지 않고 찾아왔으며 후예들도 몇 백 명이었는데, 예의범절이 이전의 우리 영남(嶺南)의 기풍보다 더하였다고 합니다. 또 이 땅은 예부터 전쟁의 참화를 입지 않았다니 천하제일의 땅이라 말할 수 있겠습니다. 우리 나이가 20~30 시절이었으면 기어코 가보고자 할 터이지만 나이 늙어 노쇠하였으니 어찌하겠습니까.

종증조(從曾祖)의 문집 《해좌집(海左集)》[23]은 지난 갑자년(1864)에 종형(從兄)이 장성(長城) 임소(任所)에서 출간한 후에 귀문중의 종택(宗宅)으로 한 질(帙)을 보냈는데, 저와 저의 종형이 직접 동도(東都, 경주의 별칭)에 가서 전해드렸습니다. 대감이 서울의 사관(舍館)에 있었을 때이니 아마 윤집(允執, 아들)의 집에 있을 것입니다. 탐문해 보는 것이 어떻겠습니까. 선선생(先先生)의 《회재집(晦齋集)》[24]은 아직 얻어 보지 못했으니 끝내 한 질(帙)을 얻을 수 있는 방도가 없겠습니까. 개성(開城) 어른의 문집은 연전에 출간하였다니, 저에게 한 질이 올 법도 한데 역시 아무 말이 없으니 매우 의아합니다. 선조(先祖)의 문집은 말씀하신 대로 우편으로 부칠 텐데 마음먹은 대로 될 수 있을는지요. 세전(貰錢)은 그 쪽에서 지급하는 것이 어떻겠습니까. 금계(金溪)와 녹동(鹿洞) 등지로 나들이하시는 일을 한 번 경영해보지 않으시렵니까. 만약 이 기별을 듣게 되면 제가 당연히 힘을 내어 달려가서 죽기 전에 만나볼 계획이지만 이것을 어찌 바라겠습니까. 다만 편지를 쓰면서 안타까워할 뿐입

23) 《해좌집(海左集)》 : 조선 후기 문신 정범조(丁範祖))의 문집. 정범조(1723~1801)는 본관이 나주(羅州), 자는 법정(法正)·법세(法世), 호는 해좌(海左)이다. 1763년(영조 39) 문과에 급제하여 홍문관에 등용되고, 1785년(정조 9) 이후 대사간(大司諫)·대사성·대사헌·이조참판·형조참판을 거쳐 1799년 예문관제학이 되었다. 1800년에는 실록지사(實錄知事)로서 《정조실록》 편찬에 참여하였다.

24) 《회재집(晦齋集)》 : 조선 중종 때의 문신·학자인 이언적(李彦迪, 1491~1553)의 문집. 손자 준(浚)이 편찬·간행한 것을 1631년에 옥산서원(玉山書院)에서 중간(重刊)하였다.

니다.

눈이 어두워 여기서 줄이며 미진한 답장을 올립니다. 오직 바라오니 몸을 잘 보전하시고 정양하여 멀리서의 기대에 부응하십시오.

정사년(丁巳年, 1917) 2월 10일에 제(弟) 정대직(丁大稙) 배사(拜謝).

이 편지는 1917년 2월 10일에 정대직(丁大稙, 1847~1933)이 이중구(李中久, 1851~1925)에게 보낸 《이중구가 5대 고문서, B675》이다.

이 편지는 여러 소식이 겹쳐 있다. 우선 자신의 안부를 전하는 중에 첩에게서 얻은 자식에서 손자가 10여 명임을 알리고 있다는 것이 새롭다. 조선조 어느 시기부터 첩에게서 얻은 자식의 안부가 편지에 오르게 되었는지 궁금한 일이다. 개화의 물결도 있지만 정조 시기 서자들을 검서(檢書) 직위에 등용한 것에서 시작되지 않았을까하는 생각이 든다.

두 번째는 조선 사람이 노나라 곡부(曲阜)의 공자 묘를 봉심하고 이어 향사에 참석하였다는 내용이다. 각국의 선비들이 모여 들었다고 하는데 과연 그들이 어느 나라 사람이었는지 궁금하다. 자신들도 젊기만 하였으면 얼마나 보고 싶었던 곡부 땅을 조카가 보고 와 전하였으니 얼마나 반가웠겠는가. 머리로 그리던 《논어》의 말들이 선연하게 머리에 그려졌을 것이다.

또 하나는 선조 문집에 관한 내용이다. 《해좌집(海左集》을 종형이 장성 수령 재임 중 발간하였다는 소식이다. 조선 시대 수령의 특권은 부임지에서 자신의 조상이나 스승의 문집 출간 비용을 조달하여 출판할 수 있었다. 또 하나 《회재문집》을 애타게 찾고 있다는 내용이다. 예전에 문집 출간은 비용도 엄청났지만 그것을 반질하는 일도 쉽지 않았다. 그래서 남겨 두고 필요에 따라 몇 백 년 후까지 반질하였다. 이런 책을 혹여 구할 방도가 없는지 묻고 있는 것이다. 만약 답장에서 방도가 없다고 했다가 이후 누군가가 구했다는 소식을 듣게 되면 서로의 관계가 어떻게 되었을까?

정대직은 헌종 13년(1847)에 태어나서 1933에 서거한 문신 관료이다. 본관은 나주(羅州), 자는 이건(而建), 호는 간초(竿肖)이다. 1894년에 안협현감(安峽縣監)을 역임하였다.

48 안홍원(安弘遠, 1867~1939) 1919년 윤7월 19일 상중(喪中)에 자식과 형과 조카를 잃는 재난을 겪다

弘遠白. 弘遠卽一天地間頑毒物也. 不宜
儕數於人, 而
下執事猶記存之, 頃在暮春,
特賜俯問, 慰恤有加, 雖此求死不得之
中, 中心銘感, 寧可暫歇. 而但自處廢棄,
至於人理上, 合做底道理, 亦皆付之於忘域
矣. 所以仰謝之禮, 至此晼晩, 殊非仰體
至意之道也. 到底愧汗. 更伏惟間經炎涼,
靜養仕體節, 益加萬寧, 庭欄太平否.
旋伏溸且祝不任. 弘遠罪重惡極, 一子不能
保, 天之懲罰, 此已極矣. 而哭兄哭姪, 間不
數朔, 桑瀾一黐, 天地如晦, 夫何家運, 至
此之酷也. 所以孑然一身, 生亦不可, 死亦不可,
未知如何則可也. 惟兄弟相依, 以圖善後
/之計, 而亦未知如何耳. 臨毫淚蔽, 都
留不備, 追謝狀禮.
己未閏七月十九日, 縗服人安弘遠答狀上.
一休從家都節太平, 而經過之道, 似勝
前日可幸.

홍원(弘遠)은 아룁니다. 홍원은 바로 천지 사이에 하나의 완악한 독물(毒物)입니다. 저는 사람 숫자에 끼일 처지도 못 되는데 귀하께서는 여전히 기억해 살펴주시어 지난 늦봄에 특별히 위문해주시고 돌보아주심을 더해 주시니 비록 죽으려 해도 죽지 못하는 중이라지만 마음에 새겨진 은혜 어찌 잠시나마 잊혔겠습니까. 다만 스스로를 폐인으로 버려두기로 하였습니다. 사람의 도리에 당연히 해야 할 노릇마저도 또한 모두 망각의 영역으로 부쳐두었습니다. 이것이 답장이 이렇게 늦어진 연유입니다. 찾아주신 지극한 뜻을 우러러 본받는 도리에서 크게 벗어난 것이기에 끝없이 부끄러움의 땀이 흐릅니다.

다시 여쭈오니 더위와 서늘함을 지낸 속에 조용히 수양하시는 사체(仕體) 더욱 더 모든 것이 편안하시고 가족들도 태평하신지요. 삼가 궁금하며 한편 축원함을 가누지 못하겠습니다.

홍원은 죄가 무겁고 악이 극에 달하여 아들 하나 있던 것도 보전하지 못했으니 하늘의 징벌이 이렇게 이미 극에 달하였습니다. 거기에 형을 떠나보내고 조카를 떠나보내는 일이 몇 달 사이입니다. 상전벽해(桑田碧海)처럼 완전히 뒤바뀌어 천지가 캄캄합니다. 어떻게 집안 운수가 이렇게 가혹한 지경에 이른단 말입니까. 혈혈단신(孑孑單身)이 되어 살 수도 없고 죽을 수도 없으니 어떻게 해야 할지 모르겠습니다. 오직 형제끼리 서로 의지하여 나쁠 일이나 없도록 꾸리지만 역시 어떻게 해야 할지 모르겠습니다.

편지를 써 가는데 눈물이 앞을 가려 모두 뒤로 미룹니다. 답장의 예를 다 갖추지 못합니다.

기미년(己未年, 1919) 윤7월 19일에 최복인(縗服人) 안홍원(安弘遠) 답장 편지를 올립니다.

일휴(一休) 종씨(從氏) 집의 여러 가족들은 모두 태평하고, 지내는 일도 이전보다 나은 것 같아 다행입니다.

이 편지는 1919년 윤7월 19일에 안홍원(安弘遠)이 보낸 《이중구가 5대 고문서, F292》이다.

상중(喪中)에 찾아 조문해 주신 것에 대한 감사 답장이다. 아들을 잃은 슬픔을 찾아 위문한 듯 한데 그 뒤 몇 달 사이 집안에 닥친 악운을 견디는 아픔

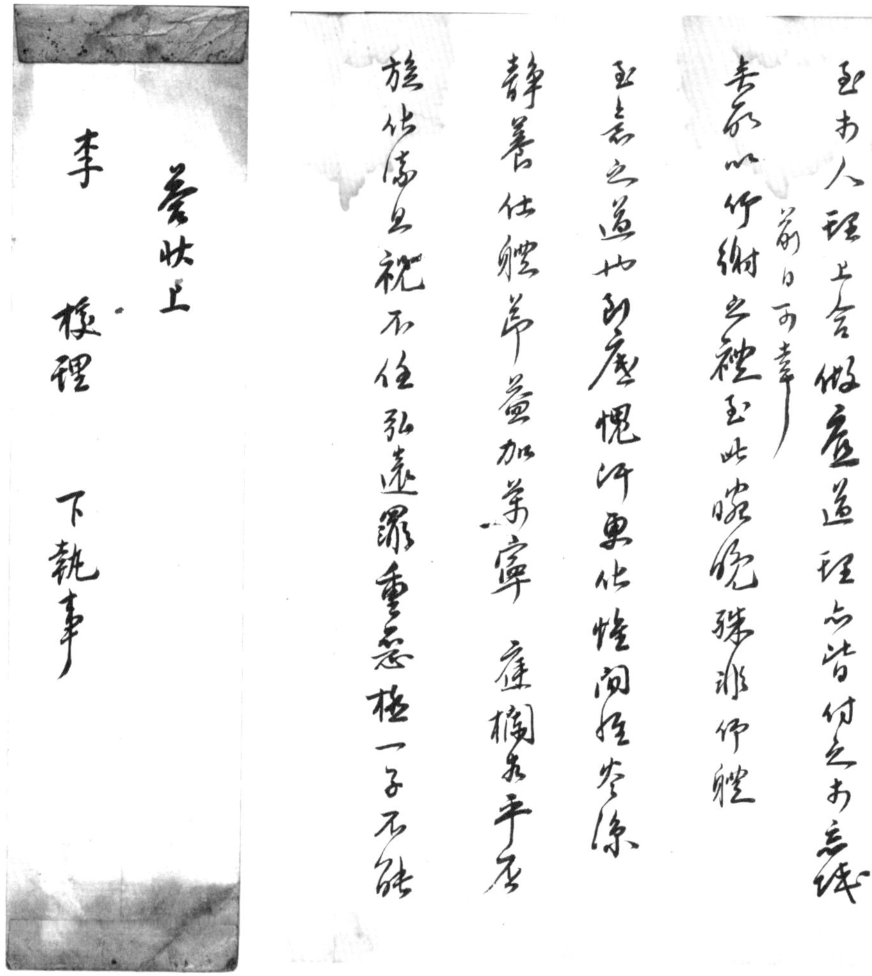

42.4×25.9

을 토로한 구절들이 애틋하기 그지없다. 의술이 발달하지 않은 시절 우리의 옛 역사가 새삼 안타까워지는 고통스러운 과거이다.

안홍원은 고종 4년(1867)에 태어나서 1939년에 서거한 관료이다. 본관은 광주(廣州), 자는 성능(聖能), 호는 석창(石蒼)이다. 1891년(고종28)에 진사

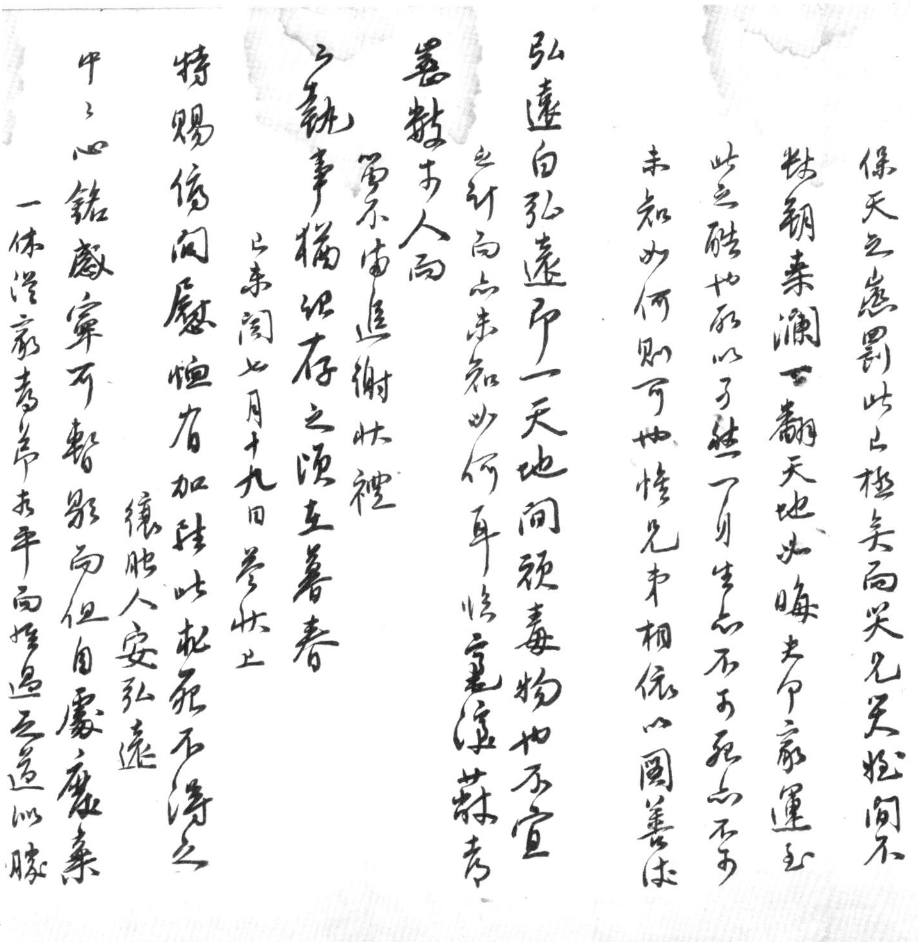

시에 합격하였으며, 경기전(慶基殿) 참봉을 역임하였다.

49 이중구(李中久, 1851~1925) 1921년 7월 20일
손자의 젖 부족에 애타는 할아버지

省式. 前後往還書尺, 非
風遞, 卽羽便也, 未知其一一
關照. 而居然夏盡秋生, 晩炎
益驕. 耿耿一念, 何時可忘. 伏
詢此辰.
服裏經體, 豈弟[愷悌]冲和, 胤
友侍履淸穩. 體仁兄已藏深
土, 而世無復斯人矣. 思之虛廓,
不但以喪質言之也, 其胤哀
持衰支相, 餘外尊少節,
並太平否. 區區遠遡無任. 弟
五朔惡瘡, 尙未退聽, 落席
吟痛之狀, 卽一有息之屍. 所謂
孩孫, 直乳絶乏, 晝宵啼飢,
不忍聞不忍見. 而又添病中
一景耳. 谷圃族叔,
屛院趨公之行, 今玆發向, 而
老人行邁, 當此夏秋之交,
極爲關慮, 素來淸康, 終當
抵敵炎鑠矣, 以是恃而無
恐耳. 相對必一番欣叙,
而弟之近槪, 及海侄家安
寄, 次第西之矣. 所欲言者

不一, 而坐起難便, 呼兒扶持,
艱辛把毫胡草, 不備, 伏惟
惠照, 謹拜候狀.
辛酉七月二十日,
弟李中久拜狀.

격식은 생략합니다.

앞뒤로 왕래한 편지는 풍체(風遞)가 아니라 바로 우편(羽便)25)이었으니, 하나하나 읽어보셨는지 모르겠습니다. 어느새 여름이 지나가고 가을이 왔지만 늦더위가 더욱 기승을 부리고 있습니다. 자나 깨나 줄곧 향해가는 마음 어느 시간인들 잊고 지내겠습니까.

삼가 이 시절 상중(喪中)의 경체(經體) 안부 화평하고 화락하시며, 아드님은 모시고 있는 생활이 맑고 편안합니까. 체인(體仁) 형이 이미 깊은 흙속에 묻혔습니다. 세상에 다시는 이러한 사람이 없을 것입니다. 그리는 마음 헛헛하지만 다만 절친한 친구를 잃은 것26)을 가지고 말하는 것이 아닙니다. 아버지를 잃은 아들들이 상중에 버티고 지내는지, 나머지 가족들의 안부도 모두 태평한지, 멀리서 그리워하는 마음 견딜 수 없습니다.

저는 5개월 동안 악창(惡瘡)을 앓고 있는데 여전히 나을 기미가 없어 홀로 떨어져 신음하는 꼴은 하나의 숨만 붙어 있는 시신입니다. 손자란 놈은 실로 젖이 부족하여 밤낮 배가고파 울어대니 차마 듣지도 볼 수도 없습니다. 이것이 또 병이 심해진 가운데 한 광경일 뿐입니다.

곡포(谷圃, 李能允의 호) 족숙(族叔)은 병산서원(屛山書院)의 공무 수행 차

25) 풍체(風遞)……우편(羽便) : 풍체는 확실하지 않은 인편, 곧 수신자 집 근처로 가는 사람에게 보내는 인편이며, 우편은 화살이 과녁을 향해 날아가듯 확실한 인편을 이르는 말인 듯하다.

26) 절친한 친구를 잃은 것, 상질(喪質) : 바탕을 잃었다는 말로, 절친한 친구를 잃은 것을 말한다. 장자가 그의 친구 혜시(惠施)의 무덤을 지나면서 말하기를 "혜시가 죽은 이후로 나는 바탕으로 삼을 사람이 없다.(自夫子之死也 吾無以爲質矣)"라고 하였다. 《莊子 徐无鬼》

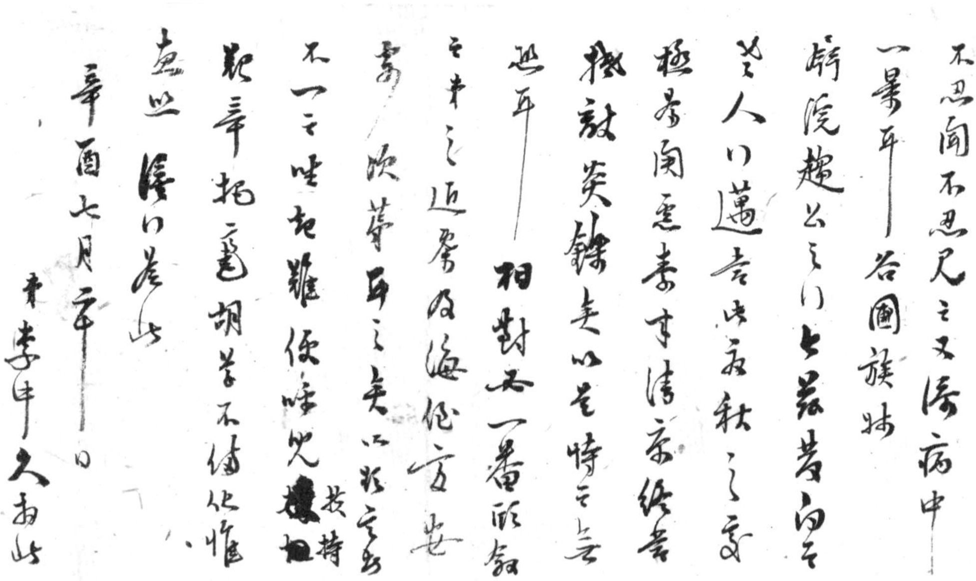

72.2×18.5

지금 출발하였는데 노인 행차가 여름과 가을이 교차하는 시점이라 매우 염려되지만 본래 건강하시니 끝내는 세상을 녹여내는 더위를 버텨낼 수 있을 것이기에 이를 믿고서 두려워하지 않습니다.

한번 만나서 기쁘게 회포를 풀어야 하겠지만 저의 최근의 대강 사연과 해(海) 조카집안의 편안한 소식은 차례차례 서쪽으로 전달되었을 것입니다.

하고 싶은 말은 많지만 앉고 서는 일이 불편하여 아이를 불러서 부축하게 하고 간신히 붓을 잡아 대충 적고 이만 줄입니다.

엎드려 바라건대 살펴주십시오. 삼가 절하고 문안 편지 올립니다.

신유년(辛酉年, 1921) 7월 20일에 아우 이중구는 절하고 편지를 올립니다.

이 편지는 1921년 7월 20일에 이중구(李中久)가 친지에게 보낸 《이중구가 5대 고문서, E113》이다.

자운(紫雲, 이중구)가에 소장된 이중구의 편지는 모두 15통이다. 위 편지

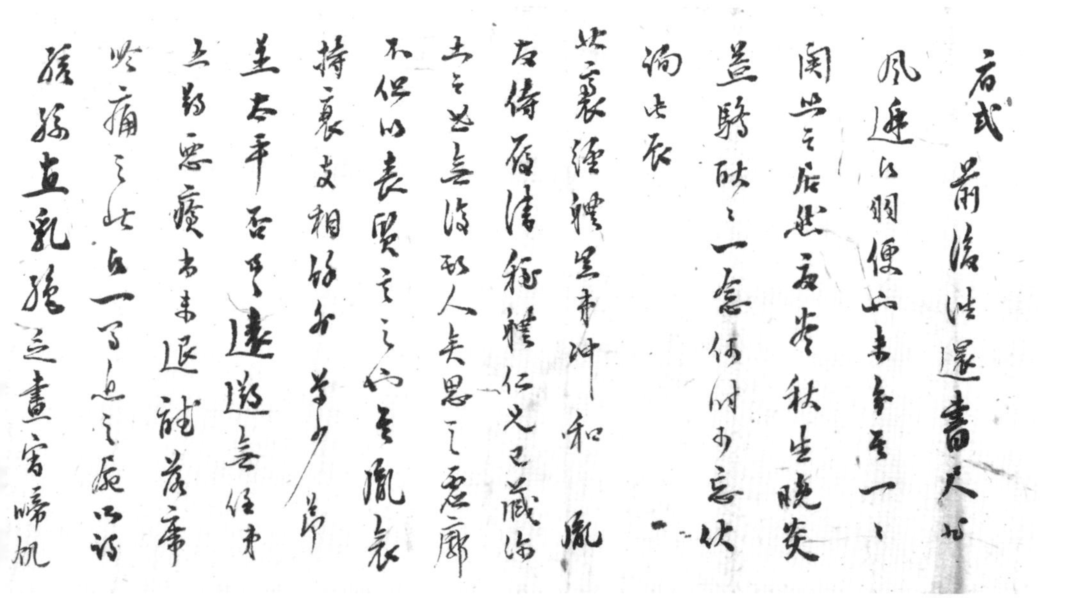

에 언급한 병산서원(屛山書院)은 광해군 5년(1613) 정경세(鄭經世) 등 지방 유림의 공의로 유성룡(柳成龍)의 학문과 덕행을 추모하기 위해 존덕사(尊德祠)를 창건하여 위패를 모셨다. 본래 이 서원의 전신은 고려 말 풍산현에 있던 풍악서당(豐岳書堂)으로 풍산 유씨(柳氏)의 교육기관이었는데, 선조 5년(1572) 유성룡이 이곳으로 옮겼다. 광해군 12년(1620) 유림의 공론에 따라 이황(李滉)을 모시는 여강서원(廬江書院)으로 유성룡의 위패를 옮기게 되었다. 그 뒤 인조 7년(1629) 별도의 위패를 마련하여 존덕사에 모셨고, 그의 셋째 아들 유진(柳袗)을 추가 배향(配享)하였으며, 철종 14년(1863) '병산'이라고 사액(賜額)되어 서원으로 승격하였다. 선현 제향과 지방교육의 일익을 담당하여 많은 학자를 배출하였으며, 대원군의 서원철폐 시 훼철되지 않고 존속한 47개 서원 가운데 하나이다.

자운(紫雲, 이중구)가에 이중구가 작성한 편지 15통이 고스란히 남아있다. 작성된 편지가 수신자에게 발송되지 못한 이유는 초고로 작성만 해두었거나 아니면 다시 정서(正書)하여 보냈기 때문일 것으로 추정된다.

이중구의 12대 조는 동방 18현의 한 분인 회재(晦齋) 이언적(李彦迪, 1491~1553)이다. 『국조방목(國朝榜目)』에 따르면 그의 증조부(曾祖父)는 이필상(李弼祥, 1732~1783)이며, 조부는 이재립(李在立, 1798~1853)이고, 아버지는 이능덕(李能德,1826~1861)이다. 이중구는 철종 2년(1851) 출생으로, 고종 25년(1888) 무자년 식년시 병과에 급제하여 교리(校理)를 지냈다. 아들은 이석일(李錫日, 1886~1950)이며, 손자는 이인원(李寅源)이다. 자는 정보(正甫)이며, 호는 자운(紫雲)이다. 고종 25년(1888)에 문과급제 하였으며, 홍문관 부교리(副校理)를 역임하였다.

50 류영우(柳永佑, 1850~1934) 1924년 10월 5일
자식 잃은 아버지의 애절한 마음

省式. 永祐罪積不慈, 朝暮待盡, 際承
遠委慰書, 擡頭垂淚而屢讀, 儘覺
今日之悲恤, 出於平日之情愛也. 感入朽
腸, 何日忘之. 序已冬矣.
靖體珍攝, 視節佳勝, 雖在死濱, 哀念
則極承也. 曾聞西河之喪明, 而那意自身
履之. 所以目前書冊, 遠如不目之物. 方臥山
扃, 以淚而送日夜, 是豈前日地上之仙乎.
始知地上之仙不仙, 全係乎一子之孝不孝.
而孝子已去地下矣, 其父反不爲地上窮老
乎, 憤寃欲死而已. 窃念吾輩各在下山
之勢, 更面無梯, 則可謂生在而死訣也,
/此亦非哀疚中一悲懷耶. 適因此兄好好
便, 强收震剝餘神魂, 艱修謝儀. 不備狀上禮.
甲子十月初五日, 弟縗服人柳永佑狀上.

격식은 생략합니다.

저는 자애(慈愛)하지 못한 죄[27]가 쌓여 아침저녁으로 죽기만을 기다리고 있습니다. 이즈음에 멀리서 보내준 위문편지를 받고 머리 들고 일어나 눈물을 흘리며 읽고 읽다가 지금 애달피 위로해 주심이 모두 평소의 애정에서

27) 자애(慈愛)하지 못한 죄 : 아버지로서의 죄가 컸음을 이르는 말. 《대학》의 "아버지가 되어서는 자애에 그쳐야 한다.[爲人父,止於慈]"에서 연유한 말이다.

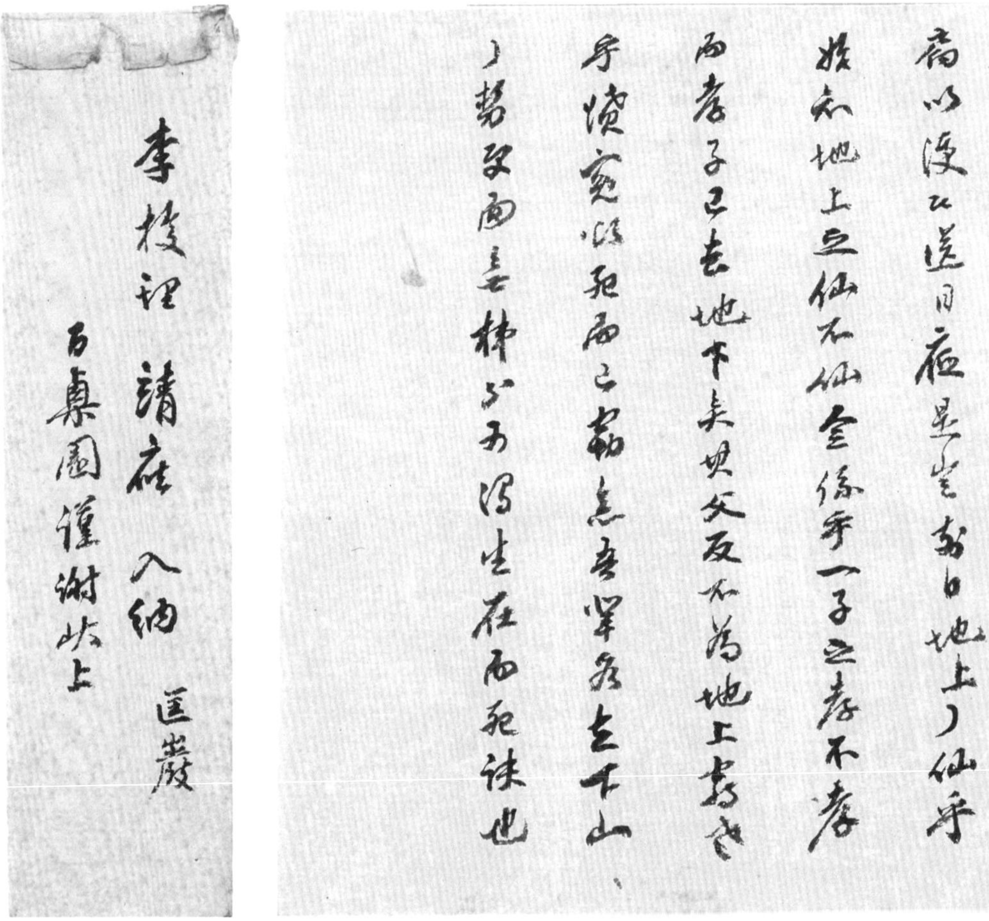

43.4×20.9

나왔음이 느껴졌습니다. 썩어 문드러진 장(臟)속으로 스며드는 감사함을 어느 날인들 잊을 수 있겠습니까.

계절이 벌써 겨울이 되었는데, 고요한 가운데 몸조리 잘하시고, 하시는 일이 잘 되어 가는지요. 죽음을 이웃해 있으나 애통해 해 주시는 마음은 더없이 잘 받들었습니다.

일찍이 서하상명(西河喪明)[28]에 대하여 들었는데, 어찌 내 자신이 그렇게

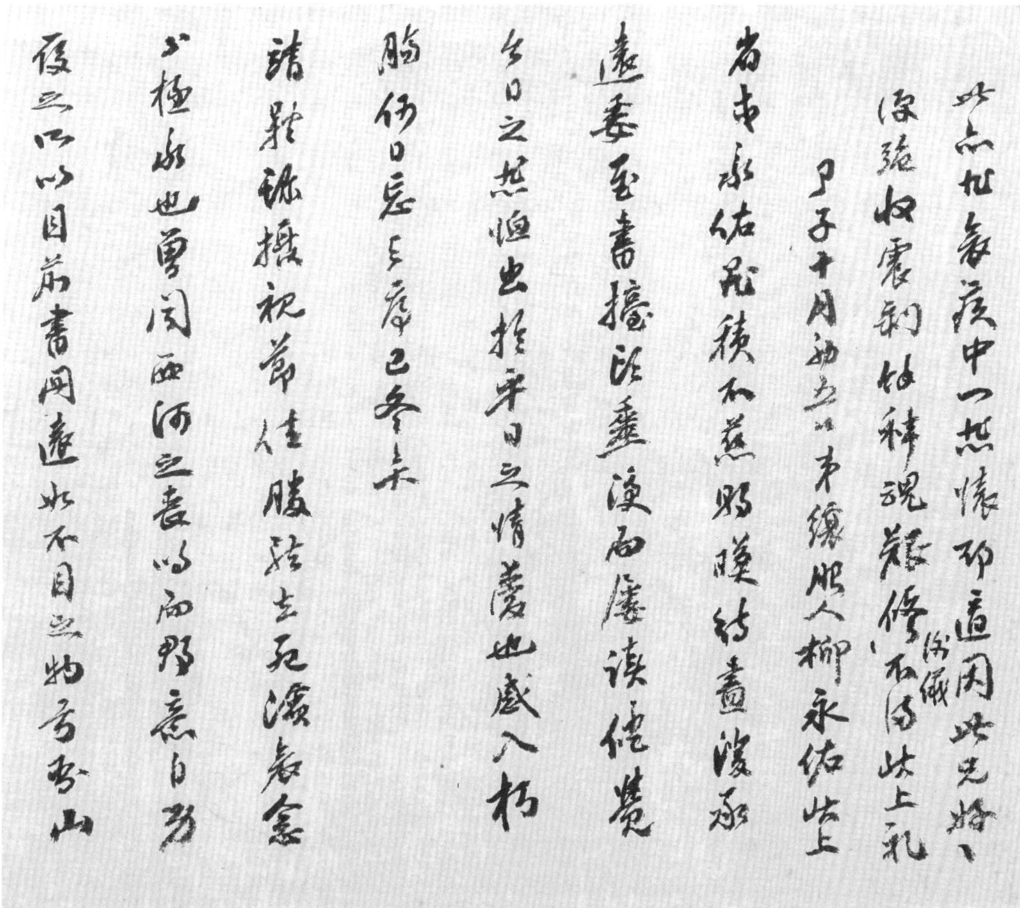

될 줄 생각이나 했겠습니까. 눈앞의 서책은 멀리 못 볼 물건처럼 되었습니다. 바야흐로 산속 집에 누워 눈물로 밤낮을 보내고 있습니다. 이것이 어찌 지난날 인간세상의 신선(神仙)이겠습니까. 인간세상의 신선이 되고 못 됨이 전적으로 한 아들의 효도와 불효에 관계됨을 이제야 알았습니다. 효자가 이미 땅속에 묻혀, 그 아비는 도리어 지상의 곤궁한 노인도 될 수 없습니다.

28) 서하상명(西河喪明) : 공자의 제자 자하(子夏)가 서하(西河)에 살면서 아들을 잃고서 너무 슬퍼한 나머지 시력을 잃은 것을 이르는 말. 《예기(禮記), 단궁 상(檀弓 上)》

분하고 원통하여 죽고 싶을 뿐입니다.

가만히 생각해 보니, 우리들은 이제 각각 산을 내려가는 형세[29]인데 다시 만날 길이 없으니 살아 있지만 죽어서 결별한 것이라 말할 수 있습니다. 이 또한 상중(喪中)에 하나의 서글픈 회포가 아니겠습니까.

마침 이 형의 좋은 인편이 있어 놀라움에 모든 것을 잃은 남은 정신을 억지로 수습하여 간신히 답장의 예를 닦습니다. 답장의 형식을 갖추지 못하고 그칩니다.

갑자년(甲子年, 1924) 10월 5일에 아우 최복인(縗服人) 류영우는 편지 올립니다.

이 편지는 1924년 10월 5일에 유영우(柳永佑)가 이중구(李中久)에게 보낸 《이중구가 5대 고문서, G628》이다.

자운(紫雲, 이중구)가에 소장된 유영우의 편지는 모두 11통이다. 편지 말미에 작성자가 자신을 최복인(縗服人)이라고 한 것은 아들의 상중(喪中)이어서다. 한때 자신을 세상에서 지상선(地上仙)이라 지칭할 정도로 아쉬운 게 없던 삶이었는데, 아들의 죽음과 함께 얼마나 그것이 허무한 것인지, 차라리 궁핍한 노인 신세만도 못하다는 탄식이 너무도 진솔하여 눈시울이 뜨거워짐을 느끼게 한다.

류영우의 본관은 풍산(豊山)이며, 자는 현필(賢弼)이다. 고종 22년(1885)에 제술(製述)로 입격하여, 고종 31년(1894) 기기사사(機器司事)가 되었으며, 고종 38년(1901) 장릉 참봉(長陵參奉)을 역임하였다.

---

29) 산을 내려가는 형세 : 서서히 인생이 노년으로 접어듦을 이르는 말이다.

51 박해철(朴海徹, 1868~1934) 1925년 2월 13일 특별히 말씀드릴 일이 없을 때 쓰는 편지 형식

每擬進候, 苦値百纏, 方切自訟.
而淳復之書, 光寵之文, 同封
先到. 稽拜奉讀, 字字謹嚴, 擲地
有聲. 旣歎精力之益勁, 亦見存
撫之出迥, 感悚交幷, 不知所以措
躬也. 更伏惟春氣方和,
靖中頤養, 益加萬安, 庶節普
慶, 遠伏切頌禱之忱. 侍生無事
中, 日常紛汩, 只切自悶, 而亦不足以
提告也. 早晏拂却塵冗, 一候
軒下爲計, 或不以怠遑不可敎而
/見斥也否. 未前惟祝
經體衛道加護. 不備謹謝上候.
乙丑二月十四日, 侍生朴海徹再拜.

매번 찾아뵙고 문안하려고 하였지만 괴롭게도 온갖 일에 얽매여 바야흐로 자신의 잘못을 간절히 따지는 중입니다. 그런데 순박(淳朴)한 글씨와 영광스런 문장이 한 봉투에 넣어져 먼저 도착하였습니다. 공손히 절하고 읽노라니, 글자마다의 근엄(謹嚴)함이 땅에 던지면 쟁그랑 소리가 날 것 같았습니다. 정력이 더욱 강건해진 것에 탄복하면서도 또다시 보살펴주시는 마음이 보통을 훨씬 벗어남에, 감사하고 송구한 마음이 교차하여 몸 둘 바를 모르게 하였습니다.

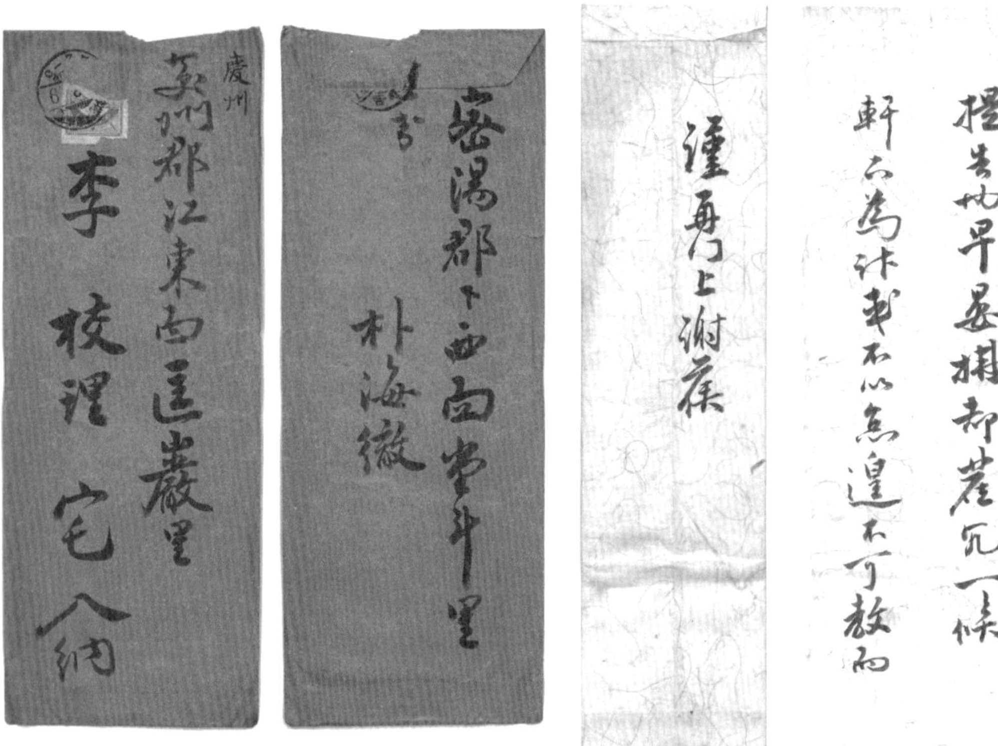

42.0×23.5

봄기운이 바야흐로 화창한데, 고요히 수양하시는 안부 더욱 편안하시고, 가족들의 안부도 두루 잘 계신 것을 생각하니, 멀리서 삼가 송축하고 축하드리는 마음 간절해집니다.

저는 아무런 일이 없는데 늘 바쁘게 허덕이니 오직 스스로 답답할 뿐이며, 또한 족히 알려드릴 만한 것도 못됩니다. 소만간에 자질구레한 일들을 떨쳐버리고 한번 찾아뵐 계획이지만 혹 게으르고 안일하여 가르칠 수 없다고 물리치시지는 않겠지요.

경학(經學)을 체득하시고 사도(斯道)를 보위하시기 위해 더욱 건강을 잘 지니시기를 미리부터 축원합니다. 예를 다 갖추지 못하고 삼가 답장 편지를 올

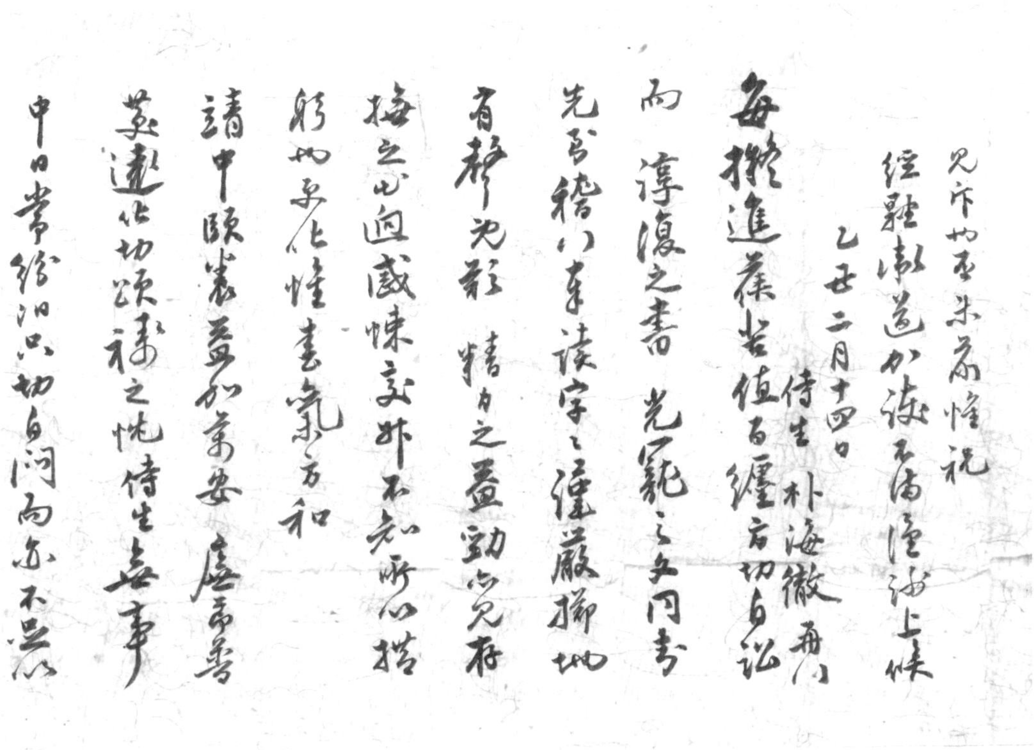

립니다.

을축년(乙丑, 1925) 2월 14일에 시생(侍生) 박해철은 두 번 절합니다.

이 편지는 1925년 2월 13일에 박해철(朴海徹)이 이중구(李中久)에게 보낸 《이중구가 5대 고문서, I245》이다.

자운(紫雲, 이중구)가에 소장된 박해철의 편지는 모두 6통이다. 편지 말미에 작성자가 시생(侍生)이라고 한 것은 모시고 있는 소생이라는 뜻으로, 대개 부모의 연배일 때 자신을 낮추어 사용하는 표현이다. 편지 내용에 아무런 별다른 내용이 담기지 않았다. 찾아뵈려 하지만 이런저런 잡일에 얽혀 시간을 내지 못한다는 죄송함을 나타냈을 뿐이다. 어른에게 편지를 받았으니 답장은 안할 수 없고 하자니 특별히 말씀드릴 것도 없어 찾아뵈려한다는 궁색한 말을 할 수밖에 없었던 듯하다.

박해철은 본관은 밀양(密陽)이며, 자는 공요(公堯)이고, 호는 창번(滄樊)이다. 아버지는 박문호(朴文琥)이다. 고종 29년(1892)에 별시(別試) 병과(丙科)에 급제하였다. 승문원 부정자(承文院副正字)·중추원 의관(中樞院議官)·기주관(記註官)·봉보관(捧寶官)을 역임하였으며, 저서로 《창번집(滄樊集)》이 있다.

52 박선빈(朴善斌, ?) 작성일 불명
문집에서 찾기 어려운 세속의 이면사

戀仰殊昔, 即承
惠訊, 慰如仰晤. 況拜審
仕體萬旺, 仰慰而
弃包之尙遲, 幸勿燥燥如何. 近
見天像, 文昌垂芒於箕尾之東,
必然應在貴門, 預賀預賀. 世弟碌碌
如昨, 豚兒無頉, 爲幸已耳. 郡事齒
已酸矣. 不必長提以煩
老兄淸鑑. 而正運留隊下, 第觀
機善圖爲計. 其四寸者, 因民訴在
囚, 故分付兵校, 昨已放送耳. 所謂
鄕長公兄之爲郡守所派, 而擧行
於老兄, 非徒於惠函已悉也, 又於
首刑吏口親聞者也. 及其捉致數
罪之場, 責以朴倅之擅差, 郡守
之爲法當勘, 則渠亦驚惶而退
矣. 今老兄又有營救之敎, 隨風
從好, 非曰不好也, 令敎無乃瞞過
此漢說耶. 仰呵仰呵. 專足大邱事,
憤團如是, 而以石投石, 不過雷同之
人. 然此必由於愛此漢故也, 恐爲
老兄淸德之所累, 咄歎咄歎耳. 蔽
一言決去就, 則萬端塵累, 自

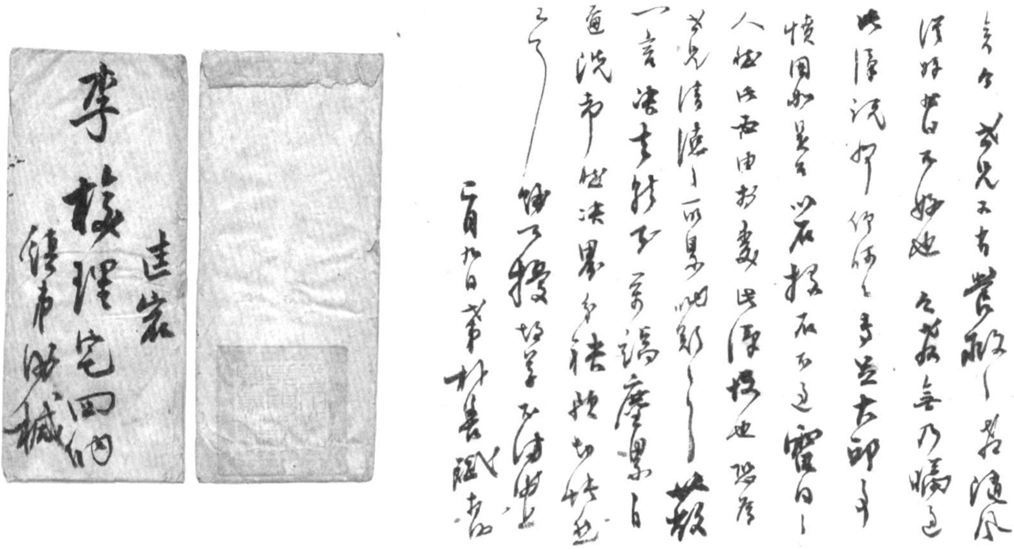

67.0×22.5

邇洗却. 然決界分袂, 預切悵然

已耳. 餘心擾胡草, 不備謝上 .

巳月九日, 世弟朴善斌拜謝.

그리며 우러름이 한층 다른데 때맞게 은혜로운 편지를 받으니 만나 뵌 듯한 위로를 받습니다. 더욱이나 사체(仕體) 더없이 건강하시다니 우러러 위로가 되나 손자 보는 일이 아직까지 늦어지더라도 행여 너무 조급해하지 않음이 어떻겠습니까.

요사이 천문(天文)을 보니 문창성(文昌星)[30]이 기미성(箕尾星)[31]의 동쪽에서 빛을 발하니, 반드시 호응이 형의 집에 있을 터여서 하례하고 또 하례를

30) 문창성(文昌星) : 세상의 문운(文運)을 주관한다는 별자리. 이 별이 빛나면 세상에 문덕(文德)이 융성해진다고 한다.

31) 기미성(箕尾星) : 하늘의 동서남북에 배열되어 있는 항성(恒星) 스물여덟 별자리 중 동쪽하늘에 있는 두 별자리. 경주가 동쪽에 자리 잡고 있어 경주를 이르는 말로 쓴 것이다.

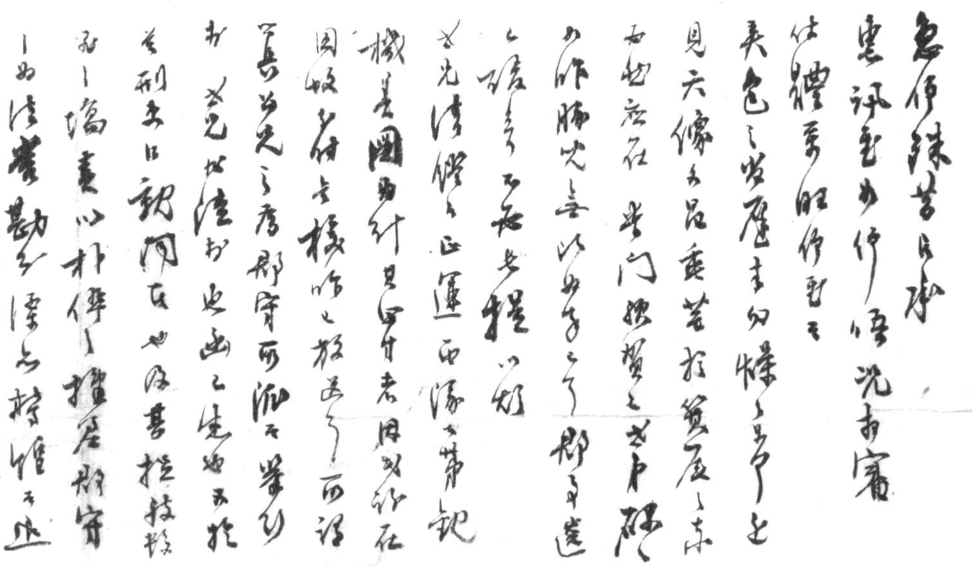

올립니다. 저는 예전의 녹록함 그대로이고 자식아이가 탈이 없어 다행일 뿐입니다.

경주군(慶州郡)의 일은 진작부터 이빨에 신물이 돕니다. 기필코 길게 늘어 말해 노형(老兄)의 맑으신 마음을 번거롭게 하지 않으렵니다.

이정운(李正運)은 부대에 머물게 하고 기미를 살펴 좋게 도모할 요량입니다. 그 사촌(四寸)이란 자가 백성의 소장에 따라 수금되었기에 병교(兵校, 장교)에게 분부하여 어제 이미 내보냈습니다. 소위 향장(鄕長)32)과 공형(公兄)33)이 군수의 파견에 의해 노형(老兄)에게 행한 일을 보내주신 편지에서 이미 알았을 뿐 아니라, 또 수형리(首刑吏)34)의 입을 통해서도 직접 들었습니다. 급기야 붙잡아 들여 죄를 따지는 마당에, 박(朴) 군수가 멋대로 파견하였으니 (박 군수를) 법리 상 당연히 조사해야 한다고 말해, 저 또한 놀라고 당황하여

32) 향장(鄕長) : 조선 고종 시대 지방 고을의 아전인 좌수(座首)를 고친 명칭이다.

33) 공형(公兄) : 지방 고을의 아전이 맡는 직위인 삼공형(三公兄)을 줄여 이르는 말. 호장(戶長), 이방(吏房), 수형리(首刑吏)를 이른다.

34) 수형리(首刑吏) : 지방 고을의 형방아전(刑房衙前)을 말한다.

물러 나와야 했습니다. 그런데 지금 노형께서 또다시 그를 구원하는 말씀을 하고 계십니다. 바람 따라 좋을 대로 가는 것을 나쁜 것이라 말할 수 없겠지만, 형의 말씀은 이 사람을 기만하는 말씀이 아닌가요. 하늘을 향해 허허하고 웃습니다.

이 일로 대구에 사람을 보낸 일은 분노가 이 같은 상황에 돌을 돌무더기에 던지는[35] 부화뇌동(附和雷同)하는 사람에 불과합니다. 이는 필시 이 사람을 아끼려는 까닭에서 기인한 일이지만, 아마도 노형의 청덕(淸德)에 누가 될 일이라서 혀를 차며 탄식하고 탄식합니다. 폐일언(蔽一言)하고 제가 진퇴를 결정하면 수많은 걸리적거리는 일들은 주변에서부터 씻겨지겠지요.

그러나 세상과의 결별과 형과 헤어지는 일에는 미리부터 더없이 서글퍼옵니다.

나머지 말은 마음이 어지러워 편지가 두서없습니다. 다 갖추지 못하고 답장 올립니다.

4월 9일에 세제(世弟) 박선빈(朴善斌) 절하고 답합니다.

박선빈(朴善斌)이 참령(參領)으로 경주에 주둔하며 이중구(李中久)에게 보낸 편지《이중구가 5대 고문서, C329》이다. 박선빈의 편지는 발신하는 햇수가 적혀 있지 않다. 박선빈이 이중구에게 보낸 편지와 곁들인 쪽지들은 모두 88통에 이른다. 이중구와 가장 많은 편지 왕복이다. 그런데 이중구의 문집《광암세고(匡巖世稿, 자운문집(紫雲文集)》에 박선빈에게 보낸 편지는 한 통도 실려 있지 않다. 저간의 사정은 짐작할 길이 없다. 이 편지는 내용을 정확하게 파악할 수 없다. 다만 어떤 사건에 연루된 이중구가 그 구조를 박선빈에게 청하였고 이중구가 요구한 것을 박선빈이 들어주지 않는 모습을 언뜻언뜻 살필 수 있다. 이 편지에서 말하는 이정운(李正運)도 그가 누구인지 확인되지 않는다. 다만《이중구가 5대 고문서, B355》에 '이정운에게서 추심할 금액은 전후 도합 420냥(兩) 가운데 210냥은 이미 추급(推給)하였고 나머지

35) 돌을 돌무더기에 던지는 : 이글의 원문 以石投石은 '물에다 물을 더한다(以水濟水)'를 변용한 말이다. 이어지는 부화뇌동을 이렇게 표현한 것이다. 以石投石은《춘추좌전(春秋左傳), 소공(召公) 20년》의 '임금님께서 옳다하면 거(據) 역시 옳다고 하고, 임금님께서 그르다고 하면 거 역시 그르다고 만하여 물에 물을 더한 것입니다.(君所謂可, 據亦曰可, 君所謂否, 據亦曰否, 若以水濟水.)'는 안영(晏嬰)의 말에서 연유하였다.

는 추심을 독촉 중이다. [李正運所推條, 前後合四百十兩內, 二百十兩已推給, 而餘則方在督推中耳.]'는 박선빈의 편지가 있다.

또한 《이중구가 5대 고문서, B360》에 '군(郡)에 수감된 죄수 이정운(李正運)은 어제 휴령으로 데려다 공초를 받는 심문을 하였더니, 군에서의 공술은 모두 거짓 자복이었다. 그래서 이정운을 체포했던 장교와 심문했던 장교를 급히 잡아들여 엄히 조사하자, 그들 역시 거짓 공초였음을 자복하였다. 그래서 거짓 공초 받은 연유를 묻자 윗사람의 분부를 받아 한 일이라고 죄를 돌렸다. [郡囚正運, 昨訓打致供問, 則郡供盡是誣服, 故所捉校與所供校, 急捉入嚴查, 則渠輩亦自服以誣供, 故又問其巫招根由, 則歸之承分付擧行云.]'고 말하고 있다.

《승정원일기》 고종 42년(1905년) 4월 29일 기사에는 박선빈이 경주 주둔지 '군영 수리비의 공금을 전용한 일[營舍修理費挪用事]'로 면직처벌을 받았다가 8월 25일 그것이 사실이 아닌 것으로 밝혀져 벼슬이 회복되었다.

박선빈의 면직 처분에 살펴볼 편지가 하나 더 있다. 1904년 7월 1일에 남희조(南熙朝)가 보낸 편지 《이중구가 5대 고문서, B157, B158》에는 '처음에 박선빈(朴善斌)과 함께 오려고 했으나 끝내 고을의 간악한 무리가 상경해 있으면서, 선한 사람에게 죄를 뒤집어 씌워 신문에 게재하였다. [初擬與參領朴善斌氏偕還, 而竟爲奸鄕輩上京之日, 構誣善人, 登諸新聞.]'라고 말하고 있다. 이런 일들에 이중구와 박선빈이 얽힌 사건의 실마리를 종잡을 수 없게 하고 있다.

다만 이 편지에서 박선빈이 경주지역의 주둔군 대대장인데 사건을 수사하는 일에 직접 참여하여 이런저런 결정을 내리고 있다. 그 시절 군인들에게 이런 검찰(檢察)권이 주어졌는지 알 수 없다.

박선빈은 고종 33년(1896년) 9월에 육군 부위(副尉 오늘날의 중위)로 《승정원일기》에 기록되기 시작하여 37년 정위(正尉 오늘날의 대위)에 오르고, 같은 해 참령(參領 오늘날의 소령)에 올라 진위 제5연대 제1대대장(鎭衛第五聯隊第一大隊長)으로 경주에서 재직하였다. 이어 고종 44년(1907년) 시종원 시종(侍從院侍從)으로 전직하여 1909년 훈오등(勳五等)에 서훈되고 팔괘장(八卦章)을 받았다.

53 이만운(李晩運, 1815~1886) 작성일 불명
경주 부윤이 동문생의 아들에게 보낸 편지

阻餘承問, 感荷良多.
謹審間來,
從祖丈氣候無損,
省餘做履佳勝, 實叶
願聞. 而
萱闈調度, 雖是本祟, 而
猶爲之貢慮萬萬. 弟慈
節間作痁患, 多在震盪,
筋力奄奄. 家信亦此近阻,
熏悶情私, 如何盡旣. 家
兒姑未見返耳. 收券
/報營當在今明, 而盛製適到,
可知敏穎在先也. 可愛可愛.
所存雖是, 而當此
實難, 幸望從速
如何如何. 餘不宣
謝.
壬申六月初二日, 弟李晩運謝.
扇子一柄汗呈耳.

소식이 두절된 끝에 편지를 받으니 감사의 마음 참으로 많소. 요즘 종조부 어른의 기력 손상됨이 없고 어머님을 받들며 학문하는 생활도 편안함을 알게 되니 참으로 듣고자 원하고 원했던 바요. 그대 어머니의 조리(調理)하는 일은 본디 가진 병이라지만 여전히 걱정되는 마음 끝없소.

저는 어머니가 중간중간 학질 증세가 일어나 깜짝 놀라 어찌할 바를 모르는 일이 많고 근력이 끊어질 듯 끊어질 듯하오. 집안 편지마저 또 이 근래 두절되어 마음이 후끈거리는 고민스러운 심사를 어찌 말로 다하겠소. 집의 아이도 아직 집에 되돌아오지 않고 있소.

문권(文券)을 거둬들여 감영(監營)에 보고할 날이 오늘 내일로 현재 닥치는데 훌륭한 그대 작품이 마침 도착하였소, 영민한 사람이 앞장섬을 알 수 있어 사랑스럽고 사랑스럽소. 생각이 옳다 해도 이렇게 닥치면 실상 어렵기 마련이오. 기대하는 바람을 속히 이뤄냄이 어떻겠소. 나머지 말은 다 말씀드리지 못하고 답장을 줄입니다.

임신년(壬申年, 1872년) 6월 2일에 제(弟) 이만운(李晩運)은 답장을 올립니다.

부채 한 자루를 부끄러움에 땀을 흘리며 올립니다.

이만운이 경주부윤(慶州府尹) 재임 중 관내에 사는 이중구(李中久)에게 보낸 편지《이중구가 5대 고문서, C715》이다. 이만운이 광암(匡巖)에 보낸 편지는 모두 3통이다. 이 편지가 경주부윤 시절의 편지로 확인할 수 있는 것은 이 편지의 피봉 '본 고을의 수령 답장[本尹謝書]'이라는 네 글자이다. 또 '광암의 이 아사 댁에 회답하여 들인다. [匡岩 李雅士宅回納]'의 '아사(雅士)'는 나이 젊은 훌륭한 선비를 높여 부르는 호칭이다. 이중구가 이때 아직 과거에 오르지 못했다. 또 아버지를 여의고 홀어머니를 모시고 있는 처지라 '어머니의 안부[萱闈]'만 물은 것이다.

문권 운운은 과거에 응시하는 시권(試券)인데 그것을 각 고을에서 거두어 감영에 올리면 감영의 시관들이 평가하는 것인 듯하다. 과거제도의 한 과정을 증거해 주는 편지이다.

또 이만운은 1815년생이고 이중구는 1851년생이어서 나이 차이가 36년이다. 또 이만운은 경주부윤이고, 이중구는 과거를 준비하는 선정(先正)의 후손이자 사환가(仕宦家)의 자손이다. 또 이중구의 아버지 이능덕(李能德)은 이

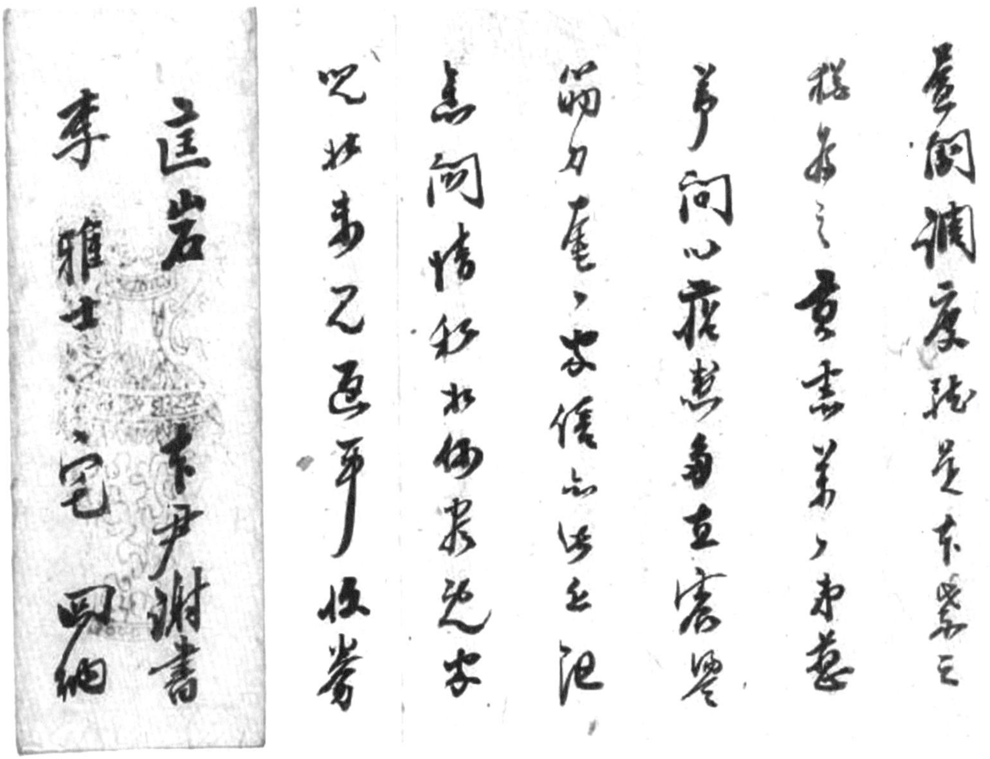

38.5×16.0

만운보다 나이가 11년 밑인 동문생이다. 그런데 이만운이 자신을 제(弟)라 호칭하고 있다. 예전에 자신을 늘 낮추려는 모습이다.

이만운은 순조 15년(1815년)에 태어나 1886년에 죽은 조선 말기의 문신이다. 본관은 진보(眞寶), 자는 문오(文五), 호는 쌍취(雙翠), 류치명(柳致明)의 제자다. 헌종 10년(1844년) 증광문과(增廣文科)의 병과(丙科)로 급제하고, 철종연간에 사간원 대사간, 고종연간에 예조·이조·병조의 참판, 승정원 좌승지, 오위도총부 부총관, 한성부 좌윤 등을 역임하였다. 1871년 경주 부윤을 지낸 일로 1874년 암행어사의 탄핵을 받아 무주(茂朱)에 유배되었다

가 이내 풀려나 다시 대사간에 기용되고, 고종 22년(1885년) 행호군(行護軍)에 올랐다.

54 민병승(閔丙承, 1866~ ?) 작성일 불명
부탁하신 말씀은 진퇴양난(進退兩難)입니다

日來,
旅體愆損, 仰慮仰慮. 生鄉
候久阻, 悶然悶然.
教意拜悉, 到今事勢, 可
謂有同羝羊矣, 悶歎奈
何. 還次後, 當更稟, 而事
與心睽, 甚菀甚菀. 不備上.
生閔丙承拜.

며칠 사이 객지에서 몸이 편치 않으시니 매우 염려됩니다.

저는 고향 소식이 오래도록 막혀서 안타깝고 안타깝습니다.

말씀해 주신 뜻은 잘 알겠는데 현재의 형편으로는 숫양이 못 움직이는 것[羝羊][36]과 같습니다. 안타까움을 어찌하겠습니까. 귀환한 뒤에 당연히 다시 아뢰겠지만 일이 마음과 어긋나서 매우 답답합니다.

편지 격식을 갖추지 못하고 올립니다.

생(生) 민병승(閔丙承) 배(拜).

이 편지는 민병승(閔丙承)이 친지에게 보낸 작성일 불분명의 《이중구가 5대 고문서, L003》이다.

---

36) 숫양이 못 움직이는 것(羝羊) : 진퇴양난(進退兩難)의 곤경에 빠짐을 말한다. 《주역》 대장괘(大壯卦) 상육(上六)에 "숫양의 뿔이 울타리에 걸려 물러가지도 못하고 나아가지도 못한다.(羝羊觸藩 不能退 不能遂)"고 연유한 말이다.

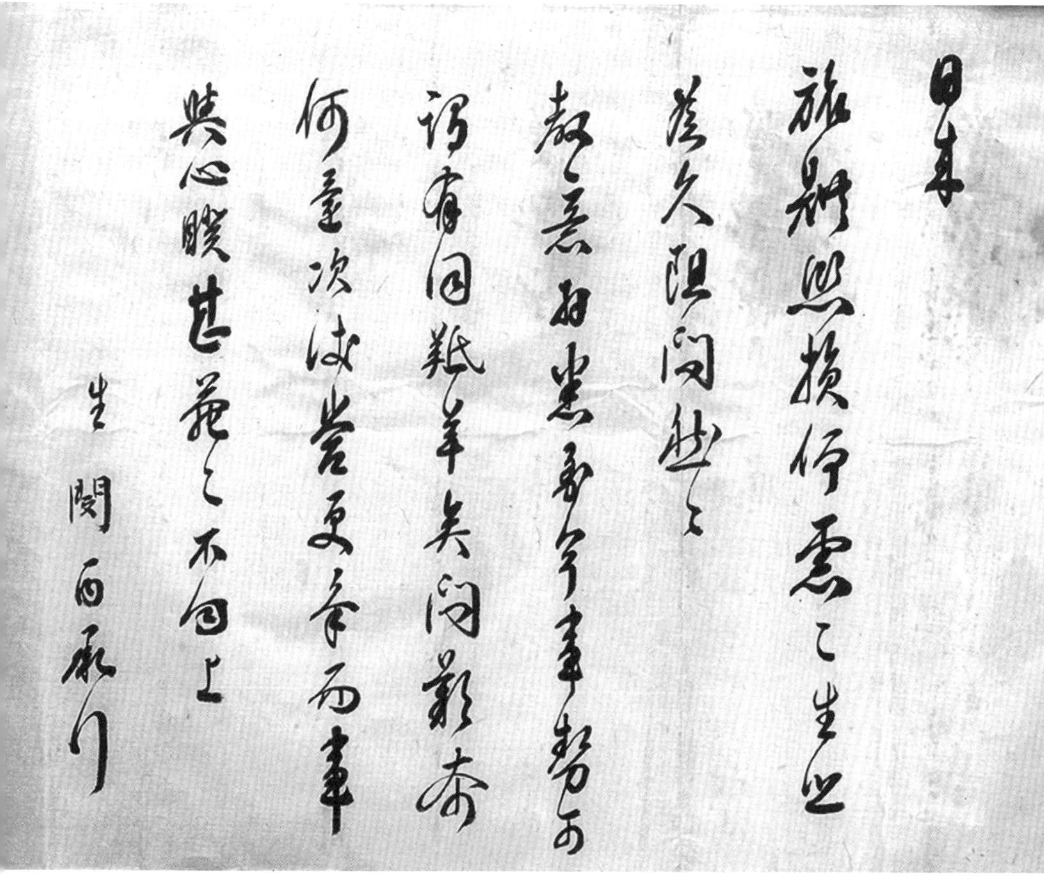

36.3×25.3

부탁받은 사항의 어려운 형편을 주역(周易)의 문구를 인용하는 것으로 가름하는 것에서 일이 쉽지 않음을 엿볼 수 있다. 또 환차(還次)라는 말에서 상대가 부탁한 말은 누군가에게 부탁해야만 해결해야 할 문제인 듯하다. 그래서 그분이 귀환하면 이라는 단서를 달면서도 기대하지 말 것을 상대에게 전하는 것으로 편지를 끝맺고 있다. 고위 관료의 청탁사항 처리의 한 단면이다.

민병승은 고종 3년(1866)에 태어나 몰년 미상의 문신 관료이다. 본관은 여흥(驪興), 호는 단운(丹雲)이다. 1884년(고종 21) 1월 외국어학교 부교관(副敎官), 1885년 1월 탁지부(度支部) 주사를 지냈다. 같은 해 3월에 실시된 과거에 응시하여 병과(丙科)로 합격하여, 6월에 탁지부 서기로 승진하였다. 1886년 4월에 이조정랑(吏曹正郞)이 되었고, 시강원겸문학, 시강원겸필선, 승정원 동부승지, 성균관대사성에 임명되었다. 1887년에는 내무부참의(內務部參議)가 되었고, 1888년에는 홍문관부제학, 이조참의, 시강원겸보덕을 지냈다. 민병승은 1890년에 이조참판, 1893년에 규장각직제학, 1896년 8월에 궁내부특진관(宮內府特進官)을 거쳐, 1897년에는 중추원 1등의관, 1899년에는 종궁내부특진관 칙임4등관, 1905년에는 칙임3등관이 되었다.

55 민영달(閔泳達, 1859~1925) 작성일 불명 말씀하신 뜻은 특별히 애써보겠다

拜慰,

仕體旅旺. 記下視昨已也.

教意當另圖矣,

諒之如何, 不備謝禮.

卽, 記下閔泳達拜.

위안을 드립니다.

편지 받고 사체(仕體) 객지 생활에 건강하시다니 위로가 됩니다. 저는 어제와 같을 뿐입니다.

말씀해 주신 뜻은 특별히 도모할 생각입니다. 그렇게 이해하여 주시는 것이 어떻겠습니까.

이만 줄이고 답장을 올립니다.

즉시, 기하(記下) 민영달(閔泳達) 배(拜).

이 편지는 민영달(閔泳達)이 지인에게 보낸 작성일이 불분명한 《이중구가 5대 고문서, H061》이다.

부탁하신 바를 특별히 애써보겠다는 짧은 내용이다. 청탁에 대한 고위 관료의 전형적인 답변이다. 답장이 짧고 선물을 받았다는 말도 없는 것으로 본다면 이런 답장을 받고서 기대를 하였을지는 편지를 받은 자만이 알 일이다.

민영달은 철종 10년(1859)에 태어나서 1925에 서거한 관료이다. 본관은 여주(驪州)이고, 자는 공무(公武), 호는 우당(藕堂)이다. 1885년 증광문과에 병과로 급제, 1892년 경기도관찰사를 거쳐 형조판서·예조판서·좌참찬 등을

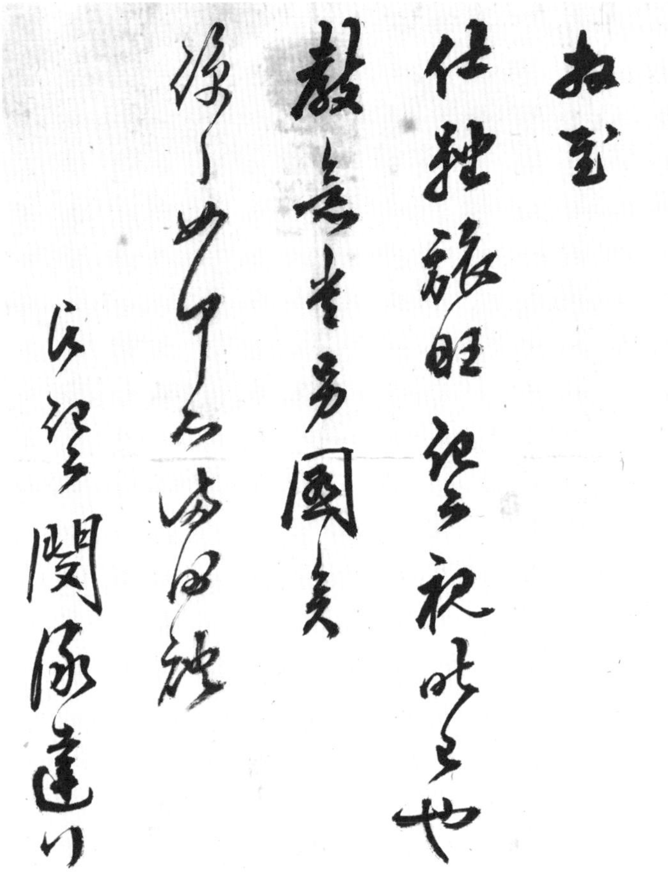

24.0×26.0

역임하였다. 1894년 호조판서로 있다가 김홍집내각(金弘集內閣)의 내부대신이 되었다. 1895년 을미사변(乙未事變)으로 명성황후(明成皇后)가 시해되자 사직하였다. 민영달은 명성황후의 종형제로서 지혜가 있고 권략(權略)이 풍부하여 동족(同族) 중 지도적 위치에 있었다. 당대의 정객인 이완용(李完用)과 이윤용(李允用)을 조종할 정도로 수완이 있었으며 이재(理財)의 재간도 뛰어났다. 동학혁명이 일어나자 대부분의 대신들이 청국에 구원을 요청하려 하였으나, 이에 반대하고 일본에 구원을 요청할 것을 주장하기도 하였다. 1910년 일제가 한반도를 강점한 뒤 민영달에게 남작의 작위를 주려 하였으나 거절하였다. 1921년 동아일보사에 5,000원을 출자하기도 하였다.

56 이진상(李晉祥, 1792~ ?) 작성일 불명
사환가(仕宦家) 집안끼리의 서울과 지방을 오가는 편지

月前於抵家書見之, 無頃利
泊, 而厥后更無聞, 爲悵當何
如. 即者老炎未祛,
旅履珍勝, 留泮僉友, 未知誰
某, 而俱平安, 泮主家亦安過否.
並溯區區. 族從偏候近依, 而身
常不健, 近以常伯家染氣, 方在
奔汨, 畏懼中, 悶塞悶塞. 君家消
詳必在家書中, 不必及言, 而石
峴亦如前狀耳. 六政知舊中,
俱無靈, 爲之憤惋, 而用羽之連
屈, 尤爲代悶, 都錄已行否. 不必覬
覦, 而無處可頌, 君旣在周章
之道, 似不待煩控, 是恃是恃. 道伯
/徑遞, 於玉院事終始勤念者, 齟齬莫甚, 日前
/躬恤, 而近聞新伯以其親患,
似不赴任云, 果
否. 家兒云事,
的知九晦十
初, 期欲成禮
云. 凡百自多
難, 窘悶窘悶.
毛揮項泮主

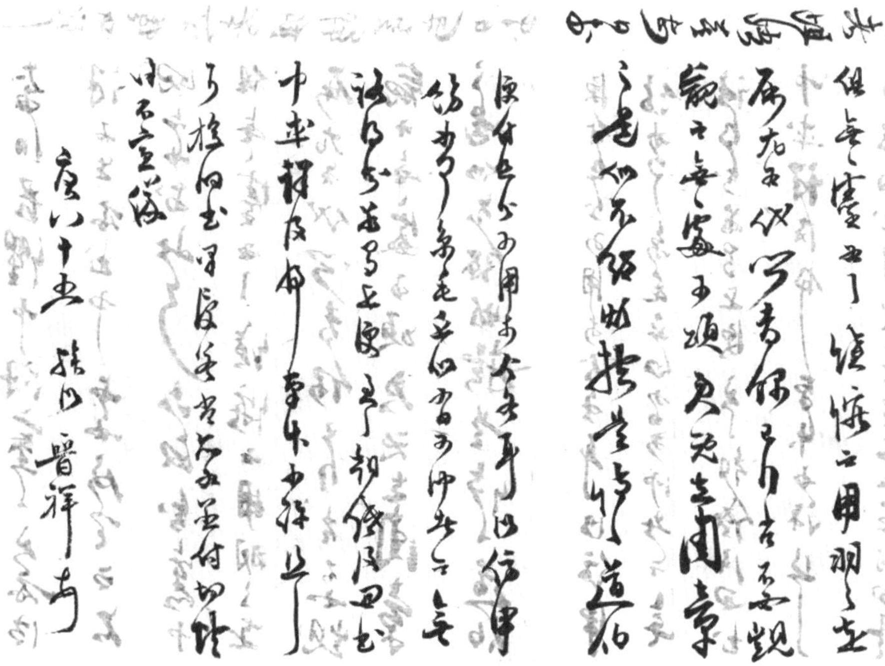

40.0×20.5

持去, 而使之
改件矣. 聞季
鵬送債, 似在
晦前, 此便千
奴必貰去, 回
/便付送, 則可用於今冬耳, 從傍申
飭如何. 京毛近似有可聞者, 而無
路得知, 若有近便, 君之朝紙及回書
中, 或詳及耶. 南草少許送之
耳. 校洞書果受答否. 亦爲並付, 切望.
餘不宣儀.
庚八十五, 族從晉祥頓.

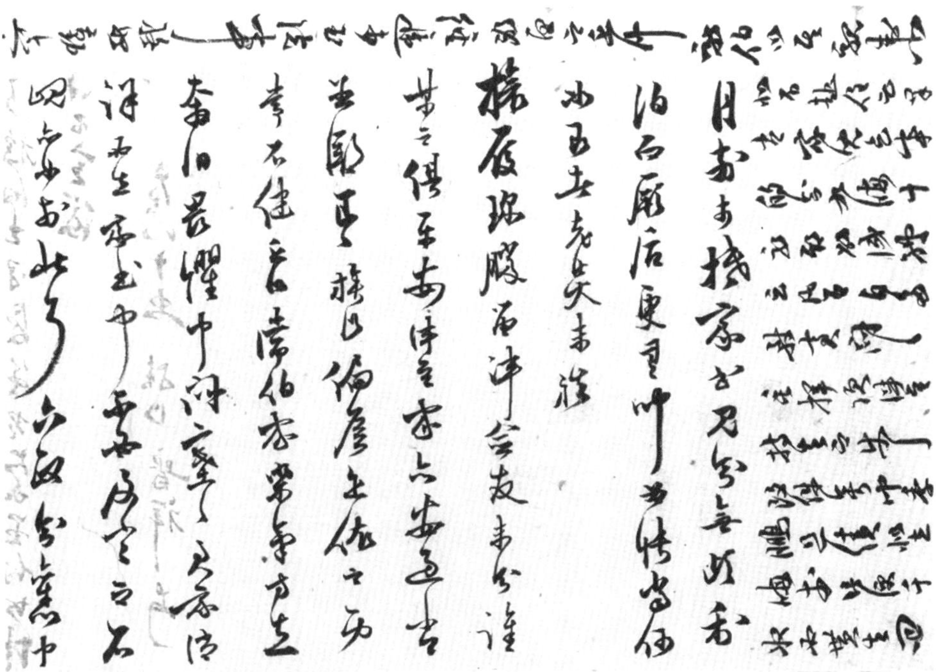

지난달 집에서 온 편지를 보고서 탈 없이 잘 도착하였음을 알았으나, 그 뒤 다시 소식이 없으니 마음이 당연히 어떠하였겠는가. 요사이 늦더위가 아직 물러가지 않고 있는데 객지에서 건강은 좋으며 성균관에 머물고 있는 여러 친구들은 누구인지 모르겠으나 모두 평안하며, 반주(泮主)[37] 집도 편안히 지내고 있는가. 아울러 몹시 궁금하네.

족종(族從)은 어머니의 건강이 근래 예전대로인데 내 몸이 늘 건강하지 못하며, 근래 상백(常伯) 댁은 전염병으로 이리저리 허둥대며 두려움 속에 지내고 있네. 민망함에 생각이 답답하고 답답하네. 그대의 집 소식은 가서(家書, 집에서 온 편지)에 소상할 것이어서 언급할 필요가 없을 것이고, 석현(石峴)은 역시 예전 모양 그대로이네.

---

37) 반주(泮主) : 반주인(泮主人). 유생(儒生)이 반촌(泮村)에서 하숙할 때 묵는 집의 주인으로, 관주인(館主人)이라고도 한다. '泮村'은 성균관 부근의 마을이다.

6월 도목정사(都目政事, 인사이동)에 친구들 중 신통한 소식이 없으니 분하고 원통하지만, 용우(用羽)가 연거푸 굴욕을 당하고 있어 그 사람을 대신해 민망해 할 수밖에 없네. 도록(都錄)[38]은 이미 시행했는가. 넘볼 필요도 없고 부탁할 사람도 없으나, 그대는 이미 주선할 방도가 있으니 번거롭게 말할 필요가 없을 것이라 믿고 믿네.

감사(監司)가 갑작스럽게 체직되었네. 옥산서원(玉山書院)[39]의 일을 시종(始終) 애써주던 분이었는데 틀어진 이유를 알 길이 없네. 일전에 찾아가 위로를 드렸었네. 그런데 근래 소문에는 새 감사(監司)가 어버이의 병환 때문에 부임하지 못할 듯하다고 하니, 과연 그런가.

집의 아이를 두고 오간 말들은 9월 말에서 10월 초순에 기어코 혼례를 치르려 한다는 것은 확실히 알고 있으나 여러 준비해야 할 것들에 어려움이 많아 고민스럽고 고민스럽네.

모휘항(毛揮項)[40]은 반주(泮主)가 가지고 갈 것인데 수선시키려고 하네. 소문에 계붕(季鵬)의 빚돈을 보내는 시기가 그믐 이전일 듯하다니, 이 인편 중 천노(千奴, 하인 이름)가 반드시 세(貰)를 받아서 갈 것이니, 그가 돌아오는 인편에 보내준다면 이번 겨울에 쓸 수 있을 것이네. 곁에서 잘 수선할 수 있게 단속해 주시는 것이 어떻겠는가.

서울 소식은 근래 들을만한 것이 있을 듯 한데 알 길이 없네. 만일 가까운 인편이 있거든 그대가 가진 조지(朝紙)[41]나 회답 편지에 혹 자세히 말해 주

---

38) 도록(都錄) : 홍문록(弘文錄)의 마지막 단계인 도당록(都堂錄)의 준말이다.

39) 옥산서원(玉山書院) : 경상북도 경주시 안강읍에 있는 회재(晦齋) 이언적(李彦迪)을 추모하기 위해 창건한 서원. 1572년(선조 5) 경주부윤 이제민(李齊閔)과 도내 유림들의 공의로 이언적(李彦迪)의 덕행과 학문을 추모하기 위해 서원 자리를 정하고 묘우(廟宇)를 건립하였다. 다음 해에 서악(西岳)의 향현사(響絃祠)에 있던 위패를 모셔왔으며, 1574년 '옥산(玉山)'이라고 사액(賜額) 되었다. 흥선대원군의 서원 철폐령에도 훼철되지 않고 남은 47개 서원 중 하나이다.

40) 모휘항(毛揮項) : 안에 모피(毛皮)를 대서 꾸민 휘항. 휘항은 남성용 방한모의 한 종류로, 보통 양반가에서 많이 사용하였다. 머리에서 어깨까지 내려오는 것이 특징이다. '휘양', '호항', '풍령'이라는 이칭으로도 불렸다.

41) 조지(朝紙) : 승정원(承政院)에서 매일 아침 그 전날 조정에서 처리된 일들을 적어 돌리는 일종의 관보(官報). 조보(朝報)라고도 한다.

지 않으려는가. 담배를 조금 보내네. 교동(校洞) 편지는 답장을 받았는가. 역시 함께 부쳐주기를 간절히 바라네.

나머지는 이만 줄이네.

경(庚) 8월 15일에 족종(族從) 진상(晉祥) 돈(頓).

이 편지는 이진상(李晉祥)이 친족에게 아들 혼사와 주변 소식에 관해 전하는 《이중구가 5대 고문서, D380》이다. 도록(都錄)은 홍문록(弘文錄)의 마지막 단계인 도당록(都堂錄)의 준말이다. 홍문관(弘文館)의 교리(校理)·수찬(修撰)을 임명하기 위하여 의정(議政)·찬성(贊成)·참찬(參贊)·이조판서(吏曹判書) 등이 모여 홍문록(弘文錄)에 오른 명단에서 적합한 사람의 이름 위에 권점(圈點)을 찍는 것이다. 그 권점의 수를 헤아려 임금에게 올리면 득점의 순위대로 교리·수찬에 임명하였다.

홍문록은 홍문관의 관원을 선발하는 절차, 또는 그 절차에 따라 선발된 사람의 명단이다. 세 단계로 실시되었다. 첫 번째로는 문신이나 문과 급제자 중에서 적합한 후보를 뽑은 뒤에 홍문관의 현직 관원이 모여 후보의 이름 밑에 권점(圈點)을 찍어 그 권점의 숫자에 따라 순위를 정하였다. 이를 본관록(本館錄)·관록(館錄)이라고 하였다. 두 번째는 본관록을 행한 뒤에 이조에서 본관록에 선발된 후보를 다시 검증하였는데, 이를 이조록(吏曹錄)이라고 하였다. 세 번째로 의정부·이조·홍문관 당상들이 모여 홍문관과 이조를 거쳐 올라온 명단을 검토하여 적합한 후보를 추가한 뒤에 후보의 이름에 권점을 찍어 적합 여부를 판정하였다. 이를 도당록(都堂錄)이라고 하였다. (최승희, 〈弘文錄考〉, 《大丘史學》 제15·16집, 1978, 3~5쪽, 13쪽)

'K164'에는 1854년 4월 2일에 족종(族從) 이진상(李晉祥)이 이재립(李在立)의 장례 전일에 올린 제문(祭文)이 있어 이재립과 성씨가 같은 여주이씨임을 알 수 있다. 그리고 헌종실록 8년(1842) 2월 4일에는 홍문록(弘文錄)을 행하여 이진상(李晉祥) 등 20인을 뽑았다고 하였고, 같은 해 7월 20일에는 도당 회권(都堂會圈)을 행하여 이진상 등 20인을 뽑았다고 하였고, 철종실록 즉위년(1849) 11월 11일에는 통례(通禮)인 군자정(軍資正) 이진상에게 승서

(陞敍)하였다고 하였다. 이진상은 헌종·철종 시대에 관직을 지내면서 도당록(都堂錄)에 올라 통과한 인물이었던 것이다. 그리고 이에 의하면 이 편지는 1842년 7월경에 쓰인 것으로 보인다.

이진상은 정조 15년(1792)에 태어난 몰년 미상의 인물이다. 본관은 여주(驪州), 자는 명윤(明允). 정조 16년(1792) 순조(純祖) 34년(1834) 갑오(甲午) 식년시(式年試) 병과(丙科)에 합격하였다.

57 조동면(趙東冕, 1867~1904) 작성일 불명
부탁 받은 사건에 대한 처리

拜慰拜慰. 還家後, 卽爲
分付於兵丁, 則李雅
曉已逃去云. 故更勿侵
犯之意, 嚴飭矣. 諒此
釋慮如何. 今便來隸, 詳
看兵丁處所, 李雅有無
探知, 則果無影形也. 亦
諒之如何. 不備謝禮.
記下趙東冕拜.

위안을 드리고 위안을 드립니다. 집에 돌아온 이후에 즉시 병정(兵丁)에게 분부하였더니, 이아(李雅, 이씨 선비)가 새벽에 이미 도망을 갔다고 하였습니다. 그러므로 다시 침범하지 말라고 엄히 주의를 주었습니다. 이렇게 이해하시고 마음 놓으시는 것이 어떻겠습니까. 이번에 온 하인에게 병정의 처소를 자세히 살펴 이아가 있는지를 탐지하게 하였더니 과연 종적이 없었습니다. 역시 이렇게 이해하시는 것이 어떻겠습니까. 이만 격식을 갖추지 못하고 답장을 올립니다.

기하(記下) 조동면(趙東冕) 배(拜).

이 편지는 조동면(趙東冕)이 친지에게 보낸 작성일이 불분명한 《이중구가 5대 고문서, H055》이다.

조선 후기 풍양조씨 집안 고위 관료의 짧은 답장이다. 내용도 주고받는 사람만 알 수 있는 내용이다. 다만 조동면이 관여했다는 소문을 들었는지 해당

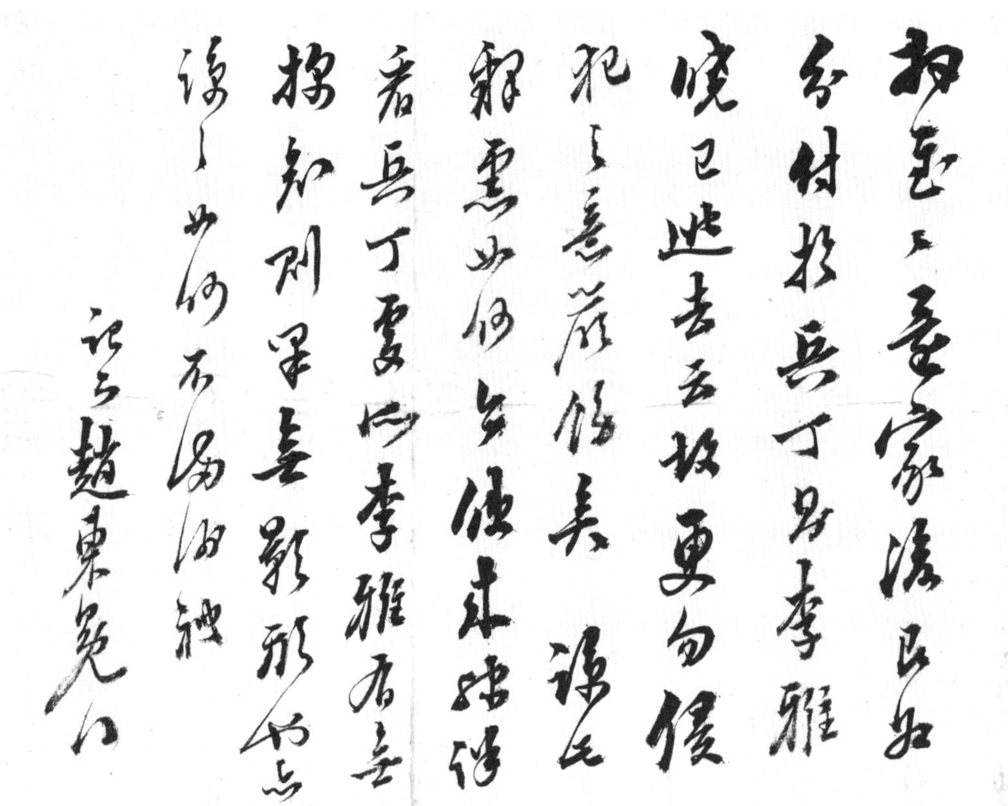

32.3×23.5

당사자 이씨 선비가 새벽에 도망쳤고, 당신 집안 종에게 이씨 선비의 거처까지 직접 확인시켰다는 말에서 일 처리의 깔끔함을 엿볼 수 있다.

조동면은 고종 4년(1867)에 태어나서 1904년에 서거한 문신 관료이다. 본관은 풍양(豊壤)이고, 자(字)는 성류(聖瑬)이며, 호는 우당(藕堂)이다.

1883년(고종 20) 교관으로 별시문과에 병과로 급제하여 예문관 검열이 되었다. 1885년 이조참의·성균관 대사성·홍문관 부제학 등을 역임하고, 이듬해에는 규장각 직제학을 지냈다. 이후 개성부 유수, 경기도 관찰사, 형조판서, 공조판서, 의정부 우참찬·좌참찬 등을 지냈다. 1902년에 궁내부 특진관을 거쳐 의정부 찬정 등을 역임하고, 칙임관 1등이 되었다. 이 해 의정부 의정(議政府議政) 윤용선(尹容善) 등과 함께 이용익(李容翊)의 처벌을 강력히 주장하였다. 시호는 문헌(文憲)이다.

58 장봉환(張鳳煥, 1869~1929) 작성일 불명
경주 군민이 경주 군수에게 행패를 부리다

荐承下訊，伏感伏感．仍伏
審日來
靜體節萬安，伏頌且祝．
戚下生，隊務無警，京候
間承，舍伯適此幸留，姑
未還官，客中湛樂，足慰下
懷耳．教下貴郡李明
久行悖郡守事，略聞於朴
倅．然此非目見，乃是傳說，
則一不可偏信，方在紆鬱之
際，有此詳教，今可斟量
其裏許也．大抵郡守設有
大誤，爲民道理，呈郡呈營，
不患伸冤之無道．而行悖
命吏，慶民之頑悖可知也．
郡守言之，則苟能平日善政，
豈逢此變乎．俗所謂十日
積惡，一時逢變者，似是此
也．今以鄉儒事體言之，則
急送儒生於郡守在處，到
底慰問，又爲呈訴府京，聲
討李明久，然後道理得當，
移禍可免，以此

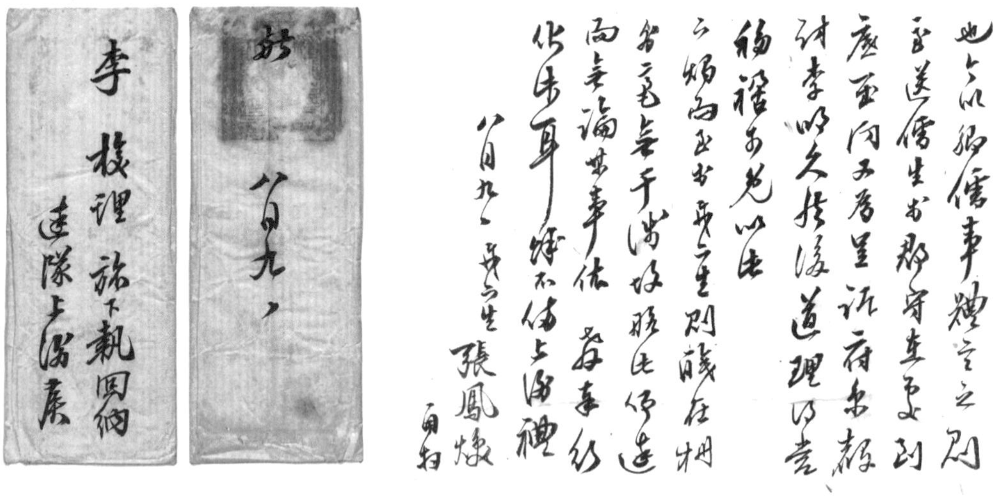

77.7×22.0

下燭. 而至於戚下生, 則職在權

外, 毫無干涉. 故略此仰達,

而無論某事, 依教奉行

伏計耳. 餘不備上謝禮.

八月九日, 戚下生張鳳煥再拜.

거듭 내려주신 편지를 받으니 감사하고 또 감사합니다.

이어서 요즈음 정양하시는 건강까지 모두가 편안하심을 알게 되었으니, 송축하고 또 축하합니다.

저는 부대(部隊)의 업무에 탈이 없고 서울 소식도 간간이 받고 있으며, 저의 큰형께서 마침 이곳에 다행히 머물며 아직 임소(任所)로 돌아가지 않아, 객지에서 형제의 넘치는 즐거움이 저의 마음에 위안이 되기에 충분합니다.

지난번 말씀하신 그곳 고을의 이명구(李明久)가 군수(郡守)에게 행패를 부

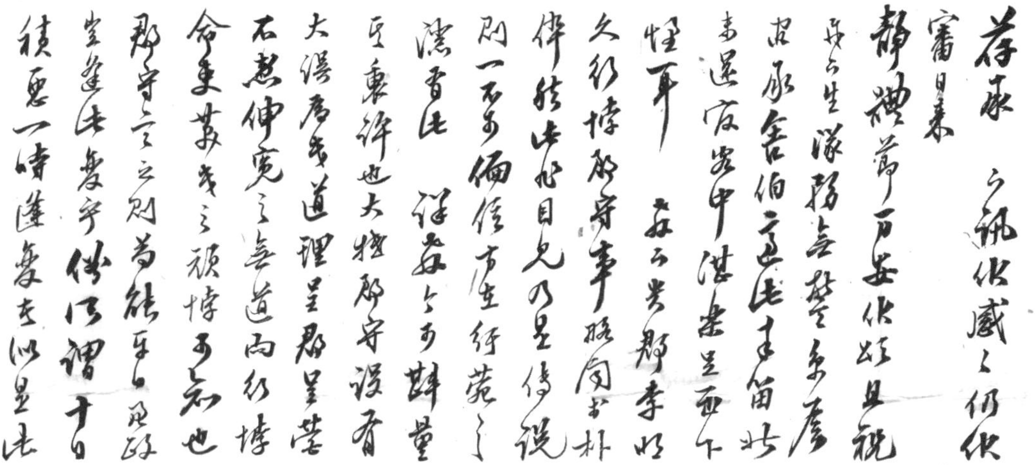

린 일은 박 군수에게 대략 들었습니다. 그러나 이것은 직접 보고 들은 것이 아니고 말을 전해들은 것이라, 한쪽만을 편파적으로 믿을 수가 없어서 한참 우울해하던 차에 이처럼 상세하게 말씀해주시니, 이제야 그 속내를 짐작할 수 있을 것 같습니다.

무릇 군수에게 설사 큰 오류가 있다 해도 백성 된 도리에는 호소문을 군에 올리고 감영에 올리게 되면 억울함을 풀길이 없지 않을 것입니다. 그런데 국가가 명령한 관원에게 행패를 부렸으니, 경주 백성의 고집불통의 패악함을 알 수 있습니다. 군수를 두고 말한다면 평소에 정사를 잘 하였으면 어찌 이러한 변고(變故)를 당하였겠습니까. 이것은 세속에서 이른바 10일 동안 악행을 쌓으면 일시에 변고를 당한다는 것이, 이 일일 것입니다.

지금 경주향(慶州鄉)의 선비 처지로 말한다면 급히 군수가 있는 곳에 유생을 보내어 끝까지 위로하고 또 부경(府京)에 소장(訴狀)을 올려 이명구를 성토(聲討)한 뒤에야 도리에 합당하고 화(禍)가 닥침을 면할 것이니, 이로써 굽어 살펴주시기를 바랍니다.

저에게 있어서는 직책상 권한 밖이라 털끝만큼도 간섭할 수 없습니다. 그래서 이같이 우러러 말씀드렸지만, 어떤 일을 막론하고 말씀하신 대로 받들어 시행할 계획입니다.

나머지는 답장의 예를 갖추지 못합니다.

○○○년 8월 9일에 척하생(戚下生) 장봉환은 두 번 절합니다.

이 편지는 장봉환(張鳳煥)이 이중구(李中久)에게 보낸《이중구가 5대 고문서, I224》이다.

자운(紫雲, 이중구)가에 소장된 장봉환의 편지는 모두 2통이다. 고을 수령에게 패악을 부렸다는 말에서 조선 후기 관직 사회의 실추된 모습의 한 편린이다. 그러나 여기서 말한 이명구가 문벌이 하찮은 사람일 수 있을까? 이중구와 우연이겠지만 같은 구(久)자 돌림인 것을 볼 때 여주이씨 집안이었을 것으로 추측된다. 편지 말미에 작성자가 척하생(戚下生)이라고 한 것은 성(姓)이 다른 인척 사이에서 자신을 낮추어 사용하는 표현이다.

장봉환의 본관은 인동(仁同)이다. 육군참령(陸軍參領)을 역임하였다. 참령(參領)은 현재 소령(少領) 정도의 계급에 해당된다.

59 김진형(金鎭衡, 1801~1865) 작성일 불명
사위의 앞길을 살뜰히 챙기는 장인의 사위 사랑

九吉奉覆
千里一番之信，浣我
久懷多矣，何物來勝
於是哉．矧審晩和，
萱闈體力對時康旺，
省餘學履超勝，海兒
母若女俱穩，產後幸
無頉，尤不覺欣慰千萬．
婦翁羈縻京洛，苦
惱無歇，而滄浪之取，誰
怨乎．第間除承宣之
職，屢蒙恩獎之數，
兼奉賞典，耿光昵
近，此生幾許榮幸
極矣．蒙遞有日，昨以
庭試對讀官，承
牌入闕，終日人海，衰
力不知陷了幾層耳．
琴湖安節何如云耶．
書生款接以別耳．金
溪姑聞安過，而兒子竟
以資裝未辦不來云，可
笑而又可嘆也．貧計稔

80.2×24.5

量世情，徐待吾下回
爲妙，惟望奉侍泰
/平，以副遠禱，
至企至企．小片書可
覽諒矣，卽火之
否．不次．
丁四八日，外舅答奉．

구길(九吉)에게 답장하네.

천리 먼 거리에서 보내준 한통의 편지는 나의 오랜 회포를 풀어주기에 충분하였으니, 어떤 물건이 온들 이보다 좋겠는가.

늦봄에 그대 어머니의 체력이 시절 따라 강녕하시고, 편모(偏母) 봉양하는

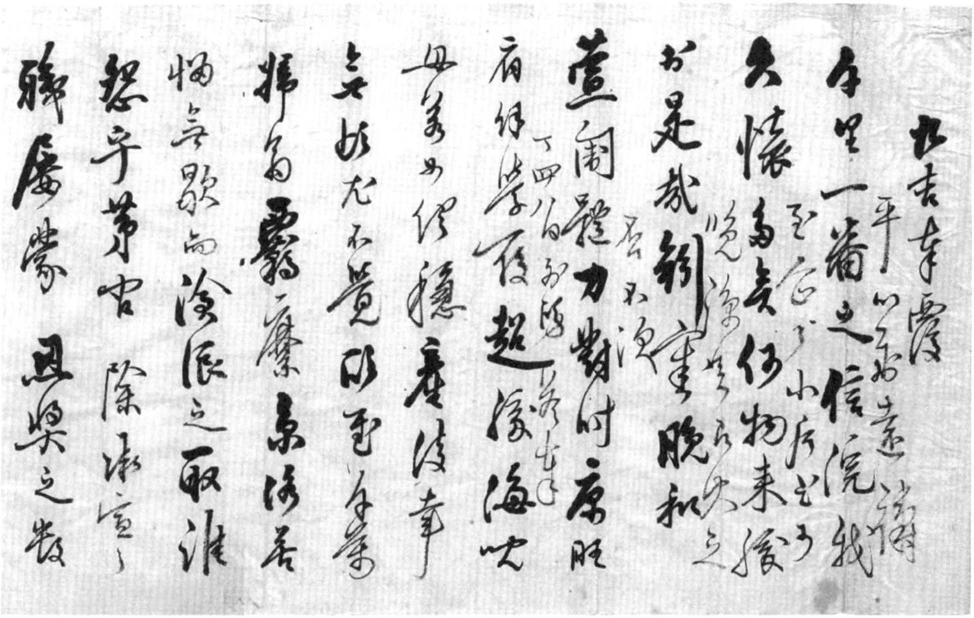

여가에 공부하는 일도 매우 좋으며, 해아(海兒)의 어미와 딸도 모두 편안하고, 출산 뒤에도 다행히 무탈함을 알았으니, 나도 모르게 천만번 기쁘고 마음에 위안이 되었네.

나는(婦翁) 서울에서 일에 얽매여 괴로움이 줄어들지 않네. 창랑(滄浪)의 물결[42]이니, 누구를 원망하겠는가. 근래 승선(承宣, 승지의 별칭)의 직책을 제수 받아 여러 번 은혜롭게 칭찬해 주시는 말씀을 들었고, 겸하여 상을 받기도 하였으며, 임금님의 빛나신 모습을 가까이서 뵙게 되었으니, 이 사람 생애에 얼마만한 영광과 행복의 극치인가.

그리고 체직(遞職)된 지 며칠 안 되어 어제는 정시(庭試)의 대독관(對讀官)으로 패초(牌招)[43]를 받아 대궐에 들어가 인산인해 속에서 하루를 마치다 보

42) 창랑(滄浪)의 물결 : 《맹자》 〈이루 상(離婁上)〉에 "동자가 노래하기를 '창랑의 물이 맑거든 나의 갓끈을 빨 것이요, 창랑의 물이 흐리거든 나의 발을 씻겠다.'(有孺子歌曰滄浪之水淸兮 可以濯我纓 滄浪之水淸兮濁兮 可以濯我足)" 라고 하였으니, 길흉화복을 스스로 자초한다는 뜻이다.

43) 패초(牌招) : 승지(承旨)가 왕명에 의하여 거명된 신하를 패(牌)를 보내 부르는 일을 말

니 노쇠한 근력이 몇 층 바닥으로 굴러 떨어졌는지 알 수 없을 정도였네.

금호(琴湖)의 안부는 어떠하다고 하는가. 조생(曺生)은 정성껏 대접하고 작별하였네. 금계(金溪, 정재 류치명을 이르는 말)는 우선 편안하게 지낸다는 소식을 들었지만 아이가 끝내 여비 등을 준비하지 못하여 서울에 오지 못했다고 하니, 웃을 만도 하고 안타깝기도 하네.

가난을 벗어날 계책은 세상의 물정을 잘 헤아리면서 천천히 내가 돌아가기를 기다리는 것이 좋을 듯하네. 오직 바라는 것은 그대 어머니를 태평하게 봉양하여 먼 곳에서의 기원에 부응해주기를 간절히 바라고 또 바라네.

협지는 보면 짐작할 수 있을 것이니 즉시 태워버리게. 다 말하지 못하네.

정○년 4월 8일에 외구(外舅)는 답장하네.

이 편지는 김진형(金鎭衡)이 사위 이능덕(李能德)에게 보낸 《이중구가 5대 고문서, D369》이다.

자운(紫雲, 이중구)가에 소장된 김진형의 편지는 모두 43통이다. 편지 서두에 구길(九吉)은 이능덕(李能德, 1826~1861)의 자이며, 내용 가운데 해아(海兒)는 이능덕의 아들 이중구(李中久, 1851~1925)의 어린 시절 이름이다. 편지 말미의 외구(外舅)는 장인이 사위에게 자신을 가리키는 표현이다. 이능덕은 정재(定齋) 유치명(柳致明)의 제자여서 편지 중에 정재의 안부를 적은 것이다. 사위 이능덕이 일찍 죽자 김진형이 외손자인 이중구에게 보낸 편지마다 딸의 고생에 대한 안타까움과 외손자에 대한 가르침 등을 적은 많은 편지가 있다.

김진형의 본관은 의성(義城)이며, 자는 덕추(德錘)이고, 호는 겸와(謙窩)이다. 철종 1년(1850) 증광문과에 병과로 급제하였으며, 철종 4년(1853) 홍문관교리로 있을 때 이조판서인 서기순(徐箕淳)의 비행을 단핵했다가 남종순(南鍾順)의 탄핵을 받아 명천(明川)으로 유배되었다. 철종 7년(1856) 문과중시에 급제하였다. 고종 1년(1864) 시정의 폐단을 상소하였는데, 조대비(趙大妃)를 거슬리는 구절이 있어 전라도 고금도(古今島)에 유배되었다. 작품으로 1853년에 함경도 명천(明川)에 유배 갔을 때 지은 〈북천가(北遷歌)〉가 있다.

한다.

5

사림(士林)의 편지

60 한운성(韓運聖, ?) 1845년 2월 6일
노론 집안과 남인 집안의 교류

萬山中, 半日拜晤, 誠
覺爲新年第初喜事,
而仍復南北, 春載暘矣.
伏惟雪寒猶峭,
色憂夬復, 翔矧如初,
宿愼榮衛, 漸臻冲健,
令仲房曁子舍動靖
諸節, 與享繁祉, 日夕瞻
慕, 彌勞下忱. 運聖自客
月, 竟復旅食城南, 則
軀命以外, 無可言者. 但稍
邇仙莊, 爲可喜幸耶.
迷督之病, 雖無添劇,
甦醒杳然, 憂悶奈何.
/曩時衣章之敎, 可見
門下之於賤生, 旣欲其身心
裏面好. 故雖於外面裝默,
亦皆要好也, 感鐫曷喩. 玆
得麤布一段, 專伻送上.
/然自已媿悚, 則言亦不敢耳. 壤地
旣近, 參拜似易, 而有所絆罣, 亦難
準辦. 是爲愴悚. 餘更祝
對時崇毖, 用慰致慕.
/烟茶一斤送上, 下領伏望.
乙巳二月初六日, 記生韓運聖再拜.

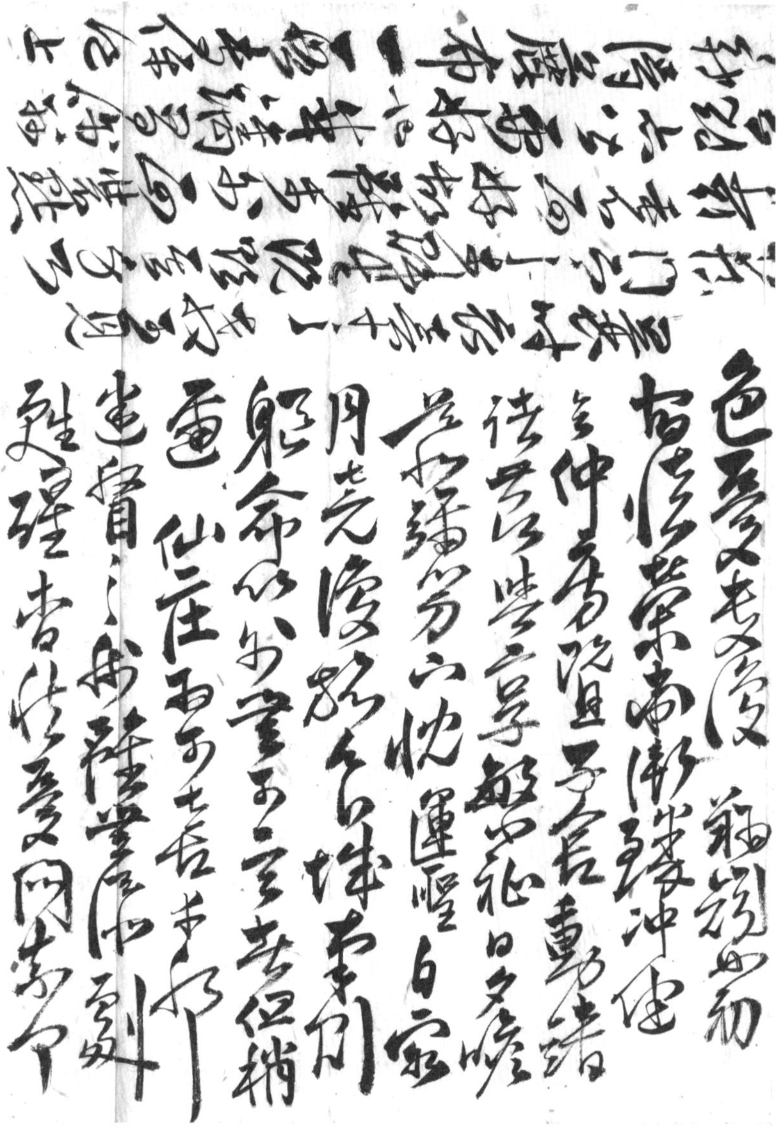

43.0×30.5

만산(萬山)에서 반나절 인사는 참으로 새해 들어 첫 기쁜 일이었으나 이내 다시 남과 북에 떨어져 있습니다. 봄볕이 비로소 온화해지면서도 삼가 살피

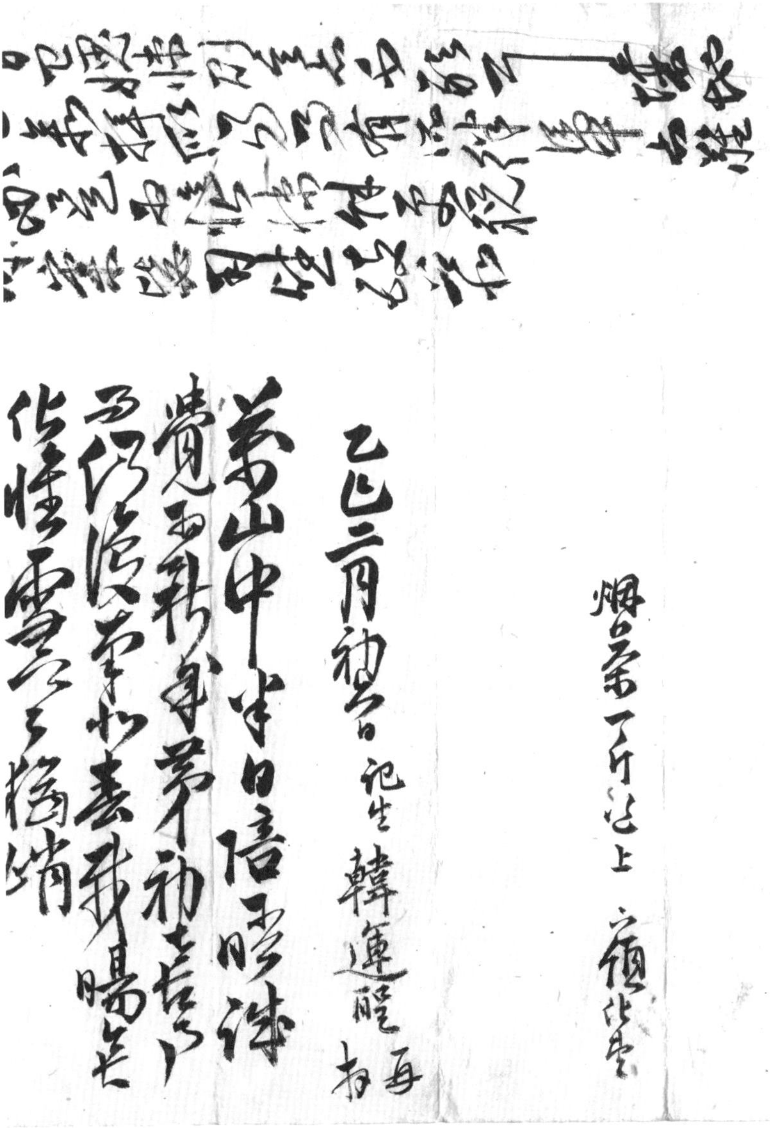

건대 눈 추위가 여전히 매섭습니다. 낯빛에 근심이 도는 일1)이 쾌히 회복되

1) 낯빛에 근심이 도는 일 : 이 번역문의 원문 색우(色憂)는 《예기(禮記), 문왕세자(文王世子)》에 "문왕이 세자로 지낼 때……아버지 왕계가 병으로 편치 않으면 환관이 그것을 문왕에게 말씀드렸다. 문왕은 낯빛에 근심이 돌고 발걸음을 제대로 걷지 못했다. 왕계의 음식 잡수시는

어 어깨를 펴고 한껏 웃는 일[2]이 예전대로이고, 예전의 병증과 영위(榮衛)[3]가 점차 조화를 이뤄 건강해지며, 훌륭한 둘째 아우님과 아드님이 하시는 여러 일들도 더불어 한껏 복록을 누리는지 밤낮으로 우러러 사모하느라 저의 마음이 더욱 고달픕니다.

운성(運聖)은 지난달부터 끝내 다시 성남(城南, 경주지역의 남부 지명)에서 객지살이하고 있습니다. 생명이 붙어 있다는 이외에는 말씀드릴만한 것이 없습니다. 다만 선장(仙莊)[4]과 조금 가까워진 것이 기쁘고 다행스러움이 되었다 할 것입니다.

아들 녀석[5]의 병은 더 심해지지는 않았으나 소생이 막연하여 걱정이고 고민이지만 어쩌겠습니까.

지난번 의복에 대한 편지 말씀은 문하(門下)[6]께서 천생(賤生)에게 저의 몸과 마음의 이면(裏面)까지를 좋게 하시려는 것을 볼 수 있었습니다. 그래서 겉으로 입을 다무신 것이나 역시 다 좋아지기를 구하자는 것이니 마음에 새겨지는 감동을 어찌 다 말씀드리겠습니까. 이에 거친 베 한 끝[段]을 얻어 심부름꾼[專伻][7]에게 보내 올립니다. 그러나 저의 부끄럽고 죄송함을 말씀드리는 일은 언감생심입니다.

지역이 가까워졌기에 뵙는 일이 쉬워질 것 같았는데 이런저런 일에 잡혀

것이 회복되면 그 뒤에서야 예전으로 돌아가셨다.(文王之為世子……其有不安節, 則內豎以告文王. 文王色憂, 行不能正履. 王季復膳, 然後亦復初.)"고 한 말에서 연유한 말이다. 1845년 이때 수신자 이재립의 아버지 이필상(李弼相)은 이미 고인이 되었고 어머니 창녕 조씨(昌寧曺氏)는 생존했다.

2) 어깨를 펴고 한껏 웃는 일 : 이 번역문의 원문 상신(翔矧)은 《예기(禮記), 곡례 상(曲禮上)》에 "부모가 병환이 있으면 나이 스물이 넘어 관을 쓴 자는 머리를 빗질하지 않고 걸을 때 어깨를 펴지 않고, 술을 먹을 때도 낯빛이 변할 정도에 이르지 않고……웃을 때 잇몸이 드러나지 않아야 한다.(父母有疾, 冠者不櫛, 行不翔……飮酒不至變貌, 笑不至矧.)"고 하였다. 잇몸이 드러나는 것은 입을 한껏 벌리고 크게 웃는 일을 이른다.

3) 영위(榮衛) : 사람의 전체 건강을 이르는 말. 영(榮)은 피의 순환을 이르고, 위(衛)는 몸 안의 기(氣)를 이른다.

4) 선장(仙莊) : 상대가 사는 곳을 높여 이르는 말이다.

5) 아들 녀석 : 이 번역문의 원문 미독(迷督)의 迷는 혼미하다의 뜻이고, 督은 부형의 자제 독려를 이른다. 독려하기에 혼미하다는 뜻으로 자식을 겸손히 이른 말이다.

6) 문하(門下) : 귀하나 좌하처럼 상대를 높여 이르는 말이다.

7) 심부름꾼(專伻) : 한 가지 목적을 위해 보내는 사람을 이르는 말이다.

역시 해내지 못하니 서글프고 두렵습니다.

남은 말은 시절의 변화에 따라 더욱 조심하셔서 사모하는 사람의 위로가 되게 해 주십시오.

담배[烟茶][8] 한 근(斤)을 보내 올리니 받아주시기를 삼가 바랍니다.

을사년(乙巳年, 1845) 2월 6일에 기생(記生) 한운성(韓運聖)은 재배합니다.

1845년 2월 6일에 한운성(韓運聖)이 동향(同鄕)의 이재립(李在立)에게 보낸 편지《이중구가 5대 고문서, J020》이다. 한운성은 노론계 매산 홍직필의 제자로 평생을 학자의 길에 정진하였다. 그리고 그는 명필의 반열에 올라 많은 사람이 그의 글씨를 소장하려고 하였다. 그의 이 편지는 그의 서예 수준을 가장 잘 나태내주는 편지라서 그의 편지 3통 중에서 선정한 것이다. 그의 학문에 대한 소견은《이중구가 5대 고문서, D394》에서 살필 수 있다.

편지에서 말한 의복 제도는 어떤 것인지 알 수 없다.

한운성은 조선 후기의 학자. 경주 출신으로 본관은 청주(淸州), 자는 문오(文五), 호는 입헌(立軒)이다. 12세 때 매산(梅山) 홍직필(洪直弼)에게 집지하며 학문에 매진하여 대산(臺山) 김매순(金邁淳)으로부터 영남 제일가는 인물로 평가 받았다. 초시(初試)에 합격한 뒤 다시 과거에 응시하지 않았다. 특히 그의 뛰어난 서예는 그의 어머니가 따다 준 나뭇잎에 글씨를 익혀 나뭇잎을 태운 재가 무려 5두(斗)에 이르렀다. 예서(隸書)와 초서(草書)에 남다른 경지를 이뤘다. 그의 잡저 예설변(禮說辨)에서, 헌종(憲宗)의 숙부뻘인 철종(哲宗)이 종묘에 나가 제사할 때 제향을 받는 분들의 호칭을, 스승 홍직필의 주장을 따라 헌종과 철종이 아무리 부자(父子)의 도(道)가 있다 하더라도 당연히 속칭(屬稱)을 따라 곧 항렬을 따라, 순조(純祖)는 황고(皇考), 익종(翼宗)은 황형(皇兄), 헌종은 황질(皇姪), 헌종비는 황질비(皇姪妃)라 불러야 한다고 주장하였다.

매산이 별세한 후 임헌회(任憲晦), 조병덕(趙秉悳) 등 동문과《매산집(梅山集)》의 교정 출판에 깊이 관여하였다. 저서《입헌문집(立軒文集)》16권 8책이 전한다.

8) 담배(烟茶) : 연다(烟茶)는 담배를 지칭하는 여러 이름 중의 하나이다.

61 이종병(李宗秉, 1795~ ?) 1854년 8월 26일
조문, 죽은 자에 대한 산자의 도리

省式. 耿結之懷, 有異於他時, 恒庸憧憧, 猶屬歇后語
也. 卽因科便, 槩伏聞
侍餘哀氣力支安, 仰慰區區. 居諸水駛,
中祥奄過. 慟貫罔極, 想益如新, 無辭仰慰. 承訃之後,
卽修唁狀, 以付轉褫矣. 今聞唁錄中, 尙無李宗秉三字云, 雖
緣洪喬之致, 而旣不能躬進哭慰, 尋常書字, 亦未免浮沈.
天下之事, 雖曰難料, 弟之於哀, 遽作到于今不吊問之客
耶. 若非誠意之淺薄, 寧有是也. 一則孤負, 二則孤負. 此生此
世, 悲愧姑舍, 實無日後歸拜於泉下之面矣. 南望長慟, 復
夫何言. 患候中訣筆, 尙奉在篋笥, 時時淚眼點檢而已. 奈何
奈何. 弟昨年五月十五日遭舍季之喪, 慟寃情私, 已無可言,
去年四月吾季在京時, 伏承實音, 三弟兄聯名於一張紙,
而奉慰矣. 今此唁書, 只書伯仲之名, 而吾季之名闕焉, 觸目
臨事, 何往而非哀寃之端也. 中夏作湖鄕行, 忍見寃祥, 仍爲過
夏閱月, 始還京第, 而衰病轉痼, 無復人世之意想, 只自苦悶.
/所欲言者弸中, 而非遠書可旣. 惟冀千萬保嗇, 不備. 伏惟
哀照亮, 疏上.
甲寅八月二十六日, 弟李宗秉疏上.

투식의 말은 생략합니다. 마음에 맺힌 감회가 다른 때와는 달라 일상으로 써오던 마음이 동동거린다는 말은 오히려 가벼운 표현이라 할 것입니다. 방금 과거보러오는 인편에 의지해서 어머니를 모시며 상중(喪中) 기력이 편안을 유지한다는 소식을 들으니 우러러 위안되는 마음 구구합니다. 세월이 물처럼 쏜살같이 흘러 소상(小祥)이 금방 넘어갔습니다. 끝없이 밀려드는 걷잡지 못할 아픔과 낭떠러지에 떨어진 것 같은 상실감이 아마도 더욱 새로웠을 것 같은데 우러러 위로드릴 말씀을 찾지 못하겠습니다.

부음(訃音)을 받은 뒤 곧바로 위로 편지를 준비해 인편을 통해 보냈었습니다. 지금 듣자니 위로 편지 문서에 아직 이종병(李宗秉) 세 글자가 없다 합니다. 홍교(洪喬)[9]로 인연된 소치지만 기왕에 몸소 나아가 곡하고 위로 드리지도 못하였고, 예사 편지마저 또 유실됨[浮沈][10]을 면치 못했습니다. 천하의 일은 헤아리기 어렵다고 말하나 제가 상중에게 계신 형에게 갑작스레 지금껏 조문도 않은 사람이 되었단 말입니까. 만일 저의 성의가 하찮음이 아니라면 어떻게 이런 일이 있을 수 있겠습니까. 첫째도 제가 은혜를 저버림이고, 둘째도 제가 은혜를 저버림입니다. 이 사람이 이 세상에 애달프고 부끄러움은 우선 접어두더라도 기실 훗날 지하에 돌아가 인사드릴 면목이 없을 것입니다. 남쪽하늘을 향하여 크게 통곡할 뿐 다시 무슨 말을 할 수 있겠습니까.

병중에 마지막 보내주신 편지가 아직 저의 서랍에 받들고 있어 때로 눈물 흘리는 눈으로 살펴볼 뿐 어찌하겠습니까. 어찌하겠습니까.

저는 작년 5월 15일에 아우의 죽음을 겪었습니다. 표현할 수 없는 비통과 원망스러운 슬픈 정회를 말로 표현할 길 없습니다. 지난 해 4월 우리 아우가 서울에 있을 때 실음(實音)[11]을 받고서 세 형제가 한 장의 편지에 연명(聯名)한 위로 편지를 올렸는데, 지금 이 위로 편지에는 단지 형과 둘째의 이름만 쓰이고 우리 아우의 이름이 빠졌습니다. 보는 것 대하는 일 어느 것인들 애처롭고 원망스러울 일이 아니겠습니까. 5월에 호서(湖西)의 고향으로 가서

---

9) 홍교(洪喬) : 홍교는 진(晉)나라 은선(殷羨)의 자(字)이다. 그가 예장 태수(豫章太守)가 되어 임지로 떠나는 길에, 경성(京城) 사람들이 1백여 통의 편지를 부탁하였다. 석두(石頭)라는 곳에 이르러 죄다 흐르는 물에 던져버리고서 "가라앉을 것은 가라앉고 뜰 것은 뜰 것이다. 은홍교가 편지 전하는 우체부가 되지는 않겠다.(沈者自沈, 浮者自浮, 殷洪喬不爲致書郵.)"라고 한 데에서 편지가 전해지지 않은 것을 이르는 말로 쓰였다. 《진서(晉書) 77, 은호전(殷浩傳)》 * 열전의 은호는 은선의 아들이다.

10) 유실됨(浮沈) : 홍교의 고사(沈者自沈, 浮者自浮)에서 편지가 유실됨을 이르는 말이 되었다.

11) 실음(實音) : 부음(訃音)의 다른 말이다.

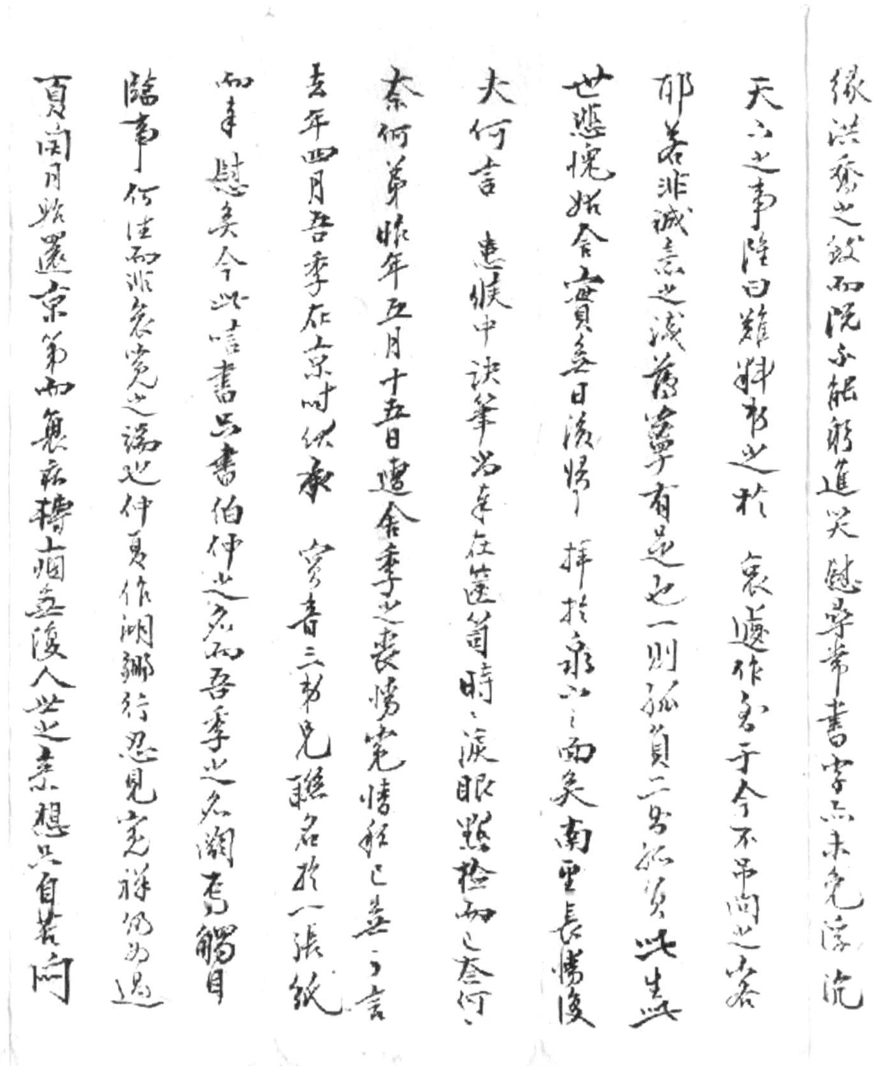

45.0×32.0

차마 볼 수 없는 원망스런 소상(小祥) 제사를 보고 그대로 여름을 지내고서 윤달에야 비로소 서울 집으로 돌아왔습니다. 쇠약해진 병이 고질병으로 굳어져 다시 인간 세상에 뜻이 없어지며 다만 혼자서 고민할 따름입니다.

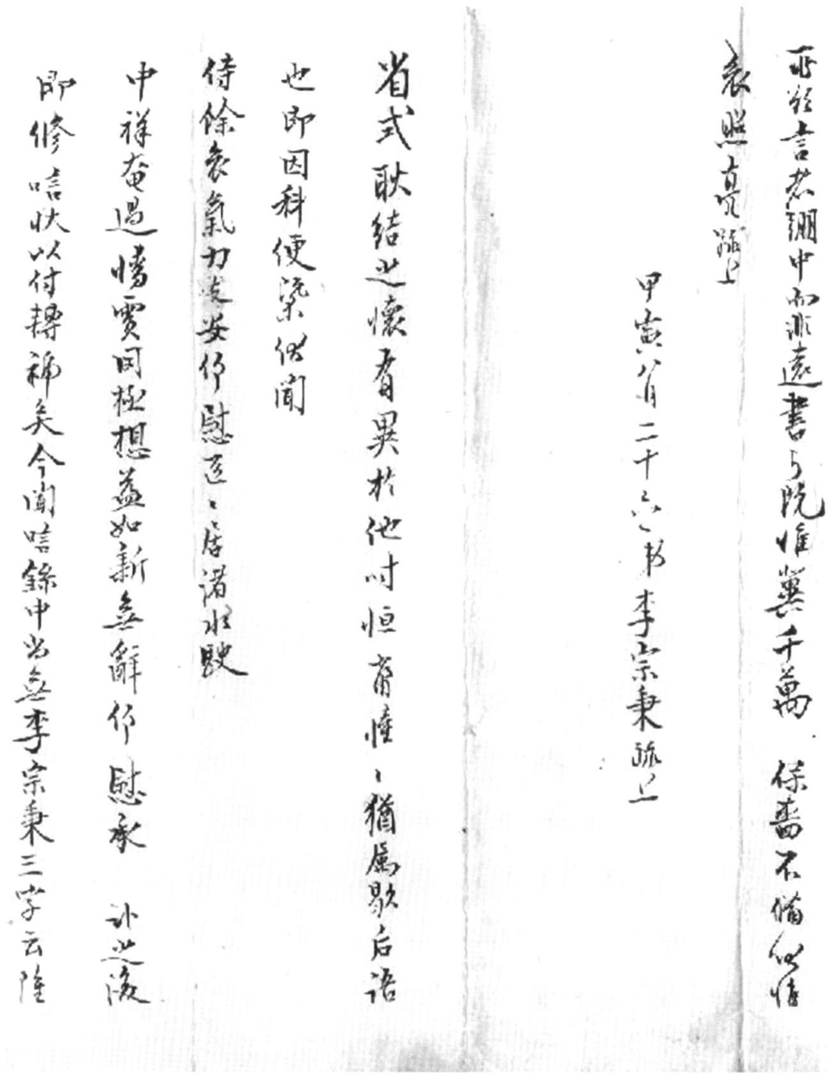

말하고자 하는 것은 가슴에 가득하나 멀리 보내는 편지에 다 담을 수 없습니다. 오직 바람은 천 번 만 번 몸을 보전하시고 아끼십시오. 예를 다 갖추지 못합니다.

삼가 상중에 헤아려 살펴주십시오. 위로의 편지 올립니다.

갑인년(甲寅年, 1854년) 8월 26일에 제(弟) 이종병(李宗秉)이 위로의 편지 올립니다.

이병휘가 이재립과 그 아들 이능덕에게 보낸 7통의 편지 중 1854년 8월 26일에 아버지 이재립(李在立)의 상을 당해 상주가 된 이능덕(李能德)에게 보낸 편지《이중구가 5대 고문서, C738》이다. 이재립은 1798년생이니 이병휘보다 세 살이 적다. 과거도 이병휘가 이재립보다 5년이 빨랐다. 그리고 함께 남인으로 활동하였다. 당연히 사이가 좋았을 수 밖에 없다. 1848년 9월 2일에 이종병이 이재립에게 보낸 편지《이중구가 5대 고문서, E198》에는 과장(科場)에 온 이능덕을 보고서 장래가 기대되었다는 말이 등장한다.

이 편지는 위장의 형식과 위로의 말을 알기 위한 선택이다. 위로의 편지를 보냈는데 나중에 들으니 아직 자신이 위장록(慰狀錄)에 이름이 올라 있지 않다는 말을 듣고서 한 편지다. 인편을 통해 보낸 편지가 중간에 유실되는 것은 이미 중국의 진(晉)나라 때부터 있어 왔으니 역사가 길다. 이에 서둘러 소상(小祥)이 지난 뒤 편지를 보낸 것이다. 시작의 동동거린다는 죄송한 심정을 표현하는 말에서 아마도 수신자는 벌써 위로가 되었을 것이다. 연이어 자신의 조문하지 못함을 두고, 세상에 부끄러운 사람만이 아니라 지하에서 무슨 면목으로 돌아가신 그대 아버님을 뵙겠느냐는 통렬한 반성을 하고 있다. 조문하지 않거나 위장도 보내지 않는 일이 당시 지식인 사회에서 용납될 수 없는 죄악처럼 받아들여졌음을 이 말에서 짐작할 수 있다.

이종병은 정조 19년(1795년)에 예산(禮山)에서 나서 대사간(大司諫)과 양주 목사(楊州牧使), 승지(承旨)를 역임한 문신이다. 본관은 한산(韓山), 자는 조간(朝干)이다. 헌종 원년(1835년)에 증광시(增廣試)의 병과(丙科)에 급제하여 가주서(假注書)에 임명되고, 헌종 7년(1841년)에 시독관(侍讀官)이 되어 군주에게 의리를 중시해야 함을 강론하였다. 그 뒤 교리(校理)에 오르고 전라좌도 암행어사(全羅左道暗行御史)를 역임하였다. 이어 대사간을 전후 세 번 수행하고, 분승지(分承旨), 공조와 병조의 참판(參判)을 지내고서 철종 7년(1856년)에 동경연(同經筵)에 올랐다.

62 김흥락(金興洛, 1827~1899) 1854년 11월 24일 사촌 처남이 매형에게 권유하는 학문 방법

省式. 一疏還往, 不記爲何時事. 豈以吾兩人, 而相忘至此
哉. 咎在無狀, 而不在哀史, 慚窘之極, 不暇言悵歎也.
見今歲色垂弊, 凍寒愈勁. 此際同人之相應, 無彼此
之異也. 伏惟
太碩人氣體, 隨序將護,
侍奠啓處支嗇, 賓客之暇, 亦能收拾精魄, 作書冊上契
活否. 古人云, 喪威震迫中, 得力爲多. 盖恭默之際, 熟於操心
處患之道, 而減却閑應接, 除却閑思慮, 得以從容尋討於聖
賢書也. 想良遂已知此意也. 從姊將幼何狀. 並伏切瞻溯不任
之至. 弟奉老如昔, 家中大小, 俱保無事, 甚幸. 但歲月逝矣, 工
/業不進, 每念朱先生義理無窮, 精
/力有限之語, 未嘗不發汗沾背也. 奈何. 吾輩閑中無
事, 可爲但有此一事, 敢
不猛自策勵, 而蔑劣之
學, 旣無可語. 哀史又
邈在數百里外, 不能以時
會合, 以資講辨. 每念
到, 不勝悢悢. 遠書悤悤,
不能盡所懷, 都在明春面
叙. 不備疏式.
哀下照.
甲寅至月卄四日, 弟金興洛疏上.
/大平近候平安云耳.
/阮府查丈前, 忙未上候, 悚仄悚仄.

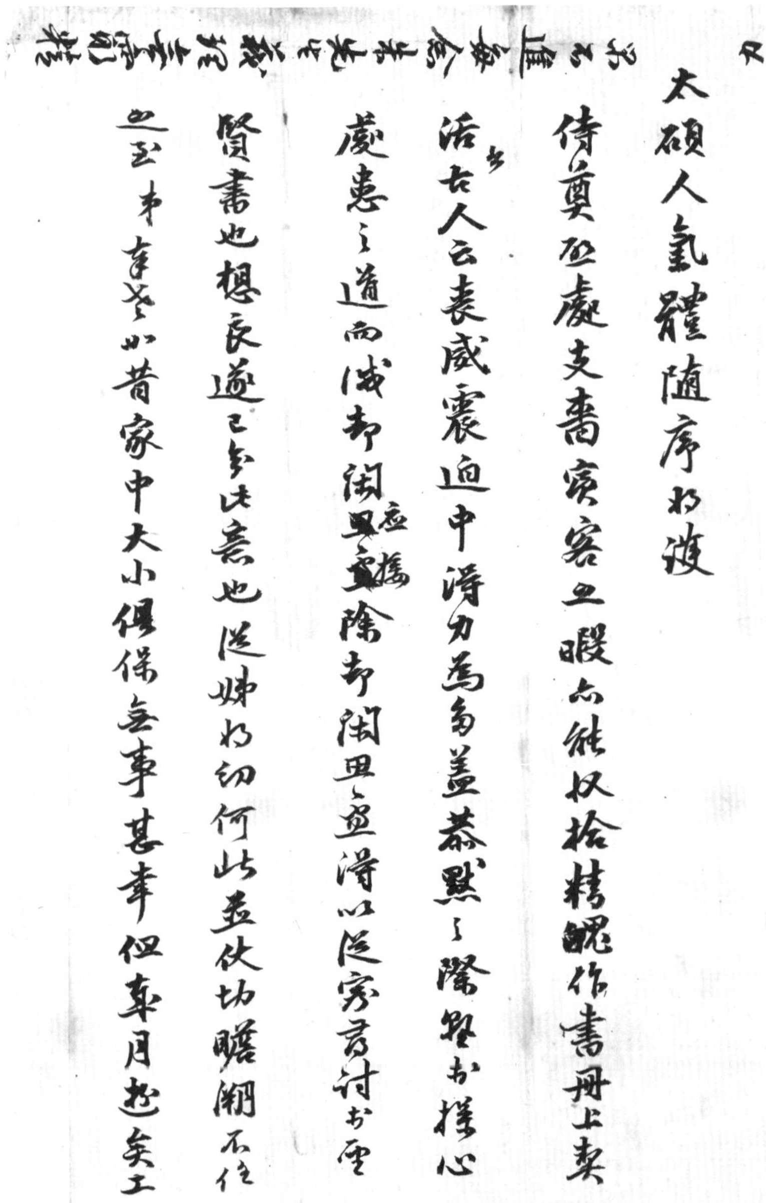

40.3×29.9

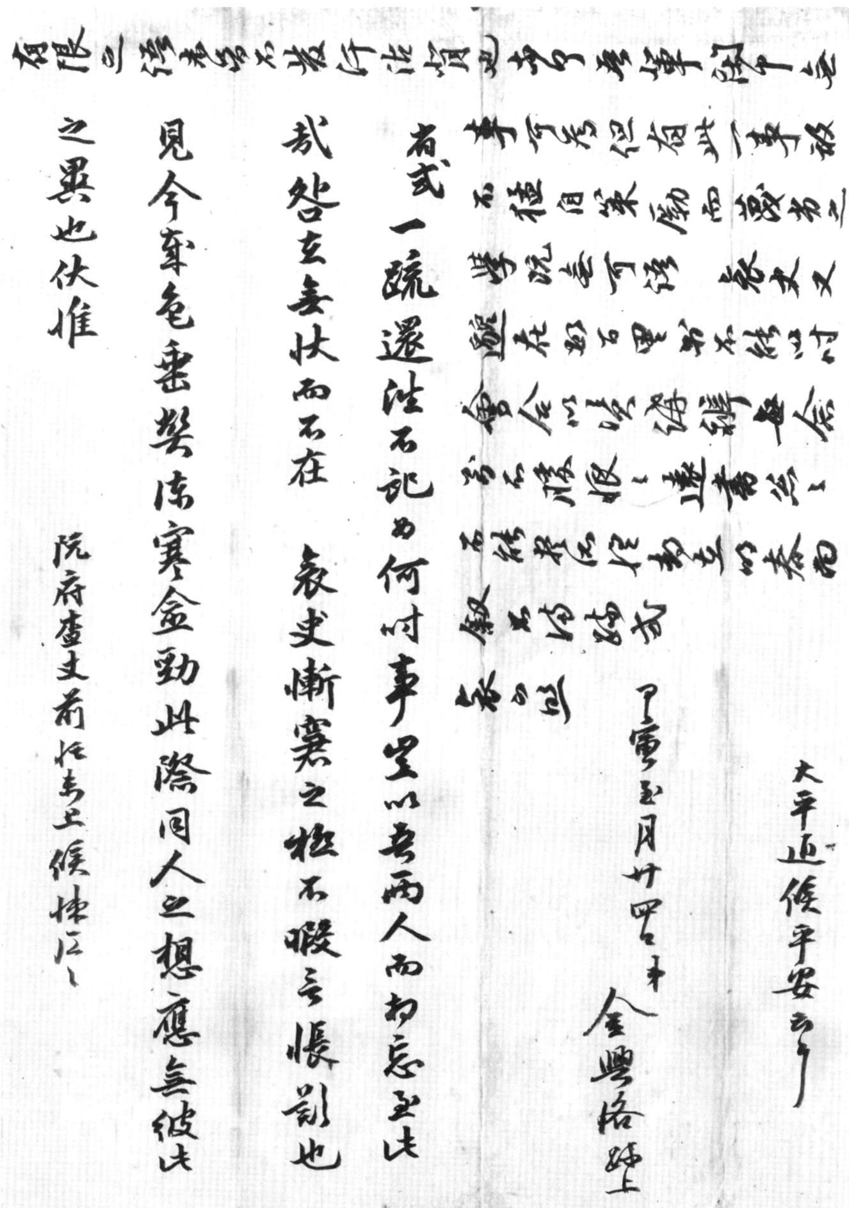

인사치레는 생략하옵니다. 편지 한 장을 주고받은 것이 어느 때 일인지 기억나지 않습니다. 어쩌다 우리 두 사람 사이가 서로 잊고 지냄이 이 지경에 이르렀을까요. 잘못은 저에게 있지 상중의 매형[哀史][12]에게 있지 않기에 부끄럽고 군색함이 극도에 이르러 서글프다거나 탄식하는 말을 꺼낼 수조차 없습니다.

지금 한해가 거의 다해 가며 꽁꽁 추위가 더욱 매섭습니다. 이즈음 서로 뜻 맞는 사람끼리 서로 호응하는 일은 피차 이상할 것이 없을 것입니다.

삼가 생각하건대 태석인(太碩人)[13]의 기력은 세월의 흐름 따라 조섭하여 건강을 유지하시고, 영위(靈位)를 모시는 생활[啓處][14]은 그런대로 꾸리며 손님 수발하는 여가에 또한 정신이나 몸을 잘 추슬러 책과 생활하며 지내시는지요.

옛사람의 말에 죽음의 위험이 벼락처럼 몰아치는 중에 힘을 얻음이 많다고 하였습니다. 공손히 침묵할 즈음[15]에 마음을 붙잡고 환난에 대처할 도리를 난숙하게 생각하여, 한가로운 만남을 줄이고 한가로운 생각을 없앤다면, 성현의 서적에 느긋이 깊이 파고들 수 있을 것입니다. 아마도 벌써 이러한 뜻을 알아서 잘 이루셨겠지요.

사촌 누님은 어린애를 건사하며 어떻게 지내시는가요. 모든 것들이 간절해지며 우러러 되새겨지는 마음을 가눌 길 없습니다.

---

12) 상중의 매형(哀史) : 이때 이능덕은 아버지 이재립(李在立)의 상복을 2년째 입고 있는 중이었다. 사(史)는 사관(史官)이나 역사책, 역사를 뜻하는 말이다. 노자(老子)가 주하사(柱下史) 벼슬을 지낸 데에서 상대의 학문을 노자에 빗대 부른 말인 듯하다. 곧 훌륭한 학자 정도의 뜻인 듯한데 여기서는 평범하게 매형으로 번역하였다.

13) 태석인(太碩人) : 태석인은 중국 송(宋)나라 시절 관원 부인들을 남편의 벼슬에 따라 부르던 봉호(封號) 중 하나이다 여기서는 이재립(李在立)의 부인이자 이능덕의 어머니인 일선 김씨(一善金氏)를 이른다. 이재립이 사간원 정언(司諫院正言)을 지내, 그의 부인은 숙인(淑人)에 봉해졌다. 따라서 태석인은 숙인의 봉호를 중국식으로 부른 말이다.

14) 영위(靈位)를 모시는 생활(啓處) : 이때 이능덕은 아버지 이재립의 상중이었음을 앞 주석에서 밝혔다. 계(啓)는 두 무릎을 꿇고 궁둥이를 직각으로 세워서 앉은 모양, 처(處)는 궁둥이를 땅에 붙이고 앉은 상태를 이르는 말로, 일상의 생활을 이른다.

15) 공손히 침묵할 즈음 : 이능덕이 상중이라서 상중의 생활을 이렇게 표현한 것이다. 상주는 어떤 것도 부모의 상(喪)만큼 큰 일이 없으므로 세상일을 외면하고 살아야 함으로 이렇게 말한 것이다.

저는 어머님 받드는 것이 여전하며 집안은 어른에서 아이까지 모두 무사하여 심히 다행입니다. 다만 세월은 흘러가는데 공부에 진전이 없어, 주자(朱子)의 '의리는 무궁하고 정력은 한정이 있다.[義理無窮, 精力有限][16]'는 말씀을 상기할 적이면 땀이 돋아 등을 적시지 않은 적이 없습니다. 어찌하겠습니까.

우리가 한가히 아무런 할 일이 없으니 할 수 있는 일은 단 이 한 가지 일이 있을 따름이니, 용감히 맹렬하게 스스로 채찍질하고 가다듬어야 하지 않겠습니까. 그런데 찌질 한 학문이 지난날의 학문에 내세울 만한 것이 없습니다. 게다가 상중의 매형마저 수백 리 밖 멀리 계셔 때맞게 만나 강론하고 분변하는 도움을 받을 길 없습니다. 생각이 미칠 적마다 한스런 마음을 억누를 길 없습니다.

멀리 보내야 할 편지라서 길이 바빠 가슴 속 생각을 다 적지 못합니다. 나머지 말은 오는 봄에 만나서 말씀드리기로 합니다. 편지 형식을 다 갖추지 못합니다. 상중에 살펴 읽어주십시오.

갑인년(甲寅年, 1854년) 11월 24일에 아우 김흥락은 편지 올립니다.

대평(大平)[17]의 근래 기력은 평안하시다고 합니다.

숙부 되는 사장[18] 어른께는 바빠서 편지를 못 올리게 되니 송구함에 움츠려집니다.

---

16) 의리는 무궁하고 정력은 한계가 있다.(義理無窮, 精力有限) : 이 말은 《性理大全書, 卷41, 諸儒 3, 朱子》에는 "마음은 붙잡지 않아도 보존되고 의리는 찾지 않아도 정밀해 진다. 그런대도 여전히 의리는 무궁하고 세월은 기한이 있다고 생각하여, 늘 안타까워하며 자신의 노력을 부족해하는 생각을 하였다.(心不待操而存, 義不待索而精. 猶以為義理無窮, 歲月有限. 常慊然有不足之意.)"라고 하여 '義理無窮, 歲月有限'이라고 하였다. 중국본과 조선시대본이 서로 다르다.

17) 대평(大平) : 정재 류치명(定齋柳致明)을 그의 고향 마을로 지칭한 말이다. 김흥락과 이능덕의 스승이어서 김흥락의 편지에는 언제나 정재의 안부를 늘 이렇게 써서 전하였다. 대평(大坪)을 大平으로 표기한 것이다.

18) 숙부 되는 사장 : 이능덕의 숙부 이재병(李在竝)을 이른다. 이재병은 순조 4년(1804년)생이다. 이 말에서 편지를 어디로 보낼 때, 그 집안의 각 어른들이나 그 인근의 다른 어른들께도 따로따로 편지를 쓰는 것이 이 시절 풍속이었음을 다른 편지들에서 알 수 있다.

이 편지는《이중구가 5대 고문서, E416》이다. 김흥락은 1827년생이고, 이능덕은 1826년생이다. 정재에게 수학한 것은 김흥락은 1845년 4월이고, 이능덕은 1843년 3월이다. 서로 한 스승의 제자, 사촌간의 처남남매 사이, 나이의 한 살 차이 등은 이들 둘 사이의 정리를 짐작하기에 충분하다. 서산의 편지는 그가 한 시대를 대표하는 학자이자 영남 남인을 대표하는 학자이기에 그의 관심은 젊은 시절부터 학문에 부단한 노력이었다. 따라서 사촌 매형에게 보낸 편지도 그의 생활에서 학문이 차지하는 것이 전부였던 것처럼 학문에 관한 것일 수밖에 없다. 이 편지도 그 하나이다. 이 밖에도 서산이 사촌매형에게 보내 사촌 매형의 학문을 면려한 수많은 편지가 있고, 이능덕이 일찍 죽자 다시 그의 아들 이중구(李中久)에게도 학문을 면려하는 수많은 편지를 보내고 있다. 다만 이들 편지가 대부분 위아래가 불에 그슬려 탈초할 수 없었고 또 내용도 대강만 확인할 수 있다는 점이 매우 아쉽다.

이 편지는 김흥락의 문집인《서산선생문집(西山先生文集), 권5, 여이구길(與李九吉)》에 실려 있다. 구길(九吉)은 이능덕의 자이다.

김흥락은 순조(純祖) 27년(1827년)에 안동에서 태어나 73세 되던 고종 36년(1899년)에 떠난 학자이다. 본관은 의성(義城), 자는 계맹(繼孟), 호는 서산(西山). 아버지는 능주 목사(綾州牧使)를 역임한 김진화(金鎭華)이다. 정재 류치명(定齋柳致明)의 제자로, 당시 영남학파의 학맥을 이은 거벽이었다. 사헌부 지평(司憲府持平)과 영해부사(寧海府使) 등 벼슬이 제수되었으나 모두 사직소를 올리고 나가지 않았다. 문집《서산집(西山集)》16책이 전한다. 이능덕의 장인 김진형(金鎭衡)은 김흥락의 막내숙부이다.

63 류치명(柳致明, 1777~1861) 1855년 7월 28일
귀양지에서 제자에게 보내는 스승의 사랑

省式. 一番替慰, 非甚難事, 而竟至辜負, 及此孤
囚, 反爲座下所慇念. 四月到家一書, 已見至意所
在, 又蒙六月遞付書, 愈見其勤摯. 顧此無狀, 寧
可不爲之愧且感哉. 竊想
靡逮之痛, 益難裁抑. 不審
萱闈調體候, 連得支衛,
省履保免愆損否.
尊姑母夫人喪事, 又深悲怛, 何以堪處, 庇內亦幸一依否.
區區悲溯不能已也. 纍人不顧死亡無日, 妄觸時義, 來
作天涯孤囚. 自念打透未悉, 有此冒犯, 慙恧無可言者.
而來書乃以古人之事儀[擬]之, 其爲不堪當甚矣. 惟幸
天意不處之以死. 所居島中, 水土人心, 不至駭惡, 可以支
遣. 而但飮啗不適, 胃氣傷敗可虞. 然亦且任之而已.
來書有一番遠來之意, 何其不量之甚也. 旣無人馬責
立之勢, 且是軟質弱骨, 千里跋涉, 便是生死路頭, 以
/座右所處, 何可自輕耶. 惟資斧無
可辦之理, 似不待吾言之止, 然而亦或有意外
之事, 所以申言及此, 絶勿生心. 惟堅
/定志慮, 益懋是業, 以副先志與老夫之望, 切祝切祝.
餘裁書極煩, 姑此不宣. 惟希
雅照.
乙卯七月二十八日, 纍人柳致明頓.

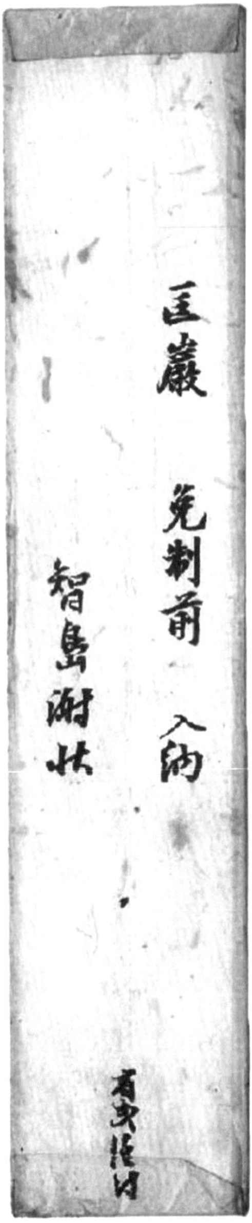

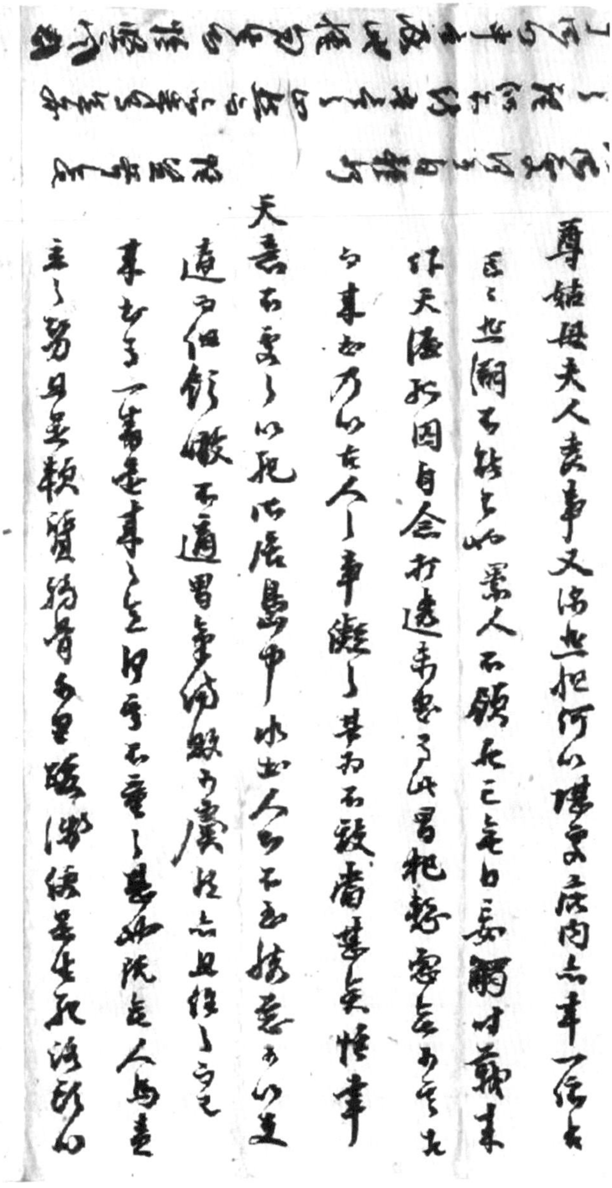

40.3×30.0

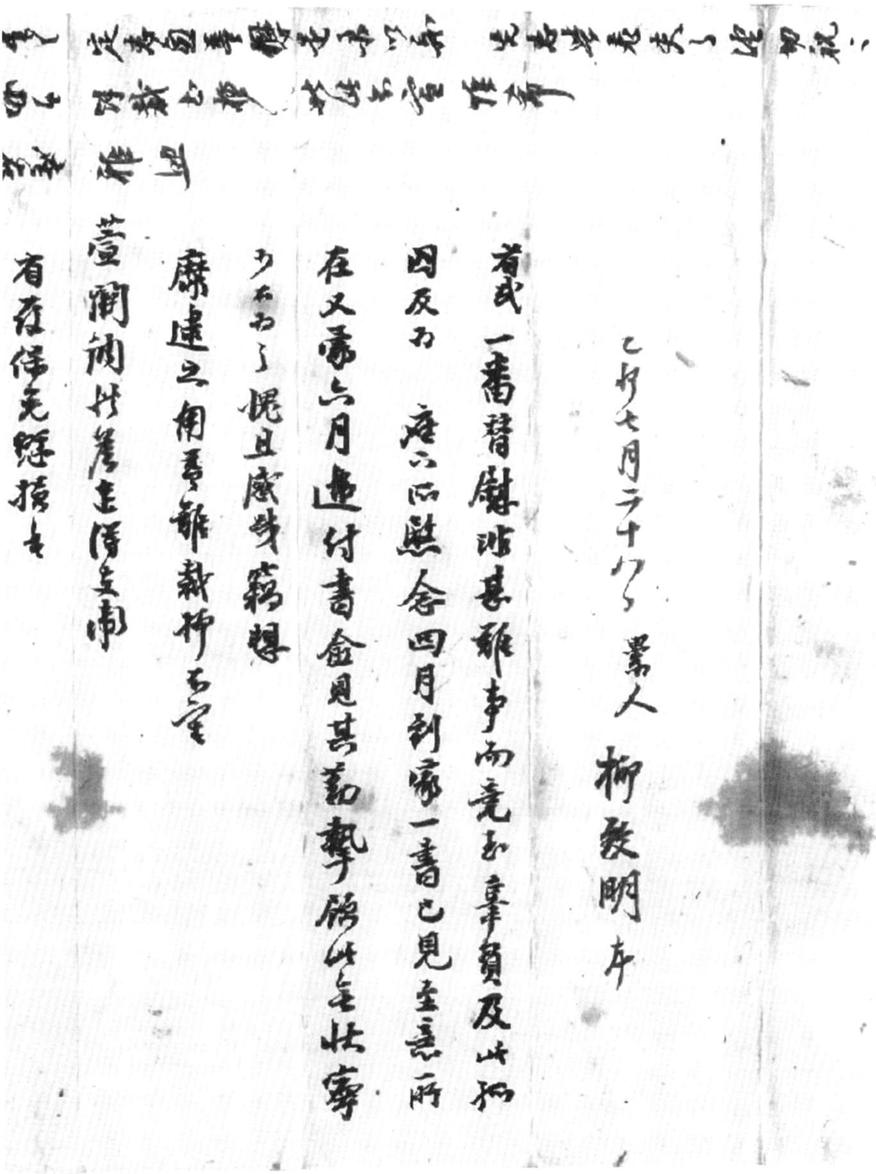

인사치레는 생략하네. 한 차례의 위로 편지[19]가 그렇게 어려운 일이 아닌데 끝내 어기고서 이렇게 외로운 죄수 신세가 되어 거꾸로 그대가 민망해하는 사람이 되었네. 4월에 집에 도착한 편지에서 그대의 지극한 마음씨가 담겨 있음을 이미 보았는데, 또다시 받아든 6월에 보낸 편지에서 더더욱 그대의 안타까워하는 정성을 보았네. 돌아보니 나와 같이 볼품없는 사람이 어찌 부끄럽고 감격스럽지 않을 수 있겠는가.

다시 뵐 수 없는 아픔[靡逮之痛][20]이 더더욱 억제하기 어려울 것이란 생각을 해보네. 알 수 없으나 그대 어머니의 조섭은 계속 건강이 유지되고, 그대도 병으로 건강이 망가지지 않았는가? 그대 고모님의 죽음이 또다시 깊은 애달픔일 터인데 어떻게 견뎌내며, 가정 역시 다행스럽게 한결같은가. 이런저런 여러 슬픈 회상들을 끊을 수가 없네.

죄인은 죽음이 언제 닥칠지 모른다는 것을 생각지 않고 시대의 의리를 망령되이 건드려 먼 땅에 갇힌 외로운 죄수가 되었네. 곰곰이 생각해보면 현실을 정확하게 다 보지도 못하고서 이렇게 무턱대고 덤빈 것이니 부끄러움을 말로 표현할 길 없네. 그런데도 그대의 편지는 옛날 사람들이나 할 수 있는 일로 추키니 그것은 너무도 감당할 수 없는 말이네.

다행스럽게 임금님이 죽음을 내리지 않고, 머물고 있는 섬도 자연조건이나 인심이 놀랍거나 흉악하지 않아 지낼 만하네. 다만 마시고 먹는 것이 맞지 않아 소화 기능이 손상되어 걱정스럽지만 또한 두고 볼 수밖에 없네.

보내온 편지에 한 차례 멀리 찾아오려는 뜻이 있었는데, 왜 그다지 헤아리지 못함이 심한가. 시종(侍從)이나 말을 준비할 형세도 없고 게다가 연약한 기질로 천리 길의 고생은 바로 죽고 사는 갈림길이네. 그대 처지에서 처신이 어찌 그다지 가벼울 수 있는 일인가. 오가는 비용이며 물건들을 준비할 길이 없을 터여서 아마도 내말을 기다리지 않고 그칠 것 같기도 하네. 그러나 또

---

19) 위로 편지 : 제자 이능덕은 이때 아버지 이재립이 1853년 4월 2일에 죽어 막 삼년상을 끝낸 때였다. 이 삼년상 중에 정재가 한 차례 위장도 하지 못했음을 이렇게 말한 것이다.

20) 다시 뵐 수 없는 아픔(靡逮之痛) : 미칠 수 없는 아픔이란 뜻으로, 아버지가 돌아가셔 살아생전에 다시 뵐 수 없게 된 자식의 아픔을 뜻하는 말이다. 부모를 여읜 사람이 자신의 슬픔이나 여읜 사람의 슬픔을 위로하는 편지에서 투식처럼 쓰는 말이다.

한편으로 의외의 일이 있을까 싶어 거듭 이렇게 말하는 것이니, 절대 생각지 말게.

뜻을 굳게 지니고 공부에 더욱 힘써 그대 어버이의 뜻과 이 늙은이의 바람에 부응하기를 간절히 빌고 비네.

남은 말은 편지 쓰기가 너무 번거로워 여기서 줄이고 세세히 다 말하지 않네.

잘 보시기 바라네.

을묘년(乙卯年, 1855) 7월 28일에 죄인 류치명은 머리를 조아리네.

이 편지는 정재가 1855년 7월 28일에 귀양지 지도(智島 지금의 전라남도 신안군 지도읍)에서 이능덕에게 보낸 《이중구가 5대 고문서, C345》이다.

이능덕은 순조(純祖) 26년(1826년)에 교리(校理) 벼슬을 지낸 이재립(李在立)의 외아들로 경주에서 태어나 철종(哲宗) 12년(1861년)에 죽었다. 본관은 여주(驪州), 자는 구길(久吉), 호는 치재(恥齋)이다. 정재의 문하 수학은 류치명이 이재립에게 보낸 편지 《이중구가 5대 고문서, I725》에 따르면 아버지 이재립(李在立)의 말씀에 따라 1843년 3월 26일 전후 정재의 문하의 나아갔을 것으로 추정 된다. 그 한 해 전인 1842년 12월 24일에 이능덕의 처백부 김진화(金鎭華)가 이능덕(李能德)에게 보낸 편지 《이중구가 5대 고문서, G292》에 '내년 봄 한 번 대평(大坪, 정재를 그가 사는 마을 이름으로 지칭한 말)을 찾아뵙는 것이 어떻겠는가.[幸於開春後, 一番就質於坪上如何]'라는 권유가 받아들여진 것이고, 이 권유가 정재와의 첫 인연을 만든 것이다. 이후 정재는 27통의 편지를 광암(匡巖)에 보냈다.

류치명은 정조 원년(1777년) 경북 안동에서 태어나 85세를 살다 철종 13년(1861년)에 떠난 학자이자 대사간 벼슬을 지낸 문신이다.

본관은 전주(全州). 자는 성백(誠伯), 호는 정재(定齋). 대산(大山) 이상정(李象靖)의 외증손이고, 이상정의 문인 남한조(南漢朝)·유범휴(柳範休) 등의 문하에서 수학하였다.

순조 5년(1805년) 별시문과에 병과로 급제하여 홍문관교리, 우부승지, 초산부사(楚山府使)를 거쳐 헌종 13년(1847년) 대사간이 되었다. 초산부사(楚山府使) 시절 초산 백성들이 생사당(生祠堂)을 지어 인정(仁政)을 기렸다. 철종 6년(1855년) 장헌세자(莊獻世子: 사도세자)의 부묘(祔廟)를 상소한 일로 대사간 박내만(朴來萬)의 탄핵을 받아 그해 4월 2일에 평안도(平安道) 상원군(祥原郡)으로 귀양 명령이 내려졌다가 다시 4월 10일에 전라도(全羅道) 나주목(羅州牧 지금의 신안군) 지도(智島 지금의 지도읍)로 귀양지가 옮겨졌다. 상원의 내륙보다는 지도라는 섬으로 보내야할 중죄인이라는 주장이 받아들여진 것이다. 그러나 곧장 11월 6일에 귀양이 풀려 돌아왔다.

이상정의 성리설을 계승하여 이(理)를 능동능정(能動能靜)하는 신용(神用)이 있다고 주장하였다. 그리하여 이(理)의 자발적 동정(動靜)에서 음양오행의 기(氣)가 나오며, 이 이가 우주의 무체적인 실재(實在)라고 주장하여, 기발이승(氣發理乘)을 주장한 율곡의 학설을 부정하였다.

저서 《정재문집(定齋文集)》 54권 27책과 다수의 편저가 있다. 대산선생신도비(大山先生神道碑)를 지었고, 이진상(李震相)·김흥락(金興洛) 등 많은 학자를 배출하였다.

64 이재간(李在榦, 1816~ ?) 1881년 2월 16일
소식을 전하기도 어렵고 침묵하기도 어려운 사정을 토로하다

省式. 阻面, 年去春半,
悵仰徒日惟廑. 伏惟
哀體, 有何美祟, 多月恒
欠. 近聞小效, 間想快復, 庸
是區區慰祝. 族末雖不病,
冬末經過, 有難形道. 到
底一番大閱惱耶. 晉
叙之計, 非不已宿, 所以爲拘
縛, 探一武, 亦難如意. 仰
想未燭此箇邊事, 必
蒙厚誚也, 重矣. 還甚罪
/促, 抵今無言. 而此家事,
抑可料矣. 何無
聲息, 有此使我難
安之動耶. 今迫
頭所用, 進退不得, 走
价仰告, 以當初相容
之意, 深諒處之,
千萬千萬. 留不備疏禮.
辛巳二月十六, 族末在榦拜疏.

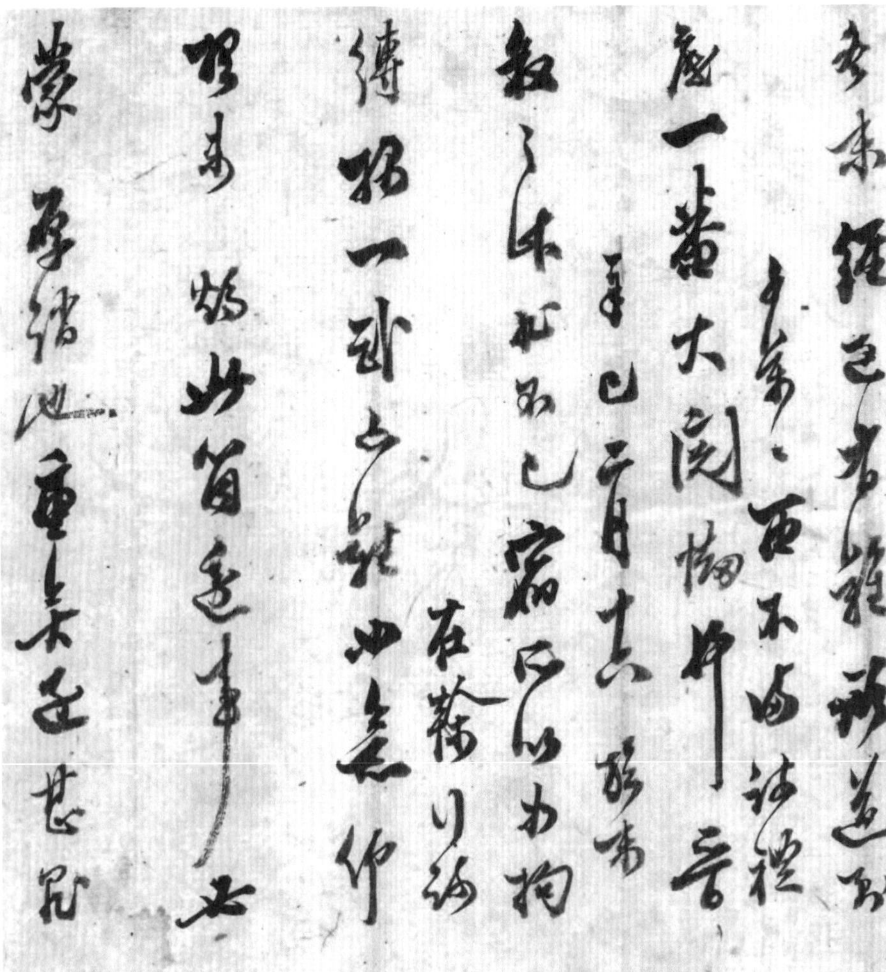

45.9×22.5

격식은 생략합니다.

얼굴을 뵙지 못한지가 한 해가 가고 봄도 절반이 지나니 우러러 슬퍼하며 겨우겨우 세월만 보내고 있습니다.

삼가 상중(喪中) 안부는 무슨 병을 앓으시기에 여러 달을 늘 건강하지 못하신지요. 최근엔 조금 효험이 있다고 들었는데 그간에 상쾌하게 회복이 되

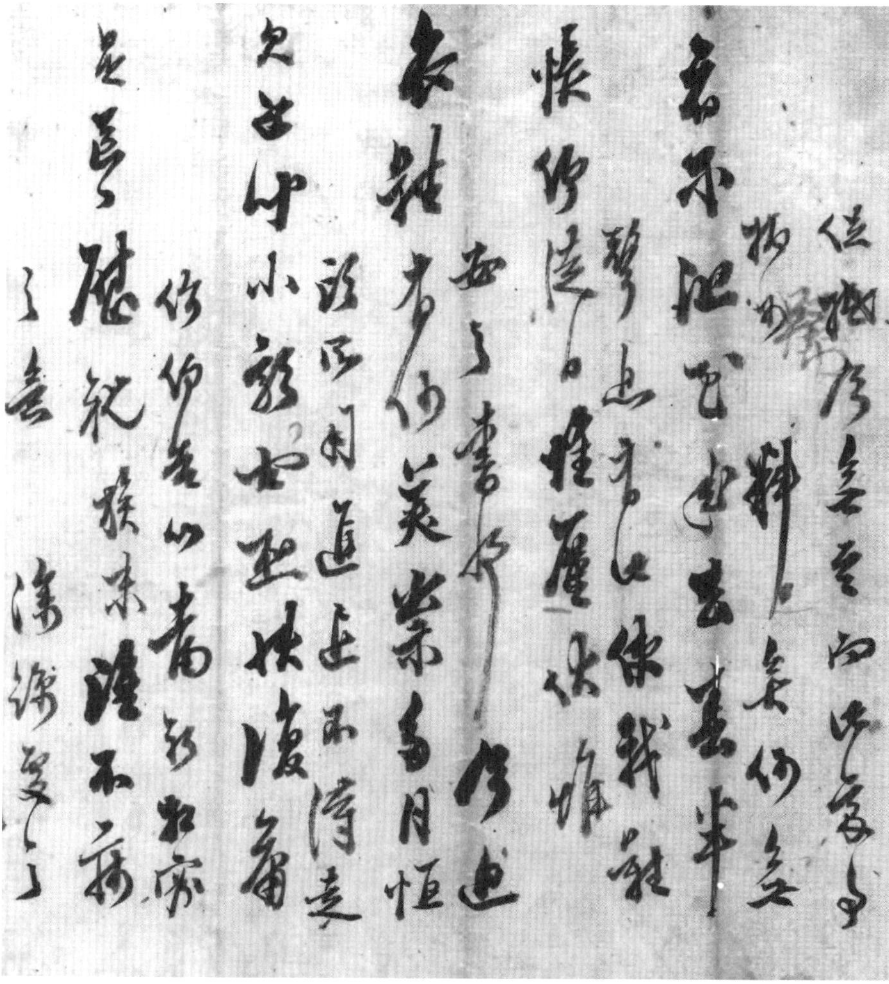

었을 것으로 생각되니, 저의 마음에 위로되고 축하드립니다.

저는 비록 병은 없으나 겨울 끝머리에 겪은 일은 말로 형용하기 어렵습니다. 극도의 겁재(劫災)를 한차례 크게 겪었습니다. 찾아뵙고 말씀드리려는 계획은 벌써 오래되었는데 그 일에 얽매이고, 그곳으로 가는 사람도 찾아보았으나 뜻대로 되지 않았습니다. 우러러 생각건대 이곳의 사정을 파악하지 못하셨을 것이니 심한 질책을 반드시 입었을 것입니다. 게다가 또 큰 죄를 재촉할까봐 지금까지 말을 못했습니다. 이 사람의 사정을 또한 예측할 수도 있을 것인데, 어찌하여 아무 소식도 없어 이렇게 저로 하여금 편할 수 없는 처지를 만드십니까.

지금 임박한 일을 물리거나 당길 수 없기에 사람을 보내 우러러 사연을 고하니 당초 서로 감싸주던 뜻으로 깊이 헤아려 주시기를 천 번 만 번 바랍니다.

여기서 그치며 편지의 예식을 갖추지 못합니다.

신사년(辛巳年, 1881) 2월 16일에 족말(族末) 재간은 절하고 편지를 올립니다.

이 편지는 1881년 2월 16일에 이재간(李在榦)이 친족에게 보낸《이중구가 5대 고문서, I047》이다. 상대의 병을 알고서도 문안할 수 없는 말 못할 어려움을 겪으며, 한편으로는 자신의 이런 사정을 알면서도 한 장의 편지도 보내주지 않는 상대에게 야속함을 토로하는 서운함이 묻어나는 편지다. 그러나 아쉬운 자가 샘을 파야 하듯 결국 편지에는 적지 않고 있는 미루지 못할 사정이 임박하자 붓을 든 내용이다.

편지 말미에 작성자가 족말(族末)이라고 한 것은 촌수가 먼 일가 사이에 자신을 낮추어 사용하는 표현이다.

이재간의 본관은 여주(驪州)이며, 자는 서옥(瑞玉)이고, 호는 만서(晚捿)이다. 철종 12년(1861)에 생원시(生員試)에 입격하였다.

65 조병희(趙秉禧, 1855~1917) 1885년 1월 3일
3년 만에 만난 친구와 하룻밤 지내고 헤어져야 하는 아쉬운 마음

積襞三年, 聯枕一夕, 其喜當何
如也. 第天寒路脩, 歸事甚劇, 立
馬江橋, 回首一望, 人生離合, 果如
是耶. 歸臥萬山中, 心目漭蒼杳
忽, 便若夢中記夢. 曾使吾兩人,
異世而生, 雖並世, 原不相識, 無由作
此個情緖, 未嘗不歸尤於宰物者耳.
別來未幾日, 又復作隔歲人事矣. 更
伏請
體宇迓新崇福, 玉允課學日妙, 眼
/前奇玩, 可想得矣, 區區溸昂政勤. 損弟
其時四宿到家, 省節欠寧, 身恙又發, 俯
仰煎憐, 不可形喩. 海傖兄其間當一再遭
矣, 亂餘弊局, 其何以料理而連有美聞
否. 輔仁之地, 兄實責重, 果不以澹明生爲
自守之道耶. 適有仁鄕去人, 修候轉
付, 不至洪喬則幸矣. 拭靑何時, 催白無
日, 餘只冀續承大安, 統亮.
乙酉元月初三日, 弟趙秉禧拜拜.

삼 년 동안 소식이 막혔다가 함께 하룻밤 잠을 잤으니, 그 기쁨이 마땅히 어떠하겠습니까. 다만 날씨가 춥고 길이 멀어 돌아오는 일이 매우 힘들기에 강다리에 말을 세워놓고 머리를 돌려 바라보니, 인생의 헤어지고 만남이 과연 이와 같은 것입니까.

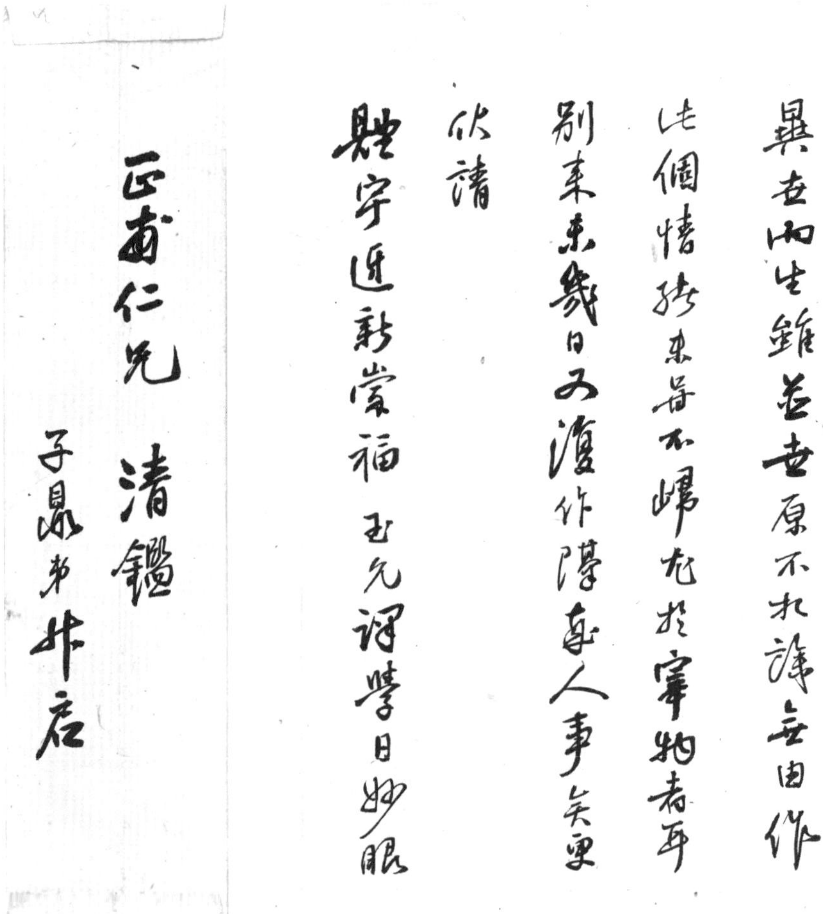

39.3×24.4

집으로 돌아와 만산(萬山) 가운데 누워 있으려니, 마음이 아득하고 묘연한 것이 마치 꿈속에서 꿈을 기록하는 것과 같습니다. 일찍이 우리 두 사람은 다른 세상에서 산 것처럼 살아왔고 비록 한세상에 함께 살면서도 전혀 서로 알지 못하여 이러한 끈끈한 정을 맺을 길이 없었기에, 일찍이 조물주에게 허물을 돌리지 않은 적이 없었습니다.

이별하고 돌아온 지 며칠 되지 않았으나, 또다시 한해를 넘긴 인사를 해야

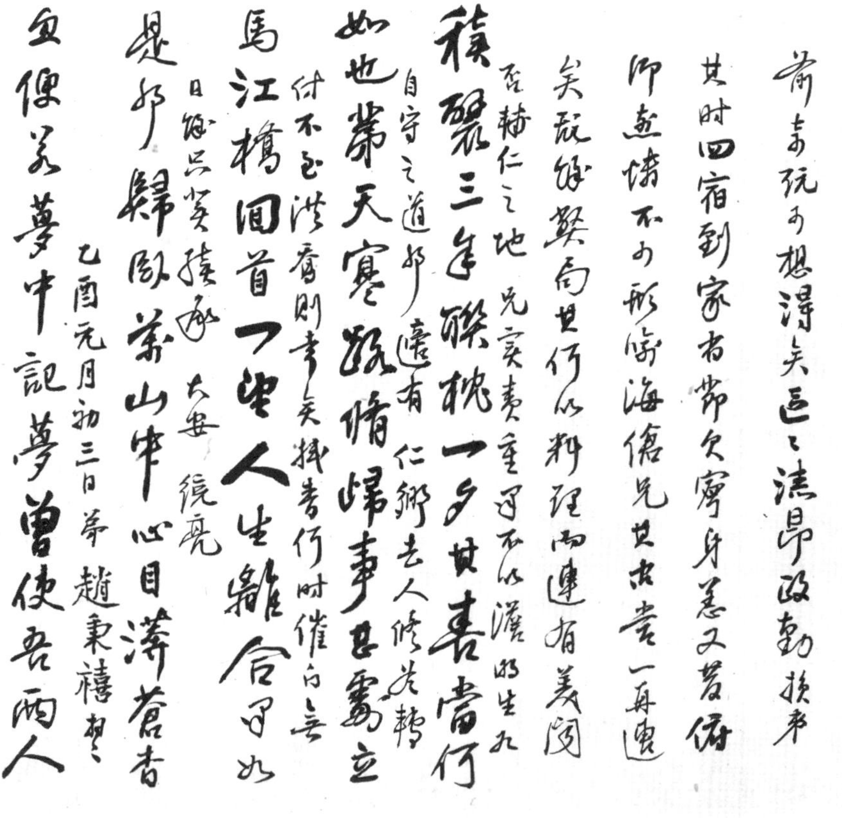

하게 되었습니다. 삼가 건강은 새해를 맞아 큰 복을 받으시고, 아드님의 공부는 날마다 묘리를 터득하여 눈앞의 기이한 볼거리가 되는 것을 상상할 수 있어 제 마음에 우러르며 그리워함이 간절합니다.

저는 지난번 네 밤을 자고서 집에 돌아왔는데 어버이 건강이 좋지 못하고, 나도 병이 발작하여 위로나 아래로나 마음 졸이는 가련함을 말로 표현할 길이 없습니다.

해창(海倉)[21] 형은 그동안에 한두 번은 만났을 것인데 혼란을 겪고 난 뒤의 피폐한 형국을 어떻게 처리하였기에 연이어 좋은 소문이 있는 것입니까. 이우보인(以友輔仁)의 처지에서 형이 져야할 책임이 무겁습니다. 결과적으로 담박하고 맑게 살아가는 것으로 스스로를 지키는 방도로 삼아야 하지 않겠습니까.

마침 형의 마을로 가는 사람이 있어 안부의 편지를 적어 전달하는데 중간에 유실되지 않는다면 다행이겠습니다. 앞으로 어느 때나 만날 수 있을지 흰 머리만 늘어납니다. 나머지는 계속해서 소식이라도 받을 수 있기를 희망하니, 이 같은 마음을 헤아려 주십시오.

을유년(乙酉年, 1885) 1월 3일에 아우 조병희는 절하고 또 절합니다.

이 편지는 1885년 1월 3일에 조병희(趙秉禧)가 이중구에게 보낸 《이중구가 5대 고문서, E522》이다.

자운(紫雲, 이중구)가에 소장된 조병희의 편지는 모두 7통이다. 편지 내용 가운데 작성자가 자신을 손제(損弟)라고 한 것은 친구 사이의 편지에서 자신이 부족한 아우라는 뜻으로 스스로를 겸손하게 표현한 말이다. 해창 권상문과 이중구가 얼마나 친한 사이인지 이웃에 서로 알 정도였음을 이 편지를 통해서도 짐작할 수 있다.

조병희는 철종 6년(1855)에 경상북도 영양군(英陽郡) 일월면(日月面)에서 출생하였다. 아버지는 조언교(趙彦敎)이며, 본관은 한양(漢陽)이다. 자는 자정(子鼎)이고, 호는 석농(石農)이다.

과거에는 응시하지 않고 학문에만 전념하여 경서(經書)를 두루 익히고 제자백가(諸子百家)의 서적들에 통달하였다. 학문과 덕행으로 천거되어 참봉(參奉)을 지냈으며, 민영환(閔泳煥)·장지연(張志淵)·신채호(申采浩)·이상룡(李相龍) 등과 교유한 조선 말기 유학자로 1917년에 사망하였다. 선조인 조운도(趙運道)의 시문집 《월하문집(月下文集)》을 간행하는 일에 참여하였다.

---

21) 해창(海倉) : 한때 경주군수를 지낸 권상문(權相文)의 호이다. 권상문이 《승정원일기》에 의하면 고종 33년(1896년) 6월 22일부터 35년(1898년) 12월 8일까지 경주군수(慶州郡守)를 역임하였는데, 이 경주군수에서 이직하며 세금 탈루가 문제 되어 한때 고난을 치렀다.

66 안찬(安鑽, 1829~1888) 1887년 12월 21일
서책에 흥미 잃은 손자를 안타까워하는 할아버지의 마음

阻未幾日, 懷仰如年. 際
拜
惠書, 慰瀉曷斗. 向日
行旆計已返稅, 而拱右壙
訣之痛, 何以堪裁. 不審比
寒,
靜體無添損, 子舍連勝, 大
小諸致俱安, 吾家新婦亦穩
吉, 何等慰仰區區. 弟一依昨狀,
兒也大病後, 尙不作完人, 孫豚
/全不知卷中趣, 非鞭策之可
能, 可悶耳. 此外冗瑣, 復何可
聞也. 餘伏祝
經候動引迓新百禧. 不備
伏惟.
丁亥臘月念一日, 査弟安鑽拜拜.

소식이 막힌 지 며칠 되지는 않았지만 그리워하는 마음은 일 년처럼 느껴집니다. 이 같은 때에 편지를 받아보니, 위안이 되고 마음이 후련해짐이 어찌 적다고 하겠습니까.

지난번 걸음하신 일은 아마도 이미 돌아왔을 것으로 생각됩니다. 상복을 입어주어야 할 처지에서 광중(壙中)에 묻고 영결하는 아픔을 어떻게 견뎌내

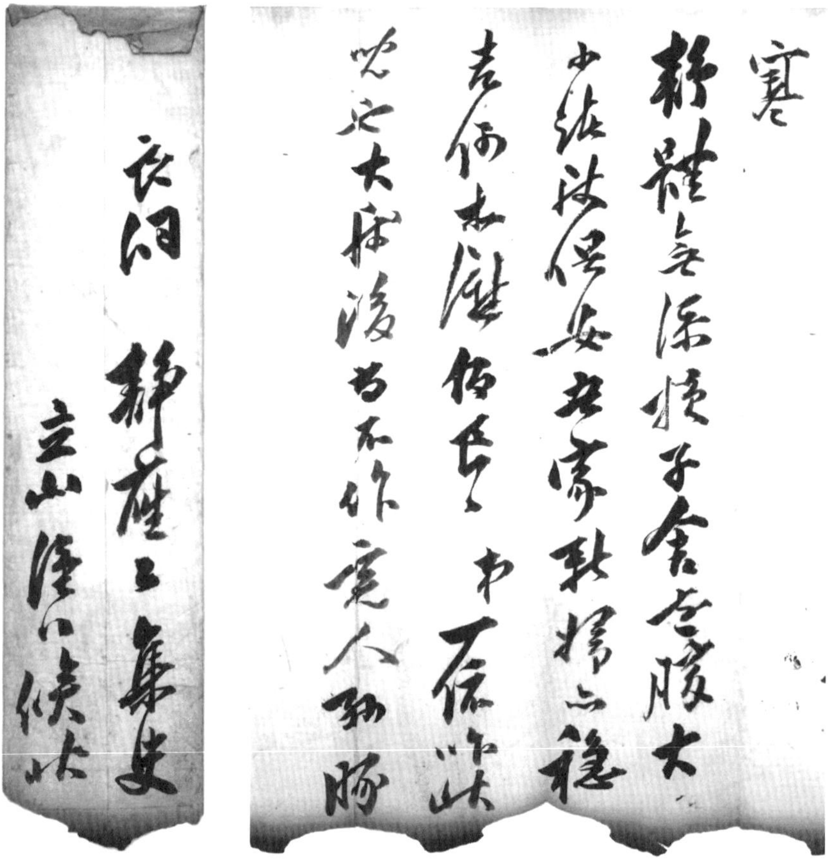

40.2×24.4

며 절제하셨는지요.

요즈음 추운 날씨에 조용히 수양하시는 중이신 건강은 손상됨은 없으며, 아드님은 줄곧 잘 지내고, 집안의 남녀노소도 모두 편안하시며, 우리 집의 새 며느리도 잘 지내고 있다니, 말할 수 없는 위안입니다.

저는 줄곧 지난날 그 모양이고, 아이는 큰 병을 앓은 뒤로 여전히 성하지 못하고, 손자는 전혀 책 속의 흥미를 알지 못하는데 회초리로 때린다고 가능한 일이 아니니, 답답할 뿐입니다. 이밖에 자질구레한 일들은 다시 무엇을

알려드리겠습니까.

나머지는 경륜을 체득하고 계시는 안부 하시는 일마다 새해를 맞아 온갖 복을 받으시기를 축원합니다.

정해년(丁亥年, 1887) 12월 21일에 사제(査弟) 안찬은 절하고 또 절합니다.

이 편지는 1887년 12월 21일에 안찬(安鑽)이 사돈에게 보낸 《이중구가 5대 고문서, I037》이다.

안찬이 이중구가와 어떠한 관계인지는 확실하지 않다. 편지 말미에 작성자가 사제(査弟)라고 한 것은 사돈 간에 자신을 겸손히 하여 사용하는 표현이다. 또 우리집 며느리 운운하는 것으로 보아 이중구 집안의 딸 누군가가 안찬의 며느리가 되어서 이런 말이 오간듯하다.

안찬의 아버지는 안신로(安莘老)이며, 어머니는 정택동(鄭宅東)의 딸이다. 본관은 탐진(耽津)이고, 자는 경안(景顔)이며, 호는 치사(癡史)이다. 고종 4년(1867년)에 식년시 진사시에 합격하였으나 관직에 뜻이 없어, 평생 시문(詩文)을 짓고 경사(經史)와 성리학 연구에 전념하였다. 유고로 《치사집(癡史集)》이 전하고, 주목할 작품으로 「사칠이기변(四七理氣辨)」, 「태극음양동정변(太極陰陽動靜辨)」 등이 있으며, 통영(統營)의 바닷가를 유람하고 기록한 「남유일기(南遊日記)」 등이 전한다.

67 김교헌(金教獻, 1868~1923)과 김교원(金教援, ?)
1890년 3월 26일 어버이를 여읜 아들의 마음

李　注書　座前.

答疏上.　　　　孤子金教獻教援稽顙謹封.

教獻教援稽顙再拜言. 教獻教援罪逆深重, 不自死滅, 禍延先考. 攀號擗踊, 五內分崩, 叩地叫天, 無所逮及. 日月不居, 奄踰襄奉, 酷罰罪苦, 無望生全. 卽日蒙恩, 祇奉几筵, 苟存視息. 伏蒙

尊慈, 俯賜

慰問, 哀感之至, 無任下誠, 末由號訴, 不勝隕絶, 謹奉疏. 荒迷不次, 謹疏.

庚寅三月二十六日, 孤子金教獻教援答疏上.

李　注書　座前.

이 주서(李注書) 자리 앞에.

삼가 편지 올립니다. 고자 김교헌과 교원은 이마를 조아리고 삼가 편지를 봉함합니다.

교헌(教獻)과 교원(教援)은 이마를 조아려 재배하고 말씀 드립니다. 교헌(教獻)과 교원(教援)의 죄악이 극중한데 스스로 죽어 없어지지 않자 그 화가 아버님에게 미쳤습니다. 부여잡고 목 놓아 울부짖으며 가슴을 치고 발을 동동 굴러보지만 오장이 찢겨나가고, 땅을 치고 하늘을 불러보지만 어디라 따라잡을 곳이 없습니다. 날이 가고 달이 흘러 어느 사이 장례를 모셨습니다. 죄에 대한 혹독한 벌의 고통은 온전히 살기를 바랄 수 없었으나, 그즈음 은혜를 입어 공손히 궤연(几筵 : 靈位)을 받들고 구차히 생명을 유지합니다. 삼가 사랑이 넘치시는 존자께서 신분을 굽혀 위로해 찾아주심을 입게 되니 애

38.0×63.0

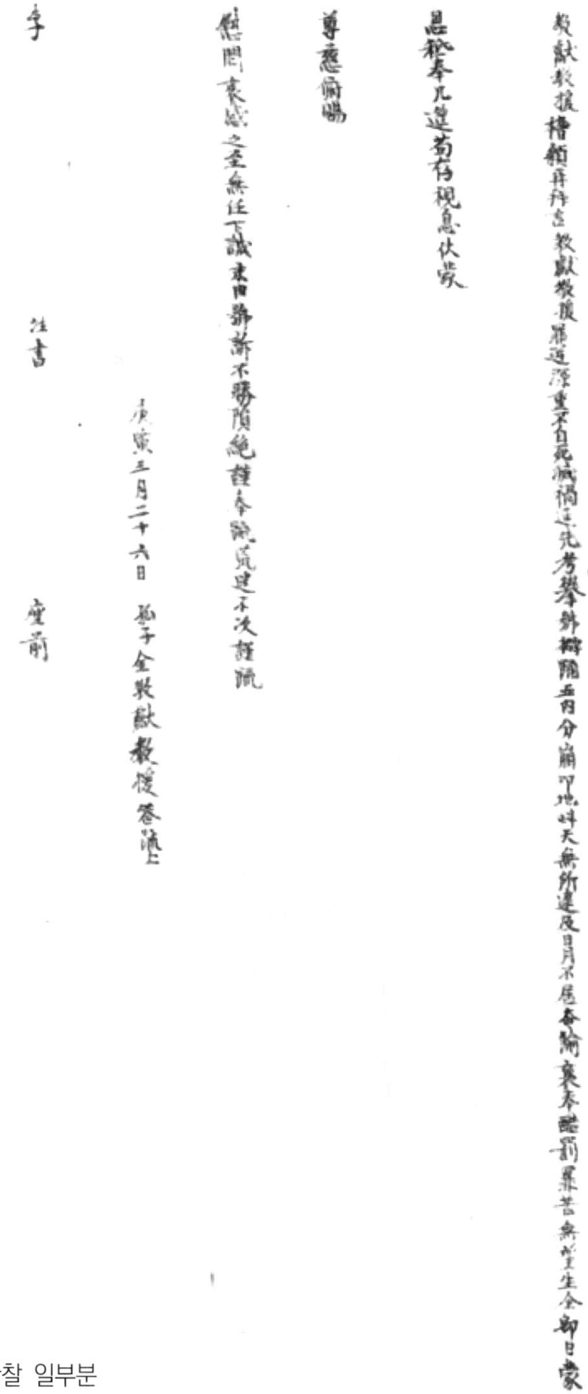

叔獻叔援稽顙再拜言 叔獻叔援罪逆深重不自死滅禍延先考攀號擗踊五內分崩叩地叫天無所逮及日月不居奄踰襄奉酷罰罪苦無所生全即日蒙

恩移奉几筵苟存視息伏蒙

尊慈俯賜

慰問哀感之至無任下誠末由號訴不勝隕絕謹奉疏荒迷不次謹疏

庚寅三月二十六日 孤子金叔獻叔援答疏上

手 狀書 座前

→ 간찰 일부분

처로운 감동 끝이 없고 보잘것없는 정성 가눌 길 없습니다. 이런 생각을 호소할 곳이 없어 정신을 잃을 것 같음을 이길 길이 없습니다. 삼가 편지를 받들자니 정신이 아득하여져 순서를 잃었습니다. 삼가 편지 올립니다.

경인년(庚寅年, 1890년) 3월 26일에 고자(孤子)[22] 김교헌(金敎獻) · 교원(敎援)은 답장 편지를 이 주서(李注書) 자리 앞에 올립니다.

1890년 3월 26일에 김교헌(金敎獻) · 교원(敎援) 형제가 아버지상에 조문해 준 이중구에게 감사를 표한 편지 《이중구가 5대 고문서, H143》이다.

이 편지를 소개한 것은 조선 시대 선비 사회에서 어버이 상을 당한 상주(喪主)의 마음가짐, 자신의 죄악이 어버이에게 미쳐 어버이를 돌아가시게 했다는 자책을 되돌아보려는 의도에서다. 이런 자책이 있기에,

첫째. 편지 종이를 위아래 반으로 나눴을 때 그 아래쪽에서도 또 그 아래에 문장을 배분하고 있다. 자신을 극도로 낮추고자 한 죄인 자세다.

둘째. 글씨가 극히 가늘고 한 획 한 획 정성을 담은 해서(楷書)다. 한 글자라도 감히 함부로 쓰지 않는 것 이것이 상주(喪主)의 마음이다. 편지는 본래 해서로 쓰지 않는 것이 불문율이다. 편지 형식을 가르친 교본 어느 책이나 해서가 아닌 행서와 초서로 쓰여져 있음을 볼 수 있다.

편지 구성 형식도 남다르다. 편지 구성에서 앞의 두 줄은 편지에 포함된 문장이 아니다. 처음부터 피봉을 편지지의 여분으로 접어 만들 의도를 하고서, 편지의 앞쪽에 여분을 두고 종이의 중앙쪽에서 편지를 쓰기 시작한 것이다. 따라서 앞쪽의 두 줄은 피봉에 쓰는 문장이다. 편지와 피봉을 한 장의 종이로 구성하는 이런 형식은 예전 편지에 더러 있다.

다만 이 편지의 글씨가 형제 중 누구의 글씨인지는 분명하지 않다. 편지의 접어진 형태를 볼 때 위아래 길이가 길어 네 번 접은 흔적이 보인다.

김교헌은 고종 5년(1868년)에 수원에서 태어나 1923년에 죽었고 김교원

---

22) 고자(孤子) : 아버지 상사에 어머니가 생존해 계실 경우 자신을 지칭하는 말이다.

은 그의 아우다. 아버지는 공조판서 김창희(金昌熙)이며, 어머니는 풍양조씨로 판관(判官)을 지낸 조희필(趙熙弼)의 딸이다. 본관은 경주(慶州)이다. 김교헌의 자는 백유(伯猷), 호는 무원(茂園), 당명은 보화(普和), 뒤에 이름을 김헌(金獻)이라고도 하였다. 김교헌은 고종 22년(1885년) 정시문과(庭試文科)에 급제하여 성균관 대사성, 좌우 부승지, 비서원 승, 동래 부사 등을 역임하였다. 대중 계몽 운동과 고전 간행 사업 등에도 참여하였고, 융희 3년(1909년)에 규장각 부제학으로 《국조보감(國朝寶鑑)》 감인위원(監印委員)을 겸직하였다. 1916년 9월에 나철(羅喆)의 뒤를 이어 대종교(大倧教)의 제2대 도사교(都司教)에 취임하였다. 1917년 일본의 탄압을 피해 총본사를 동만주 화룡현(和龍縣)으로 옮기고 교세 확장을 통한 독립운동 강화와 동포들에 대한 독립정신 교육에 전념하였다. 1919년 3.1운동이 발발하자 길림(吉林)에서 발표한 대한독립선언서에 서명하였다. 같은 해 12월 대종교 교인만으로 구성된 북로군정서(北路軍政署)를 조직, 총재에 교단(教團)의 지도자인 서일(徐一)을 임명하는 등 적극적인 무력투쟁을 전개, 1920년 9월 청산리에서 김좌진(金佐鎭)이 대승리를 거두게 하였다. 그 뒤 일본군의 탄압을 피해 총본사를 영안현(寧安縣)으로 옮겨 선도포교사업(宣道布教事業)을 통한 구국투쟁에 진력하였다. 1923년 《신단민사(神檀民史)》를 출간하여 민족의식을 고취하였다. 만주 전역에 걸친 일본군의 토벌작전으로 독립운동 및 교단의 기반이 크게 붕괴되며 병을 얻어 죽었다. 저서에 《신단실기(神檀實記)》 등이 있다. 1977년 건국훈장 독립장이 추서되었다.

김교원은 고종 39년(1902년)에 혜민원 주사(惠民院主事)를 역임하였다.

68 이중직(李中稙, ? ~1916) 1897년 7월 13일
국권이 요동치는 시기의 옥사(獄事)와 유배(流配)

允明歸, 細叩全門節度, 而於
吾兄及匡甫邊, 殆全三之二焉, 何有
乎促膝談笑若書尺有無耶.
昨年八月來函, 又承於此月旬前, 滿紙
悃愊, 雖晩亦喜. 更問卽日潦炎,
體宇文祺, 玉允(王+更)瑺[鏗鏘], 有進就之漸,
快副庭望耶. 一門堂中, 僉節
攀順. 匡兄入山後履歷, 近復陸續
耶. 區區問溸. 弟自來風祟病於刀熜,
固知聖凡雖顯, 而六根所管, 亦受痒
於耳順之神耶. 是苦是悶. 重以輪行
毒祟, 大小家長弱, 數旬鴻洞, 近才就
淨, 苦海果無津耶. 聞寄李學士
容九及洪正言玄哲, 俱以繫獄就斃,
張寢郎芝永安置於絶島, 雖未知裡
面何似者, 驚怛則深. 丁令瑞五不淑之報, 今
朝因允明書的知, 不惟其人可惜, 其地切
/慘. 吾輩向此邊, 更無實心可好, 重所叨怛, 然
其人愼密, 斷不入三人之籍, 是所差强耶.
而建家音, 積阻久矣, 而迨未還頓, 認是厭
煩之故耳. 凉生後一顧之意, 傳之者, 非虛詐
人, 實所苦企, 況聞與匡兄聯鑣耶. 餘適因
信便, 草此不備狀上. 丁酉七月旬三, 季弟

中植拜手.
數握草付去, 品劣可
罪. 今年此政, 不比年
例, 陋畧無咎耶.

윤명(允明)이 돌아와 집안의 안부를 자세히 들었는데 형과 광보(匡甫) 쪽 말이 삼분의 이 정도였습니다. 무릎을 맞대고 얘기를 나눈다거나 편지가 있고 없는 것쯤이야 무슨 상관이겠습니까.

작년 8월에 보낸 편지를 이번 달 초순 전에 받았는데 편지 가득 정성스러움이 묻어나 비록 편지야 늦었지만 기뻤습니다.

요즈음 장마가 지고 매우 무더운데 안부는 편안하시며, 아드님의 공부는 점점 진보하여 형의 기대에 상쾌하게 부응하는지요. 온 집안 여러분들의 안부는 편안하시며, 광보 형이 산으로 들어간 이후의 소식은 최근에 다시 계속해서 듣는지요. 제 마음에 늘 형과 광보 형이 그립습니다.

저의 본디부터 앓아온 중풍은 의사의 영역에 참으로 뛰어난 자와 보통인 자가 현격하다지만 (나의) 육근(六根)[23]에 관계되는 일이지만 또한 (형의) 이순 나이에도 귀가 가려운 신통한 일[24]이 있었는지요. 이것이 괴롭고 답답합니다. 게다가 유행하는 독감으로 큰집과 작은집의 남녀노소가 몇 십일 앓다가 최근에야 겨우 건혀갑니다. 괴로움의 바다는 과연 끝이 없는 것인지요.

소식을 들으니, 학사(學士) 이용구(李容九)와 정언(正言) 홍현철(洪玄哲)이 옥에 갇혀 죽음을 당하였고, 침랑(寢郎) 장지영(張芝永)은 외딴 섬에 유배를 갔다고 하니, 비록 그 속사정이 무엇인지 알 수는 없지만 매우 놀랍고 서글퍼짐은 깊습니다.

그리고 정서오(丁瑞五)가 세상을 떠났다는 소식은 오늘 아침에 윤명(允明)의 편지를 통해서 확실하게 알았는데 그 사람이 애석할 뿐만이 아니라 그

23) 육근(六根) : 눈·귀·코·혀·몸·생각, 인체에 있는 여섯 개의 감각(感覺) 기관을 이른다.
24) 귀가 가려운 일 : 귀가 가렵다는 말은 남이 나에 대해 말할 때 일어나는 증상을 이르는 우리나라 속담이다.

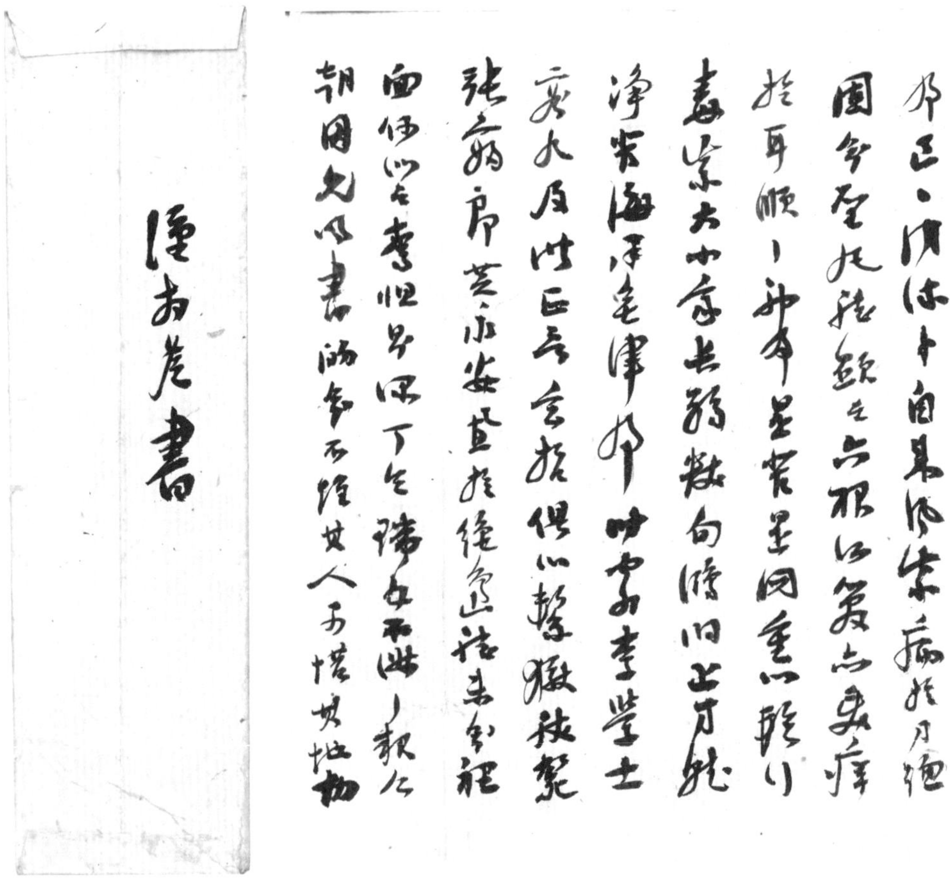

45.2×22.6

처지가 매우 참혹합니다. 그러나 우리가 이들에게 다시 마음을 다해 좋아할 만한 것이 없었으니 거듭 슬퍼할 것도 없지만 그가 신중하고 치밀하였으니 결단코 앞 세 사람의 죄안에 들지는 않았을 것입니다. 그래도 이 점이 조금 나은 일이라 할 것입니다.

이건(而建)의 집안 소식은 막힌 지가 오래되었지만 여태 정돈해서 돌아가지 못하는 것은 알고 보면 번거로움을 싫어하기 때문일 뿐입니다.

날씨가 시원해지면 한번 찾아주시겠다는 생각은 말을 전한 사람이 헛소리

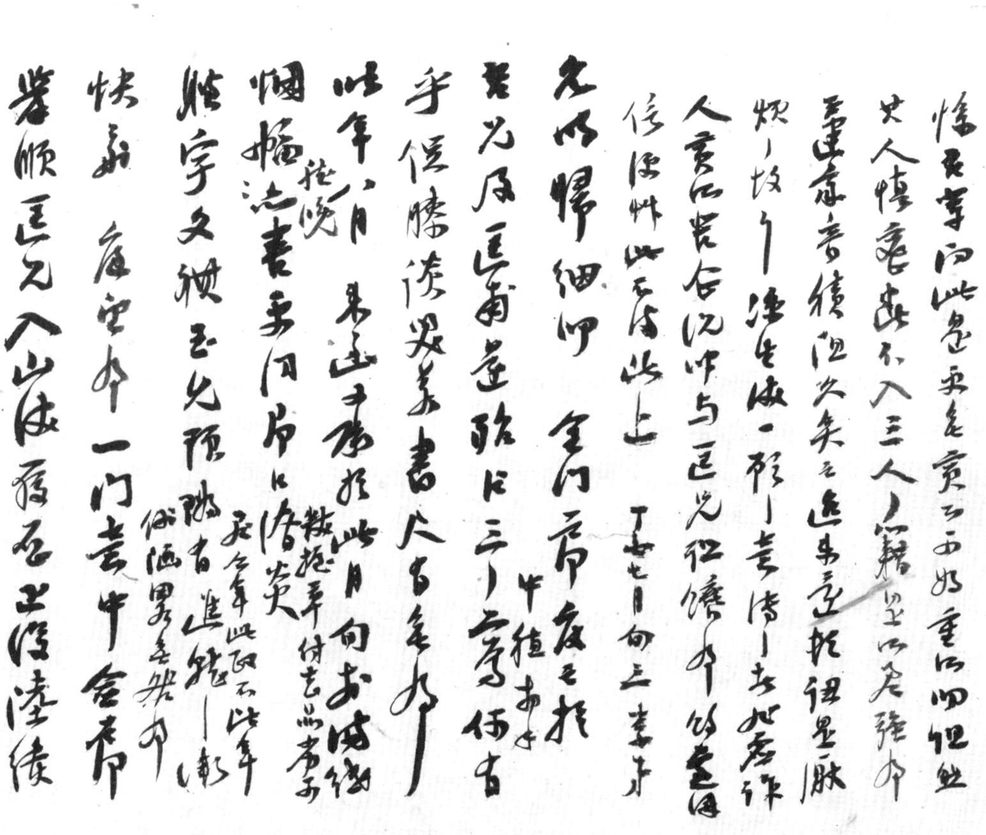

로 저를 속인 말이 아닐 것이어서 참으로 매우 기대합니다. 더욱이나 광(匡)형과 함께 온다고 들었음에 있어서이겠습니까.

나머지는 마침 인편으로 인해서 이같이 대략 쓰고 이만 줄입니다.

정유년(丁酉年, 1897) 7월 13일에 막내아우 중직은 손 모아 인사 올립니다.

두어 줌 담배를 덧붙여 보내는데 품질이 좋지 못하여 죄송합니다. 올해 담배 농사는 매년 짓던 농사에 비교할 것이 못 되니, 조잡하고 약소하다는 비난은 않겠지요.

이 편지는 1897년 7월 13일에 이중직(李中稙)이 이중구(李中久)에게 보낸 《이중구가 5대 고문서, F047》이다.

자운(紫雲, 이중구)가에 소장된 이중직의 편지는 모두 12통이다. 위 편지에서 언급한 '이용구(李容九)와 홍현철(洪玄哲)이 옥사에 연루되어 죽음을 당했다'는 사건은 《승정원일기》 고종 34년(1897) 6월 7일에 의하면, 고등재판소검사가 보고한 내용에, '피고 이용구의 사건을 심사했는데 이용구(李容九)는 홍현철(洪玄哲) 등이 음모를 꾸미는 것을 전혀 미리 알지 못했다'는 기사는 있지만 구체적으로 무슨 사건에 연루된 것인지 분명치 않았는데, 《승정원일기》 고종 34년(1897) 6월 17일에 의하면, 홍현철은 모반죄, 강도죄, 절도죄, 살인죄, 간통죄, 재물을 사취한 죄 가운데 모반죄(謀反罪)에 연루된 듯하다. 《승정원일기》에는 홍현철의 현자는 현(顯)으로, 장지영의 지자는 지(志)로 기록되었다.

이중직은 본관은 진보(眞寶), 호는 치헌(癡軒)이다. 퇴계선생의 12대손으로 안동 도산(陶山)의 원촌에서 태어나 1916년에 죽은 문사(文士)이다. 진성이씨가 세운 보문의숙(寶文義塾)의 초대 교장을 지냈고, 우리가 시인이자 독립운동가로 알고 있는 이륙사(李陸史)의 할아버지이다. 이육사에게 사서(四書) 등의 고문을 가르치며 그것을 외우도록 매섭게 닦달한 것이 이륙사의 작품에 전해지고 있다.

69 김규병(金奎昞, 1856~ ?) 1899년 4월 3일
관직활동을 마치고 전원생활 하는 동료를 부러워하다

迺遠承錦念, 奉讀再三, 言言
寄情, 伏感照拂之誼甚多矣.
書到有日, 更伏詢比辰,
仕體連護萬重, 庇節均裕. 仰
溸且祝. 令允氏來留於陵, 助爲東
床之喜樂, 老少咸慶, 何等比也.
今番擬謂帶來爲攄, 譙席
未穩, 而竟孤此望, 薪心如悵耳.
近日槐柳成陰 日用消受, 做何甚
事. 伏想瀛仙經幄之臣, 頹臥
/山林, 執燭看書, 頗作居閒晩
業, 爲之健羨無已. 弟蟄伏
窮廬, 未免如土偶樣, 積懷如
山, 雖十車未能載恨. 況今世路
崎嶇, 尤爲歎恨. 而但幸省
率免何, 穉漢在傍讀字,
付況於此, 是固措大本分耶.
奉呵奉呵. 昌樂便種種得聞, 而
今承更安兼兄札而來,
貴族仲咸兄來留云, 請弟同遊,
方營昌樂行矣. 餘姑閣, 不備謝上.
/己亥四月初三日, 弟金奎昞拜上.

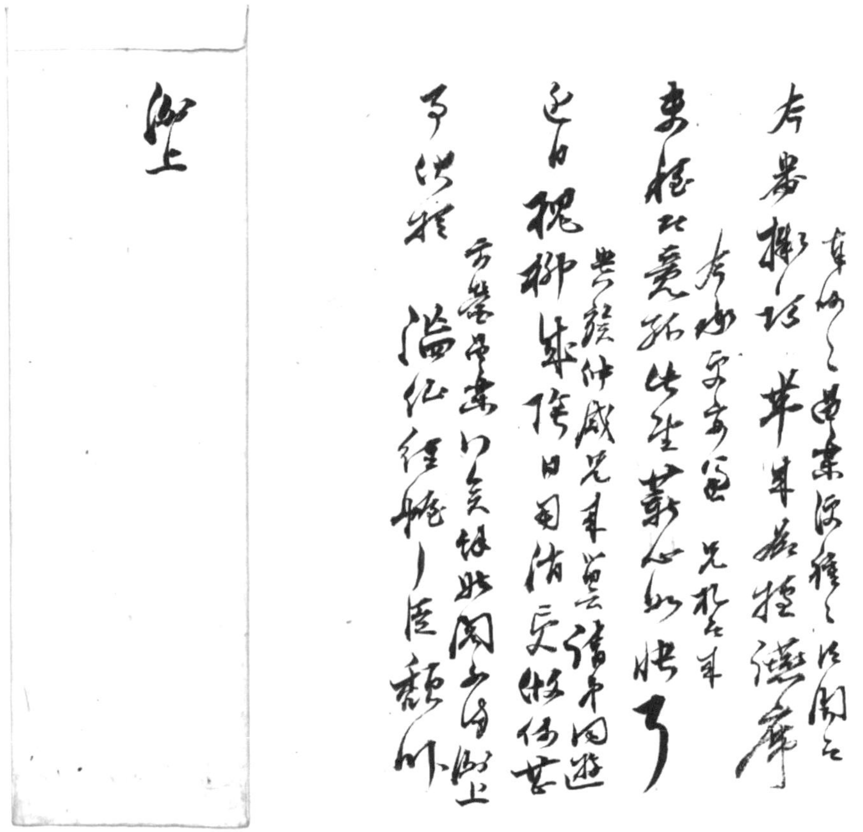

41.1×20.5

마침내 멀리에서 보내주신 편지를 받고 두 세 차례 읽어보았더니 말씀마다 정다움이 묻어나, 보살펴주고 도와주신 우의에 삼가 감복함이 매우 깊습니다.

편지를 받은 지 며칠이 지났는데, 요즈음 사체(仕體) 줄곧 신의 가호를 받아 모든 일이 편안하시고, 집안 식구들도 모두 평안하신지요. 우러러 그립고 또 축원합니다.

형의 아드님이 오릉(於陵)에 와 머물며 (우리 집) 동상(東床)[25]의 즐거움을 도와주어 남녀노소가 모두 경하하니, 무엇에 비교할 수 있겠습니까. 그래서

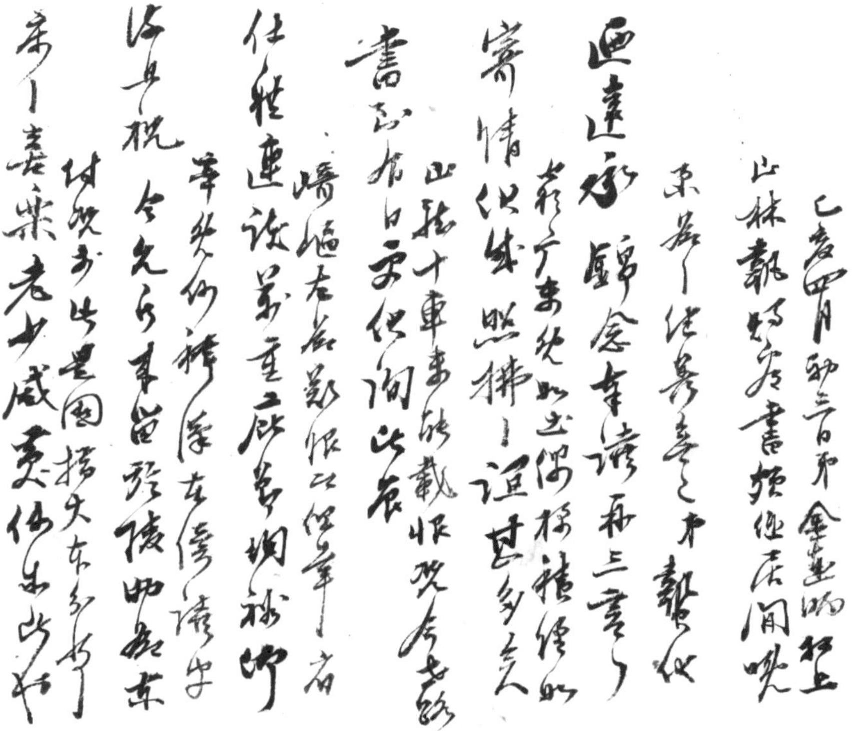

이번에 데리고 와서 회포를 풀 것이라고 생각하였는데, 연회하는 자리가 편치 못하여 끝내는 이 같은 바람을 저버렸으니, 섭섭한 마음 서글퍼집니다.

요즈음 홰나무와 버드나무가 녹음을 이루었는데 일상생활에서 하시는 일은 무슨 일인가요. 삼가 추측하건대 홍문관의 경연(經筵)에 참여하신 신하가

---

25) 동상(東床) : 진(晉)나라의 태위(太尉) 치감(郗鑒)이 사윗감을 구하기 위해 왕 승상(王丞相)의 집에 문객(門客)을 보내자, 왕씨 집안의 모든 자제들이 사위로 선택되기를 바라서 의복을 정제하고 손님을 맞이하였으나, 왕희지(王羲之)는 배를 드러내 놓고 동상에 누워서 태연자약하였다. 문객이 치감에게 이 일을 고하자, 치감은 왕희지의 그릇을 알아보고 그를 사위로 택하였는데, 이로부터 사위를 '동상'이라고 칭하게 되었다. 《晉書 王羲之傳》

산림에 누워 촛불을 밝히고 독서하면서 한가하게 만년을 보내고 있을 것이니, 그저 부러울 뿐입니다.

저는 외진 집에 엎드려 있으면서 진흙으로 빚은 듯한 사람의 꼴을 하고 있으니 쌓인 회포가 산처럼 높아서 열 대의 수레에도 한(恨)을 다 실을 수가 없지만 요즈음 세상인심이 험악하니, 더욱 한탄이 터져 나옵니다. 다만 어버이와 식구들이 무탈하여 다행이며, 어린 아들이 곁에서 글자를 읽고 있는데 이러한 것에 흥미를 붙이고 있으니, 이것이 바로 한미한 서생의 본래 분수가 아니겠습니까. 우습기 그지없습니다.

창락(昌樂) 인편에 종종 소식을 얻어 듣는데, 지금 다시 안겸(安兼) 형의 편지가 이른 것을 받았는데 형의 친족 중함(仲咸) 형이 와서 머물고 있다며 저에게 함께 놀자고 하여 막 창락(昌樂)으로 갈 것을 마음에 두고 있습니다.

나머지는 여기까지만 하고 이만 줄입니다. 답장을 올립니다. 기해년(己亥年, 1899) 4월 3일에 아우 김규병은 절하고 편지를 올립니다.

이 편지는 1899년 4월 3일에 김규병(金奎昞)이 이중구(李中久)에게 보낸 《이중구가 5대 고문서, H697》이다.

자운(紫雲, 이중구)가에 소장된 김규병의 편지는 모두 3통이다. 위 편지 가운데 '홍문관의 경연(經筵)에 참여한 신하가 산림에 누워 만년을 보내고 있을 것' 이라는 내용이 보이는데, 《승정원일기》에 이중구는 1894년 7월, 홍문관 부교리에 제수 되었으며, 얼마 후 서학교수(西學教授)로 제수되었다가 바로 신병으로 체직이 되었다는 기사로 보아, 이 시기에는 정계에서 은퇴를 하고 고향으로 내려와 지냈던 것으로 보인다. 그리고 《승정원일기》에도 1894년 이후 이중구의 공식적인 관직 이력은 보이지 않는다. 편지 말미에 작성자가 제(弟)라고 한 것은 평교 사이에 자신을 칭하여 사용하는 표현이다.

김규병은 경상남도 창녕(昌寧)에서 출생하였다. 본관은 서흥(瑞興)이며, 자는 경우(景友)이고, 호는 이남(二南)이다. 조경묘 참봉(肇慶廟參奉)을 역임하였다.

70 신규섭(辛奎燮, 1843~ ?) 1899년 4월 20일
까치 울음에도 붕우를 그리워하는 애틋한 마음

昌山五日晤, 盛事也. 臨別有初夏
歷枉之敎, 雖知難於必責以踐約, 而
時有籬間喜鵲, 未始不傾向, 而庶幾
遇也. 適仲涵兄帶允郎來, 而
惠書隨到. 審
兄軆字安旺, 亦合席之次. 兼又悶吾婦
之病, 專人五十里外, 而求靈藥送付, 如
非故人子, 卽吾子之意, 那能如是申勤
/爲哉. 築底感頌. 仄聞閤憂尙未差
復, 何念無及之. 便後四十日, 無消息爲好
消息耶, 是祝. 弟自仲涵兄入此村, 同
日同病臥, 惡寒大痛, 凡三日餘, 今朝始
擧頭, 而如經霜敗葉, 危哉殆哉. 自量
悶憐, 而此兄一梳洗上馬, 儀表昇騰如
少年, 甚羨. 把毫神眩, 万留, 不備上.
凉生後鄰里一番之行, 弟知其丁寗. 且
想其前, 有良洞便, 故臨便槩修謝儀耳.
己亥四月二十日, 世弟辛奎燮二拜.

창산(昌山, 昌寧)에서 5일 간의 만남은 성대한 일이었습니다. 그때 이별할 무렵에, 초여름 즈음에 방문하겠다던 말씀은 비록 반드시 약속을 실천하라고 요구하기가 어렵다는 것은 알지만 가끔 울타리에서 까치가 지저귀면 행여

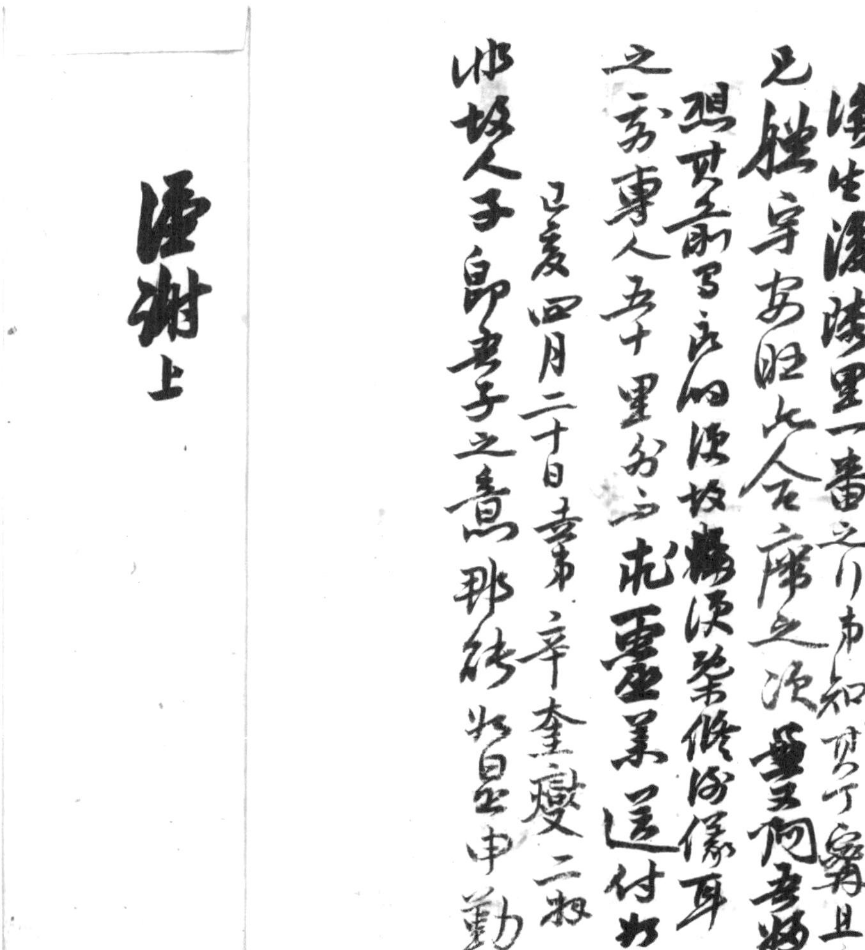

39.0×21.4

만날 수 있기를 기대하지 않은 적이 없었습니다.

그러던 중에 마침 중함(仲涵) 형께서 당신의 아드님을 데리고 왔는데 당신의 편지도 함께 가지고 왔습니다.

그래서 당신의 안부가 편안하고 왕성하심을 알았으니 같이 합석한 것과 버금가는 일이었으며, 겸해서 또 우리 며느리의 병을 안타깝게 여겨 50리

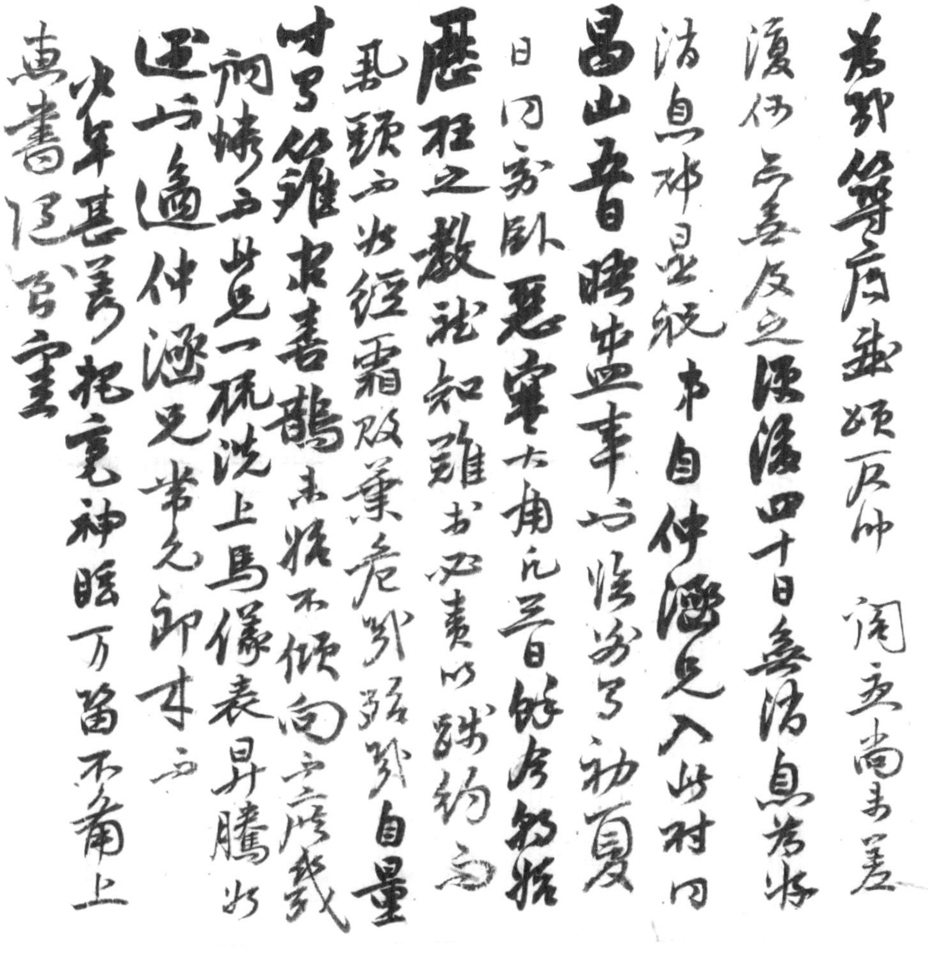

밖에서 일부러 사람을 시켜서 좋은 약을 구하여 부쳐주셨으니, 이를테면 친구의 아들이 바로 나의 아들이라는 마음이 아니면 어찌 능히 이와 같이 정성을 다할 수 있겠습니까. 한없이 감사합니다.

가만히 들으니, 합우(閤憂)[26]가 여전히 회복되지 못했다고 하니, 무슨 생각으로 언급하지 않았습니까. 그 뒤로 40일 동안 소식이 없었던 것이 좋은

26) 합우(閤憂) : 상대방 부인의 병환을 높여 일컫는 말이다.

소식이 되기를 축원합니다.

저는 중함(仲涵) 형이 이곳 마을로 들어오면서부터 같은 날 같은 병으로 앓아누워 오한(惡寒)으로 심하게 아픈지가 3일 정도 되었는데 오늘 아침에야 머리를 들 수 있게 되었지만 마치 서리 맞아 시든 나뭇잎과 같이 위태롭고 또 위태롭습니다.

스스로를 생각해보니 민망하고 가련했지만 중함 형은 머리 빗고 얼굴 씻고서 말 등에 오른 훤칠한 용모는 마치 소년과 같아서 매우 부러웠습니다.

편지를 쓰는 중에 정신이 어지러워져 하고 싶은 많은 말은 보류해 두고 이만 줄입니다.

날씨가 시원해진 뒤에 이웃 마을에 한 번 행차하시면 곧 저의 말이 진실이었음을 알 것입니다. 또 아마도 그 전에 양동(良洞)에 인편이 있을 것 같아 지금 인편엔 대략 답장을 적습니다.

기해년(己亥年, 1899) 4월 20일에 세제(世弟) 신규섭은 두 번 절합니다.

이 편지는 1899년 4월 20일에 신규섭(辛奎燮)이 지인에게 보낸 《이중구가 5대 고문서, H718》이다.

자운(紫雲, 이중구)가에 소장된 신규섭의 편지는 모두 4통이다. 편지 말미에 작성자가 세제(世弟)라고 한 것은 대대로 우의(友誼)가 있는 사람 사이에 자신을 겸칭해서 사용하는 표현이다. 며느리의 약을 구해 보내주는 극진한 보살핌에 감사하며, 아울러 왜 편지에 당신 부인의 병환 소식을 적지 않았느냐고 묻고 있다. 내외가 각별한 세상에서도 안 사람의 안부를 전하는 것이 편지의 격식이었음과, 아울러 무소식이 희소식이라는 말이 우리네 생활에 자리 잡은 지 오래였음을 함께 알 수 있다.

신규섭은 본관이 영산(靈山)이며, 자가 사형(士衡) 또는 사형(士亨)이고, 호는 이남(尼南)이다. 고종 11년(1874)에 증광시(增廣試) 생원(生員) 3등 58위로 입격하였다.

71 김규형(金奎衡, ? ~1922) 1899년 8월 4일
선비의 거취(去就)는 자신이 판단할 일이다

一自西爲, 雖是尋常知舊情注之
地, 有時耿往, 況吾通家新誼之尤是
鄭重耶. 戀結之情, 每切于中, 意
褫寵函, 忽承於無何之便, 披閱圭
復, 媚媚若對眞範. 非徒感荷沒
量, 飽覺朱陳篤好, 溢於辭意, 何等
慰浣無射也. 但書出已四朔矣, 轉遞
浮沈, 便同遏情, 還切溸念. 謹請中
秋,
仕體連護萬重, 允郎其間似可還侍矣.
未面之情, 深用耿耿, 第久居江湖, 京國之
戀, 義似然矣. 而至若出而仕之敎, 若將難
保東岡這意想, 在鄉之算, 容或無
怪. 而信地梗槪, 若得探透, 則又似有不必
如是矣. 惟在默諒之如何, 不必走書之
枚陳也. 弟初以先院事, 不得已作此行, 居然
二載覊旅, 是豈衰老者之所可堪爲也. 難
免識者之嘲, 而自顧行止, 非狂則妄也. 良可
浩歎. 而又添泄症, 方在呻吟, 苦楚之狀, 苟艱
之態, 果難筆舌可旣也. 且鄉信五朔寂阻,
尤多戀菀. 見今蓴鱸之節, 卽當理
裝浩還, 而久客之餘, 諸般磨勘, 果非容
易. 且有不得自由之端, 姑此躊躇, 而秋內斷
當決歸之計耳. 鄙邊之信 近或相聞耶.

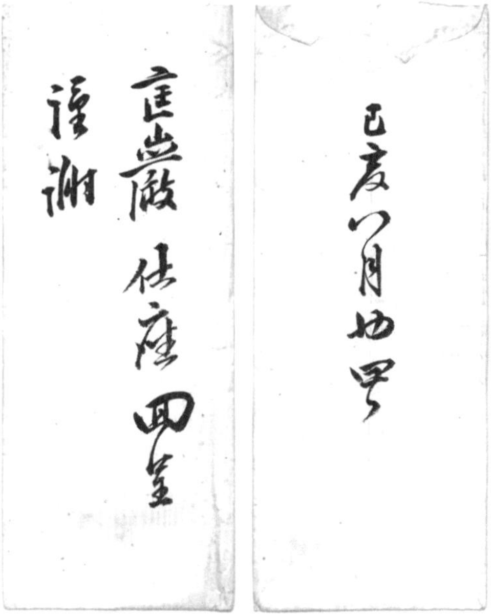

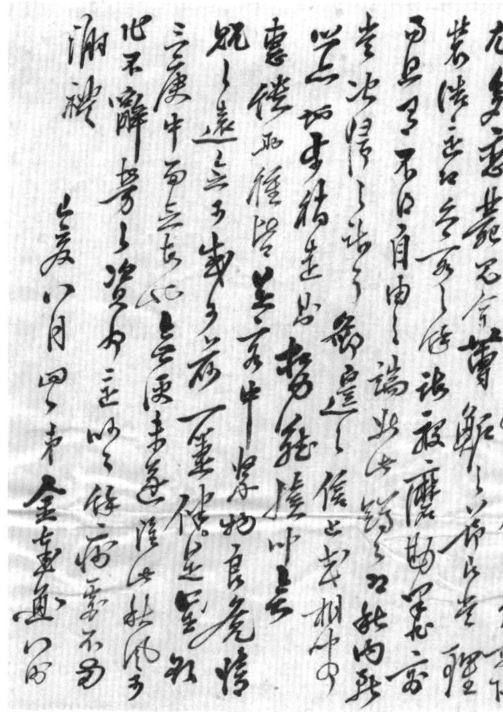

54.8×24.3

鄕亦地步稍遠, 則勢難續聞矣.
惠饋兩種皆是客中緊物, 良覺情
貺之遠念, 可感可尙. 一箑件呈, 是欲
三庚中留念者也, 無便未遂. 從此秋風, 可
作不辭勞勞資耶. 還呵呵. 餘病劇不備
謝禮.
己亥八月四日, 弟金奎衡拜謝.

한 번 서울 길을 떠나고 나면 예사로이 정을 나누던 친구도 때로 아련히 마음에 떠오를 적이 있는데, 하물며 우리는 통가(通家)의 정리[27]를 새롭게

27) 통가(通家)의 정리 : 서로 사돈을 맺고 친하게 지내는 정리를 이르는 말이다.

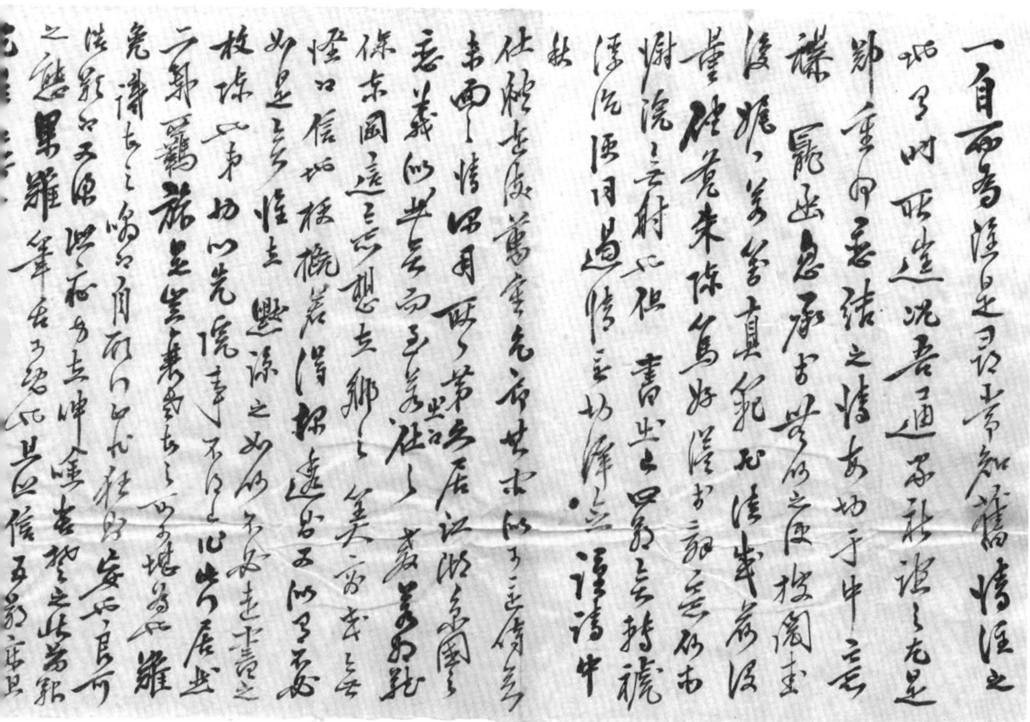

맺어 더더욱 정중한 자리이겠습니까. 그리움에 얽혀 늘 마음에 간절하던 중 뜻밖의 영광스런 편지를 생각지 못한 인편에 받고서, 펼쳐 백규시(白圭詩)를 반복하듯 하다 보니, 마치 사돈을 진짜로 마주하는 것 같이 즐겁고 즐거웠습니다. 감격을 말로 표현할 수 없을 뿐 아니라, 사돈 사이의 돈독한 호의[28]가 말씀 속에 넘쳐남이 더없이 깨달아졌습니다. 더없이 끝없는 위로였습니다. 다만 편지가 이미 4개월 전에 발송된 것이었습니다. 이 사람 저 사람의 손에서 부침하여 마치 정리가 막힌 것이나 한 가지였으니 이런저런 생각들이 일었습니다.

---

28) 사돈 사이의 돈독한 호의 : 이 글의 원문 朱陳篤好는 《백씨장경집(白氏長慶集), 10, 주진촌(朱陳村)》의 "서주(西州)의 고풍현(古豐縣)에 주진(朱陳)이라는 마을이 있었는데……한 마을에 두 성씨만 살아서 대대로 혼인하였다.(徐州古豐縣, 有村曰朱陳……一村唯兩姓, 世世為婚姻.)는 고사에서 주진(朱陳)은 사돈 사이를 이른 말이고, 독호(篤好)는 정리가 돈독함을 이른다.

삼가 중추의 가을에 사체(仕體) 연이어 건강을 유지하며 만 번 보중하시고 아드님도 그사이에 돌아와 모시고 있을 듯합니다. 아직 만나보지 못한 정회가 매우 아련합니다.

다만 강호(江湖)에 오래 계시다보니 나라에 대한 연모(戀慕)는 의리상 그래야 할 듯합니다. 그러나 나가서 벼슬하겠다는 말씀은 동강(東岡)[29]에 머무르려는 생각을 간직하기 어려울 것 같고, 고향에 눌러 있겠다는 생각도 혹여는 부끄러울 것이 없습니다. 믿을 수 있는 사람의 요즘 상황을 만일 탐지할 수 있다면 또한 이 같은 말은 필요하지 않을 것입니다. 어떻게 할지는 침묵 속에 헤아릴 일이지 편지에 하나하나 말할 필요는 없을 것입니다.

저는 처음에 선조의 서원일 때문에 부득이 이 벼슬길에 나섰는데 어언 2년을 객지의 떠돌이로 지내고 있습니다. 이 어찌 기력이 쇠해지는 늙은이가 감당할 수 있는 일입니까. 식자들의 조롱을 면하기 어렵고 스스로 행동을 뒤돌아보아도 미친 짓이 아니면 망령이니 참으로 장탄식할 수밖에 없습니다. 게다가 설사 증세로 지금 끙끙거리고 있으니, 고초를 겪는 모양과 군색하고 구차한 모습은 참으로 필설로 다하기 어렵습니다.

또 고향 소식이 다섯 달이나 꽉 막혀 더더욱 그리움과 답답함이 많습니다. 지금 순채 국과 농어회 철[30]입니다. 곧장 당연히 행장을 꾸려 훌훌 돌아가야 하는데 오랜 벼슬살이 끝이라 여러 마감지어야 할 일들로 결단이 용이하지 않습니다. 또 자유로울 수 없는 단서가 있어 우선 쭈그리고 있으나 가을 안으로 단연코 결단하여 돌아갈 요량입니다.

저의 고향 소식을 근자에 혹여 들은 것이 있습니까. 고향도 또 거리가 조금 멀다보니 연이어 듣는 일이 형편상 어렵습니다.

누 종의 은혜로운 신물은 모두 니그네살이에 요긴한 것입니다. 참으로 멀리 생각해 주신 애정 어린 선물에 감격하고 감사할 만합니다.

---

29) 동강(東岡) : 동쪽 산비탈을 이르는 말로, 벼슬에 나가지 않고 물러나 있는 것을 이른다. 《후한서(後漢書) 53, 주섭전(周燮傳)》의 "선세(先世)로부터 공훈과 총애가 연이어졌는데 그대만 왜 홀로 동쪽 산비탈을 지키는가?"라는 말에서 유래하였다.

30) 순채국과 농어회 철 : 순갱노회(蓴羹鱸膾)의 준말이다. 진(晉) 나라 장한(張翰)이 가을바람이 불자 고향의 맛이 생각나 벼슬을 그만두고 고향으로 내려간 고사에서, 벼슬을 접고 물러나는 것을 이르는 말로 쓰였다. 《晉書, 92, 文苑傳, 張翰》

부채 한 자루를 편지와 함께 올립니다. 삼복더위에 생각했던 것인데 인편이 없어 보내지 못한 것입니다. 지금부터는 가을바람이니 부채 부치는 고생을 사절하지 못할 여름날을 위해 준비해 둘 만할 것입니다. 도리어 하하 우습지요. 나머지는 병이 심해 답장의 예를 다 갖추지 못합니다.

기해년(己亥年, 1899) 8월 4일에 김규형(金奎衡)은 절하고 답장을 보냅니다.

1899년 8월 4일에 김규형(金奎衡)이 종손녀의 시아버지 이중구(李中久)에게 보낸 답장 《이중구가 5대 고문서, H678》이다. 이 해는 이중구의 아들 이석일(李錫日)이 장가든 해이다. 이때부터 양가에 오간 편지는 수없이 많다. 김규형이 보낸 편지만도 모두 16통이다. 김규형은 이 편지를 쓴 다음 해에 군수로 전직되었고, 이중구는 벼슬에서 돌아와 벼슬에 대한 미련을 버리지 못했다. 이에 그 감회를 사장(査丈) 김규화에게 토로하자 돌아온 편지 내용이 이렇다. 나가서 벼슬하는 일은 학자로서의 다짐을 벼슬살이 도중에 잃을 수도 있다. 따라서 고향을 지키는 것도 나쁠 것은 없다. 그러나 벼슬길을 열어줄 확실한 줄이 확인된다면 다른 말은 필요 없다. 그것부터 헤아려야 한다는 것이다. 사환가(仕宦家)에서 생각하는 벼슬의 정의이다. 결혼을 통가(通家)라고 한 의미는 서로 터놓고 지내는 집안이라는 뜻이다. 두 집안이 서로 속속들이 알고서 서로 돕는다는 뜻이다. 따라서 두 집안 사이에 오간 내용은 서울의 인사발령 소식, 동학혁명에 대한 소견, 선물을 주고받는 일 등 인간사에서 겪는 것들이 망라되었다. 편지 중 종손녀사위인 이석일을 아직 보지 못했다는 말은, 혼삿날이라도 공무에 매이면 참석할 수 없는 것은 이제나 예전이나 같은 일일 것이다.

김규형은 이중구의 아들 이석일(李錫日)의 처 종조할아버지이다. 본관은 서흥(瑞興), 자는 문옥(文玉), 호는 연서(蓮西)이다. 고종 37년(1900년) 11월에 의흥 군수(義興郡守)에 임명되었다가 고종 39년(1902년) 4월에 봉화 군수(奉化郡守)로 전임되었다. 1922년에 죽었다.

72 최만선(崔晚善, 1841~1899) 작성일 불명
경주 만석군(萬石君)의 편지

非無往來便人, 而惟此懦拙, 又
汨擾秖奉, 咫尺道情素, 懜然
久闕. 若未詳此情私, 必貽昧蔑
之誅也. 悚悵曷斗. 居然歲盡,
伏詢寒沍,
兄體震艮, 在旅萬衛, 冷屋
寒窓, 調度何堪. 此際鄕關之
思, 亦何過往. 所營有甚竗機會
耶. 英可氏近節何如. 膓政漸近, 或
有意想之可偕, 並不任區區, 遠外
/虛念而已. 弟守舊劣狀, 隨分飮
啄, 而鄕習漸下, 不惟不昔日貌
樣, 歎憂又從侵人, 人我接濟,
政非可堪處, 奈何奈何. 但家間
老少節, 姑幸無大端憂慣
也. 本第近節, 姑似太平, 而亦似
歎憂之難, 當稍間, 而未常目
擊, 只切虛念耳. 江東都節,
皆一安, 鄕間姑無可耳之聞, 而以
都結一款, 似或紛騷耳. 主尹
治聲之藉鬱, 遠亦稔悉矣.
希吉從月前, 作北面行, 未姑見還,
故無一候耳. 餘適因轉褫(遞)畧
申. 只祝餞迓增休, 不備候.
壬臘初二, 弟崔晚善二拜.

왕래하는 인편이 없었던 것은 아니지만 이 사람이 게으르고 졸렬한데다 또 소란스럽고 자잘한 일에 매달리느라 편지로 저의 마음을 말씀드리는 일조차 우둔하게 오랫동안 빠뜨렸습니다. 그리하여 편지를 드리는 인정과 의리조차 모르는 사람 같아져 반드시 도리에 어둡다는 꾸지람을 하셨을 것이니, 죄송하고 서글픔이 어찌 적겠습니까.

벌써 한 해가 저무는데 삼가 추운 날씨에 형의 안부는 객지에서 편안하시며, 차디찬 방 한기가 서린 창에서 이런저런 일들을 어떻게 감당하시는지요. 이즈음 고향에 대한 그리움을 또 어떻게 달래시며, 계획하고 있는 일은 좋은 기회가 있는지요. 영가(英可, 李邁久) 씨의 최근 안부는 어떠합니까.

선달 도목정사(都目政事)가 가까워지는데 혹여 뜻하던 대로 될 수 있는지요. 함께 구구한 생각들을 가눌 수 없으나 멀리 밖에서 헛된 생각일 따름입니다.

저는 예전의 못난 모양을 지키며 분수에 따라 생활하지만 고을의 풍습이 점점 낮아져 지난날의 모양이 아닐 뿐만이 아니라, 흉년 걱정이 또 사람을 침해하여 내나 남이나 구제할 방법이 참으로 감내할 수 있는 처지가 아니니, 어떻게 해야 하겠습니까. 어떻게 해야 하겠습니까. 다만 집안사람들은 다행스럽게도 크게 걱정할 일들이 없습니다.

본댁의 최근 안부는 우선 태평한 듯하고 흉년의 곤란함도 좀 괜찮은 듯하지만 직접 늘 보지 못하니, 그저 헛된 생각만 간절할 뿐입니다. 강동(江東)은 모든 분의 안부가 두루 편안하고, 고을 일은 알릴만한 것이 없지만 도결(都結)[31] 한 가지는 아마도 소란이 있을 듯합니다. 고을 수령의 치적 명성이 자자한 것은 멀리서도 충분히 알았을 것입니다.

희길 족인(族人)은 지난달에 북쪽으로 길을 떠나 아직 돌아오지 않아서 편지를 빠뜨리게 되었습니다.

나머지는 마침 전체(轉遞)에 의지해 대략 적었습니다. 새해를 맞아 복 많이 받으시고 기쁨이 더하시기를 축원합니다. 이만 줄입니다.

임○○년 12월 2일에 아우 최만선(崔晩善)은 두 번 절합니다.

---

31) 도결(都結) : 조선 후기 여러 가지 명목의 세를 통틀어 논밭의 결수 단위로 부과하던 세금을 말한다.

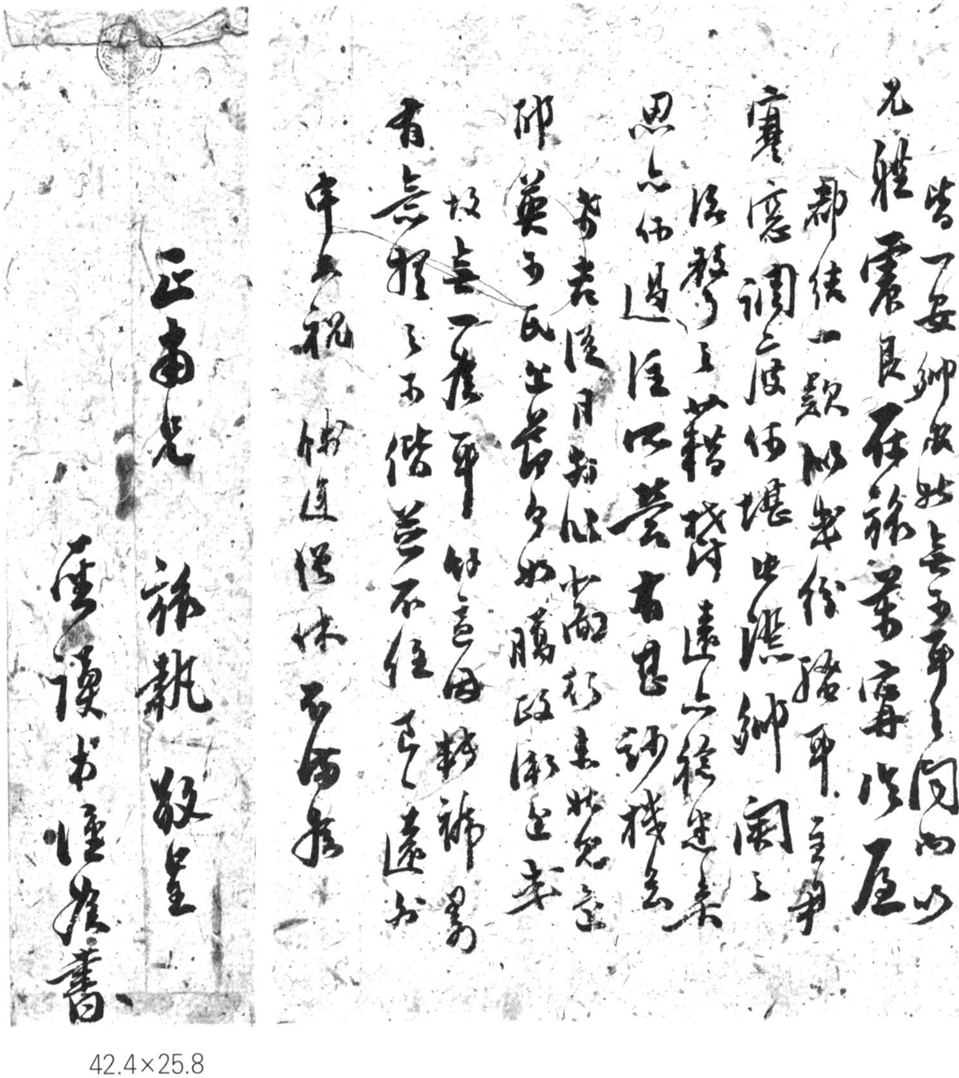

42.4×25.8

이 편지는 최만선(崔晩善)이 이중구(李中久)에게 보낸 《이중구가 5대 고문서, E435》이다.

자운(紫雲, 이중구)가에 소장된 최만선의 편지는 모두 22통이다. 위 편지에서 언급한 도목정사(都目政事)는 관리의 임명과 출척에 관한 정무인데, 그

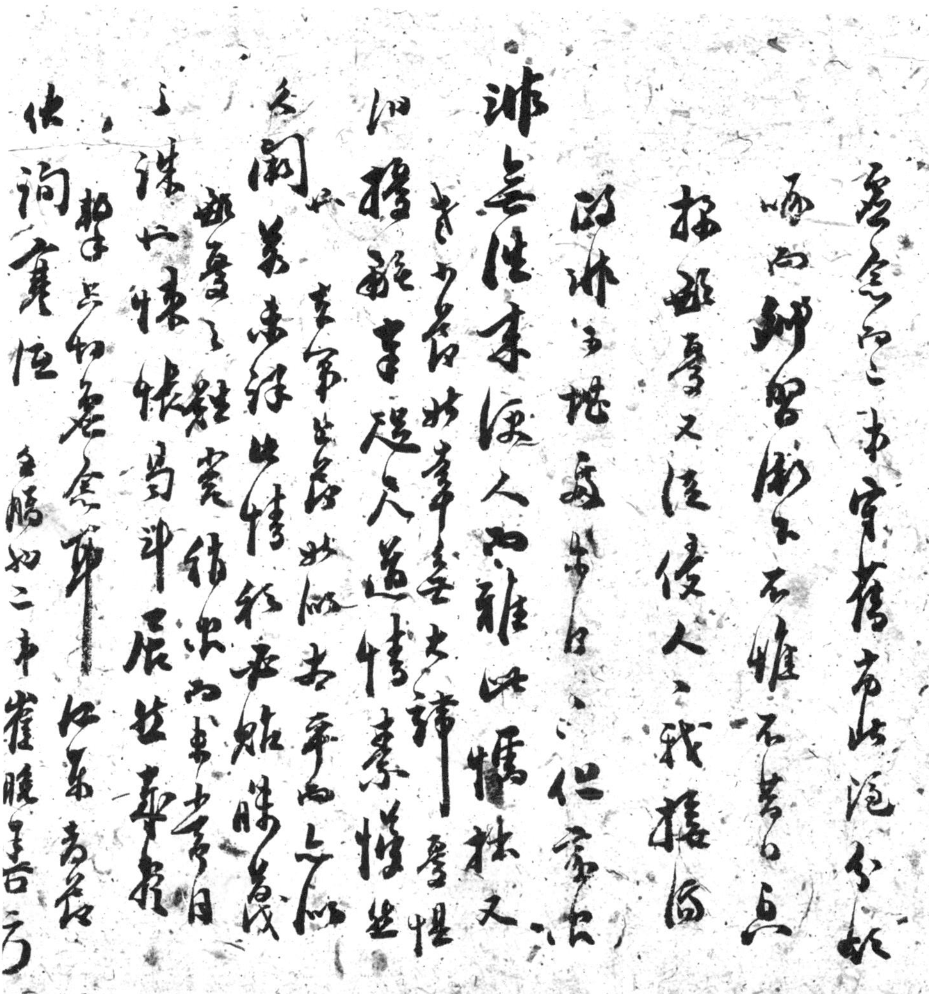

구체적인 내용을 살펴보면 다음과 같다. 매년 정기적으로 시행하는 대규모의 정사를 도목정사 또는 대정(大政)이라고 하였다. 조선 후기에는 대체로 6월 20일과 12월 20일을 전후하여 두 차례 도목정사가 열렸다. 도목정사에 앞서 6월 1일과 12월 1일에는 죄를 지어 파직되었거나 직첩(職牒)을 빼앗긴 전직 관원들의 명단을 단자(單子)로 작성하여 임금에게 올리는 세초(歲抄)를 시행하였는데, 세초단자(歲抄單子)가 올라가면 특정인에 대해서 죄의 등급을 감면해 주거나 다시 서용(敍用)하라는 등의 조치가 내려졌다. 이어서 6월 15일과 12월 15일을 전후하여 현직 관원의 근무 실적을 평가하여 등급을 매기는 포폄(褒貶)을 행하였다. 세초와 포폄의 결과는 도목정사에 반영되었다.

도결(都結)은, 조선 후기 여러 가지로 나누어 부과하던 세금인 대동미(大同米)·전세(田稅)·삼수미(三手米)와 그 밖의 잡세(雜稅)들을 한데 묶어서 경지 면적 단위로 부과한 일종의 조세제도의 하나다. 그런데 전국적으로 일정하게 정해진 것이 아니라 고을마다 멋대로 정한 것이기 때문에 지방관들이 중간에서 수탈을 할 여지가 많았다. 지방관이나 아전들은 관곡(官穀)이나 군포(軍布)를 사사로이 착복하고 이를 보충하기 위해 도결을 규정 이상으로 거두어들이는 일이 흔했으므로 농민들은 이중 삼중의 가혹한 수탈에 시달려 굶주림과 빈곤에 허덕였고, 이와 같은 도결의 과다한 징수는 철종 13년(1862)에 민란의 주요한 원인이 되기도 하였다.

최만선은 헌종 7년(1841)에 경주 만석군의 맏손자로 출생하였다. 아버지는 최세귀(崔世龜)이며, 어머니는 여강 이씨(驪江李氏)이다. 본관은 경주이며, 자는 성모(聖模)이고, 호는 하사(荷史)이다. 고종 13년(1876)에 사마시(司馬試)에 입격하였다. 최익현(崔益鉉)과 친분이 있어 손자 최준(崔浚)을 보내 세상 식견을 넓히게 하였다. 광무 3년(1899)에 사망하였다.

찾아보기

■ 연구책임자 : 李在鈴 단국대학교 사학과 교수, 한중관계연구소장,
동양학연구원 원장

■ 전임연구원 : 權奇甲 단국대학교 한중관계연구소 연구원
李忠九 단국대학교 한중관계연구소 연구원
金在烈 단국대학교 한중관계연구소 연구원
韓梓起 단국대학교 동양학연구원 초빙교수
林在完 단국대학교 한중관계연구소 연구원
金明煥 단국대학교 한중관계연구소 연구원

■ 공동연구원 : 朴性學 전 고려대학교 도서관 고서 담당관
金炫榮 전 국사편찬위원회 연구관
趙東永 성균관 한림원 교수
金澈雄 단국대학교 자유교양대학 교수
金弘九 고려대학교 한문학과 강사
尹勝俊 단국대학교 자유교양대학 교수

단국대학교 한중관계연구소 학술총서
편지로 본 조선 선비의 일상 I

2023년 12월 29일 초판1쇄 인쇄
2024년 01월 08일 초판1쇄 발행

편저자 | 단국대학교 한중관계연구소
발행인 | 김 영 환
발행처 | 도서출판 다운샘 [多韻泉]

05661 서울특별시 송파구 중대로27길 1
전화 02-449-9172 팩스 02-431 4151
E-mail : dusbook@naver.com
등록 제1993-000028호

ISBN 978-89-5817-541-4 94810
ISBN 978-89-5817-540-7 (세트)

값 25,000원